中国城市
金融生态环境评价
2005

课题主持人

李　扬　　王国刚　　刘煜辉

课题组成员

李　扬	王国刚	王松奇	刘煜辉	易宪容	曹红辉
胡　滨	余维彬	周子衡	尹中立	杨　涛	沈可挺
黄国平	袁增霆	彭兴韵	殷剑峰	曾　刚	程　炼

人民银行参与人员

穆怀朋	张晓慧	唐思宁	唐　旭	张　新	沈炳熙
焦瑾璞	才宏远	苟文均	霍颖俐	郭永强	王新华
莫万贵	牛少锋

人民出版社

策划编辑:李春生
责任编辑:李春生　郑海燕　吴焰东
　　　　陈　登　万　琪　汤丽琨

图书在版编目(CIP)数据

中国城市金融生态环境评价(2005)/李　扬等主编
-北京:人 民 出 版 社,2005.11
ISBN 7－01－005270－0

Ⅰ.中… Ⅱ.①李…②王…③刘… Ⅲ.城乡金融-研究-中国
Ⅳ.F832.35

中国版本图书馆 CIP 数据核字(2005)第 128861 号

中国城市金融生态环境评价(2005)

ZHONGGUO CHENGSHI JINRONG SHENGTAI HUANJING PINGJIA

李　扬　王国刚　刘煜辉　主编

人 民 出 版 社 出版发行
(100706　北京朝阳门内大街 166 号)

河北省〇五印刷厂印刷　新华书店经销

2005 年 11 月第 1 版　2005 年 11 月河北第 1 次印刷
开本:787 毫米×1092 毫米 1/16　印张:28
字数:423 千字　印数:00,001－10,000 册

ISBN 7－01－005270－0　定价:60.00 元

邮购地址 100706　北京朝阳门内大街 166 号
购书电话　(010)85118304　85118314

目 录

总 报 告

分 报 告

2

附录：央行领导论金融生态

总 报 告

一、问题的提出

20世纪90年代以来，随着社会主义市场经济体制的初步建立，我国改革开放与经济运行中的风险问题逐渐引起了人们的注意，其中，金融风险作为各类风险的集中表现，成为多数人关注的焦点之一。

从1993年十四届三中全会开始的国有银行商业化和企业化改革，首先通过揭示出大量不良资产的累积和银行资本金的严重缺失而将我国的金融风险问题凸显于世。随后，1998年通过财政发行2700亿特种国债补充国有商业银行资本金，1999年通过设立四家资产管理公司剥离1万多亿不良资产，2003年年末用现存资本核销中国银行和建设银行的损失类不良资产，继而又运用450亿美元外汇和黄金储备对两行进行注资，从2003年开始又花费大量资财对农村信用社进行改革，2005年又用总值达300亿美元的财政资金和外汇储备注入中国工商银行。所有这些，逐渐揭露出我国金融风险的严重程度。在此期间，一些外国机构和国际组织的相关研究也间或见诸报端，它们提供的数据和不无夸张的估计不断刺激着人们的神经；而发生在20世纪末的亚洲金融危机，更以极其尖锐的形式强化了人们对金融风险的担心。

面对如此严重的金融风险，人们自然要探究其形成的原因。

最初的目光主要集中于金融部门本身，于是就有了大量的有关金融部门的违纪、腐败，以及治理结构问题的研究，以致从20世纪末开始，金融腐败及其治理问题不仅成为人们街谈巷议的热点话题，更连续数年成为全国人民代表大会提案的首选焦点。然而，随着研究的深入，人们逐渐认识到，由于金融是现代市场经济运行的枢纽，它在渗透于国民经济的各个领域、各个层面、各类经济主体和各种经济过程的同时，也反过来强烈地受到国民经济的各个领域、各个层面、各类经济主体和各种

经济过程的影响，因此，表现在金融部门的严重的风险，有相当的部分事实上是我国改革开放和国民经济运行中各类风险的集中和综合的反映。

这样一种认识，推动人们对我国金融风险的成因展开更为深入细致的研究。在这方面，中国人民银行于2003年完成的一项对2001～2002年我国不良资产形成的历史原因的调查分析，深化了人们的认识。根据此次调查，在不良资产的形成原因中，由于计划与行政干预而造成的约占30%，政策上要求国有银行支持国有企业而国有企业违约的约占30%，国家安排的关、停、并、转等结构性调整的约占10%，地方干预，包括司法、执法方面对债权人保护不力的约占10%，而由于国有商业银行内部管理原因形成的不良贷款则占全部不良贷款的20%。这项调查研究的意义有二：其一，它首次定量地刻画了我国不良资产形成的原因，从而为解决不良资产问题以及在更广领域中解决金融风险问题提供了一条可以依凭的线索；其二，它首次用数据告诉世人，形成巨额不良资产和金融风险的原因，不仅来自金融部门自身，还广泛地来自作为金融部门运行环境的非金融部门，而且，用调查的数据来衡量，来自后者的因素可能占据主导地位。

基于中国人民银行的调查以及其后的一些相关研究，人们清楚地看到，造成银行不良资产和金融风险的原因，远比人们直观感受到的要复杂得多。在大概念上，这些原因可以分为金融部门自身的原因和金融部门经营环境的原因两大类。前者既归因于金融部门自身治理结构不合理、内部管理不完善和风险管理制度不健全等等，也归因于金融监管当局的监管不力乃至监管不当。后者涉及的范围更广。举凡法治不完善、计划与行政的不当干预、各类不合金融规律的政策性安排、地方政府的参与和干预，以及经济发展状况、社会信用环境、社会保障制度的发展等等，都可能对金融风险的形成和发展带来或强或弱的影响。这意味着，在制定我国金融风险管理（或者，如人们常说的，防范与化解金融风险）的战略时，我们不仅应强调加强金融部门的自身建设，同时也应强调改善那些作为金融部门服务对象同时也构成其生存条件的各类非金融的环境。

分析深入到这一层面，金融生态的概念事实上已经呼之欲出了——

正像一切科学门类发展到成熟阶段时就需要找到适当的数学表达方式一样，在分析金融风险成因的过程中，当风险的各种表现及其形成原因渐次被揭示出来，当各类原因之间错综复杂的相互关联已经被初步认识之后，人们就迫切需要找到一种更为成熟、更为全面、更为系统、更能刻画其本质的科学范畴来对之加以分类和描述。经过近两年的热烈讨论，理论界多数人都倾向于认为：金融生态正是这样的科学范畴。

二、 金融生态界说

金融生态是个仿生概念。在国内，周小川博士（2004）最早将生态学概念系统地引申到金融领域，并强调用生态学的方法来考察金融发展问题。他指出：应注意通过完善法律制度等改进金融生态环境的途径来支持和推动整个金融系统的改革和发展。徐诺金（2005）则试图在周小川的基础上直接用生态学概念分析金融生态系统的特征，并探讨了中国当前的金融生态状况。除此之外，叶德磊（2004）、魏革军（2004）也从不同角度探讨过与金融生态相关的问题。

既然是一个仿生概念，金融生态的概念就可以从自然生态的概念中引申出来。按照生态学对于自然生态系统的定义，生态系统（eco-system）指的是由生物群落及其赖以生存的物理环境共同组成的动态平衡系统。自然界中固然存在着多种多样的生态系统，但各类生态系统基本上都是由两大部分组成，即生物群落和物理环境，或称之为生命系统和环境系统；其中，生物群落则由生产者、消费者和分解者（小型消费者）构成。详见图1—1。

在自然界中，生物群落和物理环境是彼此依存和相互影响的，通过复杂的营养关系，它们结合为统一的大系统。没有物理环境，生物得不到赖以生存的各种物质，因而就失去了生存的空间和条件；失去生物，环境就是无生命的物质堆积。在一个健康、成熟的生态系统中，生产者、消费者和还原者相互生成，它们共同构成生物群落；作为生物群落，它们又同其赖以生存的物理环境之间进行着永不止息的物质循环和能量流动。这种循环和流动保持着动态平衡，生态系统便得以存在和发展下去。

5

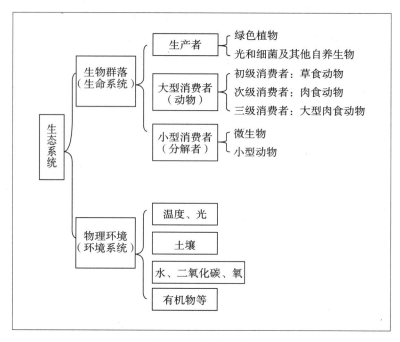

图1—1　生态系统

可见，分析并刻画生态系统的原则有三：其一，按照某一特性并根据分析的需要，对纷繁复杂的生态系统要素进行科学分类，集合出若干具有共同特性的子系统，由以刻画生态系统的结构特征；其二，探寻各子系统之间的依存、制约、生成和动态平衡关系，刻画生态系统的功能特征；其三，在把握生态系统的结构特征和功能特征基础上，从总体上刻画生态系统维持、嬗变、演化的动态平衡过程。毫无疑问，我们在界说金融生态系统时，必须遵循上述原则。

参照生态学对生态系统的分析，根据自然生态系统的构造原理以及自然生态系统长期演化的结构特征和功能特征，我们可以把金融生态系统界说为由金融主体及其赖以存在和发展的金融生态环境构成，两者之间彼此依存、相互影响、共同发展的动态平衡系统。详见图1—2。

这里的金融主体，指的是金融产品和金融服务的生产者。它既包括金融机构和金融市场这些直接提供金融产品和金融服务的主体，也包括那些以制定政策、确定规范、进行调控和实施监管为职能，从而直接影响金融机构和金融市场的运行，同时也直接影响金融产品和金融服务供

应之种类、规模、价格、质量、范围等的金融决策机构和金融监管机构。

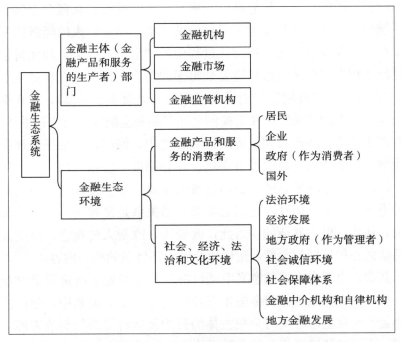

图1—2　金融生态系统

这里的金融生态环境，则指的是由居民、企业、政府和国外等部门构成的金融产品和金融服务的消费群体，以及金融主体在其中生成、运行和发展的经济、社会、法治、文化、习俗等体制、制度和传统环境。

同自然生态系统一样，在金融生态系统中，金融主体和金融生态环境也是相互依存和彼此影响的。一方面，金融生态环境构成金融主体的服务对象和活动空间，它决定着金融主体的生存条件、健康状况、运行方式和发展方向；另一方面，金融主体则以其生产并分配信息、引导资源配置、提供管理风险之手段的强大功能，对金融生态环境的发展发挥着积极的反作用。

然而，与一般的自然生态系统不同，金融生态系统的各个要素和子系统都是由活动着的人群（居民、企业、政府、国外）或者人群活动的积淀（社会、经济、法治、文化、习俗等等）形成的。换言之，金融生态系统无所不在地带有人的印记，"人"是整个金融生态系统的核心，所以，金融生态系统又有着不同于自然生态系统的特点。

首先，人是社会的人，也就是说，人的活动天然具有"社会性"或"外在性"。因此，尽管我们可以效法自然生态系统，在概念上将金融生态系统分为金融主体和金融生态环境两大类，但是，人的经济交易和社会交往，以及在这些交易和交往过程中的"溢出"效果，却使得金融生态环境呈现出比自然生态环境复杂得多的情形。例如，在自然生态系统中，"主体"与"环境"的边界是清晰的（生命和非生命），而在金融生态系统中，人的活动既存在于提供金融产品和金融服务的金融主体之中，又存在于消费这些产品和服务的消费者之中，同时，还会强烈地影响作为金融主体活动之环境的经济制度、社会制度、法制环境、文化传统等等。因此，在金融生态体系中，金融主体和金融生态环境之间的界限常常并不十分明晰，而且，它们之间的互动关系是经常的、立体的和多样化的，从而是更为复杂的。因此，改变人，改变人的观念，改变人在其中活动的各种各样的制度，是优化金融生态体系的核心内容。

其次，由于在本源的意义上是经济和社会的发展决定着金融业的发展，所以，在金融主体和金融生态环境之间的互动关系中，分析的重点应当置于金融生态环境对金融主体的行为及运行结果的影响方面。我们看到，不同的环境要素会对金融主体产生不同的约束并决定其选择空间，从而使得金融主体的行为出现不同的特征。良性的金融生态环境能够有效防止金融主体的机会主义行为，促使其将各种成本内在化到自己的治理结构之中。这就是一个金融运作成本低、效率高，对金融主体行为具有良好的正向激励功能和约束功能的制度结构。因此，所谓改善金融生态环境问题，说到底是要对现存制度结构的缺陷进行改造、优化，形成正向激励机制，有效地抑制和根除金融主体产生机会主义行为的基础，使之更有利于金融主体去追求降低金融运作成本和提高效率。

简言之，金融生态是一个非常重要且具有创造力的仿生学概念，它借用生态学的理论，为我们理解金融体系的运行及其同社会环境之间的相互依存、彼此影响的动态关系，提供了新的科学视角。它以比较完整且科学的分析结构告诉世人：金融体系绝非独立地创造金融产品和金融服务的系统，它的运行更广泛地还涉及其赖以活动之区域的政治、经济、文化、法治等等基本环境要素，还涉及这种环境的构成及其变化，以及它们导致的主体行为异化对整个金融生态系统造成的影响。因此，管理金融风险，提高金融效率，应当成为一个全社会共同努力的工作；而且，从生态学的观点来看，通过完善金融生态环境来提高金融效率和管理金融风险，可能具有更为根本的意义。

三、中国的地区间差异及研究金融生态环境的立足点

从理论上说，在统一的经济体内部，不仅市场应当是统一的，而且各经济主体赖以活动的制度环境也应当没有重大差异。因此，在这样的经济体内，因信用等级不同而出现的微观经济主体间的个体风险差异是存在的，因经济周期影响和经济结构变动而造成的产业之间的风险差异也是存在的，但在该经济体内部的各个地区之间，不应当存在比较明显的风险差异。用上一节阐述的概念来说，在统一的经济体内的各个地区之间，不应当存在明显的金融生态环境差异。我们认为，这可能正是在世界各国的金融学研究中至今很少见到关于金融生态文献的基本原因。

9

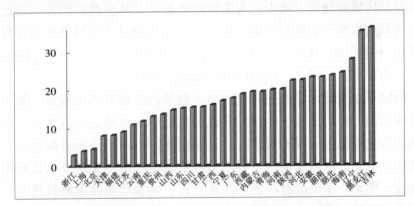

图 1—3　中国地区（省、区、市）不良资产比率（2004 年）

资料来源：中国社会科学院金融研究所课题组。

但是，中国的情况却显然不是这样。图 1—3 显示，如果按照信贷资产质量来衡量，中国的区域间存在着巨大的差异。最差地区和最好地区的不良资产率居然能相差 10 倍以上。这种状况的形成，当然不可能从宏观层面，而只能从各地区之间的差异这种区域结构层面找到原因。在我

们看来，我国各地区之间的金融生态环境存在着巨大的差异正是其根本原因。

这种状况的存在清楚地说明，在中国，为了提高金融效率和管理金融风险，我们的视野必须延伸到地区之间的差异这个结构层面上，换言之，地区间金融生态环境的差异问题，应是我们的研究重点。

近年来，一些学者开始尝试对我国地区间金融生态环境的差异进行分析。中国人民银行行长周小川博士（2004）曾对此做过较为全面的总结。他指出，中国各地区的金融生态之所以存在差异，是因为：第一，各个地区对银行业务进行行政干预的程度不同；第二，各个地区在司法和执法方面对维护债权人权益的力度不同；第三，各个地区的商业文化有所不同；第四，权力部门（如军队武警公安部门）在各地区参与经营活动的程度不同；第五，商业银行过去实行贷款规模管理不利于资金流动。

出于不同的分析目的，国内其他学者也曾深入探讨过我国客观存在的地区间经济发展水平、财政和金融资源的差异问题。他们认为，区域经济发展以及区域间金融生态环境的显著差异是多种因素综合作用的结果，包括区域间地理、历史、人文传统的差异、其所拥有的客观性经济发展要素的数量和质量的差别、经济发展模式差异、市场经济发育程度差异等（魏后凯，1992，1997；林毅夫、蔡昉、李周，1998；Raiser，1999；胡鞍钢、王绍文，1999；Demurger，2001）。

问题不止于此。深入分析我国经济改革的进程便不难看到，除了上述客观原因之外，还有一些在经济改革过程中不可避免的战略性、体制性因素等主观原因同样不可忽视。这是因为，中国经济的市场化改革在相当程度上是由政府推动、主要依靠政策规范和法令来展开的强制性制度变迁，因此，中央政府在推进改革过程中的非均衡性策略性选择，以及在体制改革过程中各级政府行为的差异，势必对各地区经济、金融、社会、法治以及其他制度环境造成不同的影响。

总之，中国的地区间发展的非均衡状态以及由此造成的金融生态环境的巨大差异，归因于多方面因素。其中，经济地理与文化差异、地区经济发展路径的差异、中央政府所主导的非均衡区域发展策略，以及现行分权体制下各级政府行为的差异等，是最主要的四项因素。

（一）经济地理与文化的差异

古语云：橘生淮南则为橘，生于淮北则为枳。可见古人早已知晓环境常常对主体活动的结果产生决定性的作用——此处从橘到枳的变化，归因于淮南与淮北的生态环境的差别。将这里阐释的自然生态的道理引申到对金融生态环境的分析之中，我们认为，经济地理与文化（历史、传统、习俗、伦理规范、道德习惯等）的差异，是造成各地金融生态环境差异的非制度因素。

研究显示，地理、历史、文化都在一定程度上影响着地区制度变迁的难易程度、发展方向和变化速度。比方说，东北地区特有的"黑土意识"熏陶的富庶感，在某种程度上强化了人们的依赖心理，减损了人们创新的冲动；西北"黄土文化"粗犷的文化惯性，加重了粗放式经营倾向，而"重实轻文"的价值取向则弱化了经济发展的人文动力，如此等等。可见，地域文化结构的特殊性及其在区域之间的差异，可能对经济和社会发展起到不同的作用。

我们不妨举几个地区的例子来做说明。

浙江省地处东部沿海，资源贫乏。1949年以来，出于战备的需要，中央基本上没有在该省发展重工业。改革开放前30年，国家在浙江的人均投资只有420元，全国最少。但是，改革开放以来，依靠企业制度创新和政府职能转换，那里的民营经济得到了蓬勃发展，使得该省国民生产总值年均增长13.5%（周明生，2000）。在那里，只要政策有所放宽，历史传承下来的自组织机制就会有效运转，以至于浙江省在改革开放近30年来获得中央的优惠政策最少，但却实际上成为比较成功的自组织市场经济形式的试验场。尤其是在温州，早在改革开放之前就不时推出制度创新，更在改革之后形成了名闻全国的"温州模式"。深究起来，推动该地区发展的正是这是那些非正式制度，包括浙江历久不衰的重商文化传统。

晚清以来，苏南地区就大力发展并拥有了较发达的经济作物种植业和家庭手工业，到了20世纪二三十年代，无锡、常州、镇江等地已成为我国民族工商业的重要基地。温州地区从唐宋以来一直是我国东南部手工业、小工业名城，有着提倡"功利"、"重商"的区域文化传统，这种

11

"瓯越文化"有别于重义轻利、崇本抑末和重工轻农的传统儒家文化（张仁寿等，1990年）。据史书记载：早在万历、乾隆年间，温州人就"能握微资以自营殖"（万历《温州府志》卷五）、"人习机巧"、"民以力胜"（乾隆《温州府志》卷四）。从这种深厚的文化渊源中我们就不难找到温州人喜欢当小老板、搞个私企业的原因。江浙晚清文化传统中重工、重商、重教因素，与韦伯意义上的"新教伦理"非常相似，它有助于推进经济的现代化，有助于现代金融信用因素的产生。

福建是我国对外通商最早的省份之一。早在南宋和元代，泉州就成为世界上最大商港之一，并形成了著名的"海上丝绸之路"。福建独特的海洋文化孕育了独具个性的闽商阶层。闽商具有高度的外向性、广博的包容性和以朱熹"理学"为核心的企业家文化精神，致使他们把"节俭、勤劳、守信、尚义"作为其企业文化的核心。闽商受国际上商贸往来的影响，形成了"重守信诺，公平交易"的商业文化传统。应当说，正是闽商传统文化的传承和积淀，为该地区经济发展和以民间为主的信用文化建设奠定了扎实的基础。

相比起来，我国中原地区古来就人多地少、黄淮泛滥、灾害频仍、兵事连年。由此积淀下来的历史遗产，在某种程度上造成了该地区社会网络的脆弱性——在那里的社会网络中，较难形成一种作为主体行为规则的诚信规范或者规则。我们看到，举凡农民高负担问题、地方官员侵害群众利益问题，以及乡镇政权危机等等，都在这一区域有较全国更为严重的表现；而"三星"、"三读"之类的集资诈骗案，以及毒米、毒油、黑心棉等恶劣的社会现象，更大多发生在这一地区。

另外，作为历史遗产，改革开放前30年传统计划经济体制在各地普及深入程度的不同，也会在各地之间造成巨大的经济与文化差异。例如，由于中西部和东北老工业基地是传统计划体制贯彻最为彻底、统治时间最长的地区，所以，迄今为止，在这些地区，我们仍然可以强烈感受到计划经济的遗迹。因此，与东部沿海地区相比，这些地区在转变经营理念、遵守市场规则、培育诚信精神、张扬创新意识，以及加强信息交流等方面均存在一定差距。这些差距，在造成该地区与沿海地区经济发展水平差距的同时，也造成了该地区的金融生态环境与沿海地区的差别。

（二）地区发展路径的差异

以上所述，是根源于自然禀赋和历史传承的差别所形成的地区间经济发展和金融生态环境的差异。下面的分析将说明：对于自然禀赋和历史传承比较接近的地区而言，由于选择了不同的经济发展路径，也可能形成较为明显的区域经济运行模式的差异和金融生态环境差异。

不妨以在中国改革过程中形成的两个著名模式——"浙江模式"与"苏南模式"为例来说明这种差异。

从根本上说，"浙江模式"与"苏南模式"的显著差异在于企业所有权构成：前者以私人产权为主，后者以集体产权为主。在浙江，过去确曾有过许多乡镇集体企业，但其中的多数实属假集体或"红帽子"企业。产权制度改革之后，浙江的私人产权特征越发明显。与此相反，尽管经历了多次"改制"，集体产权却以各种各样的形式（"不可分配给个人的集体股"）在苏南地区存续。这形成了两地在产权制度方面的重大差异。

从本质上说，"浙江模式"是一种市场解决、自发自生和自组织（self-organizing）模式。[①] 在其中，政府的作用虽然重要，但主要发挥促进性、辅助性、倡导性和主持性的作用，而不是经济管理作用。政府的经济促进作用不同于其经济管理作用。所谓着眼于"促进"，主要体现在：首先，政府致力于维持一个公平、公开、公正的市场竞争秩序；其次，在市场失灵或竞争失灵时可采取与市场一致（market conform）的过程政策，其目的在于最低限度地介入经济过程——这种介入将尽可能避免扭曲经济的正常运行秩序，而致力于为市场竞争打通道路，并以此为限。这就是说，政府也可以通过制度模仿和创新来发挥熊彼特意义上

13

---

① 哈耶克认为，"自组织"、"自组织系统（self-organizing systems）"或者"自我生成系统（self-generating systems）"之类的概念来源于控制论，意谓系统内部的力量的互动创造出一种"自生自发的秩序（spontaneous order）"，或译"自发秩序"，这种自发秩序源于内部或者自我生成的，有别于另一种由某人通过把一系列要素各置其位且指导和控制其运动的方式而确立起来的人造的秩序、人为的秩序、建构的秩序或者建构（construction）（哈耶克，2000）。比如，最典型的自发秩序是有机体的自发秩序。哈耶克认为，自发秩序不是人类设计的产物，但属于人类行为的产物。他认为，人为的秩序或一种受指导的秩序可以称做一个"组织（organization）"，它来自外部，是一种"外部秩序（taxis）"，从而区别于自生自发的、源自内部整合的"内部秩序（cosmos）"（哈耶克，2000）。

的"公共企业家精神"（public entrepreneurship）（伯恩斯，2000），辅助、促进、倡导或者主持不断地模仿和创新，实现"创造性地破坏"（creative destruction），由以推动经济的发展。但是，这些"公共企业家"的活动有其限度，那就是：它们必须遵循与市场一致的原则。浙江的总体情况基本上符合以上这些理念（冯兴元，2000）。

"苏南模式"则不同，它本质上是政府直接从事经营活动。对于这种模式，理论界曾有过多种描述，诸如超强干预模式，地方政府公司主义模式（戴慕珍，1999），干部经济模式，政绩经济模式（新望，2000），干部资本主义（cadre capitalism）模式（何梦笔，1997），"（准）地方政府的地方产权制度模式"（何梦笔，2000），"地方（准）行政经济模式"（冯兴元，2000）等等，都是一些颇为精到的概括。简言之，在苏南地区，村、乡、镇政权对乡镇集体企业的实际干预和控制是相当严密和坚实的，在那里，事实上形成了一种"（准）地方政府的地方产权制度"，这种对乡镇集体企业的地方产权制度安排在精神上与中央或地方政府对国有企业的产权制度安排有异曲同工之妙：它们都有着政企不分的问题，因而时而产生低激励甚至负激励效应（冯兴元，2000）。

不可否认，在过去很长一段时间里，苏南地区政府超强干预模式取得了辉煌的成果。20 世纪 80 年代，包括苏南在内的全国各地乡镇企业异军突起，为打破国有经济垄断、消除城乡障碍、提高农民收入、改善农村生活条件、实现我国经济的全面腾飞做出了巨大的贡献。

但是，苏南地区在内的乡镇集体企业与乡镇村干部的关系千丝万缕，地方干部干预问题十分严重，因此，乡镇企业承担了大量社会政策职能。这种地方政府和基层干部的全面干预，已经超越了上面所述的"公共企业家"活动的界限。政府干预的结果尽管可能在一段时间内会带来积极的结果，但是政企不分的集体产权制度安排之隐患最终由于外部宏观环境和竞争环境（如买方市场的出现）的变化而加剧了苏南经济滑坡。东南亚金融危机更使得我国多数乡镇集体企业的外部环境恶化，暴露了原先掩盖的大量经营和制度问题。顾介康（1997）曾将"苏南模式"在历史发展过程中与其优势相伴而生的、在市场经济条件下逐步暴露出来的不足和问题归纳为七个方面：一是以社区为特征的集体所有制形式，带来了政企不分、政资不分的弊端；二是产权关系不明晰，企业内部活力

不断减弱；三是投资主体单一，不可避免地带来企业高负债；四是受块块分割的利益和权力的驱动，形成了低水平的重复建设和过度竞争，浪费了大量资源；五是城乡分割的管理体制，影响了城乡一体化发展的进程；六是在卖方市场条件下乡镇企业"船小好调头"的优势，变成了买方市场条件下"船小经不起风浪"的劣势；七是对集体经济主体地位的片面认识，影响和抑制了非公有制经济的发展。这些概括是很有眼光的。

必须看到，在经济发展的不同阶段，政府所发挥的作用及其市场效果是不一样的。经济腾飞之前和初期，市场尚不完善，这时，借助政权的力量，集中动用一切可动用的资源，包括"权力资本"或"政府干预资源"（如开办集体企业、国有企业、推行地方保护主义等），可能产生"立竿见影"之效。但是，随着市场规范化和经济一体化程度逐步提高，随着一些市场扭曲因素得到纠正，随着优胜劣汰机制逐渐发挥作用，地方政府较深的干预和参与就可能产生不良效果。这时，只有交易成本较低的企业才能最终胜出。相比起来，个体企业、私营企业、股份公司、有限责任公司之类的企业，因其产权明晰，其交易成本较低而且容易进一步降低；而集体企业或者国有企业，因其产权不明晰，交易成本原本就高而且很难进一步下降。于是，在新的竞争环境中，两种不同的资产组织方式在经济上、效果上的优劣就显示出来。

经济体制方面的差别直接形成了金融生态环境方面的差异。越来越多的证据显示，民营经济的发展，有直接夯实地区信用文化基石的积极效果。这是因为，由于长期在意识形态上受到歧视，我国的民营经济一直是在夹缝中艰难地生长的。在如此恶劣的环境之下，民营经济要想获得正规金融部门的支持，非有良好的技术基础、管理严密的企业组织、广阔的市场前景和良好的信用记录不可。更重要的是，要想获得正规金融体系的长期支持，它们必须不断、反复地证明自己拥有遵守信用纪律的优良记录和相当硬的预算约束。至于从非正规金融体系获得金融支持，情形也大致相仿。非正规金融资源的成本之高，使得只有那些绩效优良的企业才能厕身其间；而非正规金融的高度易变性，更要求那些希望长期取得金融支持的企业表现出异乎寻常的诚信品质。总之，由于民营企业获得各种类型的金融支持的前提条件都是要建立并保持良好的诚信记录，在民营企业较为发达的地区，诚信文化自然也是被人崇尚的。

15

我们看到，基于不同产权之上的金融生态环境的差别已经通过金融资产不良率的差别在江浙两地显示了出来。例如，2004 年，浙江全省金融资产不良率为 2.6%，而江苏却高达 8.85%，超出浙江 6 个多百分点。应该说，江浙两省经济增长与金融生态环境的较大反差，其重要的原因之一，就在于两省民营经济发展的差距。

（三）中央政府主导的非均衡区域发展策略的影响①

在政府主导的强制性制度变迁的格局下，中国地区间的差异在一定程度上还是由中央政府在推进改革过程中的策略性考虑造成的。我们认为，类如各种各样的"特区"和"试点"地区的设置，出于各种考虑的区域"优先发展"战略，至今仍在发挥实质性影响的财政"分灶吃饭"体制，政府投资的"重点倾斜"，国有企业之区域分布的偏颇，以及难以胜数的差别性安排（偏向地区和部门的优惠政策和制度）等等，可能导致各个地区之间经济运行和金融运行的制度环境产生极大的差别。

1. "让一部分人先富起来"与渐进式改革路径

后发国家要实现赶超，采取不平衡增长战略是一个较为可行的途径，这在东南亚和一些拉美国家得到证实，并且一定程度上成为我国 20 世纪 80 年代后政策向东部"倾斜"政策的理论基础。这意味着，在一定程度上，我国东部沿海地区的先发优势并不完全是建立在其自身资源禀赋和文化传承基础之上的，而在相当程度上来源于中央政府允许他们"先富起来"这种特殊优惠政策的外部力量的促进（刘建军等，2004）。

在"让一部分人先富起来"发展策略观的指导下，我国的体制变革始于东部沿海地区，并且，在起步阶段，那里还相应地得到了一系列倾斜性的政策扶植，亦即赋予了与其他地区不同的发展机会。比如说，在其他内陆地区仍然按照计划经济体制运行的时候，东部沿海地区计划调节特别是指令性计划调节的范围已大大缩小、市场比重则大大提高了。

从总体上讲，我国地区发展差距的扩大是在有利于促进经济总量增大（迅速"做大蛋糕"）和总体经济效益提高的背景下发生的，这与传统

---

① 参见刘建军等：《市场化进程中的中国区域经济发展差距分析》，载《天津社会科学》2005年第1期。

的地区发展模式存在本质区别。在传统计划经济体制下，虽然形式上可以缩小甚至消除地区间发展的不平衡，但这种平衡实际上是以牺牲整个社会的发展为代价的，并且以扭曲的方式造成地区发展不平衡。就此而论，"让一部分人先富起来"的安排是一种非常务实、有远见且具有可操作性的战略。

从实际操作过程来看，企业改革是伴随着价格改革同行的。因此，在企业改革方面获得"先行"权利的地区，在价格改革方面也获得了某种优先权。显然，在长期短缺的"卖方市场"条件下，获得优先改革价格的权利，事实上就是获得优先涨价的权利；而价格优先上涨的地区，事实上就获得了来自价格尚未发生变动之地区提供的价格补贴。换言之，由于计划价格往往要比市场价格低出很多，在产品事实上可以在区域间流传的条件下，资源型产业为主的其他内陆地区通过类似缴纳"资源税"的方式隐形贴补了东部沿海地区的经济发展。

另外，在改革之初，我国除了商品短缺外，上游和下游产业在各省、地区、市的分布也很不均衡。"东三省重工业比重高"、"山西煤多"、"中部地区三线企业多"等等，在一个相当长的时期中，是中国经济地理的常识。这种产业布局在有中国特色的价格改革过程中，使原先重工业、基础产业以及资源性产业大省曾经拥有的优势大打折扣，从消费品开始的价格改革则使其蒙受了巨大的"剪刀差"利益损失。而率先开放的地区则以自己的终端产品在国内市场上攫取暴利，且先行建立起市场经营体制，进一步确立了在卖方市场向买方市场转变过程中的竞争优势（刘建军等，2004）。

无论在理论上还是在实践中，优惠政策、"先富起来"政策与渐进式改革之间，都存在必然联系。由于优惠政策分布不均，渐进式改革策略才可操作。在全局利益的总目标下，牺牲局部利益是必然的。应当说，这种局部率先推进的改革策略，客观上产生了拉大了东、西部地区间经济发展水平差距的效果。

2. 东部沿海地区制度创新与市场机制的先发优势

从理论上说，随着我国改革开放进程的不断推进，东部沿海地区的先发优势将逐步削弱，而其他内陆地区的"后发优势"将逐步显化，其发展机会将逐渐增多。

17

但是，上述论断是建立在市场经济体制已经在全国无差别地形成的制度前提之上的，而这一前提在目前的中国并不具备：我国改革开放进程尚未最终完成，在这一特定的转型阶段，东部沿海地区的先发优势已得到充分发挥，而其他内陆地区的后发优势尚不具备发挥作用的充要条件，从而使其面临的发展机会再次落后于东部沿海地区。

从本质上说，市场力量的作用是趋向于不平等的。诺贝尔经济学奖得主冈纳·米尔达尔（Cunnar Mydal）曾对经济发展的差异性进行过精辟的分析。他认为，如果听凭市场力量自由发挥作用，那么，工业、商业、银行、保险、航运等经济活动都能获得高于平均利润的收益，并且，科学、艺术、文学、教育等将云集在某些地点和地区，从而使得该国其他地区都或多或少地处于死水一潭的落后状态之下。

米尔达尔的这一观点是建立在其经济发展的"扩展效应"和"回荡效应"理论基础之上的。这种理论认为，如果某一地方在初始阶段就获得了一种竞争优势，从动态过程来看，其后的发展机会本身还具有某种"乘数效应"，即存在所谓"机会创造机会"的惯性过程。在一个动态社会过程中，社会各种因素之间存在着因果关系，某一类社会经济因素的变化会引起另一类社会因素的变化，后者反过来又会加强前一类因素的变化，导致社会经济过程沿着最初启动的那个变化的方向发展。所以，社会经济诸因素之间的关系不是守衡或趋于均衡，而是按照循环的方式运动，而且，这种循环并非简单地循环流转，而是以积累的方式在运动着，是"循环积累因果联系"。① 米尔达尔的观点在某种程度上可以用来解释当前我国地区发展不平衡的情况。

这样看来，在体制变革初始阶段产生的我国地区之间发展机会的非

---

① 累积循环论这种理论认为，经济发达的区域由于其经济发展水平较高，城市节点分布较均匀和密集，从而使得基础设施的投入和共享都能得到保证；反过来，基础设施的完善又为资源的流动和共享提供了各种条件，形成一种良性循环。而经济欠发达地区因为各种原因（包括国家投资政策、地理位置、自然条件等），使得其资源的流通和共享的外部条件很不完善，这种不完善的外部体系又为建设资源的积累带来各种困难，从而形成一种恶性循环。持这种认识的代表之一的米尔达尔是这样解释的：一个区域最初由于诸如发现了矿藏或产生了一种新的出口农产品等的"增长启动器"而开始发展。不断上涨的实际工资和较高的资本收益反映了规模收益递增以及聚集的空间外部经济的发展，这（区域经济增长）是一个累积因果过程，任何为寻求国家整体收益最大化而对公共开支在区域间进行再分配，都只能加剧而不是减缓区域差异。

均等性，还会进一步产生循环积累扩散效应，从而使东部沿海地区的发展机会越来越多，而其他内陆地区的发展机会则相对减少。在相当长的时间里，东部沿海地区的经济发展更多产生的是聚集效应：它们在大量吸引内陆地区的人才、资金、资源的同时，似乎并没有反过来对内陆地区产生明显的"扩散效应"。这是因为，东部沿海地区虽已得到迅速发展，但尚未进入成熟发展期，其产生扩散效应还有待时日。另外，由于开放政策的大力推行，并基于比较优势，东部沿海地区更多形成的是外向型大循环的增长格局，从而使得内向型梯度转移的"涓流效应"微乎其微，相反，"虹吸效应"却很明显并呈扩大趋势——在市场和市场经济相对发达的东部沿海地区已形成若干规模巨大的经济中心，而其他地区只能屈就于成为它们的经济外围地区。

由于国家采取了非均衡的区域经济发展战略，从而导致东部沿海地区取得了制度创新和市场化改革的先发优势，而这种优势一经形成，便具有自我强化和完善的趋势，我国区域经济市场化改革过程中呈现非均衡性便是不可避免的（刘建军等，2004）。

如果说20世纪80年代的区域经济发展差距中投资拉动的差别表现得十分明显，那么，东部沿海地区在经济活动方式、要素配置、产业选择等很多方面优先采用了市场机制，则使得它们获得了更为优良的促进发展的制度基础。比如，率先设立经济特区与开放城市、率先允许非公有制经济大力发展、率先对引进外资实施优惠政策等等，都使东部地区在经济发展上领先于中西部地区的优势长期得以保持。

这种优势在市场主导的资金流动方面表现得尤为明显。在整个20世纪90年代，东部沿海地区金融市场及多样化金融工具快速发展，并为资金跨地区流动不断开辟新的渠道。由于要素天生具有牟利趋向，大量的内陆地区的资金便通过银行拆借、横向投资和股票债券交易等多种形式流向东部沿海地区，特别是流向经济特区和开放城市，并导致这些地区的投资活动迅速高涨。此外，东、西部外资优惠政策和投资环境的地区差别也对资本投向发挥着重要影响。很显然，市场机制和制度创新的先发优势，在东部沿海地区形成了"洼地效应"。应该说，在宏观层面上，这种市场化的资金流动改善了资本的配置效率，从总体上推动了我国的经济增长，这种积极的结果无论如何强调也不过分。但同时也应承认，

19

正是资金流动市场化的逐步深入，使得内陆地区资金短缺的固有缺陷更显严重了。

简言之，东部地区从先行改革中获得的制度优势和增长效应是巨大且持久的。尽管中央政府从 20 世纪 90 年代中期以来在资金和政策层面上加大了对内陆地区的多方面支持，并先后启动了西部大开发和振兴东北老工业区的国家战略，但是，较之已经初步建立了市场机制的东部沿海地区而言，它们的发展劣势依然是明显的。

3. 知识与思想观念的先发优势和累积效应

进入 20 世纪 90 年代后，我国的改革开放全方位展开，东部沿海地区的一些特殊优惠政策减少或取消，国家在东、西部预算投资中的份额差距开始缩小。但是，沿海地区对中西部和东北地区的增长优势并没有因国家投资与体制差异的缩小而减弱，地区间经济差距反比前十年进一步扩大。这是因为，地区经济的发展除了受自然条件、地缘、历史基础以及宏观经济政策影响外，还直接受制于它所拥有的知识技能积累能力和思想观念开发能力。它们决定着地区的资源优势向生产优势、市场优势、经济竞争优势转换的能力，决定着市场开拓能力以及存量资产和增量投入产出效率的高低，并最终表现为参与区际分工和交换的竞争能力。

改革开放以来，在制度创新方面，中央一直提倡解放思想，大胆实践，但由于东部沿海地区与内陆地区在传统体制和传统文化的积淀与累积效应上的不同，由于改革起步的时间不同，内陆地区事实上仍然难以真正解放思想和迈开改革步伐。因此，20 世纪 90 年代区域经济发展差距的扩大，还可归因于东部沿海地区知识经济增长的力度较大（刘建军等，2004）。

王小鲁、樊纲（2004）研究发现，西部中学教育普及率低于东部，这种状况持续下去，将严重影响西部地区的人力素质。另外，从研发经费支出占 GDP 的比例看，东西部差距也十分巨大。东部地区的研发经费占当地 GDP 的 1.1%，而中西部分别只有 0.6% 和 0.8%（国家统计局，2002）。科技成果方面的差距更大。按每万名专业技术人员申请专利件数计，东部为 140 件，中部和西部分别只有 39 和 35 件（国家统计局，2002）。进一步分析平均每名专业技术人员的技术市场成交额可见，中西部分别仅相当于东部的 31% 和 29%，而且这个差距似乎还在扩大。

以上情况说明，以教育程度和专业技术人员来衡量，东西部之间的人力资本存量固然已有一定差距，但在科技成果向市场转化的程度方面，差距更为突出。在人力资本的产出率方面无法与东部竞争，显然构成制约中西部技术进步和经济发展的一个关键因素。

渐进式改革取向率先在东部沿海地区引起了广泛的制度创新活动：大力发展非公有制经济，调整所有制结构；建立现代企业制度，塑造微观市场主体；培育和开放市场尤其是资本、人才等要素市场，解决地区经济发展中金融资源和企业家资源的约束；转变政府职能，为企业创造良好的发展环境；等等。通过这些制度创新活动，不仅使东部沿海地区获得了制度和市场机制优势，而且还获得了市场知识积累和思想观念创新的累积效应。

改革开放以来，内陆地区的体制改革显然落后于东部沿海地区。根据国民经济研究所市场化指数课题使用25项客观指标进行度量的结果，东部沿海地区的市场化程度远远超过中部和西部地区（樊纲、王小鲁、朱恒鹏，2003）。各省、自治区、直辖市2000年的市场化指数（记分区间0～10分），按东中西3个地区分组平均，分别为7.16、5.47、4.71。这反映出绝大部分东部省份不仅经济发展程度比较高，而且在市场化进程中也走在中西部前面。中西部省份市场化程度与东部差距较大的方面主要是非国有经济的发展和要素市场的发育程度，但在政府与市场的关系、产品市场发育、市场中介组织和法律制度环境等方面也都存在明显差距。

如表1—1所示，我国东部地区的外资和港澳台资企业的比重远远高于其他地区，其他内陆地区的所有制结构与东部地区也存在着较大差异，其中，西部地区的国有企业比重更大。

表1—1　2003年东、中、西部不同所有制工业企业总产值占比

单位：百分比

所有制	东部	中部	西部	全国平均
国有企业	38.21	61.36	64.81	42.64
集体企业	9.33	7.73	3.82	7.55
股份制企业	12.97	18.57	21.59	14.39
外商投资企业	26.88	8.86	6.40	21.50
港澳台投资企业	12.60	3.48	3.37	13.91

资料来源：《中国统计年鉴》（2004）。

东部沿海地区非国有经济的比重高，就比较注重资金与劳动力的运用效率。就外资和港澳台资企业而言，其重要性不仅仅在于投资量的多少，而且还在于其对资金与劳动力的专业管理能力，另外，使得受资地区收益更大更持久的还在于管理和理念的迅速更新。

在其他内陆地区，一方面由于传统计划经济体制的惯性以及大批国有企业的沉重历史包袱，另一方面由于商品意识和市场意识淡薄，制度转型面临着"知识存量"不足、创新主体（政府、企业及社会）动力不足以及创新成本较高等不同于东部沿海的初始约束条件。内陆地区大都属于重工业基地，设备老化陈旧十分严重，加上自身积累能力较弱，难以更新换代。

与市场发育滞后相对应，内陆地区与东部沿海地区的差距还表现在地方政府职能转变的滞后和思想观念的落后。改革开放二十多年来，随着市场化改革进程的深入，政府对经济的干预在逐渐减少，但内陆地区却有较明显的政府经济特征，政府与企业的"父子情结"、政府参与经济管理的色彩仍很浓厚，加之各地区和各部门利益争夺、权力寻租、过于繁琐的规章制度、办事效率低下等正式的与非正式的制度"壁垒"恶化了企业的生存与发展环境，并妨碍了外资的流入，因而，那里的经济发展在相当程度上受到了严重制约（刘建军等，2004）①。

总之，在中国的制度转轨时期，中央政府所主导的非均衡区域发展策略使得地区经济发展差距的拉大在某种程度成为一种必然。在确认这种事实时，我们丝毫没有责难这种发展战略的意思，相反，我们认为，对于中国这种幅员辽阔、地区间差异甚大的国度来说，实行非均衡策略，是一种高瞻远瞩的发展战略；舍此，我国的经济不可能获得如今这种发展。本报告的目的仅仅在于说明，目前我国的区域经济发展差距拉大，

---

① 如果投入可以在省际间自由流动，那么某些部门或地区的政策优惠对于收入分配的影响将会相当有限。新古典增长模型的一个标准推论是在技术回报逐渐递减的情况下，要素流动会使各地区的投入回报均衡化。不幸的是，尽管中国的改革在不断取得进步，甚至在终端产品市场上，竞争力量占据了统治地位，但是对于生产要素的限制和阻碍仍然在中国大行其道。阻碍要素跨地区流动的制度和政策包括：对劳动力自由流动的明确管制，有利于当地居民的就业机会，住房市场的缺乏，年金和健康保障体系的不完善，而且，对于移民家庭而言，还包括抚育和教育孩子的高额费用。这些制度因素都强化了部门和地区的政策优惠对地区差异所起到的作用。

并不仅仅是由于投资、财税和外汇使用等方面的政策差异造成的，东部沿海地区经济从先行改革中获得的制度创新优势与增长效应要比优惠政策得到的增长刺激更有意义。因此，更为积极地推动内陆地区的体制改革（包括推进市场化改革、促进非国有经济发展、提高企业管理水平和政府服务水平、改革科技开发体制，以及加速城市化建设的步伐），是我们下一步改革需要特加注意的问题。在这个意义上，我们认为，20 世纪末以来我国先后推行的西部发展战略和东北老工业基地的改造战略等等，是差别化改革推进战略的进一步发展、深化和完善，因而是完全正确的。

（四）现行体制下各级政府行为的扭曲

区域制度变迁的不均衡性既产生于中央政府推进改革的策略性考虑，更来源于现行体制下地方各级政府行为方式以及努力程度的差异。

应当看到，在中国经济改革和发展的过程中，由于金融资源高度集中在中央政府手中，地方政府争夺金融资源就是一个必然现象。这种情况导致的结果是：本来应该由市场引导的资源配置机制被花样翻新、无穷无尽的"跑部"行为所替代。进一步，地方政府为争夺金融资源的种种机会主义行为也直接影响到各地区在司法和执法方面对债权人权益的维护力度。在一些地区，政府公开保护甚至鼓励该地区企业逃废银行债务，从而导致整个地区金融生态环境恶化。本文以下的分析绝无责难地方政府之意，恰恰相反，我们认为，从总体上看，发生这种状况并不能完全归罪于地方政府，而是制度使然。

1. 地方政府财权与事权的不对等，造成地方财政紧张局面

在一定意义上，改革开放是一个针对地方的放权让利的过程。经过二十余年的发展，地方享有的由宪法确定的地方立法、司法和行政权力得到较大的肯定和事实上的逐步加强。同时，财政包干政策使得财富较多地集中在地方。1994 年分税体制后则带来财政的某种联邦化趋势，地方开始从一个毫无法律人格地位也不被承认享有独立利益的"车间"，开始向一个由中央"控股"的、拥有合法独立地位和利益并可以此与中央及其他地区进行合理利益博弈的"子公司"演变。加上全国市场经济体制的推行和政府对于经济领域改革的主导作用，地方与地方之间的相互竞争也开始浮出水面。如果这一"子公司化"的地位和合理的独立利益

23

不能得到宪政体制和制度变迁的支持，尤其不能得到来自中央的认可，那么，这种利益的博弈就必然会溢出体制之外，形成所谓"上有政策，下有对策"的格局，促使地方动用一切当地资源（包括司法资源）进行灰色的甚至是非法的博弈。在分税制以前，这种博弈主要表现为擅自减免企业税收、将预算内收入转移为预算外收入等；在分税制以后，则表现为鼓励企业拖欠中央税款、谎报收入基数，以及鼓励地方企业逃废银行债务等。

由于上级政府在政治上仍然对下级政府享有绝对的权威，分税制下政府间税权和支出水平仍然由中央政府决定，而不决定于同级人民代表大会，这就使得中央政府可以根据自己的利益随意改变分配的规则（Ma和 Norregaard，1998)[1]，而上下级政府的财政却是相互独立的，这样，上级政府很容易发生机会主义行为，把问题尽量往下级政府压，把资金尽量往本级政府抽调。

以上种种现象造成的直接结果是，在各级财政之间比较，越往上级资金越充裕，越往下级财政越艰难。

不妨回顾 20 世纪 60 年代以来的情况。1960～1985 年，地方政府均有预算盈余。1986～1993 年，盈余与赤字的年份参半。1994 年的税制改革完全改变了这一局面，地方政府预算从 1993 年的总体达 61 亿元的盈余骤然下滑为 1994 年的总体达 1727 亿元赤字。从 1994 年开始，各省每年均有预算赤字。1994～2001 年，地方政府的赤字以年均 16％的增长率

---

[1]　几个典型的例子如下：(1) 证券交易税原来的分享比例为中央与地方 50：50，后来屡次调整为 80：20、88：12，现在是 94：6；(2) 本来营业税划为地方税收，但将发生在全国各地的金融业、铁路运输业的工农业税统一汇算到这些企业的总部上缴中央；(3) 将房地产和建筑安装业的工农业税改为增值税；(4)"出口退税账户托管贷款"造成的金融风险很大。所谓出口退税是指对出口商品已征收的国内税部分或全部退给出口商的一种措施。但由于中央财政无法按时足额退还企业应退税款，出口企业占压资金而陷入困境。为此，人民银行、当时的外经贸部、国家税务总局联合推出了"出口退税账户贷款"，即商业银行为解决出口企业的退税款未及时到账而出现短期资金困难，在托管企业出口退税账户前提下，以退税应收款为抵押，向出口企业提供短期贷款。这既解决了企业流动资金困难，又缓解了中央财政的退税压力，可谓一举两得。但随着出口退税欠款的日积月累，商业银行反而陷入贷款陷阱：因为中央财政并没有按时足额退还企业的退税款。中央政府又出台的办法：一是将出口退税总体下调 3％，二是由各省、市、县三级地方政府承担 25％，可是地方政府又以身处当地的出口企业 75％的增值税上缴中央为由，陈述自己财政困难，这笔借款实际上成为银行在政府承诺但已失信的不良资产，等于银行被迫为中央财政"卖单"。这也是 1993 年以来中央政府对其保证不再向银行进行财政融资之承诺的违背（时红秀，2004）。

增加。基于 2002 年预算，地方政府的债务在 2002 年达到 3630 亿元，比 2001 年增加了 25％。即使是最富有省份也需要大笔的中央返还才可付清其预算赤字。例如，1999 年中央政府向广东省返还 208.6 亿元，占广东省预算收入 27％；对上海返还 229 亿元，占上海预算收入的 54％；对江苏省返还 203 亿元，占江苏预算收入的 29％。

以上比较的还只是中央与各省之间的财政关系。若考虑各省对其各下级政府的财政关系，并把它与中央财政地方放在一起考察就会发现：我国基层政府普遍处于入不敷出的地位。详见图 1—4 和图 1—5。

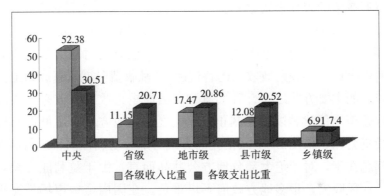

图 1—4 中央与各级地方政府财政收支地位比较（2001 年）

资料来源：时红秀：《地方政府债务——一个理论解释》。

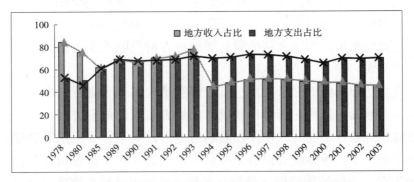

图 1—5 1978 年以来地方政府财政收支地位的变化趋势

资料来源：《中国统计年鉴》2004。

由于很多地方政府入不敷出，求助中央政府拨款就成必然之势，中央向地方的转移支付遂成为地方政府预算收入的重要项目。而在当前情况下，中央财政的转移支付能力毕竟有限，于是，地方政府自然就要把

眼光投向金融资源。然而，随着改革的逐步深化，金融资源已经基本上按照市场化原则在全国范围内分配，基于这一机制，金融资源向富裕地区集中便成为必然。在这种情况下，贫穷地区的地方政府便只能通过行政或其他超经济的手段争夺区域内国有银行分支机构的金融资源。这样看，从某种意义上说，不发达地区的地方政府对国有金融系统之金融资源的争夺是一种无奈的选择。说到本质上，在财政产权相对明晰而中央和地方政府各自都存在不同程度的机会主义倾向的情况下，通过金融渠道争用中央政府金融"租金"，实际上是地方政府变相地与中央政府进行财政资源竞争的表现形式之一。

2. 地方政府缺乏正常的市场化融资手段和配套的制度

在税收增长缓慢，财政收入不足以满足地方的财政支出需要时，地方政府就会设法寻找财政收入的替代品。"乱收费"就一直成为地方政府筹集资金的主要方式之一。我们看到，虽经中央政府多方多次治理，乱收费问题至今仍然难以有效制止。除此之外，地方政府还可以通过间接设立投资公司、采用 BOT 或信托的方式对部分营利性项目进行商业化融资。问题在于，对于绝大部分地方公共品而言，由于盈利能力差，建设周期长，风险大，很多地方政府不堪重负。在国内金融市场不完善，以及在合法的融资渠道不畅的情况下，地方政府只能转而加强对国有金融体系的控制，或者推行花样翻新的金融"创新"，试图用金融手段来替代本应由财政手段发挥的功能（CCEB，1999；周立，2003）。简言之，对于地方政府来说，实施金融控制是缓解地方财政收支矛盾的一种次优选择（麦金农，1993；张杰，1998）[①]。

在发达市场经济国家，发行市政债券是地方政府进行资本融资的重要方式。然而，这种在国外比较成熟的地方政府的融资方式，在中国现行法律中却是行不通的。在存在着越来越大的客观需要但正规制度又不允许的情况下，地方政府便会采取各种变通方式来举债融资。目前，各级地方政府举债的通行做法是成立各种从事城市基础设施项目投融资和经营管理的城市建设投资公司，并通过它们来从市场上筹集资金。此类公司主要有两种类型：一类是完全由财政出资成立的非经营性国有投资

---

① 参见巴曙松等（2005）：《转型时期中国金融体系中的地方治理与银行改革的互动研究》。

公司，实行收支两条线的资金管理体制，融资由财政担保，偿债依赖财政；第二类为政府控股的经营性公司，有一定的经营收入，但收入来源以财政拨款为主。通过这些投资公司，地方政府事实上直接成为参与市场博弈的"逐利主体"。①

另外，我国1995年颁布的《担保法》规定：除国家规定的需地方政府、财政担保的向外借款外，在社会经济活动中，地方财政（政府）不能向国内任何提供资金的单位和个人进行担保。这意味着，目前我国地方政府的多数债务担保都是无效的。但是，迫于筹集资金的需要或其他原因，各地现实中存在着种种变通的安排。在这些安排中，无论是地方政府还是同级人大，无论是提供担保还是反担保，它们对银行或投资人的承诺，都不过是一纸空文，依据此种协定发生的债权并没有得到国家法律的保护和国家政策的支持。

由于地方政府举债和担保举债都为我国现行法律和法规所不允许，一旦项目没有实现预期经济目标并导致地方政府违约，债权人不可能通过司法诉讼程序来要求保护自己的权益。②

3. GDP的政绩考核导向与届别机会主义行为

在中国目前的政府体制下，中央政府和地方政府之间的关系可以用委托－代理模式加以刻画。在这种关系中，地方政府实际上面对的是一个来自中央政府的多任务委托合同，其中既包括经济增长、税收增加、农民增收等经济目标，又包括诸如环境保护、社会安定、下岗职工再就业等社会目标。从纯技术性角度看，作为委托人，中央政府对数字和指标的统计结果进行评价要比实地调研成本小得多，对现时辖区经济总量的统计要比考察其潜在的生产能力容易得多。因此，作为理性的经济人，

27

---

① 某省会城市借举办全国性赛事之机，欲彻底改善城市面貌，便由市政府出面，以财政担保，由城市商业银行和国有银行等分支机构借款，市政工程公司和城市投资公司分别运营。这样形成的债务相当于该市本级财政年收入的15倍左右。

② 由于事涉违规，目前我们难以得到各级地方政府负债的准确数字。国家统计局的数据显示，到2001年底，全国拖欠工程款达到2787亿元人民币，其中政府投资拖欠款所占比重达到26.7%。其中，中西部地区更为严重。在乡镇一级，全国乡镇政府负债总额为2200万亿元，平均每个乡镇负债400万元。据估计，全国地方政府债务至少在一万亿元以上，占GDP的10%。很多研究者认为，目前我国地方债务风险的严重性已经超过金融风险，成为威胁我国经济安全与社会稳定的头号杀手（参看《商务周刊》2004年第5期）。

委托人（中央政府）经常会把 GDP、税收增长率、就业率等作为评价和奖惩地方官员的主要依据。在这种政绩考核的压力下，地方政府有足够的动力利用信息传递链条过长这一优势对中央政府隐蔽信息。①

如果单纯站在代理人（下级政府）的角度来看，在同级人大监督"缺位"的情况下，经过成本－收益计算的最佳"对策"，是拿出主要精力用于上级政府可观察和易于观察的"政绩显示"，例如高于其他地区和本地区历史记录的 GDP 增长率、大型工业项目、高标准的市政建设，以及那些能够打动人心的事项如"×件实事"、"×件大事"、"×件好事"等等。

加入任期因素后，地方政府行为就更耐人寻味。由于信息传递链条过长（上级政府很难做到对下级政府的"现场监督"）和监督约束不力，地方政府作为理性经济人，具有强烈的机会主义冲动和强烈的届别机会主义倾向（李军杰，2004）。

与企业剩余索取不同，任期制使得地方政府对财政收入（税收剩余）的获取不一定具有连续性，地方官员只有追求再任命，才会有机会享受税收剩余，而决定再任命的可能因素有地方对政绩考察指标的完成情况、辖区公众的反应和辖区社会形象等等。这是我们看到"形象工程"、"政绩工程"的制度性根源。②

政绩考察是当期的，但变卖公产却不受期限的限制，因此，变卖公

---

① 在铁本事件中，这种现象表现为市级向省级隐蔽信息，而省级向中央政府隐蔽信息。前者如常州高新区管委会经济发展局批准将 4 个合资公司的建设工程拆分为 12 个项目。这 12 个项目没有实际建设内容，主要目的是为了化整为零，向省国土部门申报项目用地。后者如由于省级审批权限每次不能超过 35 公顷，因此经江苏省国土厅于 2004 年 12 月 19 日和 20 日分 42 个批次批准了常州市 2.1 万亩农用地转用和土地征用。其中 14 个批次涉及的土地与铁本项目设计用地面积和位置完全相同。在我国经济转型期，这种由于上下级政府间直接的委托－代理关系所导致的信息传递效率低下问题已经导致了严重的不良后果，比如政府间层层上报的统计数据存在大量的信息失真现象以及中西部贫困地区普遍存在的"财政空转"问题等（李军杰，2004）。

② 这样的例子不胜枚举。安徽省阜阳市前地委书记王怀忠为了把阜阳建成"国际大都市"，耗资 3.2 亿元建一个天大的国际大机场。2003 年总共 1240 人次乘坐飞机，平均 1 天 4 个人乘机，机场勉强运营一年后就被迫关闭，现在杂草丛生、野兽出没，而地方财政因此而欠了许多债务。江西某市修造了一条新世纪大道，136 米宽，10 公里长，34 个车道，各种标准均高于长安街。在中国这样一个城市数量 500 多个、城市化水平只有四成的发展中国家，全国竟有 183 个城市提出建立"现代化国际大都市"的目标，30 多个城市提出要建中心商务区（CBD）。可参见《第一财经日报》2005 年 7 月 22 日。

产便成为地方政府获得可支配资源的主要渠道。例如，通过土地批租，50年或70年的土地租金事实上被政府一次性收取，而一届政府的任期只有3～5年。这种不对称性是诱使地方政府无休止地占用本地土地资源的基本原因。另外，在中央政府明令禁止"三乱"的情况下，集资、摊派和乱罚款在辖区内不得人心，而且可能影响对自己政绩考核，因此，举债就成为地方政府筹资的上上之选。其诱人之处不仅在于还本付息压力不在本期实现，而且还有现阶段中国金融体系固有软预算约束作支撑。一届政府任期5年，而城建打捆融资贷款期限一般在10年以上，在没有法定的政府负债额度（比如债务依存度、公债负债率、公债偿债率和地方居民应债率）约束的情况下，这种偿还责任对举债者（地方政府）来说是标准的"软约束"，它不但会导致地方政府债务风险的无限膨胀，还有可能引致下一轮的金融危机。这种偿债的"软预算约束"，正是由各级地方政府主导的投资扩张屡禁不止的强劲动力。①

4. 制度供给的失衡——软化制度约束环境导致地方政府对制度租金（金融与土地）的攫取

在经济转型期，中央政府由于没有足够的制度创新"知识"以及无法全面掌握各个区域的具体情况，从而不得不借助代理人（地方政府）临近现场，通过其能够掌握较多信息的优势去推动制度创新。但是，中央政府在预留给地方政府制度创新空间的同时，客观上也留下了以"模糊产权"和"预算软约束"为主要内容的不规范的制度环境。地方政府迫于财政压力、辖区间竞争和政绩显示的压力，大肆攫取现行制度安排中存在产权界定模糊（例如辖区内的土地）和预算"软约束"（金融租金）领域的"公共"资源便成为必要和可能。从近几年发生的不胜枚举的事例看，目前这两个领域已经成为中国现行经济制度设计中最薄弱的环节，也是经济转型过程中传统计划经济因素在不完善的市场经济条件下的最为突出的扭曲表现。

李稻葵（1995）曾将"模糊产权"（Ambiguous Property Rights）定

---

① 时红秀（2004）列举了四川省某市的一个案例：2012年，全部财政收入扣除政府运行的基本开支后，政府债务还本付息数额将比最大还债能力多出2.6倍，形成近6.9亿元的还债缺口。这种举债方式在一个有着长期产权保证的企业里是无法让人理解的，但在考虑政府财政产权相对明晰和决策者因任期制而导致的控制权收益不确定时，它却是地方政府的理性选择。

义为实际最终控制权的模糊性。李军杰（2004）借用了德姆塞茨的"产权束"概念，将"模糊产权"现象进一步描述为：由于市场环境的变化，新出现的营利性的资本产权束因为没有得到最终控制权的及时、明确界定，从而处于"开放状态"，进而成为被竞相攫取的"公地"。

不妨举农村土地转变为城市用地的例子来说明。中国正处于城市化过程中，随着城市的扩展，大量农村土地转变为城市土地将不可避免。根据中国的现行法律，农村土地属于农民集体的"集体所有"。但是，由于"集体"和"集体所有"从来就没有得到清晰的界定，这些土地的产权事实上是虚置的，或者说是"模糊"的。但是，在传统体制下，由于当时的经济环境并不允许将这些土地用于营利性用途，而只能采取国家划拨的方式在国有或集体经济组织之间流动，因此，这种"模糊"的产权安排并没有造成直接的效率损失和"滥用"。但是，在市场经济条件下，由于靠近城市的特殊的区位优势，随着城市化的推进，这些耕地就产生了被用来进行商业性开发从而盈利的可能；用产权经济学的语言来说，这时就出现了营利性的资本产权束。而在这些新出现的产权束未能重新得到明确界定的情况下，它就处于"开放状态"，即可能被人们用低成本获得。[①] 按照我国现行的土地征用和管理制度，最有能力且具有"合法"身份去占有这部分资源的行为主体就是各级地方政府。

目前中国的土地产权流转过程，其实可以用我们在其他经济领域中司空见惯的"双轨制"模式加以概括。在整个过程的起点上，农民拿到的是按照国家"牌价"确定的土地出让收益。[②] 政府取得土地之后，它反过来就会用市场价格将之售出，因而得到的是按照市场供求出让土地所获的收益（尽管土地价格的形成方式各种各样，名称也五花八门，其

---

① 尽管国家法律将诸如土地、矿藏资源等资产界定为国有和集体所有，但究竟由谁来行使这种产权，现行法律法规并没有清晰的界定。现实中，我们只有审批权的划分，而审批权却是可以通过无穷多的方式来绕过去的。这种产权界定的模糊，为地方政府提供了广泛的权利，并使得它们从中汲取了可观的土地租金。可以说，目前地方政府或政府机构对土地、矿产等公产的征用几乎没有规范的秩序。其结果不仅使得收入流失很大，而且附着于矿产、土地等公产的公众的权益也得不到保障，开发区热中的土地圈占和失地农民的保障问题，至今还是社会关注的热点。

② 在农用土地转化为非农用地的过程中，地方政府拥有绝对的权力。现行《土地管理法》规定，征用农民的土地，最高按农用地年平均产值的30倍补偿。而具体究竟补偿多少，则完全取决于政府有关部门。在大多数情况下，地方政府一般都尽量压低对农民的征地补偿价格。

实质都是政府定价并获得土地用途转换的收益）。无疑，后者（市场价格）要比前者（国家牌价）要高得多。也就是说，依凭土地产权的缺陷，各级政府占有了土地收入的绝大部分。我们认为，在从 2002 年开始的本轮经济周期中，地方政府所以热衷于以各种形式的开发区建设和市政建设名目来"跑马圈地"，并且在中央政府的严令下屡禁不止，其根本的原因就在这里。[①]

问题还有复杂之处。土地是不可再生资源，也是最基本的生产要素。作为人类一切经济活动的承载物，土地从来就是最优良的信贷发放标的物。这样，政府掌握了土地，也就掌握了对地区金融资源的配置权。由于企业拿到土地之后便可持之到银行要求相应的贷款，因而，土地批租权实质上就演变成地方政府取得信贷的权利。政府及相关官员可以根据自己"政治晋升"的各种政治和经济的目的，对不同企业给予不同的安排。结果，往往是资本密集型、高能耗、高产值的大型企业很容易用较低的价格取得土地，而处于发展初期的中小企业却得不到政府应有的支持。于是我们看到，被政府的资源控制权所"挟持"，大量企业特别是民营企业不得不以变异的行为"另求他途"。2004 年轰动一时的江苏常州"铁本"事件就是适例。[②] 倘若这种支配土地收益的权利被某些相关官员用做牟取私利的手段，贪污、受贿等腐败现象就会出现。

31

在这里，我们看到这样一条清晰的逻辑：土地控制（资源配置权）→吸引金融资源→资金投向资本密集型产业→区域重复建设、产业同构、投资过热→宏观调控→产能过剩→银行坏账→金融风险累积。

再看中国金融体系的软预算约束及金融租金的产生。

在 1994 年国有银行开始商业化改革之前，我国的金融资源是被中央政府高度集中控制着的。在一个相当长的时期中，国有银行的基层单位基本上没有自身独立的利益，它们的全部功能，就是一方面按照计划向本地居民揽取储蓄并将之上缴总行，另一方面按照上级的计划将配给的

---

①　根据《全国土地利用总体规划纲要》，1997～2010 年全国非农业建设占用耕地的指标为 2950 万亩，然而，仅 1997～2001 年就占用了 1351 万亩，占 45.8%，这还不包括违法征地在内。照此下去，从 2005 年开始，中国事实上已无地可征（见袁祖亮：《中国明年起 5 年无地可征》，载《中国经济时报》2004 年 3 月 11 日）。

②　这也正是地方政府投资饥渴症获得支持并得以持续的制度根源之一。

贷款额度投入国有企业和政府希望发展的重点项目。在这里，银行实质上承担着政府分配金融资源的任务，其基层机构更只是完成计划的工具。正因为金融资源也是由上级"配给"的，因而，地方政府频繁"跑部"去争取的就不只是无偿的财政资金，还包括事实上也不必偿还的金融资源。

从1994年开始的国有银行体制改革，在相当程度上改变了上述状况。但是，由于银行并不真正为其吸收存款的安全负责，同时也不真正为其贷款的风险负责，其预算约束依然硬不起来。而所谓银行的"预算软约束"，事实上正是政府干预金融活动的另一种表述。

与传统体制相比，正在改革过程之中的商业银行的经营行为已经有了较大的变化。但是，在现代公司治理结构尚不完善的前提下，由于国有商业银行的分支机构掌握着一定的配置金融资源的权利，由于大量的以地方资本为基础且主要服务于地方的金融机构纷纷建立，在中央政府逐步放弃一部分对金融资源的控制权的同时，地方政府在一定程度上承接了干预金融活动的权利。不过，由于地处一隅，地方政府干预金融资源配置的形式有了变化。一方面，它们可以用优厚的"配套"条件或其他因素来诱引银行在本地投入金融资源；另一方面，它们则更多地通过默许、容忍、甚至鼓励本地企业用展期、拖欠甚至逃废债的方式来攫取全国性金融资源。由于国有银行的预算约束仍然是软的，由于中央有关当局用无穷尽的"救助"措施一次又一次地容忍甚至确认了这种软预算约束，地方政府的这种攫取全国性金融资源的手段总能够奏效。在这种格局下，地方国有企业（甚至非国有企业）的融资成本和金融风险仍然会由国有银行承担，而且最终还是会转嫁给中央政府，从而，国有商业银行事实上蜕变成为地方政府的"第二财政"。

简言之，在现行金融体制下，地方政府争夺国有金融机构的金融资源事实上是一种高收益、低成本的理性选择。这意味着，要想改变这种状况，我们必须在政府制度上动大手术。

四、城市金融生态环境的构成
要素及其分析

在第二节中，我们确定了金融生态环境包括的范围和主要内容，并阐述了金融主体与金融生态环境的关系。在第三节中，我们指出了中国各地区在金融生态方面存在的巨大差异的事实，并分析了造成这些差异的四项历史的和制度的成因。本节以第二节和第三节的分析为基础，进一步讨论我国地区金融生态环境的诸种构成要素，为以下具体设定城市金融生态环境评价指标奠定基础。

我们已经指出，在一个经济体内研究金融生态环境问题，分析的立足点应当在地区层面上。由于中国的地区又可以分为若干级次，因此，在中国的情况下，省（地区、直辖市）、城市（地级）、县乃至乡镇均可作为分析的对象。

本报告选择城市作为基本的分析对象。我们的理由是：第一，依据对 GDP 的贡献来衡量，中国经济活动的主要部分是由城市承载的，因而评价城市金融生态有着较大的实践意义；第二，从功能上看，城市总是构成某一区域经济活动的中心，它与其周边地区形成了物资、人员、资本、信息相互交流的有机整体；第三，分析的对象应当是一个有着清晰的边界，自身形成可以识别并区别与其他地域的整体功能的经济体，而城市正是这样一类经济体。相比起来，省（区）主要是一个地理和社会的概念，它的经济意义更多是一个松散的若干地域经济活动的简单加总；而县域经济则或者过小，或者事实上被覆盖在相邻的城市经济之下。

根据以上的界说，我们确定了如下 9 项以评价城市金融生态环境的因素，它们分别是：（1）经济基础；（2）企业诚信；（3）地方金融发展；（4）法治环境；（5）诚信文化；（6）社会中介服务；（7）社会保障程度；（8）地方政府公共服务；（9）金融部门独立性。

本节将阐述选择这些指标的理由及各指标的统计方法。

（一）经济基础

实体经济是金融主体存在的根据、服务的对象和生存的空间，因此，

33

城市经济基础构成金融生态环境的重要组成部分。图1-6清楚地告诉我们，金融资产的质量与城市经济发展水平（用人均GDP来衡量）存在着密切的正相关关系。

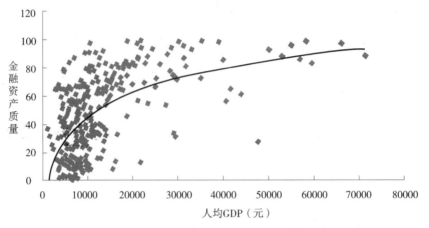

图1-6　2004年金融资产质量与城市经济发展水平

金融部门的基本功能，是通过提供产品与服务来媒介储蓄向投资转化。通过这一活动，金融部门实现着引导和优化资源配置的功能。可以说，正是为了满足实体经济发展的需要，金融部门及其产品和服务才应运而生，并得以壮大发展。从世界各国金融系统的演变历史来看，金融部门的产生或最初配置都主要取决于实体经济部门资金融通的需要和初始的制度环境，其后的发展演变则既受到经济发展的驱动，也受到特定制度环境的制约。一般而言，发达的经济体都拥有比较发达的金融系统，无论是银行中介为主导还是金融市场为主导，莫不如此。当然，经济发展水平相同的城市可能对应着发展水平不同的金融部门，这说明，在经济基础之外，有其他一些因素对金融部门的发展和金融生态环境发生着影响。

中国城市中的金融部门，最初是为实现国民经济计划而设置的。换言之，原有的计划经济安排造就了城市的金融部门格局。随着社会主义市场经济体制的逐步发展，越来越多的资金开始遵循市场原则而进行自由流动。但是，由于银行体系中的资金依然受到一定程度的计划性管理，在将来可以预见的一段时期中，在全国范围内恐怕还无法形成完全统一的资金市场，从而，各城市的金融主体的活动就将继续受到当地相关的

34

经济和制度环境的影响。这样，城市经济发展的水平不同，就将继续影响着当地金融主体的行为。

我们主张从经济规模、结构与发展水平等方面来评估经济基础及其对于城市金融生态的影响。经过对相关经济指标进行筛选和归纳，我们选择如下五项因素：

1. 经济发展水平

经济发展水平是影响金融生态的一个重要因素。在经济发展过程中，不断增强和完善的实体经济部门不仅可以促进金融部门的业务发展，壮大其实力；还可以对金融部门提出更高的要求和约束，增强其运营的稳健性；而且，经济规模的扩大和实力的增强可以抑制不良资产的产生，提高金融系统对不良资产的消化能力。国内外的经验事实表明，金融生态系统的平衡能力与经济发展水平表现出明显的正向关系，即经济发展水平越高，金融生态的平衡能力越强；经济越是落后，金融生态越具脆弱性。这种情况在国内表现得尤为明显。相对于发达市场经济而言，我国城市间金融资源在配置上存在较强的地区壁垒，缺乏区域流动性，从而使得经济实力对于金融生态系统的物质支撑作用更为突出。

我们采用人均 GDP 来评估经济发展水平。这一定量指标通常也是衡量地区经济实力和发展水平较为常用的综合性指标。

2. 产业结构

产业结构是经济资源在不同类型的经济部门之间进行分配并不断调整演化的结果，它也是决定整体经济效率和发展态势的一个重要因素。因此，城市产业结构的优化程度决定了城市经济的效益的高低与未来发展的前景。产业结构作为经济发展的基础结构之一，主要通过如下四个方面对城市经济发展产生影响：其一，不同的产业结构决定了以该结构为基础的城市整体经济的发展方向、发展速度、发展质量和发展潜力；其二，不同的产业结构决定了城市经济在国家总体经济结构调整过程中的地位（发展抑或是被限制发展）以及相应地吸引资本进行投资的机会和提供就业的能力；其三，不同的产业结构决定了城市在国家乃至全球经济周期变化过程中所受的影响，以及应对周期变化的调整能力和调整速度；其四，不同的产业结构决定了其吸引外资的条件。总之，城市产业结构决定了城市经济面对的总体风险特征，决定了其防范和化解金融

35

风险的能力——这些，显然对于金融业的健康发展至关重要。

评估城市产业结构及其优化程度，我们主要关注第三产业的发展程度、投资率、产业的集聚程度、产业结构的转化速度等方面的量化指标。

3. 经济活跃程度（商贸与投资）

城市的经济活跃程度，即景气度，是该城市经济系统及其制度环境具有活力的表现；这显然决定了金融主体的生存环境及其发展潜力。毫无疑问，城市内商业贸易和投资行为的活跃程度，直接反映并决定了该城市金融活动的生机。活跃的经济活动可以促进金融体系不断发展并致力于不断进行调整，从而有助于提高金融体系自身机能的完善，特别是有助于会计、审计、法律服务、资产评估、融资担保、征信等金融中介服务体系的形成和发展。在国内的城市群体中，经济发展较快，充满活力的城市，通常金融业也发展较快，金融体系及其生态环境也较为完善。

评估城市经济活跃程度，我们主要关注 GDP 增长率、固定资产投资的规模和增速、房地产投资的规模和增速、批发零售贸易额度等方面的定量指标。在这些指标当中，城市 GDP 增长作为企业经营环境冷暖变化的晴雨表，其基本态势预示着工商业经营环境及景气状况。商贸与投资方面的指标则是经济活跃的根源与具体描述，对于反映城市未来的经济发展态势，具有一定的前瞻性。

4. 经济开放度

开放经济是现代发达市场经济的一个基本特点。在当今世界上，落后经济追赶发达经济的基本途径之一就是对外开放，通过改革开放来引进发达经济体的雄厚资本、先进技术和先进经验，城市经济得以获得快速发展的良好机遇。另外，某一城市所以受到国际资本的青睐，通常还因为该城市有着有利于国外资本发展的良好的投资环境、法治环境和社会环境。因此，或许我们很难具体地描述某一城市经济环境的优劣，但却可以通过该城市对国外资本的吸引力的大小来间接但却是真切地感受到这种环境的差别。显然，一个对国外资本有强大吸引力的城市，其金融生态环境一定居于上乘。

评估经济开放度，我们主要关注城市经济的国际化程度和招商引资情况。描述国际化程度采用外贸依存度、外资占 GDP 比重、外企占企业数比重等指标；描述招商引资情况则采用外商直接投资额度（协议与实际利用)、港澳与外企贷款占比等指标。

5. 经济市场化程度

我国是一个正由计划经济向市场经济转型的转轨经济国家。由于改革推进的速度存在差别,各地的市场化程度便很不一致。市场化程度高,通常意味着更少的管制和更自由的竞争和更低地方保护主义倾向,[①] 从而有利于基于市场交易之上的商业诚信的建立,并且有利于保证金融机构的独立性。

评估城市经济市场化程度,我们主要关注市场的发育程度、地方保护主义倾向以及私人部门经济的发展等方面的指标。

(二) 企业诚信[②]

金融资产的质量同"消费"金融服务之客户的诚信密切相关,两者之间相辅相成,犹如一枚硬币之两面。因此,企业诚信状况构成金融生态环境的重要内容。

近年来,企业诚信问题成为理论界与实务部门普遍关注的热点。但是,我们注意到,一些研究者往往把企业诚信与企业信用混为一谈,认为企业诚信就是企业信用,企业诚信建设就等于企业信用建设。这种认识是有缺陷的。其实,企业诚信与企业信用之间,既有内在联系,又存在明显区别。从词义上分析,信用有信任、遵守诺言、实践成约之意。这是一个经济学的范畴。诚信则属于道德范畴,见于人的修养,有诚实守信之意。诚信的信,意为人的内在善意和良心,即孟子所说的"有诸己之谓信";北宋思想家张载的解释是"诚善于心之谓信",说的也是基本相同的意思。因此,诚信体现在经济关系上,是建立在诚实守信基础上的心理承诺与约期实践相结合的意志和能力,是现代市场经济中经济活动主体的人格资本的积累,它用金钱不能得到。可见,信用主要是针

37

---

① 法国的经济学家 Sandra Poncet 的研究表明,1997 年中国国内省际商品贸易的平均税负达到 46%,比 10 年前提高了整整 11%,这一税负水平超过了欧盟各成员国之间的关税水平,和美国与加拿大之间的贸易关税相当。当然,这一估计和事实可能有些出入,但改革过程中地方保护导致的高交易成本确实存在的(转引自 Bruce Gilley,"Provincial Disintegration: Reaching your market is more than just a matter of distance",22/11, 2001. 载于《远东经济评论》)。

② 这一部分的内容中参考了国家信息中心《中国诚信评价体系研究报告》。

对结果而言，强调的是经济主体履约的行为；而诚信则不仅必然包含着履约守信的结果，而且强调这结果是当事人心甘情愿所为。因此，相比较而言，信用固然是市场经济运行的必要条件，诚信才是市场经济作为契约经济或法治经济的本质所在。

在理论上，我们可以将影响企业诚信程度的主要因素归纳如下：

1. 经济实力和管理水平

企业诚信水平是其经济实力、管理水平的折射。一般而言，大企业的诚信水平高于中小型企业。特别是那些建立了现代企业管理制度、具备现代经营理念、拥有现代生产技术和管理经验、企业内部管理水平较高的企业，其诚信水平一般较高。

2. 法治环境

法治环境对企业诚信的影响在于：一是法律制度不完善，缺少对企业失信行为进行惩处的法律依据；二是执法不公，致使企业失去提高信用的积极性；三是保护诚信企业的法律环境不健全，不利于企业诚信水平的提高。总之，不良的法治环境会对企业的失信行为给予"负向激励"。

3. 政府诚信水平

我国是政府主导型社会，政府诚信的状况对企业诚信甚至整个社会诚信产生直接的影响。政府诚信在社会诚信体系中的表率作用不到位，势必影响企业的诚信建设。

4. 经营者个人因素

经营者是企业的灵魂。一般而论，企业家个人年龄、个人磨炼与修养、家庭教育、社会大环境、业内企业的成败经历、学校教育程度等均直接对企业诚信水平产生影响。

5. 产权制度和公司治理

在市场经济中，良好的公司治理结构是保护所有者和利益相关者的最为重要机制。

6. 诚信评价制度的完善程度

市场经济需要专门从事评价企业诚信状况的社会中介机构。这些机构若能做到评价标准公正、评价内容全面、评价结果透明，并能加大舆论和社会力量的监督力度，社会整体的诚信水平将会提高。

尽管企业诚信受到多方面因素的影响，考虑到资料的可得性并考虑到上述很多影响企业诚信的因素将在其他指标中单独或部分地得到体现，本项研究相对收缩了分析所涉及的范围。我们衡量城市企业的诚信，主要着眼于企业的财务信用指标（硬指标，包括企业规模和效益），同时也纳入了对企业运行机制（软指标，包括企业治理、企业管理、企业文化、企业信誉等）的考量。

（三）地方金融发展

广义上说，地方经济基础已经涵盖了地方金融发展的内容。我们所以将地方金融发展作为一个单独指标进行考察，是因为金融对于现代市场经济运行而言具有极端的重要性。现代金融的发展以完善的法律和良好的社会信用文化为根本，只有在良好的金融生态环境下，资金"洼地效应"才能形成，才能吸引更多资金，进而形成区域金融中心。因此，地方金融发展构成城市金融生态环境的组成部分。

King 和 Levine（1993）系统地讨论了金融发展的有关命题。根据他们的定义，金融发展包含两个层面的内容：金融总量的增长和金融结构的演进。就规模而言，金融发展指的是金融交易规模的扩大和金融产业地位的上升；就结构而言，金融发展指的是金融合约、金融市场、金融机构、金融工具、金融服务和金融制度的多样化与现代化。因此，总体来看的金融发展，意味着金融中介规模的扩大、金融市场的扩展、金融机构服务体系的完善、金融工具的创新、金融制度的法制化与规范化等一系列综合因素的完善和现代化。基于此，这两位研究者分别从金融总量、利率市场化程度、间接融资部门和直接融资部门的发展等不同角度，探讨了金融发展指标体系的构成。

我们的研究旨在分析各个城市的金融生态环境，立足点在于进行区域间（城市间）的比较，因此，国际通行的金融发展指标体系中的某些指标并不适合本项研究，应予剔除。此外，尚需考虑资料的可得性与可持续性，以及经济转轨的特殊现实。鉴于此，我们依据中国国情和发展阶段设计了以下四个方面的指标：

1. 金融深度（Financial Depth）

King 和 Levine（1993）用金融机构的流动负债除以 GDP 的商来衡

39

量金融深度。我们这里则用剔除不良贷款后的银行年末总贷款余额除以GDP，或者说是银行部门的正常贷款余额除以GDP。这个比率高，说明金融是有深度的。与King和Levine的定义相比，我们的定义有三处修改。其一，作为分子，他们选择的是金融机构的负债，而我们选择的是资产。这样做，主要是考虑到在中国现阶段尚未完全市场化的条件下，金融机构的资产显然与金融发展和经济发展的关系更为密切。其二，我们的"金融机构"概念没有包括非银行金融机构。这样做，主要是考虑到中国的非银行金融机构规模甚小，且其统计资料不健全，亦无连续性。其三，在银行业的资产中，我们没有将银行持有的如国债和在央行的存款等生息资产包括在内。剔除这些项目，是考虑到这些资产与当地的社会经济运行没有密切关系。虽然做了这些修正，分析显示，我们定义的金融深度与King和Levine（1993）的指标高度正相关。

2. 银行部门竞争

我们认为，地区银行部门的竞争越充分，越是有利于提高该地区金融部门运行的整体效率。本报告用城市中四大国有银行以外的其他银行占当地信贷总额的份额来衡量银行部门的竞争。该比率越高，说明竞争越充分。

3. 金融市场的发展程度

我们用城市内企业直接融资的规模（包括股票、债券和信托计划等）占当地信贷总量的比重来予以衡量。

4. 金融信用的意识

我们用人均消费信贷、人均承保额等来间接地度量当地金融信用的意识。

（四）法治环境

完善的法治环境能够有效地保护金融主体产权，有效遏制恶意信用欺诈和逃废金融债务行为发生，因此，法治环境构成金融生态环境的重要内容之一。

当前中国经济生活中的法治环境主要存在三方面问题。

1. 现行的法律制度存在缺陷，不利于金融机构债权的保全

中国金融企业一直期待新版《破产法》的诞生。这是因为，现行的

1986年版《企业破产法（试行）》是在改革转轨初期早期制定的，随着市场经济的发展，该法在覆盖面、清算、破产重组等重要方面都已经严重不能适应市场经济运行和发展的要求。特别是在债权清偿顺序方面职工劳动债权（即企业积欠职工的一些补偿费用等等）优先于有抵押、质押的债权的规定，在破产条件方面企业法人不能清偿到期债务和资产不足以清偿全部债务或者明显缺乏清偿能力并列为破产条件等等，无疑会对金融机构债权的保护产生消极影响。

劳动债权优先于担保物权，其直接后果就是银行债权追索难、不良资产回收率低，从而导致金融机构债权人消化不良资产的能力弱化，形成金融风险的诱因。同时，对担保物权保护的漠视会破坏法律的基本规则，冲击经济主体对于担保制度作为最后一道保护措施的信任。法律也是一种信仰。失去了对法律的信任，最缜密、最系统的法律也会变成一张白纸。而过于严格的破产条件使得债权人不能及时、有效地提出债务人破产的申请。将资产不足以清偿全部债务和明显缺乏清偿能力规定为破产条件，往往会使企业已经不可救药时才能进入破产程序，这会错过对企业实施重组或和解的机会，同时这也会错过对金融机构债权人利益实现最大化保护的机会（项俊波，2005）。

2. 我国的金融执法效率低，法治没有真正落实

首先的表现是执行时间长，程序复杂。违约时债权的执行时间过长，往往造成担保物价值降低，对债权人和债务人双方都不利。其次是执行费用高。金融机构通过法律诉讼伸张债权，除了立案、诉讼保全、执行等环节需要先垫付费用外，在案件审判或执行阶段，往往还需支付鉴定、评估、执行物过户等费用，收费的环节多而且费率高，导致诉讼费用基本要占到诉讼标的金额的10%～20%；而且，常由于债务人无意或无能力偿还，最后变为金融机构自己负担。再次是抵债资产回收效果差。有资料显示，相对于违约贷款的价值，过去两年某省金融机构的各种抵债资产的总回收率平均仅为50%；通过法律程序执行的抵债资产总回收率平均为48.9%；第三方保证的总回收率平均仅为39.7%。

3. 司法缺乏公正和独立性

首先，目前我国的法律定位和人事管理制度将司法机关置于同级党、政府及人大的控制之下，导致某些地方部门和个人的监督或领导"情

节"，从而为以外部监督为名干预正常的公正执法提供了可能；① 其次，现行的司法物质保障体系确定了司法机关的物质保障由同级政府财政负担，在现行的分税制财政体制下，地方司法机关的物质保障完全取决于地方的财政状况，因而地方司法机构的生存掌握在某些外部权力机构或个人手中，其经济制约因素十分明显。以上两方面的因素都使地方司法机构的利益直接与司法机关外部的一些当地政府部门和个人的决策及行为相关，司法执行人员在执法中容易受到外部的干扰，使得司法机关不再是中央在地方的执法机构，而是体现地方局部利益的地方机构，从而出现执行难的问题。可以说，行政力量不从司法领域退出，司法就无法独立地行使审判权、执行权、司法权，法律的权威就会受到侵害，执法效率也无法提高，更谈不上执法的客观和公正。对司法的监督也是当前面临的突出问题。司法的客观性、公正性源于司法的独立，但更源于司法的监督。目前，我国的司法监督是不完善的。

概言之，法规能否很好地保护投资者、存款者、债权人的权益，会计准则是否足够严格合理，《破产法》是否合用，执法是否严格，司法是否公正等等，都会明显改变微观经济主体的行为和预期。在现实中，目前的《破产法》在清算程序、破产条件约束，以及专业性等方面存在诸多争议，"起诉不受理，受理不开庭，开庭不宣判，宣判不执行"，"打赢官司赔了钱"等等，非常形象地描述了银行在一般的债务诉讼中的困境。这种局面会对社会诚信环境产生极为负面的不良影响。由于此类法律问题导致的对借款人的"财务软约束"很可能会造成金融风险的过度积累（周小川，2004）。此外，法律和制度环境方面的缺陷还会使地方政府把更多的注意力转向对中央控制的公共金融资源的竞争上，并且，在辖区内企业面临逃废债的法律诉讼时，它们还倾向于充当地方企业的保护伞。一个相对软化的法制环境必然会促生种种地方机会主义行为，从而对本地区金融生态环境产生显著的不良影响。

Pistor、Raiser 和 Gelfer（2000）曾通过问卷调查的方式，从五个方面（司法系统效率、法律法规、腐败、被侵占风险以及合同爽约率）构

---

① 德国法学家沃尔夫甘·许茨认为："行政侵犯司法，特别是侵犯法官的独立，在任何时代都是一个问题"。

建国家法治指标。"地方公司主义"或"经济联邦制"格局下的中国地区单位（省级或城市）构成一个很好的研究案例。尽管中国的各地区共享同样的书面法，但是它们的法治水平却参差不齐（这是因为司法机关也是按行政区域划分的，其人事、经济等诸多方面均受制于地方行政当局，所以，从某种程度上说，执法权实际隶属于地方政府）。考虑到资料可得性，我们侧重关注地区的司法公正和执法效率，采用问卷调查的方式，结合相应的客观指标，从以下三个角度对地区司法环境做出评价：

1. 产权保护力度

包括非规范收费程度、知识产权保护力度（对盗版及各种假冒伪劣产品的监控、单位科技人员的专利受理和批准数）以及法院体系保证经济合约履约状况。选择上述指标，目的是要反映作为一项合法权益的私有财产受到何种程度的保护，政府在多大程度上能够保护以及履行法律而保护私有财产，是否存在政府剥夺私有财产的可能性，司法系统能否独立运作，司法内部是否存在腐败，以及公众和企业履行合同的能力。

2. 地方法制健全程度

包括地方性法规条例的健全性、法规政策的连续性以及政策法规的普及和透明度等。

3. 司法执法力度

司法判决的顺利执行是司法公正的重要内涵和体现，而"执行难"问题已连续数年引起全国人大的高度关注。以开展"执行年"活动的1999年为例，1~10月共执结案件165万件，案件执结率比1998年提高4.39%，但仍仅为67%。民事经济案件的执行率更低，从全国的范围看，近年来未结执行案件数量呈逐年大幅度上升之势，由此引起的负面效应十分明显。我们通过问卷调查，结合三年中地区经济案件结案率（即结案数和收案数之比）这个客观指标来评价地区司法执法力度。一个案件结案所需的时间取决于法院的审判速度和执行速度。虽然法院的审判时间可能较长，但是执行是最大的问题，有些案件花了数年的时间才可能得到执行（Stone 和 Yao，2002）。法官的素质、法院资金的充足状况、司法体系的腐败程度以及人们对法治的认知程度等，都影响到结案速度。因此，结案率是一个较好衡量各地区司法体系效率的综合性客观指标。此外，诉讼费用和抵债财物的回收率等指标可以较好地衡量当地

43

的执法成本和难度，在后续的研究中，我们将设法收集数据，并将其纳入评价指标。

（五）诚信文化①

诚信可看做是签约方对契约和承诺的遵守。由于在社会交往和经济交易过程中，失信行为具有"外在性"和"传染性"，需要通过建立一个全社会范围内的诚信体系才能使其内在化。特别是，一旦这种诚信体系得以建立，即具有规模经济的特征。所以，如果我们不是从单个的个体和机构看，而是从个体和机构组成的社会网络看，那么，一个不信任的社会就可能会陷入"所有人对所有人的战争"，也即陷入"霍布斯丛林"。也就是说，仅仅依靠少数几个人或少数机构的诚信是没有意义的，关键是要在社会网络中形成一种诚信规范或者诚信规则，作为网络中的个体和机构的行动准则。一旦诚信规范出现，那么，它就会作为一种类似文化和习俗的东西传承下去，一直被社会经济活动的当事人所遵守。这就是所谓社会诚信。

如果说企业的诚信评价能够找到具体的契约关系为测度对象，对一个地区来说，情况就变得相当复杂了。除非我们能够精确地计算出一个地区的个人、机构和政府契约关系总量，统计出违约行为的数量，然后计算出违约行为的发生率，才能据以推算不同地区的相对诚信水平。显然，要进行这种总体上的行为统计是不现实的，也是无法做到的；如果实施抽样调查，考虑到契约关系的复杂性、交错性和重叠性等，同样很难准确计算出一个地区的违约率。鉴于此，采取国外普遍使用的主观态度调查，就成为一个替代的相对科学的研究方式。

目前，国外关于诚信的调查基本上采用社会资本测度方法。这类方法采取问卷调查的方式，通过问题的设计来显示被调查者对诚信的主观看法，并把这些看法汇总起来，构成对一个地区的诚信水平的总体评价。在社会资本测度方法中，代表性的有两大类：一类是以世界价值调查机构（WVS）和美国国家舆论研究中心的普通社会调查（GSS）为代表的社会调查方法；另一类是世界银行的 SC-IQ 方法。应该说，从目前的运

---

① 以下部分内容参考了国家信息中心《中国诚信评价体系研究报告》。

行来看，两种设计各有千秋。

为了更好更清晰地展现一个地区社会诚信的内涵，我们将以上的社会诚信范畴做了一定的拆分，即从诚信文化、社会保障以及中介服务等三个角度揭示该地区的社会诚信水平（分别体现为第5、6、7项）。

在这里，社会诚信文化侧重于从居民视角来进行观察，包括居民素质、受教育程度，收入水平及生活质量，以及对诚信、平等价值观的体认等。

（六）社会保障程度

社会保障的健全程度是社会公平程度的体现。国外研究表明：相对完善的社会保障机制能增强社会成员的安全感，缓解社会贫富矛盾、城乡矛盾以及官民矛盾，建立新型的信任机制。

此外，在中国，地区社会保障健全程度还直接关乎银行债权的保全。前已述及，现行《企业破产法》以及新《企业破产法（草案二次审议稿）》在直接关系到债权人利益的破产债权清偿顺序和破产条件这两个焦点问题上，存在不尽完善之处。在劳动债权优先于担保物权的情况下，如果一个地区在社会保障方面历史欠账太多，其直接后果是银行债权追索难、不良资产回收率低，从而导致金融机构债权人消化不良资产的能力弱化，形成地区金融风险的诱因。[①]

我们通过专家问卷调查，从地区养老保险、医疗保险、失业保险的建立面以及城市最低生活保障水平等方面来考量城市社会保障的健全程度。今后，我们希望能获取各地区企业年金的数据，并将其纳入评价指标体系。

（七）社会中介服务

现代社会学理论显示：在一个社会中，中间型组织的数量反映了居民社会参与程度。中间型组织能有效地增强人与人之间的联系，提升建

45

---

① 2002年四川省政府体改办、省财政厅成立课题组，对该省1998～2001年企业破产工作的基本情况进行了全面调查，发现1321户国有破产企业债权人债权的平均受偿率为14.4%，而银行债权受偿率低于平均水平，仅为11.42%。

立彼此间诚信的基础。在现代经济社会中，中间型组织产业化成为构成整个经济体系不可或缺的一环，诸如律师事务所、会计师事务所、评级公司、担保公司等中介机构，在现代金融服务中发挥着越来越重要的作用。如果这些方面存在薄弱环节，金融运行就会出现漏洞，发生问题也不容易合理解决。总的结论是，与金融业运行相关的社会中介服务的缺失，不利于建立完善的社会信用体系（周小川，2005）。

征信源于左传中"君子之言，信而有征，故怨远于其身"，具体含义是指征求他人或自身的信用或验证信用，海外华人从业者习惯性地将资信调查行业谓之为"征信"。从行业分工角度看，征信对应着以了解被征信对象信用状况为目的而对一些与交易有关的数据进行采集、核实和依法传播，是信用风险管理服务中一项最普遍、最基本的业务。发达国家的征信体系一般分为三个层次，有消费者信用记录体系、中小企业资讯信用机构和为大型公司发行债券进行评估的类如标准普尔和穆迪公司一样的机构。可以说，这些国家对全社会各层面经济主体的信用都形成了功能健全的检测和评估体系。健全的征信体系和规范会计审计制度有效保存了各经济主体信用记录，增强交易双方之间信用信息的透明度，降低交易成本，有助于建立全社会的信用记录、监督和约束机制，推动社会诚信文化的建立与完善，推动社会信用水准的提升。

当前，我国征信业还刚刚起步，无论是民间机构的发展，还是整个社会的征信制度建设，都远落后于西方发达国家。虽然一些地区已经开始了有益的实践，但从总体来说，还远不能满足市场经济发展的需要。市场经济是信用经济，因而，借鉴西方发达国家经验，总结我国各地征信业发展的实践经验，尽快建立适合我国国情的征信制度，对于市场经济的健康发展至关重要。我们也欣喜地看到，不仅央行的征信体系已经初见规模，而且，在各地政府的积极扶持下，一些城市和地区在征信体系建设方面已经迈出了实际的步伐，并形成了一定规模；所谓上海模式、

46

深圳模式和浙江模式就是这种努力的成果。①

我们选取了地区每万人注册的律师和会计师人数，以及地区信用担保机构的数量等客观指标，结合对当地征信体系建设情况的专家问卷调查结果，来考量地区中介服务的发展水平。

（八）地方政府公共服务

在转轨经济时期，城市政府对城市经济和金融的干预是非常频繁而普遍的。干预手段通常有直接或间接参与经济金融活动、实施公共政策和行使行政手段等。就地方政府对经济干预的影响而言，它关系到经济资源的配置、企业经营管理的自主性甚至企业的偿债能力和意愿。在理论上，有益于纠正市场失灵、促进市场机制健全的政府干预才是必要的。但在实践中，地方政府干预经济的真实动机并非总是要促进经济社会发展，而可能表现出某些不良的意愿；对干预的驾驭能力有时也会由于超出自身的实力而无法履行承诺和行使职能。这种城市政府干预经济运行方面的问题，对城市不良资产的产生负有一定的责任。

地方政府对金融的干预主要影响到金融部门的独立性和金融制度环境的建设。从理论上说，所有超出地方公共服务职能的干预行为都可以认为是不适当的。不适当的干预会破坏金融机构经营的自主性，破坏金融良性竞争和发展环境的形成，而且，过度的干预可能会形成一种习惯和社会范式，持续性地对金融生态环境产生不良影响。在地方壁垒依然

47

---

① 从我国已有的实践来看，大致已经形成了以下三种可供参考的模式：（1）上海模式，即政府推动、市场运作、先易后难、循序渐进、合作共建。其发展思路是：从同业征信入手，向联合征信过渡；从为银行服务开始，逐渐向社会其他行业和个人开放；以建立信用档案为基础，形成信用调查线索查询、个人信用评估、分析评分卡模式、个人资质证明的梯次化发展布局。（2）深圳模式，即由市政府组织推动，人民银行协作，政府有关部门作为会员单位参加，建立深圳市个人信用征集和个人资信评级体系。在这种模式中，政府并不直接投资，而是委托中介公司筹建，按市场化机制运作，提供服务并收取费用。服务对象是先内后外，分期推广。对公司运营的监督管理由各会员单位组成的深圳市个人信用征集及评级监督委员会负责。（3）浙江模式，即由政府牵头，人民银行和政府有关部门参加，组成社会信用建设领导小组，财政投资组建社会信用服务中介机构，具体构建企业和个人的信用信息的联合征集体系。信用信息中介机构通过市场化运作机制，实现各成员单位之间的信用信息的互联、互通和互用。政府协调相关部门按信用信息征集的内容，定期将信用信息数据通过信用信息中介机构形成公共信息数据库，信用信息服务中介机构主要向成员单位提供信用信息服务。

严重的国情下，金融资源的自由流动还是受到限制的，金融部门还不具备能力运用"用脚投票"的机制来对城市政府的管理进行选择。从而，由于地方政府公共服务差别而造成的城市金融生态之间的差异，在政府职能的转变和地方壁垒没有被彻底破除之前，仍将非常突出地存在着。

考察地方政府公共服务对金融生态的影响，我们主要从地方政府财政能力、政府审批与管制、地方政府对经济干预程度、行政效率和地方政府透明度五个方面进行。

1. 地方政府财政能力

政府对金融体系施加的影响在很大程度与政府自身的财政能力有关。通常，评估政府部门的信用水平，就是通过分析其偿债能力和意愿来展开的，而这里的偿债能力就是财政能力的对应物。一般而言，城市的财政能力越强，其兑现承诺或履行正当职能的可能性就越高，经济金融政策环境的确定性就越高，为自我维持和扩充而对金融资源的不正当争夺就越少，通过加大社会基础设施建设投入以改善金融生态环境的财务支撑就越强，帮助金融主体消化和抵御金融风险的能力也就越强。

评估地方政府的财政能力，主要侧重于地方政府部门的财务实力，包括财政收入水平及其增长潜力以及城市的资本化经营能力。我们分别采用预算内人均财政收入、预算内财政收入增长率、民间资金在基础设施投资中的比重等可得的定量指标来衡量城市政府的财政能力。

2. 政府审批与管制

政府公共服务状态在一定程度上也可以通过在市场干预中是否积极服务于经济发展的主观意愿来反映。政府部门的审批和管制程序，包括企业项目审批、行业准入、监管等，就是这种主观意愿的写照。这些程序的效率，不仅关系到在城市内开办和经营企业的难易程度，还关系到地方政府"管制失灵"的严重性。针对企业的审批和管制越繁琐、越低效，可以间接反映出政府过度干预市场而伤害市场效率的管制失灵现象（由政府干预造成的市场效率低下）越严重。我国各地城市的审批与管制程序差异较大。在很大程度上，这种差异反映了各地政府在行使市场干预职能时具有不同的主观意愿。通常，积极服务于市场经济发展的政府干预，在审批和管制程序上就越简洁、效率就越高；反之，就越繁琐，效率就越低。

48

评估地方政府审批与管制，我们采用企业创办难易度、行业准入限制度和政府监管有效性三个方面的定性指标。这些数据来自调查问卷。

3. 政府干预

这里的政府干预主要评估政府对市场干预的严重程度，借以反映这些干预是否超出了政府财政能力和公共服务职能力所能及和力所应及的范围。从分析政府诚信的角度，政府干预程度可以反映出政府部门的财政风险和信用风险，以及这些风险对于金融生态环境构成的潜在冲击，还可以反映出政府介入对于金融生态系统自行平衡发展构成的潜在威胁。政府部门对于城市经济的过度干预，一方面会伤害到市场经济的自我发育，削弱市场的自主调节机制，也同样会伤害到金融生态系统的健康；另一方面，过度的政府干预也会伤害财政自身的平衡能力，削弱其公共服务职能和社会诚信基础。

评估地方政府干预程度，我们采用税收占 GDP 比重、税收占财政收入比重、企业非税负担、财政缺口、私人部门经济占当地经济总量的份额等定量指标。这些指标描述了税收、各种税外杂费、集资、摊派等构成的城市财政收入结构相对于城市经济的合理性、财政平衡的程度和自由市场经济的空间。

4. 行政效率

行政效率是政府部门在行使行政职能时表现出来的工作效率，是政府部门组织结构的功能体现和行政人员整体诚信意愿的外在表现。具有高行政效率的地方政府，通常都拥有精简能干的组织结构设置、积极进取的服务意识和高水平的服务质量。对于城市的经济部门和金融部门而言，行政效率关系到政府部门对于城市制度环境建设的支持力度和态度。鉴于国内地方政府在经济金融系统的很多领域，对其他行为主体的统治力都超出了规范市场经济中应当具备的理性角色，因此，政府部门在行政效率方面的具体表现，即是城市金融生态的一个重要侧影。

评估行政效率，我们主要关注地方政府的办事效率、服务态度、服务质量和政府规模方面的具体表现，其中，政府规模采用国家机关工作人员占当地总人口比例这一定量指标来衡量；而其他指标属于定性指标，则通过问卷调查的方式予以评价。

49

5. 政府透明度

透明度高低是推断政府诚信程度的一个重要标准。适度公开、充分信息披露的政府活动有益于金融部门及金融活动形成理性预期。这也是现代市场经济中政府部门行使公共服务职能的一个基本准则。从当今国际金融监管领域对于金融机构信息披露的重视上，我们可以看出透明度在金融系统稳健运行中的重要性。对于金融体系中诸多行为主体而言，地方政府的透明度不仅是公共政策信号传递机制的工作特征，也是政府诚信意愿的真实表现。缺乏必要信息披露的地方政府，往往是容易失信的政府，其行为对于金融系统的影响是难以确知和不确定的，因而不利于金融系统的稳定。根据经济学中的信号传递与激励理论，如果地方政府对于关系社会和金融系统利益的信号缺乏自愿披露的动机，那么，它通常可以被认做是一种不利的信号，政府部门对于基础金融制度环境造成的影响也是不利的。

评估政府透明度，我们主要关注信息化程度、对媒体的宽容度和政务公开程度三个方面。对于信息化程度，我们借助了社会现有研究成果，即 2003～2004 年度中国城市政府电子政务效率评分。对于政务公开度和政府对媒体的宽容度，借助问卷调查的形式来评价。

(九) 金融部门独立性

在发达市场经济中，金融部门同实体经济部门一样，是自主经营、自负盈亏的独立经济实体。但在国内，由于经济发展阶段和历史方面的原因，金融部门通常不具有这种充分的独立性。这种现象的一个直接后果，就是金融机制的人为扭曲和功能紊乱，不利于金融生态的平衡发展。具体到地方城市，造成金融部门独立性不足甚而处境恶劣的原因有两个方面：一是银行业国有产权的弊端。目前国有产权的制度安排使得银行摆脱不了对政府的行政隶属和对上级领导关系的"纵向依赖"，银行主体不具备独立的决策权，所有权也就成为一个模糊的概念，"剩余索取权"也因此失去监督意义，企业的产权结构失去了有效的制衡机制。二是在市场经济改革过程中，地方政府财权与事权不对等造成的地方财政紧张，加上地方政府缺乏正常的市场化融资途径，客观上导致了地方政府对金融部门的恶性干预；而地方政府官员片面追求 GDP 政绩考核导向，加之中国金融体系的软预算约束，又主观上导致了地方政府争相掠夺金融资源并逃避风险责任。

　　就中国城市经济而言，由于各地区经济发展模式的差异，金融部门自身的独立发展能力以及受到政府部门的干扰也有所不同。一般而言，在那些国有经济占比较高、民营经济不发达的地区，由于地方政府无法摆脱财政收入匮乏的困局，往往会采取干预和控制本地金融部门（城市商业银行和农信社）的做法，来为财政赤字和本地国有企业融资，从而形成大量不良资产。[①] 对于这一点，我们的实证分析也给予了进一步的验证。通过对设立城市商业银行的 112 个城市的财政缺口与银行不良贷款率之间的关系进行分析，我们看到，总体来说，财政缺口越高的省市，城市商业银行的不良率越高，二者表现出很强的正相关性。因此，城市商业银行的不良贷款比率在某种程度上可以作为地方政府介入和左右金融部门活动的重要替代指标。

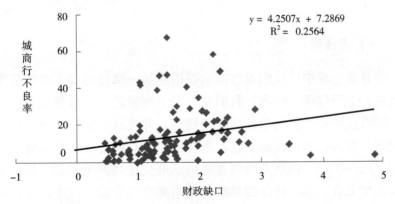

$$y = 4.2507x + 7.2869$$
$$R^2 = 0.2564$$

图 1—7　2003 年城市财政缺口与城市商业银行不良率

　　相反，民营经济发达地区的信用文化一般也较发达，其原因我们已经在第三节做了阐述。因此，在民营经济发达的地区，银行部门可以充分利用信用文化这种具有很强"外部性"的公共产品，节省大量的信息产品成本，降低信用风险。类似地，其他金融组织也可以同样利用这种

---

　　① 地方政府对城市商业银行资源侵占的结果是：截至 2003 年底，全国 112 家城市商业银行贷款余额 6523.91 亿元中，不良贷款余额达到 1078.11 亿元，占比达 16.53％。全行业亏损为 55.97 亿元，历年累计亏损的有 50 多家，占到 112 家城市商业银行的 45％，处于高风险状态的有 22 家，其中 13 家已经资不抵债。

51

金融资源优势，提高自己的金融资产质量。

随着地方治理与银行改革进入不同阶段，地方政府干预金融的形式也在不断变化，由初始的直接行政干预到对银行决策施加影响，再过渡到目前的通过逃废银行债务间接争夺银行资源，再到经营土地等公产到银行部门换取货币、信贷支配权等等。

限于资料的可得性，我们评估地区金融部门的独立性时会有所侧重，主要关注政府公共企业贷款占比、国有企业贷款占比、信用贷款及透支占比、土地抵押贷款占比以及当地城市商业银行不良率、中长期贷款占比等方面的定量指标。对于这些指标，主要采用了央行调查统计司所征调的数据，并以此为基础处理成若干生成性指标。

五、本项研究的技术路线

（一）方法论[①]

在日常生活中，我们通过揭示并描绘某一事物的多方面特征来对该事物进行全面勾画。同理，我们在对经济现象进行综合评价时，也要筛选出能够反映该经济现象的多维度指标，并把这些指标通过某种方式集合起来。如果将指标看成变量，而将被评价对象看成一个几何上的高维空间上的一个点，则该点的位置是由这些变量共同决定的。换言之，从几何角度来看，综合评价的对象就是高维空间中的一些点，综合评价问题也就是确立一套评估基准，对这些点做出总体评价，确定它们的具体位置，并对选定的若干点进行排序。

传统的评价方式是建立在对评估对象有较为全面把握的基础之上的。这种评价方法的潜在前提，是对评价对象的影响因素及这些因素的作用方向、力度等均有明确或者大致明确的定性判断。故此，传统的综合评价方法的逻辑顺序便是：首先确立各维度的权重，而后将各子维度简单线性加总，形成综合评价指标。其中，权重之确定，或通过专家评定法

----

① 关于本项研究的方法论细节，可与作者联系。

（属于主观判定方法），或通过因子分析法（属于纯客观方法）。一般说来，专家法在评判时可能因指标太多而无法综合和分别考虑，所定权重存在粗糙、不准确的弊端；而因子分析法则可能会遇上无法采集数据或数据瑕疵（异常数据关系）的问题，从而使得评估结果与现实逻辑产生矛盾。

对于处于转轨阶段的中国经济而言，各地区经济和金融发展水平极端不平衡，政治、法律、社会诚信状态和制度建设差异巨大。在纷繁复杂的不良贷款形成机制中，归因于生态环境的因素到底应该包含哪些方面，以及这些因素的作用方向和力度尚不为我们所尽知，或者说非常模糊。对一个陌生领域进行初始研究的阶段，若简单采用传统的具有统一形式的结构化（参数化、线性）评估方法来评价，在理论上可能失之粗糙，在实践上则缺乏可操作性，特别是，这样做极易陷入权重确定方式的无谓争议，从而减损评价结果的科学性。鉴于此，本研究采用了非结构化（非参数化）评估方法——数据包络分析技术。

数据包络分析（Data Envelopment Analysis，DEA）作为一种前沿分析工具，其要旨是根据一组关于输入—输出的观察值来估计所谓"有效生产前沿面"。理论上可以证明，DEA 有效性与相应的多目标规划问题的 Pareto 有效解（或非支配解）是等价的。DEA 可以度量一组多维输入变量（在以一组输出变量为基准的情况下）在一个多维空间所能达到的最优包络。如此，如果我们能够确定影响金融生态环境的各项因素，然后对它们进行有效组合，便能获得最大程度地解释不良贷款形成的生态环境因素的数据包络。

显然，运用数据包络分析法来研究金融生态环境问题，其科学性和合理性，首先取决于我们对构成金融生态环境诸因素的把握。换言之，我们对这些因素认知得越准确、越全面，数据采集的质量越高，最后获得的综合结果就越接近于事物的本质。这意味着，在最终确定金融生态环境的各项构成因素并确定这些因素的影响力和影响方向之前，我们的研究必须经过一个通过"试错"来筛选因素的过程。这一过程的任务可以被分解为三个阶段：第一阶段，将全部可以想得到的可能影响因素输入模型，逐一检验它们对"产出"即城市金融资产质量是否存在影响以及影响程度；第二阶段，通过对所有结果进行比较，舍去相对不重要的

53

因素，最终确定那些对金融生态环境产生确定且重要的因素；第三阶段，运用数据包络分析，得出全部分析结果。

要言之，本研究运用数据包络分析模型（DEA），以城市金融资产质量状况（由测评指标测度生成）为产出，以城市金融生态的九个构成维度（由分析性指标体系生成）为投入，构建了一个刻画"金融生态环境边界"的超曲面，进而得出了刻画城市金融生态环境的综合指标。在此基础上，我们还分析了构成金融生态环境的各子要素对综合评价指数的贡献。

我们认为，以上数据处理方式回避了传统评价方式的诸多争议，更重要的是，在我们对金融生态环境诸构成要素尚不知晓因而确定这些要素成为全部研究之基础和起点的初始研究阶段，采用这种方法无疑是科学且合理的。

（二）数据的采集

本项研究采用的数据主要来自四个方面。

1. 各地区经济、社会等方面的客观指标，直接取自 2000～2004 年《中国城市经济年鉴》、《中国统计年鉴》、国家相关部委的专业年鉴、可以收集到的各省（市、自治区）以及城市统计年鉴等。这些数据都属于国家标准统计数据。

2. 在央行调查统计司、金融市场司及研究局等相关部门的协调下所取得的全国 291 个地级市的信贷质量、结构以及当地经济、金融发展的数据。这些数据构成了我们对城市金融生态现实表征测度的基础。

3. 国内一些研究单位先前从事的相关研究的一些数据和成果，诸如中国社科院财贸所的《城市竞争力报告》中关于城市经济、社会等方面的相关评价结果，国民经济研究所的《地区市场化进程报告》，国家信息化专家咨询委员会对 2003～2004 年度中国城市政府电子政务情况的评价结果等等。

4. 问卷调查。本次研究中，我们在央行调统系统的调查通道内，对区域经济、金融、司法制度以及社会文化等等若干问题进行了问卷调查。考虑到问卷调查实施的现实可行条件，本报告只选取了国内具有相当程度的代表性和相对可比性的 50 个大中城市进行问卷调查。本次调查共发

放了 8000 份问卷，累计回收 6753 份有效问卷。

（三）分析的路径

本研究的主旨是要回答城市金融生态环境"是什么"和"为什么"两个相互关联的问题，即我们不仅要回答各被评价城市当前的金融生态环境在某一期间内居于何种状态，更要通过一个因果分析的过程来回答各该城市的金融生态环境为什么会处于这种状态。毫无疑问，后者是我们的分析重点，这就是说，本项研究的根本出发点是为改善城市金融生态环境提供比较可靠的政策依据。

为充分体现这一主旨，本项研究设计了如下递进的三层分析架构。

1. 第一层次：城市金融资产质量等级测度

这一层次分析的要旨是：从经济产出角度设计一套表现指标，主要利用现有金融体系的数据，从银行部门的信贷资产质量、非信贷资产质量以及表外业务质量等三个方面入手，形成刻画城市金融生态现实状态的指标体系。采用层次分析法对该指标体系进行处理，我们得到测度各城市金融资产质量综合状况的分值（详见图 1—8）。很显然，这套指标最直接反映了各城市金融资产质量的历史和现状。利用这套测评指标体系，我们即可对各城市的金融资产质量（或者说是金融生态环境的现实状况）做出评价并相应排出顺序。由于是直白地记载了各城市金融资产的现实状况，这个评价及其排序自身就有很强的分析意义。其一，它们综合且直观地显示了各城市金融资产质量状况及其表现形式，以及在被评价城市中的相对地位；其二，它也构成了银行部门地区信用评级的一个基础；其三，作为本项目研究的"产出"方，它构成我们进一步分析我国城市金融生态环境的数据基础之一。

不过，在使用这套评价指标时必须注意如下两点：

第一，城市金融资产质量的好坏是受到多方面因素影响的。正如本研究自始至终所强调的那样，其中既有金融部门自身运行中出现的问题，即所谓金融生态主体的因素，也有金融生态环境的问题，即所谓体制性和非体制性因素，如政府、法律、中介、诚信文化、地区经济基础的差异等等。在分析的意义上，城市金融资产质量指标只能反映但却不能解释那些导致不良资产形成的金融生态环境因素。而正如本报告所指出的，

55

金融生态环境因素可能是影响我国金融资产质量的最主要因素。

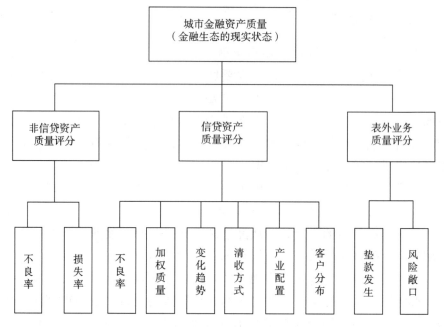

图1—8 城市金融资产质量评价体系及指标构成

第二，金融资产质量指标比较全面地反映出各个城市金融资产质量的现实状况。但是，同样由于这种质量是由多方面因素造成的，因而在年度间它们表现出不稳定的状态。这一点，从附录B中2003年和2004年该指标排位的波动中可以明显地看出。说到根本上，造成各城市年度金融资产质量排名呈现较大波动性，即带有明显的偶发性事件特征的原因可以归结为两点：（1）该指标存在一定的滞后性，而且，经济周期因素对其影响较大。举例来说，在经济景气周期上升阶段，很多潜在的风险性因素可能被暂时掩盖；而当经济景气周期发生变化，这些潜在风险因素就可能立即显现，并立即改变各城市金融资产质量。这意味着，单一时期的金融资产质量并不能完全、及时、准确地反映城市金融生态环境存在的主要问题。（2）该指标易受偶发性因素的冲击。诸如原油、有色金属等大宗商品的价格的波动等国际因素的冲击，都会显著改变一些资源型城市的资产质量；而国家各种差别性政策的出台，也会大大改变受政策影响的各城市的金融资产状况。在这种偶然且比较剧烈的波动中，

城市金融生态环境这种稳定的制度因素的影响，往往会被掩盖。比如，在金融资产质量评价指标中，石油城克拉玛依的不良率极低，但我们并不能因此就简单地推断该城市的金融生态环境就优于上海；再如，国家西部开发和东北振兴战略的实施，各种优惠和倾斜政策的采取，可能使这些地区金融资产质量在短期内获得较大的改善，但我们同样也不能就此推断这些地区的金融生态环境已经得到改善。诚如周小川行长所说，地区金融生态的改善是一种"化学变化"，这种化学变化不会发生得很快，而是要通过较长时间的努力才能实现的。

总之，对于本报告而言，城市金融资产质量评价只是评价城市金融生态环境的第一个步骤，它全面地记录了城市金融生态的现状，向我们展示了一些"果"，但却没有告诉我们其中的"因"。为了全面揭示影响城市金融资产质量的金融生态环境因素，我们的分析还须进一步深入。这就有了本项研究的第二个层次的分析。

2. 第二层次：城市金融生态环境评价的解释性指标

在这个层次的研究中，我们主要是从要素投入角度设计了一套解释性指标，从而形成了评价城市金融生态环境的"分析（解释性）指标体系"。分析（解释性）指标体现反映的是构成城市金融生态环境的主要决定因素。因此，第二层次的研究事实上是对第一层次形成之"果"进行"因"的解析的过程。

经过反复"试错"和筛选，我们最终确定了九大类因素（维度），分别从经济基础、法治环境、地方政府公共服务、诚信文化、社会中介服务、社会保障程度、企业诚信、地方金融发展、金融部门独立性等角度刻画了这些影响金融资产质量的金融生态环境之"因"。

这里需要说明的是，上述九大类因素的每一类都是由一系列基层指标生成的，而每一基层指标又都是从一个具体的侧面来刻画同一类因素。由于此类基层指标甚多且关系杂乱，我们使用了主成分分析法对它们进行了处理。我们首先采用主成分法来提取共同因子，然后以共同因子构造新的综合变量。在这个过程中，经济意义不明确的一些特定因素在主成分分析中被有效剔除了。

建立这一指标体系的目的，在于对各地区构成金融生态环境的各类因素做出评价和分析。这套指标是本研究的核心内容，它既构成了我们

57

对地区金融生态环境进行综合评价的前提，也为未来对市政债券发行等地区融资活动做进一步信用评级提供了基础。

3. 第三层次：评价指标的合成

在第二层次分析的基础上，我们进一步合成了反映城市金融生态环境的综合指数。具体而言，我们运用数据包络分析模型（DEA），以城市金融资产质量（金融生态的现实状态）为产出，以城市金融生态的九个构成维度（分析性指标）为投入，构建了一个刻画"金融生态环境边界"的超曲面，得出反映城市金融生态环境的综合指标。同时，我们还分析了金融生态环境构成的各类子要素对综合评价指数的贡献。

纵观以上三个递进的层次，可以说，第一层次反映只是现状，它构成了我们进一步分析的基础，应该说排序并不是我们所给出的，因为每个地区金融资产质量，是根据监管部门客观数据统计分析的结果，这是无法改变的事实，或者说它是一个客观存在。其实这种排名监管部门和几大银行早就在进行，我们只不过是把它们追踪记录下来并且层次化地表现出来；更重要的是我们所做的第二、三层次的工作，即全面而系统地分析各地区处于这个位置的原因——金融生态环境的因素。

必须指出的是，我们研究采用的数据大多数是客观的，同时在相关部门的大力协助下，进行了较为广泛的调研和问卷调查，由此征集到大量的关于地区经济、金融、社会发展的资料和数据，我们做的工作无非是把这些相关资料系统化，并且采用科学的方法将其归结为九类因素。

故此我们相信，如果研究的数据来源是可靠的，技术路线是合乎逻辑的，理论依据是科学的，那么研究的结论也就应该是客观和可靠的。

（四）与有关成果的印证

上述分析显示，在中国，城市金融生态环境的确是影响金融资产质量高低的最为重要的因素。通过对 2003 年和 2004 年的数据分析，我们发现：金融生态环境因素大致能够解释 70％以上的不良资产形成的原因，其中，2003 年为 72.7％，2004 年为 77.2％（详见图 1—9、图 1—10）。这与 2003 年央行所做的一次有关我国金融不良资产形成之原因的分析结论基本上吻合（在那次调查中，得出的结论是，我国金融业的不

良资产有 80% 是由银行体系之外的因素造成的)①。

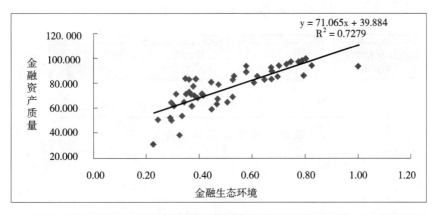

图 1—9　2003 年地区金融资产质量与金融生态环境

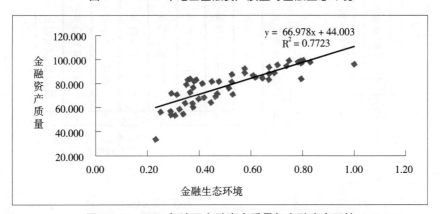

图 1—10　2004 年地区金融资产质量与金融生态环境

　　不过，除了选取的因素更为全面之外，本项研究与 2003 年央行调查还存在着重大的方法论的区别：其一，央行的调查基本上是一项诸因素的分类归纳，属于抽样统计分析的范畴；而本研究所采用的则是技术上居于前沿的数据包络分析方法。其二，央行的调查主要依据银行体系的数据，侧重从"果"的方面来归纳我国不良资产形成的原因；而本研究则以金融数据为评价的起点，主要采取银行体系之外的数据，而且更广泛地包含了几乎所有可能得到的信息，侧重从"因"的方面来刻画我国

---

　　① 我们相信，随着我国体制改革的逐步深化，金融生态环境对金融资产质量的影响应该呈现显著下降态势。

不良资产形成的原因。

　　本研究所采用的技术路线可如图1—11所示。

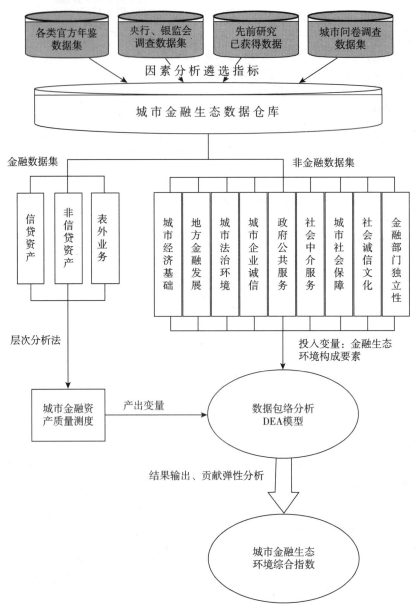

图1—11　城市金融生态环境评价技术实现路线

六、各要素的贡献弹性

本项研究的出发点，是为改善我国城市金融生态环境提供可资依凭的线索。为更充分体现这一政策目的，在提供了我国金融生态环境构成的九项要素评价指标以及综合评价指数的基础上，我们还进一步分析了各要素对总体的金融生态环境的影响程度，这就是各要素的贡献弹性。

所谓要素贡献弹性，是指构成金融生态环境的各要素对金融生态环境综合指数的影响程度。它反映的是一个边际的概念，即一个要素的单位增加可能导致城市金融生态环境改善的程度。换言之，贡献弹性系数反映了各要素的变化对于城市金融生态环境之影响力的大小。这意味着，分析贡献弹性，对于确定改善城市金融生态的对策或政策选择，有着重要的指导意义。

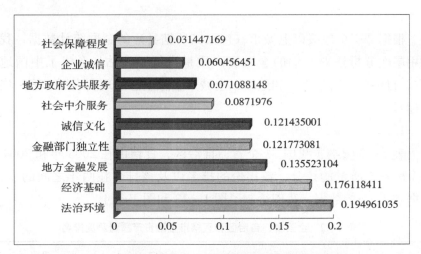

图1—12 城市金融生态环境综合指数贡献弹性测度

通过分析50个大中城市样本所形成的包络曲面的要素贡献弹性（图1—12），可以看到，我们确定的九大类构成要素对城市金融生态环境的影响力（要素贡献弹性）从大到小的排序是：

法治环境（贡献弹性0.194961）

经济基础（贡献弹性0.176118）

地方金融发展（贡献弹性 0.135523）

金融部门独立性（贡献弹性 0.121773）

诚信文化（贡献弹性 0.121435）

社会中介服务（贡献弹性 0.087198）

地方政府公共服务（贡献弹性 0.071088）

企业诚信（贡献弹性 0.060456）

社会保障程度（贡献弹性 0.031447）

以上数据显示：城市法治环境、经济基础、地方金融发展、金融部门独立性和诚信文化等五项因素的贡献弹性总和达到 75% 左右，足见它们是决定城市金融生态环境优劣的最重要因素。

七、评价结果之一：城市金融资产质量高低的排名

根据 291 个地级以上城市（包括其所辖县）的金融统计数据，我们采用层次分析法对它们的金融资产质量进行了评估，形成了中国地区（省、自治区、直辖市）和地级以上城市金融生态的现实表征（第一层次指标）。

1. 各省、市、自治区

表 1—2 归纳了我国 31 个省、自治区、直辖市在 2003 年和 2004 年的金融资产质量的评分、各年份的排名以及该排名在两年之间的变化。根据表 1—2 的数据，我们绘制了图 1—13 和图 1—14。

表 1—2　全国省、自治区和直辖市金融资产质量测度排名

省、区、市	等级评定（2003）	等级评定（2004）	升降
浙江	AAA	AAA	—
上海	AA	AAA	↑
北京	AA	AAA	↑
天津	B	AA	↑
福建	BB	AA	↑
江苏	BB	A	↑
云南	B	BBB	↑

续表

省、区、市	等级评定（2003）	等级评定（2004）	升降
重庆	C	BBB	↑
山西	C	BB	↑
贵州	C	BB	↑
山东	C	B	↑
四川	C	B	↑
广西	D	B	↑
甘肃	C	B	↑
西藏	D	C	↑
广东	D	C	↑
宁夏	D	C	↑
内蒙古	D	C	↑
陕西	D	C	↑
河南	D	C	↑
青海	C	C	—
新疆	C	C	—
河北	E	D	↑
安徽	E	D	↑
湖南	E	D	↑
湖北	E	E	—
江西	E	E	—
海南	E	E	—
辽宁	E	E	—
吉林	E	E	—
黑龙江	E	E	—

63

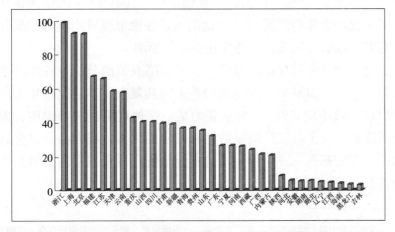

图 1—13　中国地区（省、自治区、直辖市）金融资产质量评分（2003 年）

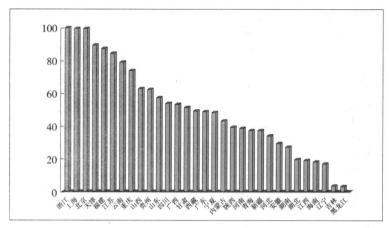

图1—14　中国地区（省、自治区、直辖市）金融资产质量评分（2004 年）

　　分析表和图，有如下三个现象值得研究：其一，在这两年中，浙江、上海、北京、天津、福建、江苏等省（市）始终排名前六位，而黑龙江、吉林、辽宁、海南、江西等省则始终排名后五位。这说明，经济发展水平的高低对于金融资产质量有比较重要的影响。其二，注意到云南、贵州、广西、甘肃、宁夏、新疆、内蒙古等经济较相对落后的省、区的金融资产状况始终处于中等偏上水平，而少数经济比较发达的省份的位次却并不靠前，我们可以推断：其他一些非经济的因素，诸如法治环境等等，也对金融资产质量产生不可忽视的影响。其三，比较该两年的排名次序可见：在 31 个省、自治区、直辖市中，共有 19 个的位次在两年间发生了变化，变化面达到 61%。这说明，各地金融资产质量状况并不稳定，它们比较明显地受到一些外在因素的影响。

　　上述三个现象的存在，印证了本报告第五节的分析：各地区金融资产质量是由多方面复杂因素造成的；正因其复杂，其状况在年度间方才呈现出较大的不稳定性。[①] 更重要的是，这种现象进一步说明：为了深入分析那些影响金融资产质量的比较稳定的因素，我们必须以金融资产质量的状态为基点，进一步探讨造成金融资产质量差别的金融生态环境的原因。

---

　　① 在第五节中我们已经指出：这种不稳定，一方面说明金融资产质量指标存在一定的滞后性，而且，经济周期因素对其影响较大；另一方面则说明，这套指标易受偶发性因素的冲击。

2. 东部、中部和西部

就东、中、西三大地带来看（图1—15），东部沿海地区（北京、天津、河北、辽宁、上海、江苏、浙江、福建、山东、广东和海南11个省市）金融资产质量最高，西部（重庆、四川、贵州、云南、西藏、陕西、甘肃、青海、宁夏、新疆、广西、内蒙古12个省市）次之，而中部（山西、吉林、黑龙江、安徽、江西、河南、湖北、湖南8省）的金融资产质量明显比东、西部差。注意到这个格局与三大地带的经济发展水平并不对应，本报告不断陈述的这样的观点进一步得到了印证：经济发展水平并非决定金融资产质量的惟一因素。

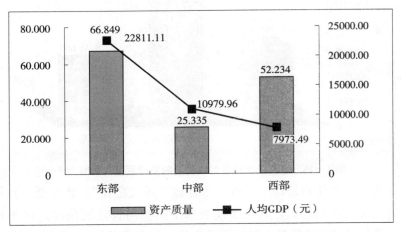

图1—15 东、中、西三大经济区域金融资产质量与经济发展水平（2004年）

但是，进一步的研究显示，经济发展水平固然只对金融资产的质量产生了间接的影响，经济发展的波动性却形成影响我国地区金融风险的重要成因，同时也是构成地区金融生态环境的一个重要因素。这主要体现在以下两个方面：其一，随着经济发展的波动性增大，金融生态系统中的体系性风险也会有一个显著的扩大趋势；其二，相对于单纯的GDP增长率而言，用GDP增长率与GDP增长率的均方差之比表示的单位波动率的增长率对地区金融风险是一个更有力的解释变量。[①] 由此我们可以对2003～2004年中部地区金融资产质量后退的原因做出解释：在我们

65

---

① 详细的分析请见分报告：《经济发展的波动与金融生态环境》。

分析的这段时期中，相比其他两个区域而言，中部地区各省的经济增长率均有跳跃性提高且波动较大，并因此导致该区域各省经济增长的单位波动率高于其他区域各省。

3. 长江三角洲、珠江三角洲、环渤海经济区

我们的分析显示：在中国最发达的三个沿海经济区中，长江三角洲地区的金融资产质量显著高于珠江三角洲和环渤海经济区（图1－16）。这一结果并不令人意外。

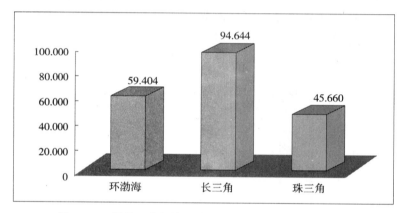

图1－16　沿海三大经济区域的金融资产质量（2004年）

令人稍感意外的是，一直得改革开放"风气之先"，其发展一直领先全国的珠江三角洲地区，其经济发展水平虽然与长江三角洲地区不相上下，但其金融资产质量却不仅显著低于长江三角洲地区，而且低于环渤海经济区。这一现象进一步说明，决定金融资产质量的因素是相当复杂的。

我们可以通过比较分析珠江三角洲地区与其他两大经济区域以及长江三角洲地区内浙江和江苏两省的情况来看出这种复杂性。

先看珠江三角洲地区，如下三个原因导致其金融资产质量低下：其一，20世纪90年代以来的相当长一段时期，广东和海南受泡沫经济、金融机构粗放经营、金融监管不力、社会信用环境不佳等众多因素影响，金融风险问题比较严重，支付风险一度蔓延，成为全国的高风险地区，严重地影响了金融业的稳定。近年来，系统性的支付风险压力虽已减轻，但资产风险的历史包袱仍然相当沉重，严重地制约了该地区金融业的改革、发展和稳定。其二，信用环境的建设相对滞后。资料显示，上海、江苏、浙江等地政府对社会信用体系的建设相当重视，近年来在社会征

信系统建设、打击逃废银行债务以及建立信用担保体系建设方面做了大量富有成效的工作。到 2002 年末，江苏省有各类信用担保机构 119 家，注册资金超过 16 亿元，其中财政出资约 5 亿元，财政全额出资和财政资金控股的担保机构有 104 家。浙江省现有担保机构 133 家，注册资金近 10 亿元，担保机构注册资金最高的达 5150 万元，平均为 1223 万元。而广东省仅有 14 家贷款担保公司，占全国 1.7%，在全国位居倒数第二，仅居海南省之前。在这些公司中，除 4 家由政府出资外，其余全是企业自发设立。这种状况与广东经济和金融总量在全国的地位极不相称。其三，区域法治环境欠佳，金融债权没有得到充分、有效的法律保护，破坏了金融资本的正常循环。从历史原因分析，这种状况与我国房地产业的发展有着密切联系。珠江三角洲是我国房地产业发展比较早的地区。由于市场初建，为房地产业正常发展所需要的法律基础和制度环境几乎是空白，这造成当地的金融风险大多与房地产业有着千丝万缕的联系。从贷款结构来看，当地的债权担保以不动产抵押为主。由于抵押登记机构分散，登记手段落后，登记的时间长、收费高、透明度低，致使房地产重复抵押、重复登记现象时有发生，严重损害包括金融机构在内的各方当事人的合法权益。另外，由于房地产抵押贷款市场比较混乱，致使金融债权纠纷案件的诉讼和执行周期长、成本高、效果差。资料显示，在 2002~2003 年，金融机构抵债资产的平均回收率只有 50%。

再看长江三角洲地区内浙江与江苏两省的情况。我们的分析显示：无论是做省际比较还是就城市层面比较，浙江省的金融资产质量都略高于江苏省（图 1—17）。究其原因，两省经济发展模式的差异发挥了主导性作用。我们在前文中已经指出，地区的金融生态环境与当地经济市场化程度密切关联，就此而论，浙江省以民营经济为主体的发展模式较之江苏省以集体经济为主体的发展模式更容易促进经济的市场化。在江苏，强政府主导的经济发展模式固然在一定时期促进了当地经济快速发展，从而创造了经济发展的"神话"，但也容易形成权力的资本化以及经济发展对过强的政府管制的依赖，从而制约经济发展的后劲。粗略看来，与浙江相比，江苏地区在经济发展的动力和社会信用环境建设方面存在明显的差距。就经济发展的动力而言，民营经济充分发展的环境显然更容易激发企业的自主创新精神和自主创业活动，从而推动地方产业结构的

67

优化。就信用制度建设而言，民营经济的发展直接构建了地区信用文化的基石，客观上容易形成硬化企业和金融机构预算约束的制度环境。同时，市场化的深入发展，有利于培育良好地区商业文化和信用制度，特别是有利于各类市场中介服务体系的形成，为金融活动提供有效的会计审计、法律服务、资产评估、融资担保等各类中介服务。

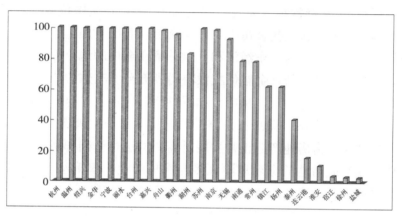

图1—17 江苏、浙江两省主要城市金融资产质量（2004年）

4. 内陆三大区域

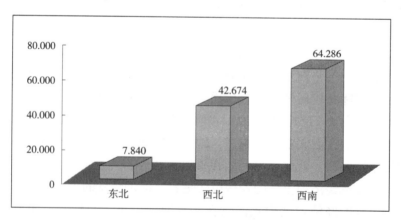

图1—18 内陆三大区域的金融资产质量（2004年）

在东北、西南和西北三大内陆区域中，东北老工业基地以资源型、重化工产业为主导，长期以来以局部的经济利益的牺牲承担着国家执行非均衡区域发展战略的成本，历史包袱沉重。此外，在计划经济下逐渐成形的体制、机制以及文化心理等因素合成的"东北现象"，在该区域的

金融领域同样明显。诸如重国有、轻民营，重行政手段配置、轻市场规则调配等等多方面因素同时存在，造成该地区不良资产比例远高于全国其他地区。观察图1—18并与图1—16相比较，可见看到：西南、西北地区的金融资产质量与东部环渤海地区和珠江三角洲地区的差异并不明显，这说明经济发展水平并非是不良资产形成的惟一因素。

5.城市规模的影响

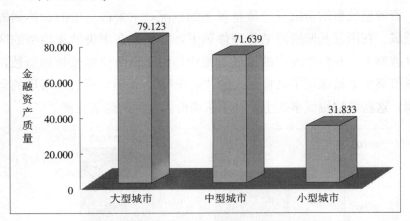

图1—19　城市规模与金融资产质量（2004年）

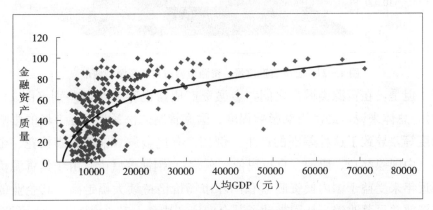

图1—20　金融资产质量与城市经济发展（2004年）

　　从城市规模看（按城市人口划分），大中型城市的资产质量明显优于中小型城市（图1—19）。这表明：尽管不是惟一重要因素，但是，经济发展水平对地区金融资产质量依然产生比较重要的影响。这一点从地区金融资产质量与经济发展水平的关系中也能观察得到（图1—20）。不

过，在我们的分析中，单变量拟合的离差较大，这进一步说明地区金融生态的确是个复杂的多维系统。

6. 资源禀赋的影响

资源型城市经济结构的一般特征是：经济结构单一和国有经济占绝对主导地位。[①] 经济结构单一，使得这些城市受经济周期影响较大；而国有经济的绝对主导，则造成这些城市不良资产比例较高且信用环境较差。资源型城市的金融资产质量较差的状况，主要由历史的和体制的原因造成。在国家垄断资源的管理体制下，特别是在中央的非均衡的区域发展战略下，在整个改革的推进过程中，由于资源价格被长期低估，这些城市事实上被课征了某种形式的"资源税"，而且，通过非市场的运行机制，这些隐性税赋事实上贴补了东南沿海地区的经济发展。

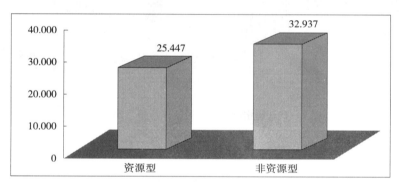

图 1—21　金融资产质量：资源型城市与非资源型城市

但是，在资源类城市之间，金融资产质量也存在明显差别（图1—22）。总体来说，经济周期影响程度、国家管制的松紧和国际市场的影响深度等，导致了这种差别的产生。例如，有色金属（铜陵、攀枝花、金昌（中国镍都））、原油（克拉玛依、东营）、钢铁等城市，由于其资源价格近年来受益于国内投资旺盛和国际市场价格持续大幅走高，其企业的经济效益显著改善，从而带动了其金融资产质量上升。由图1—22可见，在有色金属、黑色冶金、原油、森工、煤炭等五个类别中，有色金属城市资产质量最高，而森工型城市资产质量居后。

[①]　关于资源型城市定义，本报告遵循了国家发展和改革委员会的界定标准。参见王青云（2003）：《资源型城市经济转型研究》。

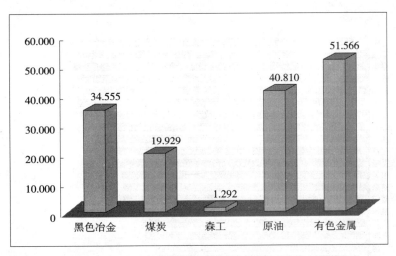

图1—22　金融资产质量：不同类型资源型城市比较

八、评价结果之二：50个大中城市金融生态环境排名：综合及分项

根据本报告的分析框架，城市经济基础、企业诚信、地方金融发展、法治环境、地方政府公共服务、金融部门独立性、诚信文化、社会中介服务、社会保障程度共计九个方面构成一个城市的金融生态环境。以此九个方面为投入，以城市金融生态现实表征为产出，通过数据包络分析，我们得到了对50个大中城市的金融生态环境的综合评价。

图1—23和表1—3是对这50个城市的综合评价结果，图1—24至图1—32分别列示了九个分类结果。

表1—3　城市金融生态环境等级评定

金融生态环境等级	城　　市
Ⅰ	上海　宁波　温州　杭州　深圳
Ⅱ	台州　苏州　绍兴　嘉兴　北京　无锡　东莞　南京　厦门　泉州 广州　天津
Ⅲ	济南　合肥　常州　福州　大连　青岛　成都　扬州　烟台　珠海 南通　佛山　重庆　秦皇岛　长沙　呼和浩特
Ⅳ	武汉　中山　石家庄　芜湖　昆明　南昌　郑州　海口　长春 哈尔滨　西安　沈阳
Ⅴ	威海　惠州　淄博　潍坊　徐州

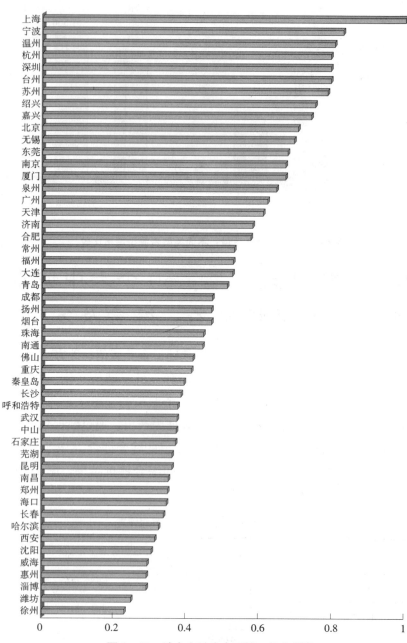

图1—23 城市金融生态环境：综合指数

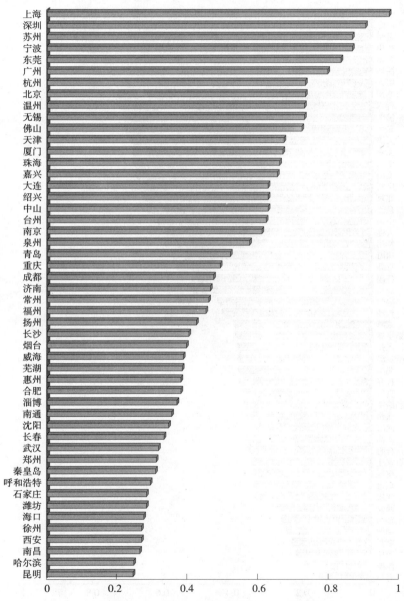

图1—24 城市金融生态环境：经济基础

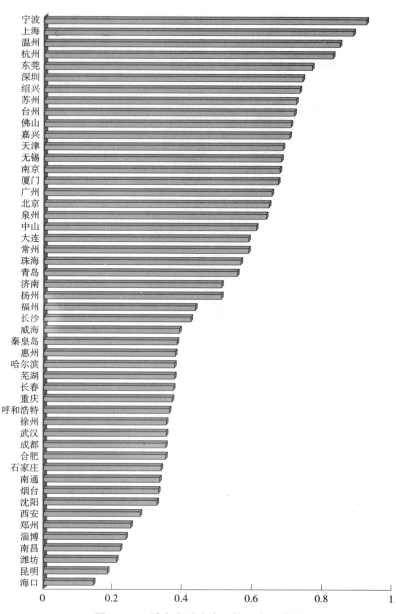

图1—25　城市金融生态环境：企业诚信

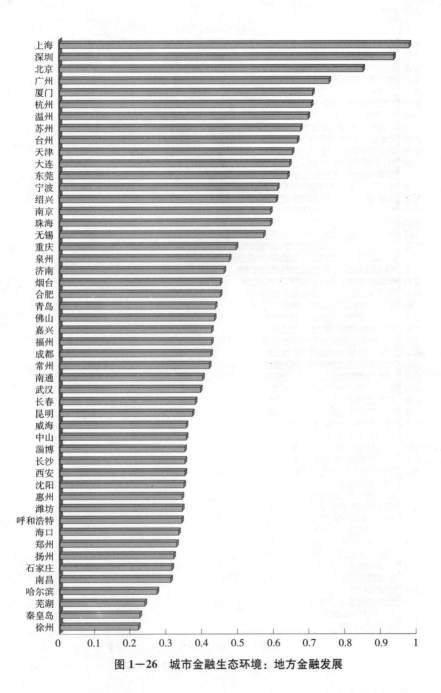

图1—26　城市金融生态环境：地方金融发展

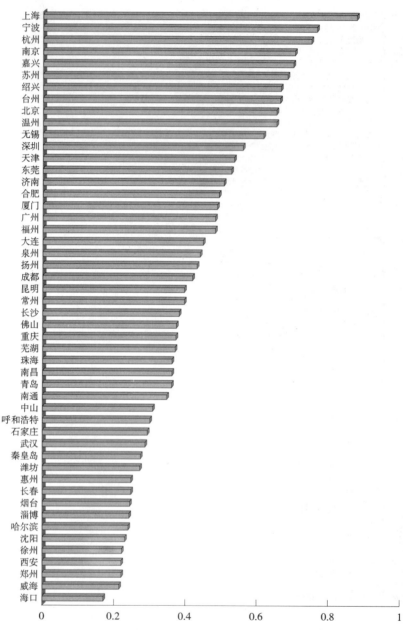

图1—27　城市金融生态环境：法治环境

76

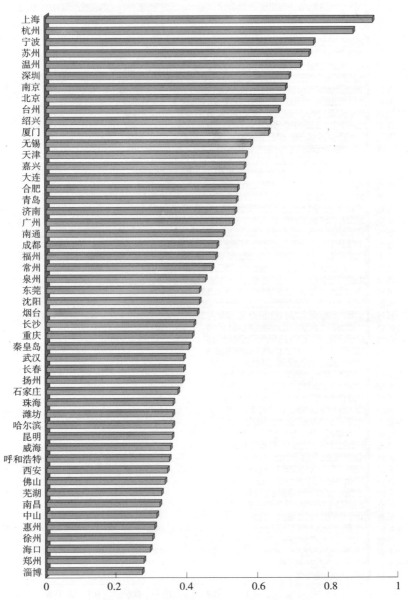

图 1—28 城市金融生态环境：诚信文化

78

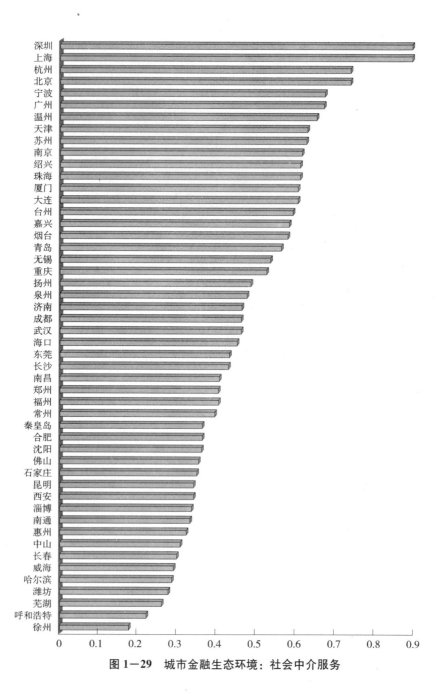

图1—29 城市金融生态环境：社会中介服务

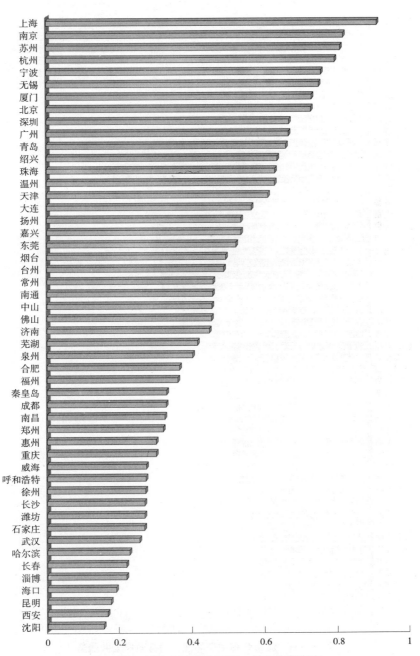

图 1—30 城市金融生态环境：社会保障程度

80

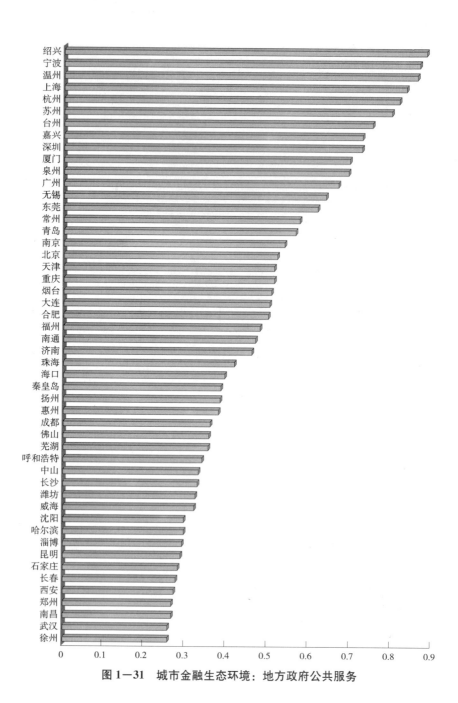

图1—31　城市金融生态环境：地方政府公共服务

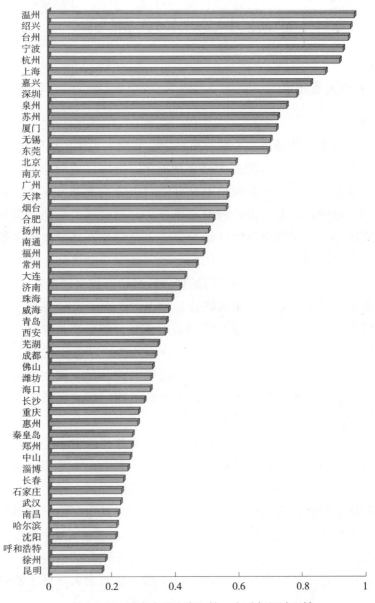

图1—32 城市金融生态环境：金融部门独立性

九、评价结果之三：若干城市金融生态环境简评

（一）四大直辖市

1. 上海

上海作为中国的经济、金融、贸易中心和闻名世界的国际化大都市，在金融生态环境的各个维度上大都名列前茅。上海法制健全、产权保护得力、中介服务发达、社会诚信基础好，对企业发展非常有利。作为全国经济、金融中心，上海市政府财力雄厚，政府经济、金融行为相对规范，政府审批和管制与市场经济结合紧密，金融生态环境中的各要素形成良性互动。但是，与浙江等地区相比较，政府对经济和金融的主导性较强，一定程度上削弱了金融部门的独立性和企业自主创造性。

特别值得提出的是，以个人联合征信系统、企业征信系统、中小企业征信体系为主体的上海金融系统的信用体系日趋完善，并已成为当地良好金融生态环境的重要组成部分。[①] 我们认为，随着现代服务业的迅速扩张，信用在经济和金融发展中的作用将日益凸显。就金融生态环境建设而言，信用体系的建立与完善，将有助于我们解决规模扩大与风险累积这对始终困扰金融部门的基本矛盾。

从发展前景来看，以居民户为主的零售业务和以中小企业为主的公司业务将构成我国金融业未来发展的主要内容和方向。然而，尽管国家对这两大领域的金融产品和金融服务的发展已经强调多年，并也提供了多方面的优惠政策，它们的发展依然不甚理想，其中，信息不对称（金融部门对客户的"情况不明"）是最主要的障碍。建立高效率的个人征信体系将有助于解决这一问题，因为，各银行通过联合征信平台，可以对居民户的资信记录和金融交易活动一目了然，从而大大降低了信息的收

---

① 据上海资信公司介绍，截至 2005 年 6 月底，上海个人征信系统的入库资料已经达到 567 万份。该市个人联合征信系统目前向各银行提供的信用分析报告达日均 6500 份。

集、甄别、处理成本，提高管理风险的效率。以个人房贷为例，第几套房已经成为商业银行判断风险，确定房贷利率和首付率的重要指标，而这一信息，惟有在个人征信体系中才能获得。

中小企业融资难这个"老大难"问题，也有望通过建立和完善信用体系加以解决。这同样是因为：迄今为止，使得中小企业得不到有效贷款支持的障碍也主要存在于信息不对称的现状之中，而从资信评级入手建立中小企业征信体系，配之以银行同业公会的逃废债"黑名单"制度，以及政府司法部门和其他监管部门的制裁和惩罚，我们可望为解决这一问题提供坚实的信息基础。

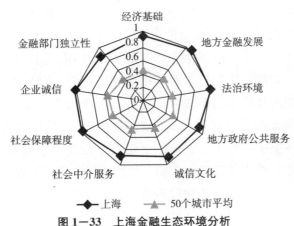

图1—33 上海金融生态环境分析

2. 北京

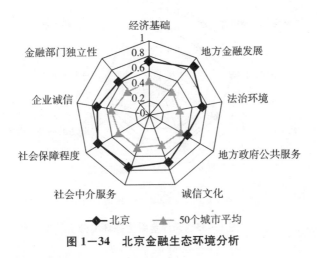

图1—34 北京金融生态环境分析

北京作为中国的首都，作为全国的政治、文化、科技、信息中心以及经济决策中心和国际交往中心，在金融生态环境的诸多方面拥有得天独厚的优势，特别是，中介服务发展充分、社会保障健全以及其他城市所无法比拟的人文环境，构成了良好的社会诚信文化的基础。

但是，与上海相比较，北京的经济、金融的市场化程度略低，政府对经济、金融活动的主导力较强，企业竞争力的软因素（企业治理、文化、诚信）不强。

3. 天津

天津作为京津大都市经济圈和环渤海经济圈的核心城市，具有极佳的经济区位与政治文化区位优势。近年来，天津金融外部环境明显改善。加快不良贷款处置、建立银企信息交流平台等一系列政策措施的采行，对全面推进天津金融业的发展起到了积极的作用。同时，天津司法部门不断加大执法力度，严厉打击恶意逃废银行债务、金融诈骗等违法犯罪行为，社会信用环境也明显改善。此外，天津市中介服务体系也已形成一定规模，为金融活动提供了有效的会计审计、法律服务、资产评估、融资担保等各类中介服务。天津的征信业基础建设已基本完成，为社会信用体系的建立奠定了基础。然而，如图1—35所示：在转变政府职能、法治环境改善和社会诚信文化建设等方面，天津均还有进一步努力的余地。

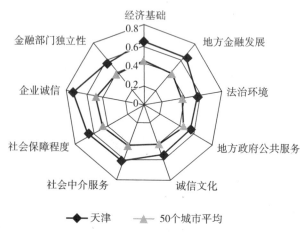

图1—35 天津金融生态环境分析

4. 重庆

重庆作为新设立的直辖市，更多表现出中西部城市共有的特征，即政府对经济干预较多、地方金融部门独立性不强、地区法治环境有待改善、社会诚信文化有待加强等（见图1—36）。

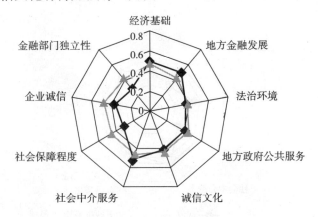

图 1—36　重庆金融生态环境分析

（二）中西部城市

在50个大中城市金融生态相对指数排名中，中西部城市排名相对靠后（合肥排第19位，成都排第24位，重庆排第29位，长沙排第32位，呼和浩特排第33位，武汉排第34位，芜湖排第37位，昆明排第38位，南昌排第39位，郑州排第40位，西安排第44位）。这说明，这些城市的金融生态环境亟待改善，主要表现在以下几个方面：

1. 经济市场化程度不高，政府干预经济较多，地方保护主义倾向较严重；

2. 地方政府债务负担沉重，反映出地区金融部门独立性不强；[①]

3. 法治建设相对滞后，特别是产权保护意识薄弱、执法难问题突

---

① 据2002年审计署对中西部10个省的49个县（市）的财政审计，截止到2001年年底，本级政府债务累计达163亿元，相当于当年可用财力2.1倍，平均每个县（市）3.33亿元了，其中有5个县负债超过9亿元，地方政府负债主要由以下项目构成：向上级财政部门借款、粮食企业亏损挂账、各项建设工程欠款、为企业担保形成的债务等（李金华，2003）。

出；

4. 社会诚信文化较薄弱（某些事件，如假冒伪劣、乱集资、艾滋病等对某些地区的整体诚信形象带来了不良影响）；

5. 金融违规比较严重。

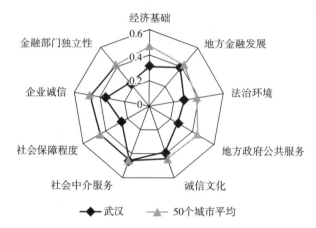

图1—37 武汉金融生态环境分析

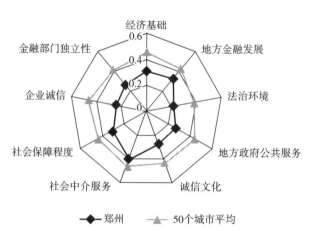

图1—38 郑州金融生态环境分析

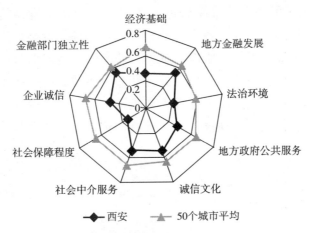

图 1—39　西安金融生态环境分析

（三）华南经济区城市

相比较于长江三角洲和闽南经济区，华南经济区各城市作为率先经济开放地区的城市，在金融生态方面并没有表现出与其经济发展水平相称的位势。在 50 个大中城市金融生态环境相对指数排名中，华南经济区城市排名并不理想（东莞排第 12 位，广州排第 16 位，珠海排第 27 位，佛山排第 29 位，中山排第 35 位，惠州排第 47 位）。金融生态环境欠佳，导致广东金融格局"大"而不"强"。

由图 1—40～图 1—42 可见，该地区各城市金融生态环境呈现以下特点：

1. 虽然经济基础因素较强，但地方政府在经济生活中影响力很大。具体说，地方政府表现出较明显的"法团化（local state corporatism）"倾向；① 我们从这个地区近年来所发生的一些重大事件中，可以一窥端倪。广信破产、广发行的财务危机、"郎顾之争"之中所反映出的国有资产转移过程的种种问题等等，都表明该地区法治环境和社会诚信基础尚欠完善。

---

① 地方政府的官员通过某种安排，成为企业实际的控制人，直接参与企业日常经营活动及决策，企业运作直接纳入政府行政监督之中。这样各级政府、政党与所辖企业形成了一个类似大企业的利益共同体。

2. 区域信用体系建设滞后也导致了金融资源配置结构的扭曲。目前，该地区社会信用体系各个环节相互整合不够，社会信用信息广泛分布于金融、工商、税务、质检、海关、外经贸、技术监督、法院等部门和机构中，尚未建成统一的信息处理和查询系统，而一些不法中介机构为谋取私利，不惜出具假审计报告和验资报告，更致使整个社会信用水准下降和社会信用关系动摇，对金融机构正常经营和金融稳定造成严重的不利影响。

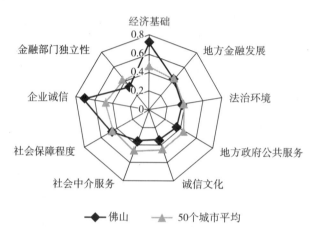

图1—40　佛山金融生态环境分析

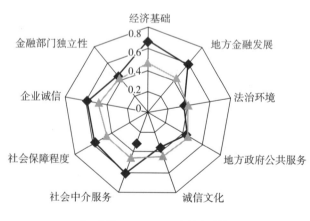

图1—41　珠海金融生态环境分析

3. 区域法治环境欠佳，金融债权没有得到充分、有效的法律保护，破坏了金融资本的正常循环。我们在前文中已经指出：华南地区是我国房地产业发展比较早的地区。由于房地产业正常发展所需要的法律基础和制度环境尚不完善，使得当地的金融风险大多与房地产业有着千丝万缕的联系。从贷款结构来看，当地的债权担保以不动产抵押为主。由于抵押登记机构分散，登记手段落后，登记的时间长、收费高、透明度低，致使房地产重复抵押、重复登记现象时有发生，严重损害了包括金融机构在内的各方当事人的合法权益。另外，由于房地产抵押贷款市场比较混乱，致使金融债权纠纷案件的诉讼和执行周期长、成本高、效果差。资料显示，在2002～2003年，金融机构抵债资产的平均回收率只有50%。

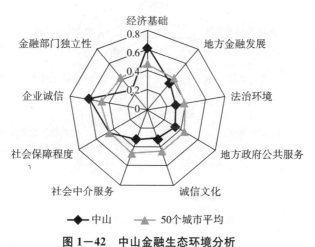

图1—42 中山金融生态环境分析

（四）长江三角洲城市

从整体上看，长江三角洲地区城市的金融生态比较优良，在50个大中城市金融生态相对指数排名中，除了上海名列前茅之外，浙江与苏南地区各城市均排名前列。经济快速增长、司法公正、重商主义的人文传统支撑起良好的社会诚信文化。从地区比较来看，浙江的金融生态整体上要优于江苏，浙江与苏南不同的经济发展模式是造成这种差异的主要因素。

2004年苏州全年实现的GDP仅次于上海、广州、北京；全社会固定资产投资仅次于上海；进出口总额突破1000亿美元大关，仅次于深

89

圳；全部工业产值达到 9010.77 亿元，仅次于上海；实际吸引外资规模则超过上海、深圳，居全国各市之首。而与这些彰显政绩的高指标形成强烈反差的是，在许多反映居民生活水平的经济指标方面，如商品零售总额、储蓄余额、私车拥有量、人均住房面积等，苏州甚至比不上西部一些经济发展相对迟缓的城市。

在由国家统计局城市社会经济调查总队、中国经济景气监测中心评出的"中国综合实力百强城市排名"中，苏州未能进入百强城市前十位，主要原因并不是其经济实力不强，而是由于其在教育、文化、基础设施建设等方面得分都较低。

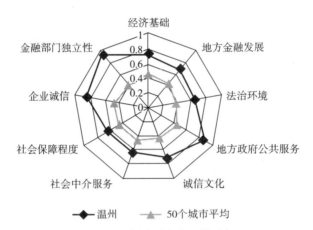

图 1—43　温州金融生态环境分析

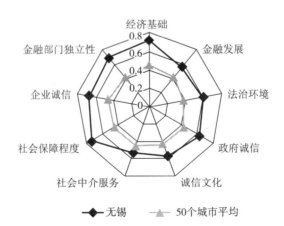

图 1—44　无锡金融生态环境分析

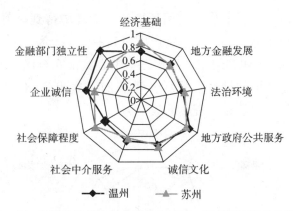

图 1—45 经济发展模式与金融生态环境：温州与苏州的比较

（五）闽南经济区城市

由于历史和地理原因，改革开放以前福建省几乎没有中央重大项目。改革开放以来，福建省大企业、大项目仍然不多，从各种渠道争取的国家部委投资也很少。这一点与浙江颇为相似，客观上形成了"弱政府控制"的自组织市场经济形式的试验场。除银行信贷资金投入发挥主渠道作用外，福建省资金来源的相当部分是外资和民间资金。加之历史传承的"重守信诺，公平交易"闽商传统文化，奠定了扎实的金融生态环境基础。

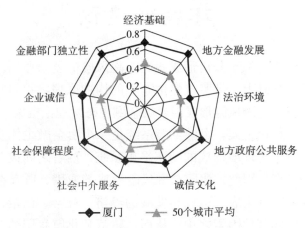

图 1—46 厦门金融生态环境分析

近年来，福建省各地方政府在信用环境建设、金融债权维护和金融

稳定等方面做了大量工作，信用环境和投资环境得到显著改善。福建省金融生态呈现良好态势，金融资产质量列浙江、上海、北京、天津之后，位居全国第5。福州、厦门、泉州三个中心城市在全国50家大中型综合城市金融生态环境的排名中分别名列第21、14和15位。良好的金融生态环境，增强了福建省对资金的吸引力。

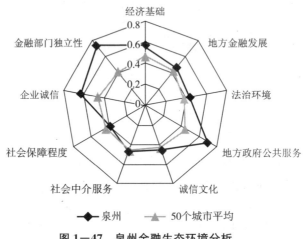

图1—47　泉州金融生态环境分析

十、改善地区金融生态环境的建议

　　本报告的主旨在于分析形成我国金融风险的复杂原因。在国内一系列相关研究的基础上，借鉴自然生态学的构造原理，我们初步建立了一个用以分析我国金融风险形成因素的金融生态学理论框架。

　　根据这一理论框架，金融生态系统是一个由金融主体及其赖以存在和发展的金融生态环境构成的动态平衡系统，两者之间彼此依存、相互影响、共同发展。因此，我国金融风险形成的原因，既存在于金融主体之中，也存在于其生成、运行和发展的经济、社会、法治、文化、习俗等体制性和非体制性因素之中；从而，防范和化解我国的金融风险，也必须从改革金融主体和改善金融生态环境两方面入手。鉴于造成我国金融风险的金融主体因素已经为人们熟知，且改革这些主体的措施始终是

监管当局、理论界和实务界认真讨论的论题，本报告将分析的重点置于金融生态环境方面。

在报告中，我们已经比较详细地讨论了构成金融生态环境的九大类因素，并且结合分析若干区域和城市的金融生态环境状况，进一步剖析了这些因素及其在相关区域和城市中的表现。从内容上说，对因素的归纳和对原因的分析，已经基本包含了解决这些问题的应对之策，所以，本节不拟一一对应地重述这些建议。

作为本报告的总结，本节拟集中讨论若干导致我国金融生态环境差异的体制性和机制性问题。在我们看来，中国经济正处于改革和发展的过程之中。这种"新兴"加"转轨"的基本特征，加之经济的多层次和二元结构的显著特征，形成了表现在地区层次的金融生态环境的巨大差异。换言之，我国客观存在的各地区之间金融生态的巨大差异，主要是一种体制性和机制性现象；故而，体制改革和机制调整是改善我国金融生态环境的最重要的举措，具体内容包括：转换地方政府职能、完善金融业发展的法律和制度环境、推进社会诚信文化建设。

93

（一）转换地方政府职能

本报告的分析显示，尽管造成地区金融生态环境差异的原因纷繁复杂，地方政府行为始终是构成其中的关键因素。这是因为，一方面，地方政府公共服务是直接影响当地金融生态环境的重要因素，另一方面，在行政力量发挥主导作用的中国，诸如地方法治环境、经济基础、地方金融发展等几乎所有金融生态环境的构成要素都强烈地受到地方政府的行为的影响。所以，要从体制上和机制上改善我国金融生态环境，关键在于转换地方政府职能。

归纳起来，转换地方政府的职能，必须处理好两个关系、建立四种机制。

1. 处理好两个关系

我们认为，处理好中央与地方政府之间的关系，处理好政府干预和市场调节之间的关系，是转化地方政府职能的关键所在。

所谓处理好中央政府与地方政府之间的关系，就是要在中央与地方各级政府之间明确地划分事权、财权以及两者之间的对应关系，并以规范化、法制化的措施予以保障。

正确处理好政府干预与市场调节之间的关系，主要涉及三项重点。其一，要转变地方政府职能，改变地方政府通过行政手段干预地区经济发展的倾向。政府工作的着力点不应直接管理、干预企业事务，而应以培育市场主体、完善市场体系、健全市场规则和维护市场秩序为重心；其主要职能应转换到搞好经济调控、做好社会管理、规划与组织好公共产品的提供。其二，要理顺政府与企业、政府与国有资产管理之间的关系。如果做不到这一点，中央政府与地方政府之间的事权划分就难以真正做到，更难做到合理，企业也难以成为真正意义上的市场主体。其三，建立健全市场体系，充分发挥市场机制在规范地方政府行为、调节地区间差距方面的作用。要打破目前广泛存在的地区贸易壁垒，消除地方保护，积极推进全国统一市场体系的建立。应加快价格改革步伐，改变目前农产品、资源性产品价格偏低的状况，以协调行业间的比较利益和地区间的价格分配关系，促进资源在地区间流动。

2. 建立健全规范地方政府行为的四种机制

要促进地方政府转化职能，必须调整那些对地方政府职能之形成、稳定和发展造成影响的经济机制。我们认为，这些机制主要包括：

第一，对地方政府的激励机制。我国地方政府行为短期化以及失信行为屡有发生，同对地方政府的激励机制密不可分。我们在前文中已经指出：以工农业总产值、国内生产总值、招商引资等指标考核地方政府政绩，是造成某些地区行政官员弄虚作假、不择手段地攫取金融资源，以及对地方资源进行掠夺性开发利用的负向刺激因素。因此，要根据科学发展观的要求，本着局部效益和全局利益、重点任务和全面工作、短期目标和长远发展、经济发展和环境保护、GDP增长和分配公平等相平衡的原则，来制定考核地方政府政绩的指标体系。同时，要改变干部频繁调动和任期过短的弊端，从体制上帮助地方官员克服急功近利心态。

第二，对地方政府行为的约束机制。为了规范地方政府行为，必须建立健全相应的监督约束机制，加强对地方政府行为的监督与控制。应遵循法制统一、非歧视性和公开透明的原则，完善法律法规体系，加强对地方政府行为的法律约束。应加强财政监督、技术监督、审计监督、统计监督，并辅以监察手段，加强人民群众和中央政府对地方政府监督

94

的力度。应建立对地方政府行为的监测体系，通过制定一系列的法律标准、行政标准、经济标准、社会标准和业务标准等，来判断、考核区域经济活动的合法性、合理性和有效性，据以对地方政府进行监督与约束。应考虑建立地方市场经济秩序评价与考核体系，约束地方政府的反市场行为，促使地方政府加大力度整顿市场经济秩序，营造统一、开放和有序竞争的市场环境。

第三，各级政府之间关系的协调机制。应按照统一、公平、合理的原则，完善各级政府之间的利益分享机制与利益补偿机制。中央政府应通过产业政策、区域政策以及其他宏观政策的调整，实现各区域的均衡发展。同时，也应在平等、互利、协作的基础上建立新型的地区间的利益关系，通过地区间利益的分享机制来实现地区的共同富裕。在利益补偿机制方面，主要应通过建立规范的财政转移支付制度，来实现中央与地方、地方与地方的利益转移，从而实现各种利益在地区间的合理分配。应建立有效的区域协调和监管机制。可以参照国外区域协调管理的做法和经验，建立跨区域的管理和协调机制，制定全国的空间布局规划、区域发展战略、区际竞争机制和区域经济政策协调机制；协调各大区、各省区、各城市之间的利益关系，整合区域资源，促进区域之间经济社会的均衡、协调发展。

第四，中央与地方财政税收的分享机制。应当在进一步完善和深化分税制改革的前提下，调整当前中央与地方的税收分享制度，并赋予地方政府一定的税收立法权和适当的税收管理权限，以稳定地方经济发展的长期性收益。应当进一步完善转移支付制度，以地区公共服务均等化为基本原则，建立促进地区公平发展的转移支付制度。同时，应压缩专项拨款规模，建立严格的专项拨款项目准入机制，减少专项拨款项目设立的随意性和盲目性。应规范地方政府的行为模式，防止地方政府对经济资源、税收资源和金融资源的恶性竞争，防止地方政府竞相出台各种不规范的税收优惠措施。应当调整国家的金融体系，加强利用政策性金融机制对中西部地区的金融支持。继续深化金融体制改革，改变中西部地区金融市场发展滞后，金融资源缺乏，金融效率低下的状况。应当借鉴发达国家市政债券融资等地方政府的融资经验，通过推进金融体制改革，建立规范化的地方政府融资渠道。

95

（二）完善金融业发展的法律和制度环境

从完整的意义上看，金融法治有两层含义：一是法治下的金融；二是对金融实行法治。[①] 所谓法治下的金融，表达了金融法律的运行状态、方式、程度和过程。就其运行状态而言，金融法治注重金融法律本身的合法性问题，主张金融法律的内容和适用必须保障金融主体的权利和金融自由化。就其运行方式而言，金融法治主张金融主体和政府都要守法，但更强调政府首先守法，即重点不是"治民"而是"治官"。就其运行程度而言，它强调"法的统治"，突出金融法律的目的性价值，其精义是"人人在法律之下"。就其运行过程而言，它表达了从金融法律的形成、遵守和实施，到产生预期的、最佳的法律秩序状态，推动社会生产力发展的法律综合运行机制，包括了从立法到守法、执法、司法直至法律监督的整个过程。金融法治，作为法治在金融领域的具体化，已包含了善法之治、法律至上、平等适用、制约权力、权利本位和正当程序的法治精神。

所谓对金融实行法治，包含两层含义：一方面，金融法往往把金融制度、金融活动的内容和要求直接规定为法律，金融法与金融本身联系紧密；另一方面，金融法治是上层建筑，它本身不能取代金融经济的运行，而是通过金融经济运行的法律化来促进其发展，其特征在于法治下的金融的发展和改革的规则、程序以及由此形成的新的经济模式的法律化。

金融生态环境则是指金融运行所依托的基础设施、基本制度和所有的外部经济环境。金融生态包括两部分，一个是金融部门的内部调节机制，一个是金融部门赖以生存的外部环境。从外部生存环境来讲，基本的法治环境、会计审计制度、清算制度、中介服务体系、社会保障体系、当地的诚信文化及其区域政治、经济环境等都是其非常重要的内容。而会计审计、清算制度、中介服务体系、社会保障体系以及诚信环境等最终也体现为法律制度。良好的金融法治环境是金融生态得以稳定发展的

---

① 关于金融法治的两层含义，参见高晋康等：《金融法治与我国金融安全》，载于《湖南省政法干部管理学院学报》2002 年第 3 期。

基本条件，完善的金融法治能够有效地保护金融主体的产权，有效遏制恶意信用欺诈和逃废金融债务。应当说，金融法治环境是金融生态环境的核心之一。

应当清醒地看到，经过多年的不懈努力，我国金融法治环境建设取得了长足的进步，但是，中国金融法治建设的道路还很漫长。围绕着规范与发展这两大主题，今后一段时期内，我们应着力解决好以下问题：

1. 金融立法

第一，要转变立法思想，建立现代市场经济的立法理念。市场经济是一种需要完整保护产权主体利益，引导产权主体在追逐自身利益最大化的同时，内化自身成本和责任的经济。因此，市场经济的立法精神就是要保障各利益主体的利益神圣不可侵犯。归根到底，现代市场经济的立法理念应当被理解为要完整地保护产权的实现，保障各产权主体的地位平等，保护各主体之间的公平交易。改革开放以来，我国的社会主义市场经济建设取得了很大突破。所有法制误区已从宪法上消除，平等保护各种所有制已经写入宪法，因此，与之相配套的金融法规也应进行修改与完善。应当平等保护产权主体权益，从促进市场公平交易出发，制定和完善金融规则，应充分体现产权保护的理念、合同自由的理念、适应法律与适应国家政策相结合的理念、效率与公平同等重要的理念。①

第二，从金融法律体系的完善程度来看，目前，虽然我国基本金融法律体系已经建成，但仍有大量的法律、法规亟待制定和完善，其中包括加快修改《中华人民共和国公司法》、《中华人民共和国证券法》、《中华人民共和国保险法》等金融基本法；尽快制定《破产法》、《信托业法》、《金融控股公司法》及其相关配套法律、法规，如《金融机构破产条例》、《信托公司财产信托管理办法》、《信托财产登记办法》、《资产证券化管理办法》等。

2. 金融监管

在银行三法正式实施后，我国金融分业监管的框架已经基本建立，监管的质量和效率不断提高。在今后的一段时期中，工作的重点应放在：改革监管方式，实现机构型监管向功能性监管的转变；整合资源，提高

---

① 徐诺金：《金融生态环境建设中法制问题》，载于《金融时报》2005年第7期。

打击金融违法犯罪、惩治金融腐败的效率和力度；适应金融混业发展的新形势，有必要建立正式的金融监管的协调合作机制，建立一个高于一般部委规格的金融协调委员会，负责制定、协调金融业监管的有关政策，确定金融体系的重大问题和发展趋势，加强对金融控股公司的监管；进一步发挥行业协会的自律监管作用，等等。

3. 保护金融企业客户利益

虽然我国已经在金融立法、司法、执法等方面积极加大了对金融企业客户利益的保护力度，但从总体来说，我国金融企业客户利益保护仍嫌薄弱。今后，应逐渐放开对涉及证券民事赔偿案件的受理限制，强化对损害金融企业客户利益的司法救助；加强金融机构信息披露的深度、广度和规范；避免过多地采用行政手段介入金融机构的重组、接管和破产，强调以法律手段来处理金融机构的破产、接管问题；完善金融机构的公司治理结构，依法稳妥推进国有独资商业银行的股份制改造及上市工作。

4. 金融执法

同金融立法相比，我国金融执法的问题更多。近年来银行界曾经流传着一种说法：在涉及银行贷款的诉讼案件中，银行能够胜诉的占90%，但是只有50%的案件可以执行，更只有10%的执行结果可以真正拿回钱来。这种说法当然不足为严肃的论证根据，但也形象地刻画了涉贷案件的复杂程度并表达了对金融案件严格执法的忧虑。大致说来，我国目前金融执法方面存在的问题具体表现为：一是执行时间长，程序复杂。违约时债权的执行时间过长，往往造成担保物价值降低，对债权人和债务人双方都不利。二是执行费用高。金融机构通过法律诉讼主张债权，除了立案、诉讼保全、执行等环节需要先垫付费用外，在案件审判或执行阶段，往往还需支付鉴定、评估、执行物过户等费用，收费的环节多而且费率高，导致诉讼费用基本要占到诉讼标的金额的10%～20%，而且常由于债务人无意或无能力，最后变为由金融机构自己负担。三是抵债资产回收效果差。相对于违约贷款的价值，过去两年广东省8家金融机构的各种抵债资产的总回收率平均仅为50%；通过法律程序执

98

行的抵债资产总回收率平均为 48.9%；第三方保证的总回收率平均仅为 39.7%。[1] 这些现象说明，提高金融执法效率，推动相关法律制度调整和完善，促进金融生态环境优化，是今后一个相当长时期中我国金融法治环境建设最艰巨的工作。

5. 司法的公正及规范性

法律和制度环境方面的缺陷还会使地方政府把更多的注意力转向对中央控制的公共金融资源的竞争上，并且，在辖区内企业面临逃废债的法律诉讼时，它们还倾向于充当地方企业的保护伞。这种地方机会主义也对各地区金融资产的不良率产生了显著影响。因此，地方保护主义和行政权力对司法的干预，是导致司法不公正和不规范的重要因素。

目前，我国司法的独立性不强，尤其是地方行政力量干预在司法过程中依然存在，金融案件执法中地方倾向性明显，在审判和执行过程中与地方利益交错相织，执法效率低，程序复杂，成本高昂，地方保护主义倾向较严重。同时，司法监督体系仍欠完善，对司法机关工作人员履职缺乏有效的监督制约手段，影响了司法的公正和公平，直接危及到市场经济的法治基础。

因此，为了完善我国的金融生态环境，我们要着力优化金融发展的司法环境，建立突破地方行政干预的诉讼管辖机制，金融债权案件的受理应突破传统的属地管辖原则，实行异地立案审理，以不断提高金融案件的立案率、结案率和执行率。为适应市场经济的发展需要，应当深化司法机关人事制度改革，加大司法机关领导干部异地交流力度，摆脱地方行政干预，进一步增强司法的独立性。同时，为了加强对执法的约束和监督，可以考虑设立中央垂直管理的执法监督部门，严肃处理执法者违法行为。

总之，我国的金融法治建设还处在起步阶段，要建立良性的金融生态系统，还需要经历一个长期的历史过程。尤其需要指出的是，健全的金融法治环境不仅体现在立法完备、司法独立、执法有效方面，还包括广大民众法治精神与法律意识的提高，在这方面，我们的工作事实上刚刚起步。

---

① 徐诺金：《金融生态环境建设中的法律保障》，载于《银行家》2005 年第 5 期。

（三）推进社会诚信文化建设，注意发挥地方政府在其中的积极作用

如果认为诚信以及作为其对立面的失信只与参与交易的当事人有关，那是十分片面的，因为，这种看法忽略了诚信作为一种文化、作为一种社会公共品的本质。事实上，由于经济主体的所有活动都是在社会网络中进行的，所以，任何经济主体的失信行为均具有"外在性"和"规模性"；一个不信任的社会极有可能会陷入"所有人对所有人的战争"，也即陷入霍布斯丛林。这意味着，在作为网络的社会中，仅仅依靠少数几个人或机构信守诚信是没有意义的，关键是要在社会网络中形成一种诚信规范或者诚信规则，作为网络中的个体和机构的行动准则。一旦诚信规范出现，那么，它就会作为一种类似文化和习俗的东西传承下去，并一直被社会经济活动中的当事人所遵守。这就是所谓的诚信文化。因此，我们需要通过建立一个涉及全社会范围的诚信体系，将信守诚信的利益和失信的损失内在化于经济主体的收益之中。为此，我们应当建立有关诚信的立法，围绕信用信息的记录、信用产品的使用、失信主体的惩戒等三个关键环节，持续推动社会信用制度建设、促进信用服务业发展、开展诚信文化创建活动。

社会诚信文化建设是一项系统工程，也是一项长期的任务。我们应从建立联合征信平台和失信惩罚机制着手，逐步向舆论环境、法律保障、信用管理行业、人才培养等多个方面展开，最终形成一个覆盖全社会的能保障并促进全社会经济安全运行、全面发展的信用环境。已有的经验表明，在社会诚信建设过程中，政府重视是前提，全民动员是基础，利益调节是关键，严肃法纪是保障。

社会诚信文化建设的具体目标在于：

（1）增强政府、企业和个人各类市场主体的诚信意识，形成良好的信用秩序和诚信环境，让诚实守信者获利，违约失信者失利。

（2）建立健全信用管理行业/征信市场，为社会提供充分、透明、完整的信用信息产品系列，在规模、质量和类别上满足社会各方面的需要，尽可能消除交易对手间的信用不对称性，降低交易成本，全面提升本地区的诚信水平。

（3）建立健全守信奖励和失信惩罚机制，形成正向激励机制，规范

各类市场主体的经济行为。

（4）全面提高本地区居民的诚信意识和信用道德水平，遏制失信行为及其"外溢效应"，为地方的社会安定和经济持续发展创造良好的诚信环境，树立良好的形象。

由于社会诚信文化是一种"公共品"，建设这种文化便涉及经济与社会的各个层面和各个领域，这意味着，仅仅依靠某些部门在某些领域做出努力固然十分必要，但显然不能解决根本问题。鉴于各级政府在社会管理中具有其他主体不可替代的号召力和权威性，在诚信文化的建设中，地方政府发挥主导作用就理所应当。各级政府除了要高度重视，统一认识，加强领导，把建立和健全诚信文化作为本地改革和发展的重要内容纳入当地经济和社会发展规划之中外，还应高度重视政府自身诚信的建设，所谓"言出而为民信，事行而为世法"，阐述的就是这个道理。就此而论，各级政府带头讲诚信，建立服务型的廉洁政府，对于地区诚信体系建设具有关键意义。

在 20 世纪 80 年代和 90 年代假冒伪劣产品泛滥的时候，地方保护主义被认为是庇护本地企业制假售假、逃避债务的重要因素；"司法地方保护主义"成为我国诚信建设的一大障碍。从 90 年代末开始，一些地方政府在诚信建设方面改弦易辙，积极采取有力举措打造地方诚信品牌，成为中国诚信建设的一大特色和亮点①。我们认为，要充分发挥地方政府在地方经济和社会发展方面的关键作用，应当积极鼓励以地方政府为主体的创建诚信文化的活动，并将之列为对地方政府的政绩考核内容之中。

101

---

① 上海 2004 年实施上海市个人诚信联合征信试点，主要从各商业银行、法院、公安部门采集个人贷款及偿还记录、信用卡透支和付款记录；工人的民事和刑事诉讼记录；个人的身份证信息和与个人诚信有关的处罚记录。现在上海市资信公司已建立 240 多万用户的信用报告，覆盖上海市区有潜在信用消费能力人群的一半。各商业银行已把查询个人信用报告列为消费者信贷审批依据之一。2004 年 5 月 17 日，长三角 16 个城市的市长在浙江湖州共同发表《共建信用长三角宣言》，这是我国第一个区域性政府间签署的信用宣言。在这些城市的诚信联动中，三省市将共享企业信用资源，共同开发企业信用交换平台，形成统一的信用评价体系，通过"经济户口"的融通，建立三省一体的信用监督体系，实行企业黑名单的警示通报制度，对有不良警示记录的企业进行三地联动公示，限制和禁止已经吊销企业执照地负责人跨省、市异地经营（《中国诚信评价体系研究报告》，国家信息中心，2004 年）。

附录A：

城市金融资产质量等级测度

1. 城市金融资产质量等级测度指标体系

一级指标	二级指标	备注
信贷资产质量	不良贷款比例	不良贷款的总量水平
	贷款加权质量	不良贷款的结构考察。根据贷款五级分类结构，加权评分
	不良贷款的变动趋势评分	重点监控不良贷款余额和不良贷款率"双降"的情况
	不良贷款的清收转化评分	现金清收、贷款核销、以资抵债和其他方式评分
	贷款行业分布情况评分	分析贷款集中行业的风险状况，包括行业当前整体状况、国内外情况对比、国家对该行业的政策和指导意见，行业的发展趋势预测及依据等，以及风险状况对银行资产安全状况的影响。重点监控房地产、宏观调控行业、当地支柱产业贷款占比情况
	客户分布情况评分	贷款余额在亿元以上的客户及拥有5家以上关联企业、合计贷款余额在亿元以上的集团客户占比
非信贷资产质量	非信贷不良资产占比	
	非信贷不良资产预计损失率	
表外业务质量（担保、承诺及金融衍生业务）	垫款发生占比	
	表外业务风险敞口	

2. 测度方法论——层次分析法

为什么采用层次分析法确定各评判主体、评判指标在各自评判体系中所占的权重？

多指标权重的确定一般采用专家评定法（属于纯主观的方法）、因子分析法（属于纯客观的方法）、层次分析法。一般说来，专家法在评判时可能因指标太多无法综合和分别考虑，所定存在权重粗糙、不准确的弊病；而因子分析法有时会遇上无法采集数据，或者是因数据瑕疵（异常数据关系）可能造成与现实逻辑的矛盾等。用层次分析法（AHP）确定多指标权重时，它是通过指标间的两两比较，采用 T. L. Satty1—9 比率标度方法，并要通过一致性检验，所以采用层次分析法确定多指标的权重较其他方法而言更可靠、也更准确。

举一个简单的例子，一个多目标决策问题，A、B、C 三个目标来决定它们之间的相对重要性，如果放在一起考虑，则对人来说，要综合考虑的信息一时太多，这样得出的结果可能比较主观和粗糙。但是如果将此问题分解，分解为 A 与 B 的相对重要性、A 与 C 的相对重要性、B 与 C 的相对重要性来分别决策，这样人每次考虑问题时所涉及的因素就要简单得多，容易把握得多，故此结果也要准确和符合实际得多。最后将人对各个分解决策目标的判断结果，输入计算机，进行数理运算（客观方法处理过程），得出 A、B、C 三个目标的相对重要性。

103

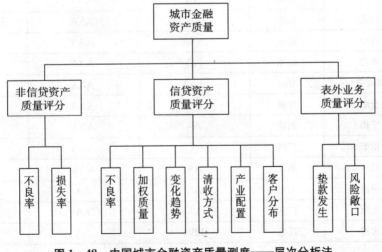

图 1—48 中国城市金融资产质量测度——层次分析法

层次分析法（AHP）是美国著名的运筹学家、匹兹堡大学教授 T. L. Satty 在 20 世纪 70 年代提出来的，是解决多目标决策问题最常用、最重要的方法。它把定性分析与定量分析结合起来，能有效处理那些难以完全用定量方法来分析的复杂多目标问题。层次分析法的思想是把复杂问题分成若干层次，在每一层次逐步分析并将人们的主观判断数量化。用加权和的方法计算出各方案对总目标的权数。

3. 全国 291 个地级以上城市金融资产质量测度结果

城市	省份	等级评定（2003）	等级评定（2004）	升降
杭州	浙江	AAA	AAA	—
温州	浙江	AAA	AAA	—
苏州	江苏	AAA	AAA	—
绍兴	浙江	AAA	AAA	—
金华	浙江	AAA	AAA	—
宁波	浙江	AA	AAA	↑
克拉玛依	新疆	AAA	AAA	—
丽水	浙江	AAA	AAA	—
台州	浙江	AAA	AAA	—
上海	上海	AA	AAA	↑
嘉兴	浙江	AAA	AAA	—
北京	北京	AA	AAA	↑
南京	江苏	AA	AAA	↑
舟山	浙江	AAA	AAA	—
东营	山东	AA	AAA	↑
嘉峪关	甘肃	AAA	AAA	—
合肥	安徽	AA	AAA	↑
宁德	福建	AA	AAA	↑
南宁	广西	A	AAA	↑
衢州	浙江	AA	AAA	↑
济南	山东	AA	AA	—
东莞	广东	AA	AA	—
无锡	江苏	BBB	AA	↑

续表

城市	省份	等级评定（2003）	等级评定（2004）	升降
福州	福建	BB	AA	↑
马鞍山	安徽	BBB	AA	↑
阿坝州	四川	A	AA	↑
贵阳	贵州	BBB	AA	↑
天津	天津	B	AA	↑
厦门	福建	BBB	AA	↑
广州	广东	BBB	AA	↑
泉州	福建	BB	AA	↑
金昌	甘肃	BBB	AA	↑
乌海	内蒙古	BB	AA	↑
昆明	云南	BB	AA	↑
深圳	广东	BBB	A	↑
长沙	湖南	BB	A	↑
曲靖	云南	BB	A	↑
湖州	浙江	BB	A	↑
三明	福建	BB	A	↑
太原	山西	BB	A	↑
兰州	甘肃	BBB	A	↑
鄂尔多斯	内蒙古	BBB	A	↑
成都	四川	B	A	↑
呼和浩特	内蒙古	C	A	↑
郑州	河南	BBB	A	↑
龙岩	福建	B	A	↑
铜陵	安徽	BBB	BBB	—
南通	江苏	BB	BBB	↑
常州	江苏	BBB	BBB	—
莱芜	山东	C	BBB	↑
莆田	福建	C	BBB	↑
南平	福建	B	BBB	↑
南昌	江西	C	BBB	↑

105

续表

城市	省份	等级评定（2003）	等级评定（2004）	升降
重庆	重庆	C	BBB	↑
丽江	云南	BB	BBB	↑
武汉	湖北	B	BBB	↑
六盘水	贵州	B	BBB	↑
日照	山东	D	BB	↑
青岛	山东	D	BB	↑
柳州	广西	B	BB	↑
银川	宁夏	C	BB	↑
攀枝花	四川	B	BB	↑
玉溪	云南	BBB	BB	↓
镇江	江苏	B	BB	↑
扬州	江苏	C	BB	↑
芜湖	安徽	C	BB	↑
阳泉	山西	E	BB	↑
大连	辽宁	C	B	↑
漳州	福建	C	B	↑
淄博	山东	D	B	↑
石嘴山	宁夏	C	B	↑
西宁	青海	B	B	—
烟台	山东	D	B	↑
晋城	山西	D	B	↑
滨州	山东	D	B	↑
西安	陕西	C	B	↑
延安	陕西	C	B	↑
佛山	广东	C	B	↑
唐山	河北	D	B	↑
乌鲁木齐	新疆	BB	B	↓
秦皇岛	河北	C	B	↑
安顺	贵州	D	B	↑
鹰潭	江西	C	C	—

续表

城市	省份	等级评定（2003）	等级评定（2004）	升降
雅安	四川	C	C	—
包头	内蒙古	C	C	—
绵阳	四川	C	C	—
运城	山西	C	C	—
廊坊	河北	C	C	—
拉萨	西藏	D	C	↑
朔州	山西	D	C	↑
临沂	山东	E	C	↑
来宾	广西	B	C	↓
庆阳	甘肃	D	C	↑
榆林	陕西	E	C	↑
临沧	云南	D	C	↑
昭通	云南	D	C	↑
珠海	广东	E	C	↑
济宁	山东	E	C	↑
贺州	广西	E	C	↑
海口	海南	D	C	↑
梅州	广东	E	C	↑
石家庄	河北	C	C	—
酒泉	甘肃	C	C	—
聊城	山东	E	C	↑
泰州	江苏	E	C	↑
株洲	湖南	E	C	↑
泰安	山东	E	C	↑
新余	江西	E	C	↑
遵义	贵州	D	C	↑
湘潭	湖南	D	C	↑
中山	广东	E	C	↑
桂林	广西	E	D	↑
乐山	四川	E	D	↑

107

续表

城市	省份	等级评定（2003）	等级评定（2004）	升降
大同	山西	E	D	↑
保山	云南	D	D	—
长治	山西	E	D	↑
哈尔滨	黑龙江	E	D	↑
韶关	广东	E	D	↑
宜昌	湖北	E	D	↑
长春	吉林	E	D	↑
池州	安徽	E	D	↑
淮南	安徽	E	D	↑
沈阳	辽宁	E	D	↑
泸州	四川	D	D	—
潍坊	山东	E	D	↑
张家界	湖南	E	D	↑
威海	山东	E	D	↑
黄山	安徽	E	D	↑
吴忠	宁夏	E	D	↑
葫芦岛	辽宁	D	D	—
晋中	山西	E	D	↑
洛阳	河南	E	D	↑
临汾	山西	C	D	↑
惠州	广东	E	E	—
甘孜州	四川	E	E	—
白银	甘肃	D	E	↓
张掖	甘肃	E	E	—
连云港	江苏	E	E	—
黄石	湖北	E	E	—
平凉	甘肃	E	E	—
大兴安岭	黑龙江	B	E	↓
淮北	安徽	E	E	—
思茅	云南	E	E	—

续表

城市	省份	等级评定（2003）	等级评定（2004）	升降
内江	四川	E	E	—
淮安	江苏	E	E	—
本溪	辽宁	E	E	—
凉山州	四川	E	E	—
三亚	海南	E	E	—
巴彦淖尔	内蒙古	E	E	—
遂宁	四川	E	E	—
承德	河北	E	E	—
自贡	四川	E	E	—
广安	四川	E	E	—
蚌埠	安徽	E	E	—
景德镇	江西	E	E	—
忻州	山西	E	E	—
眉山	四川	E	E	—
上饶	江西	E	E	—
德州	山东	E	E	—
宿迁	江苏	E	E	—
呼伦贝尔	内蒙古	E	E	—
许昌	河南	E	E	—
三门峡	河南	E	E	—
邯郸	河北	E	E	—
焦作	河南	E	E	—
渭南	陕西	E	E	—
沧州	河北	E	E	—
吕梁	山西	E	E	—
新乡	河南	E	E	—
萍乡	江西	E	E	—
梧州	广西	E	E	—
北海	广西	E	E	—
安庆	安徽	E	E	

109

续表

城市	省份	等级评定（2003）	等级评定（2004）	升降
肇庆	广东	E	E	—
漯河	河南	E	E	—
宜宾	四川	E	E	—
赤峰	内蒙古	E	E	—
德阳	四川	E	E	—
七台河	黑龙江	E	E	—
郴州	湖南	E	E	—
牡丹江	黑龙江	E	E	—
百色	广西	E	E	—
徐州	江苏	E	E	—
娄底	湖南	E	E	—
张家口	河北	E	E	—
吉安	江西	E	E	—
抚顺	辽宁	E	E	—
汕头	广东	E	E	—
茂名	广东	E	E	—
鞍山	辽宁	E	E	—
锦州	辽宁	E	E	—
乌兰察布	内蒙古	E	E	—
玉林	广西	E	E	—
营口	辽宁	E	E	—
盐城	江苏	E	E	—
衡水	河北	E	E	—
岳阳	湖南	D	E	↓
固原	宁夏	E	E	—
保定	河北	E	E	—
安康	陕西	E	E	—
盘锦	辽宁	E	E	—
河源	广东	E	E	—
河池	广西	E	E	—

续表

城市	省份	等级评定（2003）	等级评定（2004）	升降
贵港	广西	E	E	—
防城港	广西	E	E	—
宝鸡	陕西	E	E	—
揭阳	广东	E	E	—
大庆	黑龙江	E	E	—
枣庄	山东	E	E	—
邢台	河北	E	E	—
安阳	河南	E	E	—
伊春	黑龙江	E	E	—
衡阳	湖南	E	E	—
赣州	江西	E	E	—
九江	江西	E	E	—
武威	甘肃	E	E	—
延边	吉林	E	E	—
鹤岗	黑龙江	E	E	—
定西	甘肃	E	E	—
湛江	广东	E	E	—
双鸭山	黑龙江	E	E	—
云浮	广东	E	E	—
清远	广东	E	E	—
通辽	内蒙古	E	E	—
宣城	安徽	E	E	—
阳江	广东	E	E	—
咸阳	陕西	E	E	—
陇南	甘肃	E	E	—
钦州	广西	E	E	—
鄂州	湖北	E	E	—
永州	湖南	E	E	—
怀化	湖南	E	E	—
湘西州	湖南	E	E	—

续表

城市	省份	等级评定（2003）	等级评定（2004）	升降
平顶山	河南	E	E	—
汉中	陕西	E	E	—
巢湖	安徽	E	E	—
铜川	陕西	E	E	—
齐齐哈尔	黑龙江	E	E	—
丹东	辽宁	E	E	—
荆门	湖北	E	E	—
信阳	河南	E	E	—
菏泽	山东	E	E	—
阜阳	安徽	E	E	—
通化	吉林	E	E	—
襄樊	湖北	E	E	—
十堰	湖北	E	E	—
天水	甘肃	E	E	—
吉林市	吉林	E	E	—
宜春	江西	E	E	—
亳州	安徽	E	E	—
南充	四川	E	E	—
江门	广东	E	E	—
广元	四川	E	E	—
随州	湖北	E	E	—
益阳	湖南	E	E	—
滁州	安徽	E	E	—
南阳	河南	E	E	—
潮州	广东	E	E	—
黑河	黑龙江	E	E	—
邵阳	湖南	E	E	—
周口	河南	E	E	—
佳木斯	黑龙江	E	E	—
阜新	辽宁	E	E	—

112

续表

城市	省份	等级评定（2003）	等级评定（2004）	升降
资阳	四川	E	E	—
孝感	湖北	E	E	—
汕尾	广东	E	E	—
抚州	江西	E	E	—
商洛	陕西	E	E	—
荆州	湖北	E	E	—
鸡西	黑龙江	E	E	—
达州	四川	E	E	—
咸宁	湖北	E	E	—
辽阳	辽宁	E	E	—
鹤壁	河南	E	E	—
白山	吉林	E	E	—
常德	湖南	E	E	—
四平	吉林	E	E	—
白城	吉林	E	E	—
巴中	四川	E	E	—
松原	吉林	E	E	—
濮阳	河南	E	E	—
开封	河南	E	E	—
宿州	安徽	E	E	—
黄冈	湖北	E	E	—
朝阳	辽宁	E	E	—
绥化	黑龙江	E	E	—
商丘	河南	E	E	—
驻马店	河南	E	E	—
辽源	吉林	E	E	—
六安	安徽	E	E	—
铁岭	辽宁	E	E	—

113

说明：参考国际权威主权评级机构世界市场研究中心（WMRC）的等级划分标准（参见分报告十二《由国别风险与主权评级到中国区域金融生态评价》），设计以下资产质量等级确定标准：

城市金融资产质量等级设定标准

分值范围	等级符号
100～95	AAA
95～85	AA
85～80	A
80～70	BBB
70～60	BB
60～50	B
50～35	C
35～20	D
20～0	E

114

附录 B:

城市金融生态环境综合指数：
设计及方法论

1. 城市金融生态构成要素的指标

	经济发展水平	人均国内生产总值（元）
		产业结构高级化（第三产业占比、固定资产投资/GDP）
	产业结构优化	经济结构转化速度
		产业集聚程度
经济基础	经济活跃程度（投资与商贸）	三年年均 GDP 增长率
		人均固定资产投资总额（万元）
		三年平均固定资产投资增速
		人均住宅投资（万元）
		三年平均住宅投资增速
		人均房地产开发投资额（万元）
		三年平均房地产开发投资增速
		人均批发零售贸易业商品销售总额（万元）
		人均社会消费品零售总额（万元）
		限额以上批发零售贸易企业数（个）
	经济开放度	经济国际化程度（外贸易依存度、外资占 GDP 的比重、外企占城市总企业的比重）
		外商直接投资新签协议合同数（个）
		外商协议投资额（万美元）
		外商实际投资额（万美元）
		港澳、外企贷款占比

续表

经济基础	市场化程度	市场发育程度（市场发育程度、市场定价程度、竞争充分程度） 地方保护主义程度 非国有经济所占份额（工业总产值、固定资产投资、就业人数） 非国企贷款占比
金融发展	金融深度	正常贷款余额/GDP
	金融部门竞争	非四大国有商业银行市场份额占比（存款、贷款）
	金融市场发展	三年直接融资占总融资规模的比率（％）
	金融信用意识	人均承保额（万元） 人均保费（万元） 人均个人消费信贷（万元）
企业诚信	规模与效益	人均限额以上工业总产值（万元） 限额以上工业企业规模总产值/企业数 固定资产净值年平均余额（万元）/企业数 流动资产年平均余额（万元）/企业数 利润率－利税总额（万元）/产品销售收入（万元） 资产回报率－利税总额（万元）/固定资产净值年平均余额（万元） ＋流动资产年平均余额（万元）
	企业文化	企业家欲望 雇主作风 员工精神
	企业制度	管理应用水平 管理技术经验 激励与约束绩效 治理结构
	企业信誉	产品质量 顾客满意度 公司声誉
法治环境	产权保护力度	非规范收费收敛程度 知识产权保护情况（对盗版及各种假冒伪劣产品的监控、单位科技人员的专利受理和批准数） 法院体系保证履约状况 每亿元 GDP 平均的经济案件发生率和消费者投诉率

116

续表

法治环境	法律健全程度	地方法规条例的健全性
		主要法规政策的连续性
		政策法规普及和透明度
	执法能力	守法自觉性
		执法公正性
		执法严格性
		三年中经济案件的结案率
		诉讼费用和抵债财物的回收率
地方政府公共服务	政府财政能力	城市财政收入水平—预算内人均财政收入
		城市财政收入增长率—预算内财政收入增长率
		城市资本化经营能力—民间资金在基础设施投资中的比重
	政府审批与管制	企业创办难易度
		行业准入限制度
		政府监管有效性政府干预
	政府干预	税收占财政收入的比重
		企业非税负担（政府的各种税外收费、集资和摊派占企业销售收入比重）
		财政缺口
		私人部门经济所占份额
	行政效率	办事效率
		服务态度
		服务质量
		政府规模（国家机关工作人员/总人口）
	政府透明度	信息化程度（全国城市电子政务效率评分结果）
		对媒体的宽容度
		政务公开程度
金融部门独立性	金融部门独立性	政府公共企业贷款占比
		国有企业贷款占比
		信用贷款及透支占比
		土地房产权转让抵押占比
		当地城市商业银行不良率、中长期贷款占比

117

续表

社会诚信文化	人口素质	成人识字率 大专以上人口占总就业人口比重教育发展 当地教育基础设施［0.5x评分（高等教育学校数/当地总人口）＋0.3x评分（普通中学数/当地总人口）＋0.2x评分（小学数/当地总人口）］ 当地教育师资［0.5x评分（高等学校专任教师数/当地总人口）＋0.3x评分（普通中学专任教师数/当地总人口）＋0.2x评分（小学专任教师数/当地总人口）］ 人均公共图书馆藏书（册、件） 人均教育事业费支出（元）
	居民生活水平	职工平均工资（元） 人均可支配收入（元） 三年平均人均可支配收入增速 人均城乡居民储蓄年末余额（万元） 人均消费支出（元） 邮政、电信业务总量（万元） 本地电话用户数（万户） 年末移动电话用户数（户） 人均生活用电量（千瓦时） 人均住房面积
	价值观	价值取向 创业精神 平等宽容 交往操守（诚信意识、法制观念、协作精神）
社会中介服务	中介服务发展	每万人社团数 每万人注册律师数 每万人注册会计师数 信用担保机构数 地方征信体系建设的进展
社会保障程度	社会保障程度	养老保险制度建立面 城市居民最低生活保障 医疗保险制度建立面 失业保险制度建立面

118

2. 城市金融生态环境综合指数：数据包络分析（DEA）

所谓综合评价是通过描述被评价事物的多个维度指标来进行，如果将指标看成变量，则在几何上将形成一个高维空间，而每个评价事物由反映它的多个维度指标值在该空间中所决定一个点来描述。因此，从几何角度来看，综合评价的对象就是高维空间中的一些点，综合评价问题也就是确立一套评估基准，对这些点做出总体评价和排序。

针对不同的比较基准，可分为不同综合评价方法，如构建空间最优点或最劣点的距离综合评价，基于模糊分析的灰色关联分析等等。数据包络分析（Data Envelopment Analysis，DEA）作为一种前沿分析工具，它是根据一组关于输入－输出的观察值来估计所谓"有效生产前沿面"的。理论上可以证明，DEA有效性与相应的多目标规划问题的Pareto有效解（或非支配解）是等价的。DEA可以度量一组多维输入变量（在以一组输出变量为基准的情况下）在一个多维空间所能达到的最优包络。

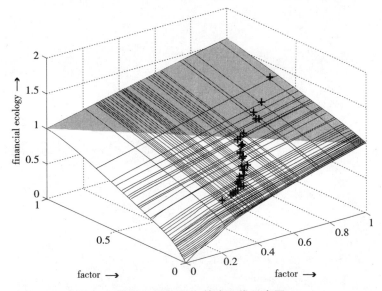

图 1—49　DEA 技术三维示意图

对于处于转轨阶段的中国经济而言，各地区经济和金融发展水平极端不平衡，政治、法律、社会诚信意识和制度建设差异巨大。在纷繁复杂的不良贷款形成机制中，归因于生态的环境因素到底应该包含哪些方面，而更为重要的是，这些因素的作用方向和力度尚不为我们所尽知，

或者说是非常模糊的。对一个陌生领域的初始研究阶段，若简单采用传统的具有统一形式的结构化（参数化、线性）评估方法来评价，在理论上可能失之粗糙，在实践上则缺乏可操作性，特别是困陷于权重确定方式的无谓争议，从而减损了评价结果的科学性。鉴于此，本研究援用了非结构化（非参数化）评估方法——数据包络分析技术。

在城市金融生态综合评价的 DEA 模型中，我们将各城市金融资产质量的测度结果作为产出变量，它某种程度上反映了各地区金融生态系统中运行风险差异的历史和现状。从城市经济基础、金融发展、法治环境、地方政府公共服务、社会诚信文化、社会中介服务、社会保障程度、企业诚信、金融部门独立性等九个维度构建投入变量，这九个维度反映了地区金融生态环境的构成要素。

有关数据包络分析（DEA）技术细节请参看附录 C。

附录 C:

本项研究的技术附录

1. 数据处理方法

（1）指标数据标准化方法

由于城市金融生态环境各项指标数据的量纲不同，因此，要对这些指标进行综合集成，所有指标数据都必须进行无量纲化处理。指标数据标准化方法中，我们根据所采集指标的性质（正指标、逆指标或适度性指标）、分布特性（离散度）等差异，采用不同的处理方式：标准化、指数化、阀值法以及分布打分，主要目的是尽可能减少原始数据在标准化过程中的信息损失。

标准化计算公式为：

$$Z_i = \frac{x_i - \bar{x}}{\sigma^2}$$

x_i 为原始数据，$\bar{x}$ 为平均值，σ^2 为方差，Z_i 为标准化后数据。

指数法的计算公式为：

$$Z_i = \frac{x_i}{x_{\max}}$$

x_i 为原始数据，$x_{\max}$ 为数列中最大值，Z_i 为指数。

阀值法的计算公式为：

$$Z_i = \frac{x_i - x_{\min}}{x_{\max} - x_{\min}}$$

x_i 为原始数据，$x_{\max}$ 为数列中最大值，$x_{\min}$ 为数列中最小值，Z_i 为转换后的值。

正态化变换是一种非线性变化，不论原始数据的分布呈现何种形态，

通过这种变化，可以使得变换后的分数呈现标准正态分布。步骤如下：

①原始数据排序，求出每个原始数据 x_i 对应百分比

$$P_x = \frac{x_i \text{ 以下的原始数据个数}}{\text{样本数}}$$

② 查标准正态分布表，得到每个分数的正态化标准分数 Z_x

$$\int_{-\infty}^{Z_x} \frac{1}{\sqrt{2\pi}} e^{\frac{x}{2}} dx = P_x$$

（2）定性指标的量化——灰色白化函数法

对于定性指标的评价，最重要的一点是要尽量减少评价结果的主观成分。本研究应用灰色系统理论和方法，对定性指标进行精细量化处理。给出具体步骤如下：若设 I＝1，2，…，i 为评价者，J＝1，2，…，j 为评价因素，A＝1，2，…，a 为被评价者，也即评价指标，K＝1，2，…，k 为评价灰类，$f_x(d_{ji})$ 表示第 k 个评价灰类的白化权函数。

①求评价量的样本矩阵

$d_{ji}^{(A)}$ 表示评价者 $I(=1,2,\cdots,i)$ 对被评价者 A 的第 $J(=1,2,\cdots,j)$ 个评价因素给出的评分，则其样本矩阵为

$$D_{JI}^{(A)} = \begin{bmatrix} d_{11}^{(A)} & d_{12}^{(A)} & \cdots & d_{1i}^{(A)} \\ d_{21}^{(A)} & d_{22}^{(A)} & \cdots & d_{2i}^{(A)} \\ \vdots & \vdots & \cdots & \vdots \\ d_{j1}^{(A)} & d_{j2}^{(A)} & \cdots & d_{ji}^{(A)} \end{bmatrix}$$

②确定评价灰类

确定评价灰类就是要确定评价灰类的等级数、灰类的灰数及白化权函数。本研究规定四个评价灰类，分别是"优"、"良"、"中"、"差"[1]。规定评估者的给分范围为 1～10 分。

第一类"优"，$K=1$，灰数$\otimes \in [9, \infty]$，其白化权函数为：

$$f_1(d_{ji}) = \begin{cases} \dfrac{d_{ji}}{9}, & d_{ji} \in [0,9]; \\ 1, & d_{ji} \in [0,\infty]; \\ 0, & d_{ji} \notin [0,\infty]; \end{cases}$$

---

[1] 对于逆向指标则分别表示为"严重"、"较严重"、"一般"、"弱"。

第二类"良"，$K=2$，灰数$\otimes\in[0,7,14]$，其白化权函数为：

$$f_2(d_ji)=\begin{cases}\dfrac{d_{ji}}{7}, & d_{ji}\in[0,7]\\[2mm]2-\dfrac{d_{ji}}{7}, & d_{ji}\in[7,14]\\[2mm]0, & d_{ji}\notin[0,14]\end{cases}$$

第三类"中"，$K=3$，灰数$\otimes\in[0,5,10]$，其白化权函数为：

$$f_2(d_ji)=\begin{cases}\dfrac{d_{ji}}{5}, & d_{ji}\in[0,5]\\[2mm]2-\dfrac{d_{ji}}{5}, & d_{ji}\in[5,10]\\[2mm]0, & d_{ji}\notin[0,10]\end{cases}$$

第四类"差"，$K=4$，灰数$\otimes\in[0,1,4]$，其白化权函数为：

$$f_4(d_ji)=\begin{cases}1, & d_{ji}\in[0,1]\\[2mm]\dfrac{4-d_{ji}}{5}, & d_{ji}\in[1,4]\\[2mm]0, & d_{ji}\notin[0,4]\end{cases}$$

③计算灰色评价系数

对于被评价者 A，第 J 个评价因素属于第 K 个评价灰类的灰色评价数称为灰色评价系数，记为 $n_{JK}^{(A)}$，其计算公式为：

$$n_{JK}^{(A)}=\sum_{K=1}^{k}n_{JK}^{(A)}$$

对于被评价者 A，第 J 个评价因素属于各个灰类的总灰色评价数记为 $r_J^{(A)}$，则有：

$$r_J^{(A)}=\sum_{K=1}^{k}n_{JI}^{(A)}$$

④计算灰色评价权向量及权矩阵

评价者就被评价者 A，对第 J 个评价因素属于第 K 个灰类的灰色评价权记作 $r_{JK}^{(A)}$，则有：

$$r_{JK}^{(A)}=\frac{n_{JK}^{(A)}}{n_J^{(A)}}$$

考虑 $K=1,2,\cdots,k$，则灰色评估权向量 $r_J^{(A)}=[r_{J1}^{(A)},r_{J2}^{(A)},\cdots,r_{JK}^{(A)}]$。

⑤单个定性指标的评价

$$S_j^{(A)} = r_j^{(A)} m_k$$

式中，$m_K(K=1,2,\cdots,k)$为不同灰类的权系数，本研究取 $m_k=(1,0.8,0.5,0.3)^T$。

2. 分析方法

（1）层次分析法

其步骤如下：

①建立层次结构模型

将包含的因素分组，每组作为一个层次，从上至下依次分为目标层（最高层）、准则层（中间层）和方案层（底层），上一层次对相邻的狭义层次的逐层支配关系，即递阶层关系。

具体示例如下：

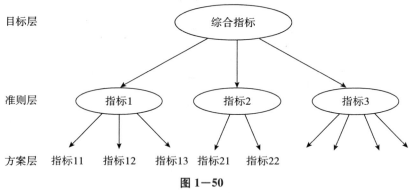

图 1—50

②构造判断矩阵

判断矩阵由层次结构模型中每层中的各因素的相对重要性的判断数值列表而成，判断矩阵表示同一层与上一层某因素有关各因素之间相对重要的比较。例如，若 A 层次中因素 A_K 与下层次 B_1，$\cdots$，B_n 有联系。

则判断矩阵：

$$P(A_K) = (b_{ij}) = \begin{bmatrix} b_{11} & b_{12} & \cdots & b_{1n} \\ b_{21} & b_{22} & \cdots & b_{2n} \\ \vdots & \vdots & \cdots & \vdots \\ b_{n1} & b_{n2} & \cdots & b_{nn} \end{bmatrix}$$

b_{ij} 是判断矩阵 P 的元素，表示对因素 A_K 而言，B_i 与 B_j 相对重要性

124

的数值，一般都采用 T. L. Satty 提出的 1～9 标度法表示（见下表）。

标度 b_{ji}	定义
1	i 因素与 j 因素同等重要
3	i 因素比 j 因素略重要
5	i 因素比 j 因素重要
7	i 因素比 j 因素重要得多
9	i 因素比 j 因素绝对重要
2，4，6，8，倒数	介于以上两种判断之间的状态的标度
	若 i 因素与 j 因素比较，结果为 $b_{ji} = 1/b_{ji}$

③层次单排序，并将判断矩阵的特征向量归一化

根据判断矩阵 $P(A)$ 求出这 n 个元素 $B_1, B_2, \cdots, B_n$ 对 A_K 的相对权重向量 $W = (w_1, w_2, \cdots, w_n)^T$，即计算判断矩阵的最大特征值 λ_{MAX} 及对应的特征向量 W。

④一致性检验：为了避免判断上的不一致性，需要用一致性指标 CI 进行检验，$CI = (\lambda_{MAX} - n)/(n-1)$。在 $CI \leqslant 0.1$ 的条件下，认为判断矩阵 $P(A)$ 有效。

125

⑤层次总排序

计算合成权重的过程称为层次总排序，最底层中的各方案（或与方案直接联系的属性层）相对于总准则的合成权重（或属性权重）的计算要由上至下进行，将单准则权重进行合成，最终进行到最底层得到合成权重。合成权重最大的方案为最优方案。

（2）数据包络分析（DEA）

DEA 分析技术由运筹学家 A. Charnes，W. W. Cooper 和 E. Rhodes 于 1978 年在 Farrel（1957）和 Afriat（1977）研究基础上首先提出的，其主要目的是评价决策单元（DMU）间的相对有效性（也称为 DEA 有效）。他们的第一个模型被命名为 CCR 模型. 从生产函数角度看，这一模型是用来研究具有多个输入，特别是具有多个输出的"生产部门"同时为"规模有效"与"技术有效"的十分理想且卓有成效的方法。1984 年 R. D. Banker，A. Charnes 和 W. W. Cooper 构建的被称为 BCC 的模型与 1985 年 Charnes，Cooper，B. Golany，L. Seiford，J. Stutz 构建的另

一个称为 CCGSS 模型，这主要用来研究生产部门间"技术有效"性的。1986 年 Charnes，Cooper 和魏权龄为了进一步地估计"有效生产前沿面"，利用 Charnes，Cooper 和 K. Kortanek 于 1962 年首先提出的半无限规划理论，研究了具有无穷多个决策单元的情况，给出了一个新的数据包络模型——CCW 模型。1987 年 Charnes，Cooper，魏权龄和黄志民又得到了称为锥比率的数据包络模型——CCWH 模型。这一模型可以用来处理具有过多的输入及输出的情况，而且锥的选取可以体现决策者的"偏好"，灵活地应用这一模型，可以将 CCR 模型中确定出的 DEA 有效决策单元进行分类或排队等等。这些模型以及新的模型正在被不断地进行完善和进一步发展。

理论上可以证明，DEA 有效性与相应的多目标规划问题的 Pareto 有效解（或非支配解）是等价的。数据包络分析（即 DEA）可以看做是一种新的分析方法。它是根据一组关于输入—输出的观察值来估计有效生产前沿面的。相较于传统经济学分析和评估方法，DEA 分析技术，具有如下优势：

首先，DEA 方法不要求像参数方法那样，对投入产出对应的任何函数形式做出假设。这一特征在关系理论上未知或不规定的情形下是有用的，因为其最少假设是有效前沿面的单调性和凸性（Banker 等，1984）。

第二，DEA 度量的效率是着眼于 Pareto 有效前沿面的，它度量的最好业绩是实际可以达到的，而参数方法（例如基于回归的方法）估计的效率是相对于平均的业绩来说的。

第三，DEA 可以计算每一决策单元的效率指数，然而参数方法只能提供统计平均值。

最后，使用 DEA 不仅可以鉴别决策单元的是否有效性，而且也可以估计效率的程度。

简单地说，DEA 问题是作为一种分式规划问题形式构造的，然后转化为容易计算的线性规划问题。一般问题的解是最大化加权平均的多产出与加权平均多投入的效率。结合我们的目标，不失一般性，在此我们给出仅有一种产出的形式。则我们的问题在数学形式上可以表示为：

$$\text{Maxmize} \ \theta = \frac{R_0}{\sum_i \omega_i x_{i0} + \varpi_0}$$

Subject to

$$\frac{R_j}{\sum_i \omega_i x_{ij} + \nu \sigma_j} \leqslant 1, \quad j = 1, \cdots, J, \tag{1}$$

$$\omega_i \geqslant \varepsilon, \quad \nu \geqslant \varepsilon, \quad i = 1, \cdots, I,$$

其中 J＝决策单元的数量，I＝投入的数量，R_j＝第 j 个决策单元的产出，x_{ij}＝第 j 个决策单元的第 i 种投入，ε＝固定的作为小于任意正实数的正值非 Archimedean 无穷小量，ω_i 和 ν 是权重，给定规划问题在条件 $\omega_i \geqslant \varepsilon$，$\nu \geqslant \varepsilon$ 下的解，并限制解是正值变量。下标 0 指要评估的特定决策单元。上面的问题在所有产出与加权投入比率小于等于 1 的条件限制下，找出权重最大化特定比率。在这种意义上，DEA 度量了所有决策单元的相对效率。DEA 能够基于他们是否位于 Pareto 有效前沿面上，可以将无效率决策单元与有效决策单元分离开。决策单元离有效前沿面的距离给出了它的相对有效性的一种度量方法。

基于 DEA 的基本原理和基本模型，首先是旨在判断决策单元的有效性，然后度量决策单元的有效性程度。以下，我们对此讨论和说明。

设 X_J、Y_J 分别为第 J 个 DMU（决策单元，也即我们进行生态系统评价的地区）的输入和输出向量 $X_j = (x_{1j}, x_{2j}, \cdots, x_{mj})$，$Y_j = (y_{1j}, y_{2j}, \cdots, y_{rj})$，则一个特定单元的绩效是通过将此单元的输入、输出向量和"经验生产可能集"PE，进行比较而确定的。其中：

$$PE = \{(YT, XT) = \sum_{i=1}^{n} \mu(Y_i^T, X_i^T); \sum_{i=1}^{n} = 1 \geqslant 0\}.$$

我们说一个 DMU 是有效的当且仅当它的向量关于集合 PE 是 Pareto－Koopmans 有效的，直观地说，就是此 DMU 位于实际样本点的有效前沿面上，即我们所说的效率相对较高的一些单元；反之，就称一个 DMU 是无效的，也即指其效率在样本点中相对较低。

为行文方便，我们以下引入一些概念和记号：

$$Vector(DMU_j) = \begin{bmatrix} Y_j \\ X_j \end{bmatrix}, \text{第 } j \text{ 个 } DMU \text{ 输入与输出向量；}$$

$$Vector(DMU_{j0}) = \begin{bmatrix} Y_{j0} \\ X_{j0} \end{bmatrix}, \text{当前所检验的第 } j0 \text{ 个 } DMU \text{ 的输入与输出向量。}$$

$e^T = (1,1,1,\cdots,1)$，称为求和向量；$s^{+T} = (s^{1^+},\cdots,s^{r^+})$ 称为输出松弛向量；$s^{-T} = (s^{1^-},\cdots,s^{m^-})$ 称为输入松弛向量；d^r、d^m 分别是 r 维和 m 维向量，且 $d^r = (1,1,\cdots,1)^T$；Y，为所有 DMU 的输出矩阵；X，为所有 DMU 的输入矩阵；$Y^{(j0)}$，为除去 DMU_{j0} 的向量所剩下的 $r \times (n-1)$ 阶输出矩阵；$X^{(j0)}$，为除去的向量所剩下的 $m \times (n-1)$ 阶输入矩阵。

第一步：我们先用模型（1）来判断某个 DMU 是否是有效的：

对于一个 DMU_{j0}，要判断其是否为 Pareto－Koopmans 最优（关于参考集 PE），由 Charnes－Cooper 检验方法，也就是下面的一个线性规划问题：

模型（1）：（有效或无效）

$$\min - e^T s^+ - e^T s^-$$

$$s.t.$$

$$Y\lambda - s^+ = Y_{j0}$$

$$X\lambda + s^- = X_{j0} \qquad (2)$$

$$e^T \lambda = 1$$

$$\lambda, s^+, s^- \geq 0$$

此模型被称为具有非阿基米德无穷小的 CCR 模型。其中 $\lambda = (\lambda_1, \lambda_2, \cdots, \lambda_n)^T$，$\lambda_i$ 是输入输出指标的权系数。由 DEA 的理论可知，DMU_{j0} 是有效的，当且仅当以上极小值为 0；

模型（2）得出的结果分为两种情况：

a）最小值为 0，说明 DMU_{j0} 是相对有效的；

b）最小值不为 0，说明 DMU_{j0} 是相对无效的。

为了更清晰地描述我们的模型，我们利用一个简单的例子并结合图形直观地来说明。考虑最简单的单输入和单输出情形，假设共有 6 个 DMU 在输入输出平面上（见图 1—51）：

由 DEA 的结论可知，DMU_1、DMU_2、DMU_3 是有效的，而 DMU_4、DMU_5、DMU_6 是无效的。其中，线段 12 和线段 23 构成了有效前沿面。

第二步：为了得到一个各 DMU 的较为确定的绩效指标值，我们参考 A. Charnes 等（1992）和 W. W. Cooper 等（2001）发展的方法，进一

步利用以下两个模型来计算 θ^*，用以判断金融系统运行有效性的程度大小。

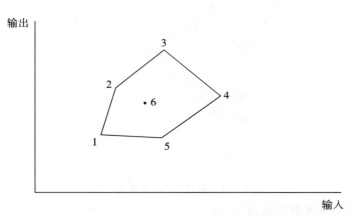

图 1—51　DEA 有效前沿面示意图

对于有效的点（模型（1）的结果为 0），我们利用模型（2）来评价其有效的程度。

模型（2）（有效的程度）：

$\min \theta^*$

$s.t.$

$$Y^{(j0)}\lambda - s^+ + d^r\theta^* = Y_{j0}$$
$$X^{(j0)}\lambda - s^- - d^m\theta^* = X_{j0} \qquad (3)$$
$$e^T\lambda = 1$$
$$\lambda, s^+, s^-, \theta^* \geq 0$$

其中 θ^* 代表稳定性指标，就是处于有效包络面上的那些点的稳定程度，以此衡量其相对绩效大小。

从经济学上来解释就是说：第 $j0$ 个 DMU 的投入（产出）是其他 DMU 投入（产出）的线性组合，再减去（加上）一个 θ^*。如果 θ^* 值越大，那么就说明该决策单元相对其他的决策单元投入越少，而产出越多，说明该 DMU 稳定性就越好，从而该决策单元的效率越高。以 DMU_2 为例（见图 1—52）。

对于无效的点（模型（1）的结果不为 0），我们利用模型（3）来计算出其稳定性指标，用以衡量其无效的程度。

129

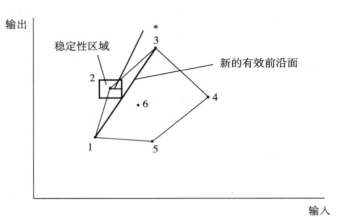

图 1-52　有效 *DMU* 示意图

模型（3）（无效的程度）：

$$max\ \theta^*$$

$$s.\,t.$$

$$Y\lambda - s^+ - d^r\theta^* = Y_{j0}$$

$$X\lambda + s^- + d^m\theta^* = X_{j0} \tag{4}$$

$$e^T\lambda = 1$$

$$\lambda, s^+, s^-, \theta^* \geqslant 0$$

130

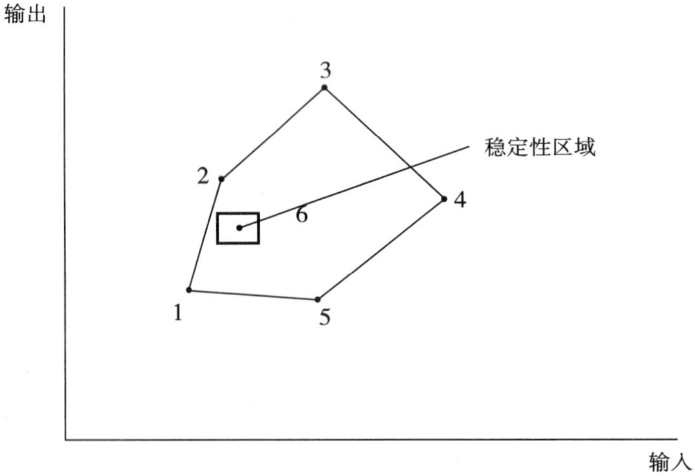

图 1-53　无效 *DMU* 下 θ^* 示意图

其中，模型中各个参数的含义同前面的模型（2）。惟一不同的是输

入输出矩阵中保留被评价的 DMU_{j0}，而模型（3）则将 DMU_{j0} 剔除。

从经济学上解释就是，第 $j0$ 个 DMU 的投入（产出）是所有 DMU 投入（产出）的线性组合，再加上（减去）一个 θ^* 的偏差项。如果 θ^* 值越大，那么就说明该决策单元相对其他的决策单元的投入越多，而产出却越少，说明 DMU 是越无效的。我们再看前面的例子，以 DMU_6 为例（见图 1—53）。

第三步：为了方便我们对 θ^* 的比较，我们将模型（3）解出的无效决策单元的 θ^* 值加上负号，于是数据 θ^* 从大到小的排列也就等价于 DMU 从有效到无效的排列。这样我们最终就可以得到决策单元集的绩效指标 θ^*。

附录 D:

50个大中城市金融生态环境
雷达定位图

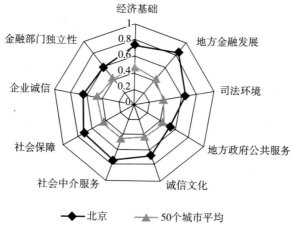

图 1-54 北京金融生态雷达定位图

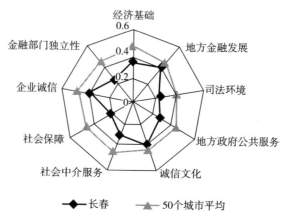

图 1-55 长春金融生态雷达定位图

132

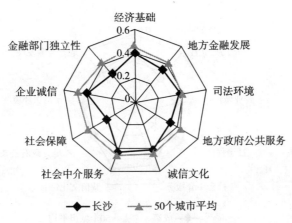

图 1—56 长沙金融生态雷达定位图

133

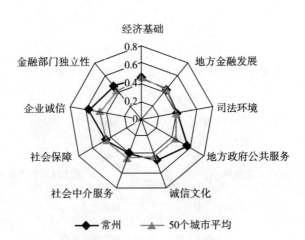

图 1—57 常州金融生态雷达定位图

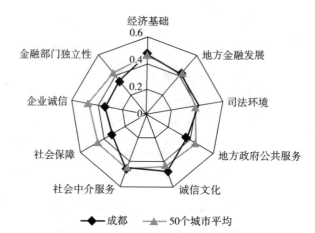

图1-58 成都金融生态雷达定位图

134

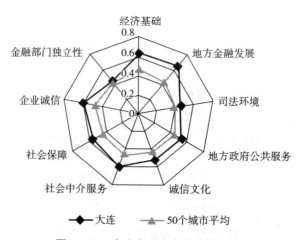

图1-59 大连金融生态雷达定位图

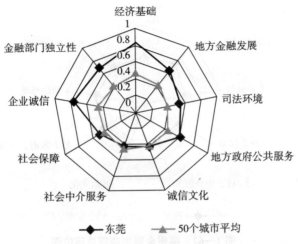

图 1—60　东莞金融生态雷达定位图

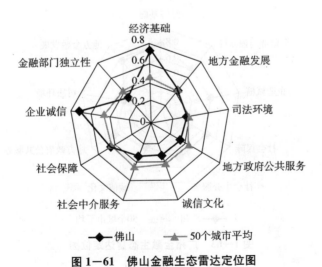

图 1—61　佛山金融生态雷达定位图

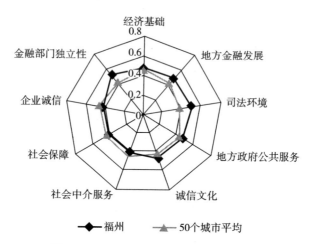

图1—62 福州金融生态雷达定位图

136

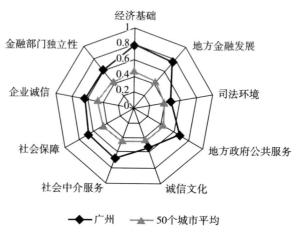

图1—63 广州金融生态雷达定位图

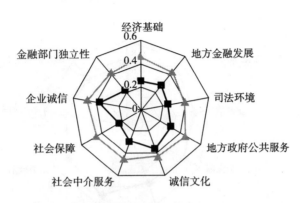

图1－64 哈尔滨金融生态雷达定位图

137

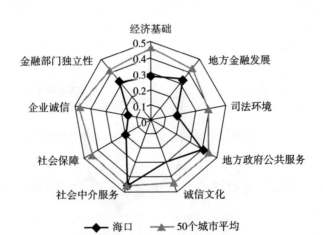

图1－65 海口金融生态雷达定位图

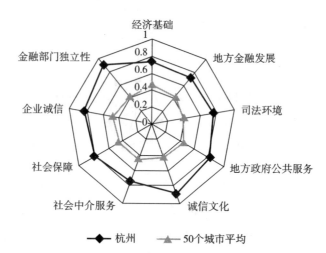

图1-66　杭州金融生态雷达定位图

138

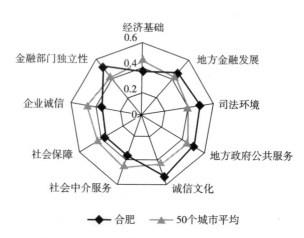

图1-67　合肥金融生态雷达定位图

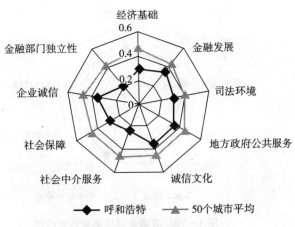

图 1—68　呼和浩特金融生态雷达定位图

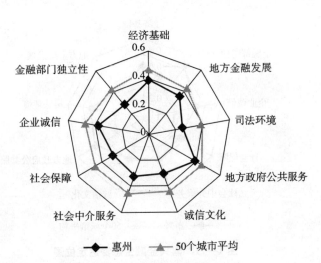

图 1—69　惠州金融生态雷达定位图

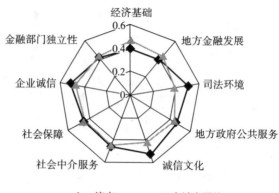

图1—70 济南金融生态雷达定位图

140

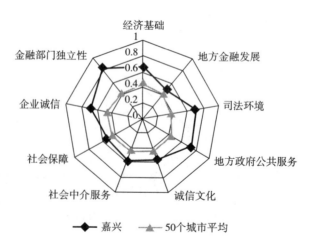

图1—71 嘉兴金融生态雷达定位图

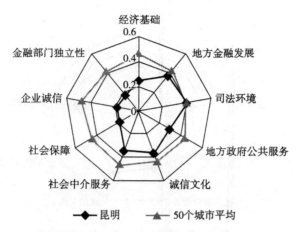

图 1—72　昆明金融生态雷达定位图

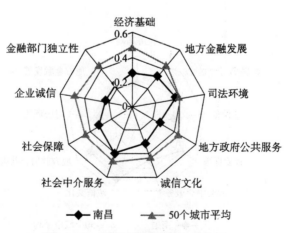

图 1—73　南昌金融生态雷达定位图

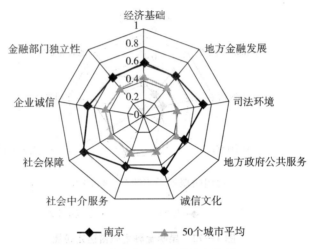

图 1—74　南京金融生态雷达定位图

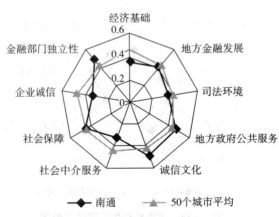

图 1—75　南通金融生态雷达定位图

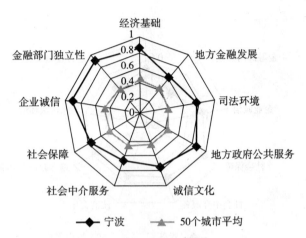

图 1-76 宁波金融生态雷达定位图

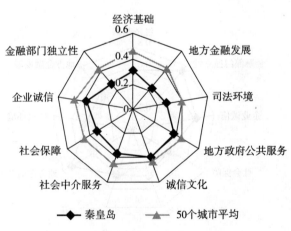

图 1-77 秦皇岛金融生态雷达定位图

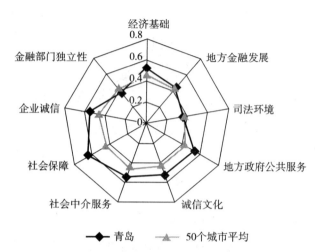

图1—78　青岛金融生态雷达定位图

144

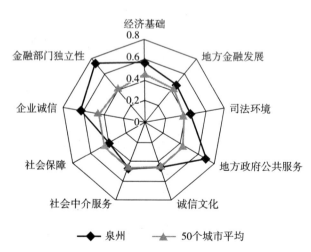

图1—79　泉州金融生态雷达定位图

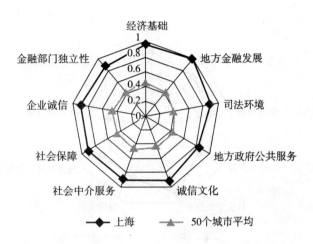

图1—80 上海金融生态雷达定位图

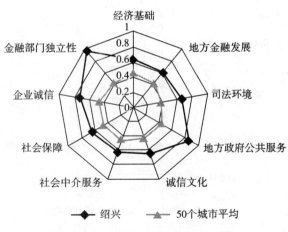

图1—81 绍兴金融生态雷达定位图

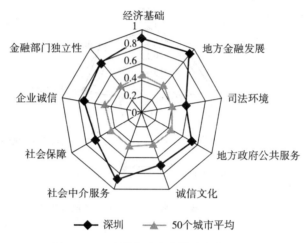

图1—82　深圳金融生态雷达定位图

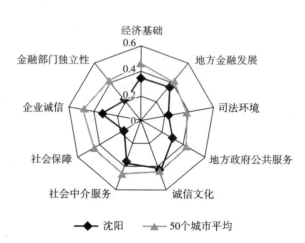

图1—83　沈阳金融生态雷达定位图

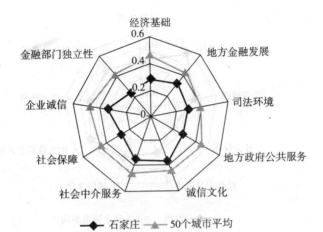

图1—84 石家庄金融生态雷达定位图

147

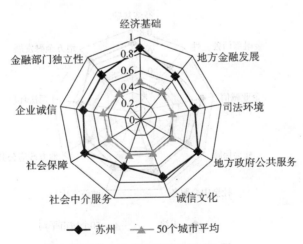

图1—85 苏州金融生态雷达定位图

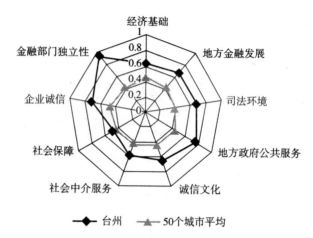

图1—86 台州金融生态雷达定位图

148

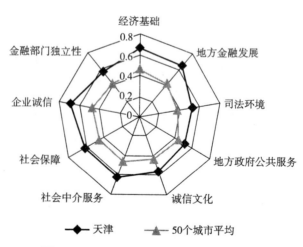

图1—87 天津金融生态雷达定位图

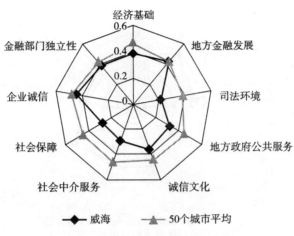

图1—88　威海金融生态雷达定位图

149

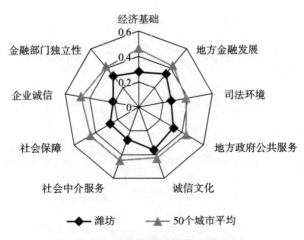

图1—89　潍坊金融生态雷达定位图

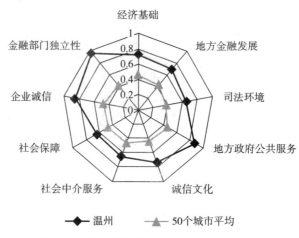

图1—90 温州金融生态雷达定位图

150

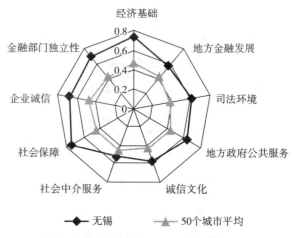

图1—91 无锡金融生态雷达定位图

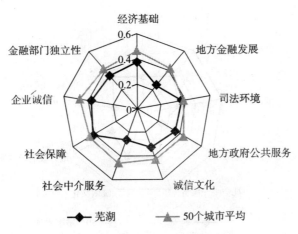

图 1—92　芜湖金融生态雷达定位图

151

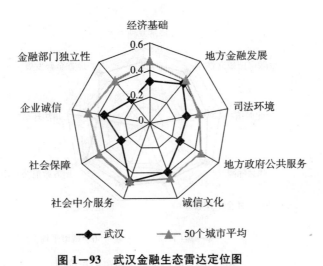

图 1—93　武汉金融生态雷达定位图

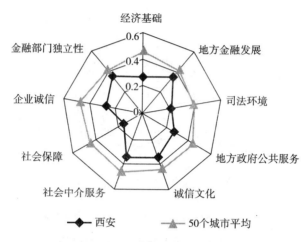

图1-94　西安金融生态雷达定位图

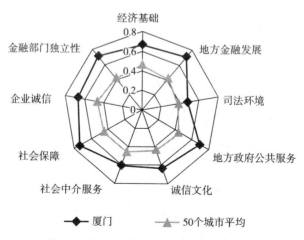

图1-95　厦门金融生态雷达定位图

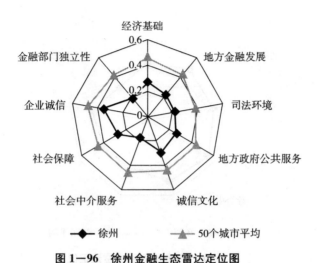

图1—96 徐州金融生态雷达定位图

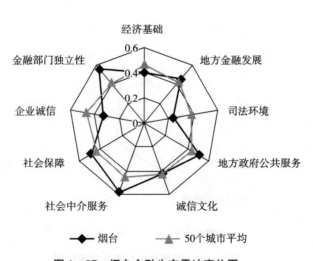

图1—97 烟台金融生态雷达定位图

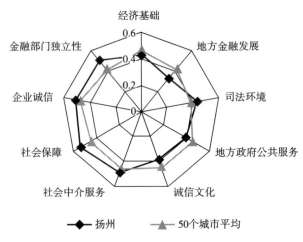

图1—98 扬州金融生态雷达定位图

154

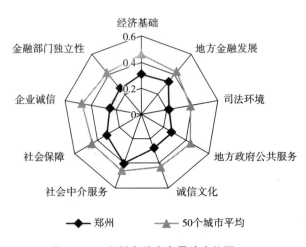

图1—99 郑州金融生态雷达定位图

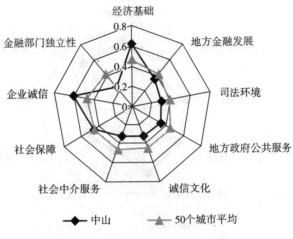

图1—100　中山金融生态雷达定位图

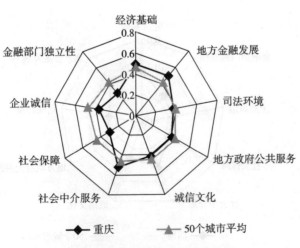

图1—101　重庆金融生态雷达定位图

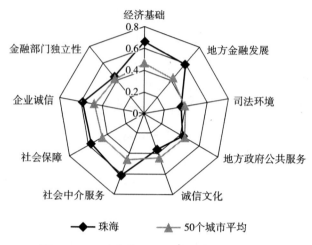

图1—102 珠海金融生态雷达定位图

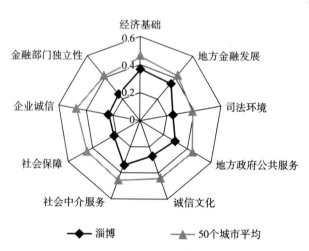

图1—103 淄博金融生态雷达定位图

主要参考文献

1. 周小川：《完善法律制度改进金融生态》，《比较》，2005 年第 16 期。

2. 周小川：《巴塞尔新资本协议和地区风险差异》，2004 年 1 月 8 日在商业银行风险管理与内部控制论坛上的演讲稿。

3. 李扬、杨元杰、倪鹏飞：《中国地方政府竞争与公共物品融资》，《财贸经济》，2002 年第 10 期。

4. 巴曙松、刘孝红、牛播坤，2005：《转型时期中国金融体系中的地方治理与银行改革的互动研究》，未发表。

5. 董先安：《浅释中国地区收入差距：1952—2002》，《经济研究》，2004 年第 9 期。

6. 樊纲、王小鲁、朱恒鹏：《中国分省市场化指数——各地区市场化相对进程报告（2001）》，经济科学出版社 2003 年版。

7. 冯兴元：《"浙江模式"和"苏南模式"的本质及其演化展望》，2000，中评网，www.china—review.com。

8. 顾自安：《经济转轨、政府管制与权力资本化：中国案例》，《远东中文经贸评论（新加坡）》，2005 年第 1 期。

9. 国家信息中心，2004：《中国诚信评价体系研究报告》，未发表。

10. 贾康、李炜光、刘军民：《关于发展中国地方政府公债融资的研究》，《经济社会体制比较》，2002 年第 5 期。

11. 李军杰、钟君：《中国地方政府经济行为分析》，《中国工业经济》，2004 年第 4 期。

12. 李军杰，2004：《经济转型中的地方政府经济行为扭曲分析》，未发表。

13. 李稻葵：《转型经济中的模糊产权理论》，《经济研究》，1995 年第 4 期。

14. 刘建军、张祥建：《市场化进程中的中国区域经济发展差距分析》，《天津社会科学》，2005 年第 1 期。

15. 刘尚希：《中国财政风险的制度特征风险大锅饭》，《管理世界》，2004 年第 5 期。

16. 马涛、王雅林：《东北地区经济运行机制的路径形成与依赖》，《新华文摘》，2004 年第 23 期。

17. 倪鹏飞：《中国城市竞争力报告（2004）》，社会科学文献出版社 2005 年版。

18. 时红秀：《地方政府债务——一个理论解释》，《中国社会科学评论（香港）》，2004 年第 3 卷。

19. 谢平、陆磊：《中国金融腐败的经济学分析》，中信出版社 2005 年版。

20. 王小鲁、樊纲：《有哪些因素影响地区经济增长？》，《新华文摘》，2004 年第 7 期。

21. 魏加宁：《中国地方政府债务风险与金融危机》，《商务周刊》，2004 年第 5 期。

158

分报告

金融生态的内涵和
改善金融生态的机制

研究金融生态，首先需要弄清什么是"金融生态"，我国金融生态现状和改善金融生态的机制等问题，因此，本文由此入手进行探讨。

一、金融生态的概念

161

1. 由自然生态引申出的金融生态概念

金融生态是一个仿生概念。在国内，中国人民银行行长周小川博士（2004）最早将生态学概念系统地引申到金融领域，并强调用生态学的方法来考察金融发展与金融环境的问题。他指出，应注意通过完善法律制度等改进金融生态环境的途径来支持和推动整个金融系统的改革和发展。徐诺金（2005）则试图在周小川的基础上直接用生态学概念分析金融生态系统的特征，并探讨了中国当前的金融生态状况。除此之外，叶德磊（2004）、魏革军（2004）也从不同角度探讨过与金融生态相关的问题。

既然金融生态是一个仿生概念，金融生态的概念就可以从自然生态的概念中引申出来。按照生态学对于自然生态系统的定义，生态系统（eco-system）指的是由生物群落及其赖以生存的物理环境共同组成的动态平衡系统。自然界中固然存在着多种多样的生态系统，但各类生态系统基本都是由两大部分组成，即生物群落和物理环境，或称之为生命系统和环境系统；其中，生物环境由生产者、消费者和分解者（小型消费

者）构成。

在自然界中，生物群落和物理环境是彼此依存和相互影响的，通过复杂的交互关系，它们结合为统一的大系统。没有物理环境，生物得不到赖以生存的各种物质，因而就失去了生存的空间和条件；没有生物群落，环境就是无生命的物质堆积，它也就不可能显示出欣欣向荣的景象。在一个健康、成熟的生态系统中，生产者、消费者和还原者相互生成，它们共同构成生物群落；作为生物群落，它们又同其赖以生存的物理环境之间进行着永不止息的物质循环和能量流动。这种循环和流动保持着动态平衡，生态系统便得以存在和发展下去。

分析并刻画生态系统的主要原则有三：其一，按照物种的特性并根据分析的需要，对纷繁复杂的生态系统要素进行科学分类，集合出若干具有共同特性的子系统，并由此刻画生态系统的结构特征；其二，探寻各子系统之间的依存、制约、生成和动态平衡的关系，刻画生态系统的功能特征；其三，在把握生态系统的结构特征和功能特征基础上，从总体上刻画生态系统维持、嬗变、演化的动态平衡过程。毫无疑问，在界说金融生态系统时，应当重视并遵循这些原则。

参照生态学对生态系统的分析，根据自然生态系统的构造原理以及自然生态系统长期演化的结构特征和功能特征，可以把金融生态系统理解为由金融主体及其赖以存在和发展的金融生态环境共同形成的动态平衡系统。

所谓的金融主体，既包括金融产品和金融服务的生产者，也包括金融产品和金融服务的消费者，又保证金融交易得以顺利进行的第三方，如会计及律师事务所、监管机构。金融产品和金融服务的生产者包括金融机构和金融市场这些直接提供金融产品和金融服务的主体，如银行、证券公司、保险公司、基金公司；金融产品与金融服务的消费者主要是指接受金融产品与金融服务的个人、企业、机构及政府；保证金融交易得以顺利进行的第三方，既包括律师事务所、会计事务所、金融咨询评估机构等，也包括那些以制定政策、确定规范、进行调控和实施监管为职能，从而直接影响金融机构和金融市场的运行，同时也直接影响金融产品和金融服务供应之种类、规模、价格、质量、范围等的金融决策机构和金融监管机构。

162

所谓金融生态环境，主要是指由居民、企业、政府和国外等部门构成的金融产品和金融服务的消费群体，以及金融主体在其中生成、运行和发展的经济、社会、法治、文化、习俗等体制、制度和传统环境。

在这里可以看到，同自然生态系统一样，在金融生态系统中，金融主体和金融生态环境也是相互依存和彼此影响的。一方面，金融生态环境是金融主体得以生存的活动空间，它决定着金融主体的生存条件、运行方式和发展方向；另一方面，金融主体则以主动及被动的方式来接受其金融生态环境与制造其生态环境。比如说，金融主体的生产可以分配信息、引导资源配置、提供管理风险的强大功能，对金融生态环境的发展发挥着积极的作用。特别是金融市场体制的设定对金融生态的影响起到决定性的作用。

金融生态系统与一般的自然生态系统有着一个本质性的区别，即金融生态系统的各个要素和子系统都是由活动着的人群（居民、企业、政府、国外）或者人群活动的积淀（社会、经济、法治、文化、习俗等等）形成的。换言之，金融生态系统无所不在地带有人的印记，"人"是整个金融生态系统的核心，这决定了金融生态系统有着一系列不同于自然生态系统的特点。

首先，人是社会的人，也就是说，人的活动天然具有"社会性"或"外在性"（这里的外在性可以是正向的也可以是负向的）。因此，尽管我们可以效法自然生态系统，在概念上将金融生态系统分为金融主体和金融生态环境两大类，但是，人的社会交往和经济交易，以及在这些交往和交易过程中的"溢出"效果，却使得金融生态环境呈现出比自然生态环境复杂得多的情形。例如，在自然生态系统中，"主体"与"环境"的边界是清晰的，但在金融生态系统中，人的活动既存在于提供金融产品和金融服务的金融主体之中，又存在于消费这些产品和服务的金融主体之中，而且无论是对哪一类金融主体来说（特别是对金融监管者来说），他们的行为方式不仅依存现有的金融生态的环境，例如，制度安排、现有的价值观念、现行的社会文化等等，而且他们还会强烈地影响及改造作为金融主体活动之环境的经济制度、社会制度、法制环境、文化传统等等，因此，在金融生态体系中，金融主体和金融生态环境之间的界限并不十分明晰。这决定了它们之间的互动关系是经常的、立体的和多样

163

化的，从而是更为复杂的。如同在自然生态系统中，联接生物群落与其生存的物理环境的桥梁是自然生存法则和自然规律一样，在金融主体与金融生态环境之间发挥作用的机制就是社会制度安排。因此，改变人、改变人的观念、改变人在其中活动的各种各样的制度安排，是优化金融生态体系的主要内容。

其次，由于从本源的意义上讲，经济和社会的发展决定着金融业的发展，所以，在金融主体和金融生态环境之间的互动关系中，分析的重点应当置于金融生态环境对金融主体的行为及运行结果的影响方面。不同的环境要素会对金融主体产生不同的约束并决定其选择空间，从而，使得金融主体的行为出现不同的特征。良性的金融生态环境能够有效防止金融主体的机会主义行为，促使其将各种成本内在化到自己的制度结构之中。这就是一个促使金融运作走向成本低、效率高，对金融主体行为具有良好的正向激励功能和约束功能的制度结构。

再次，也应该看到，实体经济的变化对金融生态的生成并不能够起到决定性的作用。从中外历史的经验来看，同一个国家、同样的经济环境、同样的自然资源条件、同样的传统及文化，但不同的制度可以生成出创造财富的金融生态也可能创造毁灭财富的金融生态，而不同生态的差异性最后又决定着该实体经济的发展。10～18世纪欧洲，英国、法国、西班牙及荷兰各自拥有不同的资源，在封建制度衰落后，经济成长的先后次序与发展方式各不相同，最根本的原因就在于不同的国家有利于经济成长的制度安排是不一样的。

最后，也可以看到，人类历史上两次最大的经济革命得以产生，不仅得益于技术革命和生产方式的改变，而且得益于新的产权制度。产权制度的确立，使人们能够更有效率地利用资源与技术。随着各种资源与技术条件的变化，组织必须改变。如第二次工业革命，技术与知识的结合及组织制度的改变带来整个经济生活各方面的不断创新。在这种创新推动与冲击下，经济变动必然带来了财产权的纷争、所得分配的差异扩大以及大量的公共事务问题。这些经济变动的后果推动了政府公共政策的变化，甚至推动了国际间贸易关系规则的变化。因此，一种新的经济环境也就出现了。可以说，金融生态的生成与成长也是如此。

总而言之，从自然生态的概念出发引申出金融生态的概念，并将金

融生态系统划分为金融主体和金融生态环境，但这并没有解决问题，只是为解决问题提供了一个可能的解释和路径。真正最重要的是，使金融生态环境能够更好地促进金融主体完善和发展的制度；或者说，更重要的是这样一种制度：它使得金融主体能发挥其作用来改变落后的、不利于经济发展的金融环境；进而，经过改善的金融环境能够再促进金融主体的完善和发展。我们将这种制度归结为金融生态的基础性制度。

只有重建我国金融生态的基础性制度，我国金融生态中的主体与环境之间才能形成良性互动关系。从这个意义上说，所谓金融生态环境问题，就是基础性制度形成和发展的问题。这要求对现存制度结构的缺陷进行改造、修正和优化，形成充分的正向激励机制，有效地抑制和根除机会主义的行为，使之更有利于金融主体去追求金融运作成本的降低和效率的提高。

2. 从制度层面理解金融生态概念

基础性制度是影响金融生态的基础性条件，因此，要充分理解金融生态，就要深入分析和了解金融的基础性制度。基础性制度的本质就是产权界定与保护机制，就是金融市场得以公平公正交易的平台以及金融市场主体的财富依法得到保护。

产权的界定和保护是分析金融生态的前提条件。正如德姆塞茨（1967）所认为的那样，产权是一种社会工具，其重要性就在于，事实上它能帮助一个人形成与其他人进行交易时的合理预期。明确界定的产权，是交易顺利进行和扩展的前提。因为，在现代市场经济中，由于交易费用的存在、合约的不完全性、信息的不对称及机会主义存在，只有政府可以通过提供市场的制度规则来形成和保护私人产权，从而，保证市场当事人有效地履行合约、保护个人财富和保障市场经济的繁荣。

同时，一个经济繁荣的市场对个人财产的侵蚀几率是很小的。如果一个社会的财富为少数人所攫取，那么，这个社会的创新就可能被窒息，市场价格机制的运作就可能被扭曲，社会经济将因为没有活力而僵持。无论是在传统的计划经济里以及在市场经济不发达的地方，还是个人权利得到较好保护的发达社会中，对个人权利侵蚀现象总会发生。保护个人财富不被侵蚀，保护个人产权，是基础性制度最为重要的方面。

金融生态是一个内涵非常丰富的概念，但是，金融的基础性制度是

影响金融生态的基础性条件。制度可以分为一般性的制度与基础性的制度。所谓一般性制度，是指金融主体可以其约束条件作出不同的选择制度；所谓基础性制度，是指金融主体在其制度安排下只能被动地接受而不可选择。在此，我们先从一般性制度的角度给出金融生态的构成要素。

二、金融生态的构成要素

从一般性制度的角度来看，金融生态主要由以下几个要素构成：（1）经济基础；（2）金融发展；（3）企业竞争力；（4）法治环境；（5）地方政府公共服务；（6）金融部门独立性；（7）社会诚信文化；（8）社会中介发展；（9）社会保障程度。

在金融生态系统中，经济基础和金融业的相互关系是最重要的关系。一方面，经济发展水平决定金融业的发展程度，经济总量和经济结构为金融机构、金融市场提供了展开金融活动的基础性条件。一般来说，经济总量越大、经济结构越复杂，对金融活动的要求也越多也多样化。另一方面，金融又反作用于经济。通过组织结构的完善、金融产品的创新和金融服务的深化，金融业将更好地服务于经济发展。

良好的法治环境是金融生态得以稳定发展的前提条件。完善的法律制度能够有效地保护金融主体产权，遏制金融欺诈、逃废金融债务和其他金融犯罪。

诚信是保障经济社会秩序的重要机制，也是保障金融活动秩序和金融活动有效性的重要机制。在完善的诚信体系下，交易的双方对可控制的资源和权力边界都有确定的认知，对交易回报也有明确的预期。这就能充分节约交易费用，提高交易效率。征信体系主要功能就是通过独立的第三方机构采集和提供专业化的信用信息服务，促进企业和个人积累信用记录，帮助解决金融交易中信息不对称和逆向选择问题，使债权人在充分了解债务人信用风险的基础上自主作出信贷决策，促进金融交易的顺利进行。一个地区的社会诚信水平，可以从社会文化、社会保障以及中介服务三个角度予以考察。

对地区金融活动来说，地方政府的诚信是一个非常重要的影响因素。

166

有数据表明，在中国的转轨时期，由政府干预所导致的不良贷款占总的不良贷款比重高达 70%～80%。政府干预贯穿于地区的司法、执法、社会诚信环境等各个层面，所以，要优化地区金融生态，就必须提高地方政府的诚信程度，减少经济干预。

影响金融生态状况还有其他许多因素，由于在本报告的其他部分中还将详述，所以，在此不加赘述。

三、影响金融生态的基础性制度

基础性制度是影响金融生态的基础性条件。在影响金融生态的 9 个因素中，既包括了金融体系中的主体，也包括了制度环境对金融生态的影响。就制度环境对金融生态的影响而言，一般性制度固然重要，但更重要的是基础性制度。

基础性制度的内涵可从三个方面予以理解：

（1）基础性制度为金融市场参与者提供了一个进行公平交易的平台。

市场经济的一个重要特点是分散决策，即参与市场的各方当事人在各自的约束条件下公平地竞争。在市场经济的活动中，人们只要一进入某种交易关系，就存在着与其对应的合约安排。交易的形成通过这种合约机制而实现。从这个意义上说，金融市场不过是通过合约机制来实现交易的场所。合约的形成以平等为原则，以公平为要义。其中，平等性强调的是各方当事人的交易活动在地位、机会、信息等条件的对等。尽管合约当事人原有的权力禀赋可能存在非均一性，但是，就合约活动本身而言，当事人之间的地位、机会、信息等条件应当是对等的。只有在这种情况下，市场的交易才得以顺利进行。

与此对应，作为金融生态的基础性制度，首先必须保证所有参与这个市场的主体能够公平地进行交易。如果交易时的初始权力设置不平等，即合约订立的双方地位、机会、信息等条件处于不平等状态，不仅这种的交易可能是效率低下或者是无效率的，而且它有可能在一方得益的同时令另一方的利益受损。由于基础性制度具有不可选择性，在非公平的交易平台上，市场参与者难以通过自己所掌握的信息来选择不同合约、

167

规避面对的风险，他们就可能退出市场，从而，使市场竞争处于不充分状态，这必然影响到市场机制的有效发挥。

在我国的现实经济生活中，为什么会出现一方面广大城乡居民手里揣着近14万亿元储蓄资金找不到好的投资途径，只能以低息存入商业银行等金融机构，另一方面，不少地方政府与企业又千方百计地希望从国外引进更多的资金？一方面，商业银行等金融机构有着近8.4万亿元的存差资金，另一方面，国内成千上万的中小企业严重缺乏经营运作所需要的资金？这些现象存在，一个重要原因就在于，我们缺乏良好的金融基础性制度来推进金融市场的一般性制度完善，从而，制约了金融改革的深化和金融风险的化解，使国内金融发展成了制约经济增长的瓶颈。

这些例子说明，由于国内金融市场的基础性制度不完善，不仅制约了金融发展，而且减弱了金融体系防范和化解金融风险的功能。在中国金融市场发展过程中，一个严重的问题是金融资源的政府主导，这引致了相当一部分金融资源的配置处于非市场化状态。从利率、汇率的确定到金融市场的准入和金融市场的退出再到金融机构的设立、金融产品的推出，每个环节、每道程序都可以看到政府主导的影响。

这些问题突出反映了金融市场的基础性制度不完善，换句话说，国内金融市场难以为所有金融市场当事人提供一个充分公平的交易平台。

（2）基础性制度为形成有效的金融资产定价机制提供了必要的制度条件。

价格机制是市场机制发挥作用的主要方式，价格直接关系到交易各方的利益。哈耶克认为，市场机制通过供求的相互作用，把交易有关的必要信息集中反映到价格之中。市场价格不仅对纷乱繁杂的经济信息进行高度提炼，并且又把提炼出来的事实广泛地传播给有关的经济个体，从而协调、引导他们的经济活动。这种提炼既是经济的又是有效的，因为大量有关信息都浓缩于一类参数——价格。由于价格是公开的，任何对市场关心的个体都能观察到这一信号。由于市场价格包含全部必要的信息，经济个体根据价格变动来调整自己的行为。这样做，不仅对他们自身有利，而且在相当多场合，对整个社会也是有利的。这就是斯密的"看不见的手"。

在我国，金融市场的价格一直无法通过市场机制有效形成。长期来，政府部门运用行政机制对利率体系实行管制。在这种条件下，一方面，政府部门以国家信誉为基础对商业银行系统的存款提供了隐性的担保，从而，消除了储户对商业银行风险顾虑。与此同时，国家也在大多数年份维持了存款的实际利率为正，使得居民的储蓄收益率基本上维持在一个相对稳定的水平上；同时，由于金融市场不发展，可供城乡居民选择的金融资产相当少，这使得储蓄存款成为大多数居民拥有金融资产的主要选择。近年来，虽然可选择的金融资产品种已有所增加，利率市场化的程度有所提高，但与城乡居民的需求相比依然过少。

要发挥金融市场优化资源配置的功能，必须建立起有效的市场定价机制。基础性制度就是市场价格有效形成的制度基础，是发挥市场机制来推进金融资产由市场定价的必要条件。金融市场上，利率是资金的价格，也是调节金融资源配置的基本机制。金融市场要发挥调节金融资源有效配置的基础性作用，利率就应当由资金的供求关系来形成。从某种角度上说，金融机制实质上是一种为风险定价的机制。无论是银行还是证券市场都是如此。比如，银行接受存款就是把风险卖给存款者，但同时它要向存款者支付利息以弥补存款者所承担的风险；银行向企业贷款，就是企业将风险卖给了银行，银行通过收取利息来承担这种从企业转移过来的风险。银行的一项重要功能就是进行风险管理和风险交易，并由此获得买进风险与卖出风险之间的价格差。在我国，银行的存贷款利率都是由国家规定的，银行无法也不能对风险进行定价，所以，通常不需要测算每一笔资质完全不同的贷款所合适的利率，只要按照国家规定的价格买进风险。在这种情况下，金融资源被输送到有着政府信用担保的国有企业里，而风险就留在了银行，由此形成了大量的不良资产。由于银行不能对风险进行自主定价，同时又因为我国的信用体系和第三方信用评估中介组织的不完善，所以，银行很难对中小企业或者民营企业提供与它们的风险状况相适应的贷款利率。2004 年 11 月份以后，贷款利率上限已经放开，但银行贷款利率上浮的比例仍然较低，一个重要原因就在于，目前国内银行既缺乏风险定价的机制，也缺乏风险识别与定价的能力。

（3）基础性制度应该包含投资者利益保护与补偿的机制。

在现实的经济生活中，各当事人所掌握的信息不仅是不完全的，而

169

且是非对称的。所谓信息不完全性，是指由于人的有限理性，人们所掌握的信息不可能预见一切；由于外在环境的复杂性、不确定性，人们所掌握的信息不可能无所不包。所谓信息非对称性，是指一方拥有的交易信息而另一方不知道，同时不知情的一方对他方信息由于验证成本昂贵而在经济上不现实。在金融市场，由于交易品种的复杂性、交易空间的广阔性以及交易方式上的多样性，使得信息不完全、不对称的情况比其他市场更加突出。特别是在企业信用制度与个人信用制度不完善的条件下，这种信息的不完全性与非对称性更是明显。

在金融市场，由于信息的不对称，如果没有一个完善的基础性制度，那么，交易活动不公平性和由此引致的风险随时存在。

在一般性制度条件下，市场参与者可以通过选择适合自己的合约来规避风险。但在基础性制度条件下，市场风险常常是难以充分规避的，因此，当这样的情况发生时，基础性制度就应能够提供一种机制对这种风险所引致的损失予以补偿。比如，由于法律法规的漏洞或者是地方政府的干预，银行的金融债权的维护成为一个很大的难题。这就是由于基础性制度的不完善引致的银行运作风险。这种难题，单凭银行单方面努力常常难以解决，这就需要通过确立基础性制度来保障银行的利益。

总之，金融基础性制度是指在产权界定清楚的条件下，金融市场主体公平交易的制度平台，金融市场定价机制有效形成和市场主体利益的保护与补偿机制。

四、基础性制度的生成

基础性制度是影响金融生态的重要制度因素，是金融市场得以发展的基础性条件，是一般性制度得以有效实施的前提。只有进一步完善金融的基础性制度，才能形成一个良好的金融生态。那么，基础性制度是如何建立的？它的生成机制是什么呢？

奥尔森曾指出，为什么一些国家经济能够走上繁荣富强之路，而一些国家则不能，最根本的问题就在于，这个国家是否有一个"市场扩展性政府"；这个"市场扩展性政府"的最基本职能有三：一是个人产权清

楚的界定及有效保护；二是必须保证市场的交易合约有效履行；三是保护个人财产不受侵蚀。

市场扩展性政府（market augmenting government），是指有足够的权力来形成和保护私人产权、有效地执行合约、形成对侵蚀个人权利的约束的政府。只有在这种政府协调机制下，市场体制才能有效运行，经济社会才能繁荣。市场扩展性政府的形成并非是一蹴而就，特别是在中国计划经济向市场经济转轨的过程中，以往传统的行为准则不断地被打破，而新的行为规则尚在逐步探索建立过程中，再加上政府功能的不完善，金融生态赖以存在的基础性制度也就同样处于不充分状态中。

"市场扩展性政府"是基础性制度得以生成的条件。基础性制度的生成，以"市场扩展性政府"履行了三项基本职能为前提。在我国传统的计划经济体制下，由于社会的各项资源基本为政府所控制，个人只能依附于政府行政机制才能生存和发展，所以，政府的权力边界扩展到了几乎无所不包的范围。从这个角度上说，计划经济体制向市场经济体制的转型，就是市场范围逐步扩大、政府职能转变、政府审批权力减弱、个人生活权利的空间逐渐扩张及个人对政府依附性减少的过程。诺斯曾说，西方世界的兴起在于国家对个人和企业的关系上发生了根本性的转变：从英国革命开始，政治与经济发生了根本的变化，即政府不仅开始与经济保持距离，而且其权力不断地得到弱化，这就是基于法治基础的现代化市场经济体制的起源。

政府作为金融市场运行和发展的协调者，作为金融机构准入规则和金融制度的制定者和监管者，其基础性作用十分重要。一方面应充分发挥政府部门在基础性制度建立中的重要职能，但另一方面，也必须弱化政府行政机制对金融运行和金融发展的负面影响。只有在金融资产得到有效保护的前提下，市场参与者的积极性才可能得到增强，金融市场才可能得以发展，金融生态才可能从根本上得到改善。所以，在提高政府对金融生态公共服务的程度和质量同时，还必须用法律限制政府部门的行政干预权力。这就是所谓"有限的政府"和"市场扩展性政府"。

在我国的金融生态里，来自地方政府的干预，是导致银行形成大量不良资产的一个重要原因。地方经济发展程度（如 GDP 增长率、GDP 规模等）、当地工商企业的效益、居民就业水平等等，既是影响地方官员

171

政绩的主要经济因素，也是影响地方财政收入的主要因素，所以，经营活动和投资活动严重依赖银行贷款的条件下，地方政府利用各种可能要求商业银行放贷、"套取"商业银行贷款甚至干预商业银行贷款行为的现象，就不免发生。近年来，虽然地方政府直接运用行政机制干预银行贷款的情况已经大为减少，但变相干预特别是干预司法公正问题仍然存在，在一些地方还相当严重。地方政府的这种行为，应当受到法律的约束。

总之，"市场扩展性政府"是生成基础性制度的前提条件。具体来说，就是要求政府能够保障个人产权，保证交易合约的履行，以及保障个人财产不被侵蚀。只有当政府完成了这三项职能，并且其权力边界也仅限于这三项职能时，金融生态的基础性制度才能完善。

五、影响我国金融生态的制度现状

由于各项制度的不完善，我国目前的金融生态还非常脆弱，所面临的问题也很多。这些问题较多地表现为一般性制度的不完善。从我国影响金融生态的一般性制度不完善中，可以看到其背后隐含的基础性制度的不完善问题。

1. 保护金融债权的制度尚有重要缺陷

法律体系是影响金融生态的基础性因素。在这方面，能否有效保护债权人的权益，是维护市场经济正常运行秩序的一个基本制度问题。对此，徐诺金（2005）分别从立法思想、法律体系、执法效率、司法规则四个方面作了分析。[1]

从立法思想来看，我国金融立法的指导思想已明显落后于市场经济发展的内在要求。市场经济运行在客观上要求保护各个经济主体的产权和利益，建立一套防范侵权行为的法律体系。但是，我国的法律对债权人的利益保障力度是远远不够的。

2005 年 1 月 1 日开始执行的最高人民法院《关于人民法院查封、扣押、冻结财产的规定》，出于对债务人居住权的保护，规定"对被执行人

---

① 徐诺金（2005），《金融生态环境建设中的法律保障》，《银行家》，2005 年第 5 期。

及其所抚养家属的居住房屋，人民法院可以查封，但不得拍卖、变卖或者抵债。"这条规定对15000亿元的个人住房贷款债权造成严重影响，使商业银行在发放按揭贷款中左右为难。虽然这条规定体现了债权不可压倒生存权的人本主义精神，但是，对于整个金融生态而言，这样的规定不利于金融信用的扩展，既没有保护债权人，最终又会因为个人住房信贷门槛的提高而危害更多民众的利益。

我国现行的破产法制定于上世纪80年代，当时主要是针对全民所有制企业的政策性破产。从实践来看，这一法律的相关规定已远远落后于实践要求，不利于合法金融债权的保护。比如说，《破产法》在清算程序上银行排在最后。现行的刑法将以非法占有为目的、通过提供虚假信息而进行的金融诈骗，确定为刑事犯罪；而对于在我国企业的信贷实践中普遍存在的，虽然不以据为己有为目的，但却通过向银行提供虚假信息而获得贷款的行为，并未规定要追究刑事责任，这类欺诈行为是产生银行不良贷款的重要原因。

从法律体系来看，我国的法制体系还十分不完善。在金融主体方面，由于法律对不同所有制的金融主体采取不同的态度，使得非公有制的金融主体发展缓慢，金融生态主体的多元化和生命力都受到了抑制。同时，在实际操作中，因为缺乏法律依据，金融机构很难按照市场化要求退出市场。在金融业务方面，法律制度对有关业务的规范不完备，对违法交易惩戒力度不够。在金融监管方面，法律制度存在的种种错位和漏洞，使监管效能受到明显影响。例如，一旦金融机构出现问题，就由央行出面实施救助，这引致金融机构的预算约束机制软化，容易形成金融机构倒逼中央银行再贷款的机制。

从金融执法效率来看，我国金融案件的执法时间长、程序复杂、执行费用又相当高，而且这部分费用常常是由金融机构本身来负担的。但是，通过法庭程序执行的抵债资产回收率却又相当低。这就大大降低了金融机构通过法律机制追回债权的效率。

从司法规则来看，行政力量对金融资源的分配、金融债权的执行等干预力度很大。据有关调查分析，在银行业的不良资产总额中，直接或间接由行政干预而形成的不良资产所占比重高达80%左右。

173

2. 社会信用体系建设落后

我国目前的信用体系的建立尚处于萌芽状态，征信业的发展十分缓慢，银行、工商、税务、公检法、统计等部门之间的信息尚未实现共享。目前，我国的商业银行经营效率低下，风险管理水平不高，信贷结构不合理，特别是中长期贷款集中现象严重。在这一背景下，建立良好的社会信用体系显得尤为重要。

征信业的发展不仅能够帮助商业银行进行客户筛选来防范风险、提高资产质量，还可以为金融机构的经营决策提供专业技术支持，鼓励金融创新；同时，征信体系也是促进个人信贷业务发展的必要条件。个人贷款业务在世界上许多国家都被看成是改善资产负债状况的利润增长点，对于改善金融生态结构状况具有积极意义。但是我国的个贷业务却仅限于车贷、房贷以及帮助大专院校学生求学的助学贷款、下岗工人小额担保贷款、小额扶贫贷款等等。要拓宽个人信贷品种，客观上就要求个人征信体系的建立，特别是对于那些提供抵押担保有困难的贫困者，良好的信用报告就是可靠的信誉担保，凭此同样可以获得银行贷款。另一方面，中小企业贷款难是一个很大的问题。受规模的限制，中小企业一般不能提供足额的抵押资产，难以获得银行贷款。中小企业贷款难在很大程度上是与信用机制不完善相关。发展征信体系对此将起到积极的缓解作用。中小企业可以通过征信机构向商业银行提供如信用报告、信用调查报告和信用评级报告等信用状况证明，由此可能大大增加获得贷款的机会。金融征信体系的建立也将为整个社会的诚信环境的改善打下了必要的基础。[1]

另外，信用评估组织体系相当不健全，评级机构权威性低，评级经验和评级技术相对落后，再加上评级的独立性较差，因此，社会公信程度不高。

我国金融生态中信用体系建设的落后，不仅与征信体系的发展滞后有关，而且与相关的制度不完善也直接相关。要确立诚信法则，既要提倡个人诚信、企业诚信和行业自律，更要建立起一个市场扩展性的政府。

---

[1] 陈丽（2005），《征信业，金融生态内部秩序的维护者》，《银行家》，2005年第5期。

3. 银企关系有待进一步改善

由于金融体系具有极强的外部性，在我国转轨过程中，中央政府事实上以国家信用为商业银行提供了隐含的担保。中央政府这种行为的一个重要后果是，引致了商业银行与工商企业间的债权债务关系成为一种关系型融资，并将金融风险最终转移给中央财政。从商业银行与个人部门和工商企业的关系来看，个人部门与商业银行之间的债务融资具有市场交易的性质，个人部门可以自由进入和退出，即商业银行对个人的负债是硬约束，必须还本付息。但是，商业银行以国家信用为担保，中央政府对商业银行软预算约束，商业银行就可能将金融风险转嫁给中央政府。在这种情况下，商业银行与工商企业之间的债务融资就很容易成为一种软约束关系，由此，商业银行承担了由地方工商企业转嫁的大量社会成本，很难行使退出权。地方工商企业的融资成本和经营风险通过商业银行最终转嫁给中央政府，从而，使商业银行成为地方政府的可用资金的重要来源。简言之，在现行金融体制下，地方政府争取商业银行的金融资源事实上是一种高收益、低成本的理性选择。这也是由于政府扩大其权力边界，过分干预市场，过于庇护工商企业和商业银行所导致的后果。

175

六、改善我国金融生态状况的若干途径

1. 完善金融生态的基础性制度

要改善我国的金融生态，首先就是进一步完善保护金融生态的基础性制度。这需要深化金融改革和推进金融发展。在完善我国金融生态基础性制度建设过程中，需要借鉴其他国家金融改革的经验和教训。

（1）他国金融改革的教训和经验。

日本和韩国曾经同样面临着巨大的金融风险，两国也各自经历了金融改革，但是，两国改革所取得的成效不尽相同，改革之后所建立起的金融生态环境也差异甚大。

日本的金融改革长达 13 年，但迄今为止，日本金融危机的负面影响尚未完全消解。在日本经济全盛时期，已经习惯于"直线上升经济"的贷方、借方和管理部门都忽视了控制风险的重要性。当土地和股票价格

下降时，企业和银行都认为这只是暂时现象，不良债权一定会吸收。在泡沫经济破灭不久，不良债权虽已对银行正常经营造成了一定压力，但银行方面寄希望于，一旦经济好转，企业业绩将得到恢复，并不去追究问题企业的问题成因是什么，因此，继续对这些企业追加融资。由此可见，日本的不良债权如此严重，主要是因为金融机构和政府没有及时重视并解决这个问题。此外，日本金融以间接融资为主，这很容易使信用风险向银行部门集中，即工商企业出现的问题，由银行予以承担。

日本的金融危机之所以难以化解，就在于一个快速成长的经济体中，金融体制相对较为落后保守，金融制度不健全。更为重要的是，金融机构经营者在资产泡沫的扩张中，不注重金融风险控制与信用运作的分析，往往通过人际关系来协调有关事项。在问题发生之后，又用尽一切手段进行掩饰，使问题越拖越大，银行的呆坏账越积越多，终于一发不可收拾。当日本政府不得不采取断然政策时，经济已受重创。病去如抽丝，这个巨大的经济体只好躺在床上等待元气恢复。

与日本不同，在1997年亚洲金融危机中，韩国经济也受到了严重创伤。在国际货币基金组织要求与帮助下，韩国政府着力对其金融体制进行了大刀阔斧的改革，由此，通过短短的几年努力，韩国经济很快得到了恢复。1999年和2000年，GDP增长率分别达到10.9%和9.3%。即使是在2001年世界经济出现衰退的情况下，韩国的GDP增长率达到了3%。

韩国金融改革成功的首要原因，应归功于韩国政府的强力介入。韩国的金融改革大致分为三个阶段：

首先，准备阶段（从1997年12月3日至1998年6月15日）。在这个阶段中，韩国政府一方面修改了相关制度并检视各金融机构的资本充足率是否达到巴塞尔协议所规定8%标准，以为日后大力整顿金融机构打下良好基础，另一方面，于1997年12月24日成立韩国资产管理公司，并陆续设立韩国存款保险公司与综合金融评估委员会，在1998年4月成立独立的金融监督机构金融监督委员会等机构，作为金融体制改革的执行与监督机构。

其次，推动阶段（从1998年6月29日至1998年9月底）。韩国将不能够通过金融检查的金融机构（即其资产充足率未能达到最低标准、

176

经营不佳且在短期内亦无法改善的金融机构）勒令其破产、合并、暂时停止营业以及给予拍卖等方式加速淘汰。

最后，加强阶段（从 1998 年 10 月至 2000 年）。经过一连串优胜劣汰后，在金融监督委员会严格监督下，根据重整计划，以引进外资、有偿增资、合并、收购、缩减营业范围以及地点撤换管理层等方式，来加强经营状况较好的金融机构的体质。如金融机构巨大不良资产的清理、银行业与非金融机构的重整等。

由于韩国政府及时对经营不善的金融机构采取了关闭或者清算的方式，对银行业进行重整，韩国银行业财务结构不但更加健全，而且经营能力大力提升，获利能力亦明显增强。

（2）我国金融生态基础性制度的完善。

基础性制度完善以"市场性扩展政府"的形成为条件，即产权得到有效保障，合约能够履行，社会或者个人财产不被侵蚀。我国要进一步完善有利于金融生态良性循环的基础性制度，就要求政府能够履行这三项职能，并且仅把其权力边界限定于这三项职能之内。

对于我国新一轮金融改革的来说，需要以市场化的法则推进金融体系的完善，需要从根本上确立金融体制的市场格局、基本规则和运行秩序。建立市场经济新体制，不仅是金融改革的基本取向和目标，也是评介金融改革有效性的重要标准。目前，无论是银行还是证券及保险，其运作机制的非市场化状况都是相当明显的。

从日韩的实践来看，政府在金融改革中发挥的作用直接影响着改革的成败。在我国的金融改革中，政府同样发挥着重要的作用。但是，政府权力的行使必须是在法律的框架内进行，并以有力组织来保证这种改革的执行与实施。如果由政府主导金融市场的发展，不仅将降低金融资源的运作效率，而且可能引致严重的风险。

2. 一般性制度的完善

基础性制度的完善需要通过对现有法律制度的修订调整和完善以及政府职能的准确定位来实现。在基础性制度比较完善的基础上，金融生态环境的改善就依赖于一般性制度的严密性和适合度，依赖于金融生态中各个金融主体自身的规范与发展。参考杨子强（2005），徐诺金

177

(2005) 的研究观点，具体有以下几个方面：[①]

（1）对政府而言，应当有效保障产权，促进地方经济平稳发展。政府在改善金融生态环境中所起的作用是十分重要的。

第一，金融生态环境基础性制度的最终要求就是产权的界定与保护，而这正是政府的首要职责之所在。另外，金融生态环境包括经济、社会、文化、法律等诸多方面的相互作用、相互制约的因素，涉及行政、司法、银行、企业等众多部门，这也决定了优化金融生态必然是一个复杂的系统性工程，需要政府的推动作用。地方政府必须以产权和法律为准则，减少行政干预，通过完善地方法律法规、健全信用管理体系、推进体制改革、培育市场，做好对市场主体的各项社会服务，保护金融债权的执行，创造一个良好的金融生态环境。

第二，地方政府要从地方资源禀赋的实际情况出发，结合当地实际发展经济。稳定经济发展秩序是保障金融生态环境良性循环的前提。同时，还要大力发展非公有制经济，加快经济市场化进程。健全的市场机制不仅使良好金融生态的本质特征，更是优化经济环境的重要内容。因而，应努力培养市场经济氛围，创新产业发展机制，促进市场有效竞争，充分发挥市场在改善金融生态环境中的重要作用。

（2）对金融机构而言，应当在明晰金融产权的基础上，从法律层面规范金融机构的相关行为，保障金融资产的完整性。金融产权的明晰是维护金融债权的前提。

第一，在明确的金融产权的基础上，要按照权、责、利对等的原则，从严落实金融机构股东的法律责任，完善信贷管理法律制度，制定《贷款法》等规范贷款的专门法律，对贷款程序、贷款质量管理、相关责任人的责任、贷款债权的保全和管理作出明确的规定，从法律的层面上对金融机构的贷款行为进行规范。

第二，要对商业银行法、证券法、保险法等涉及金融主体构造的法律规范进行修改完善，在法律上明确股东在法人治理结构中的核心地位，赋予股东选择金融机构法人治理结构的法律权利，从根本上解决金融机

[①] 以下内容参考了杨子强（2005），《金融生态环境与经济健康发展》；徐诺金（2005），《金融生态环境建设中的法律保障》，载于《银行家》，2005 年第 5 期。

构所有者缺位和内部人控制问题，使金融企业成为真正的市场主体。金融企业要做到这一点，关键是要按照现代企业制度的要求，规范委托——代理关系，明确所有者和经营者的法律责任和义务，消除金融产权所有制歧视的法律障碍，统一不同性质的所有制资本介入金融的法律规定，鼓励民营金融发展，鼓励金融竞争，为构建充满活力的金融组织体系创造条件。

第三，完善金融资产的刑事保护制度。在这方面，应该扩大贷款诈骗罪的犯罪主体范围和适用条件，将贷款诈骗罪的主体扩大到包括法人在内，以遏制企业法人骗贷行为；取消以"非法占有为目的"作为贷款诈骗罪的主观要件，以借款人的客观欺诈行为作为认定贷款诈骗罪的标准，解决对贷款诈骗罪的定罪困难；增设故意逃废债务罪，将在经济往来中故意逃废债务，情节严重的以犯罪论处，以遏制经济生活中故意欠债不还，逃废债务风气的蔓延；完善拒不执行法院判决罪，维护司法裁判权威，解决执行难问题；金融机构对欠债不还的债务人应享有无条件的破产起诉权，使破产起诉成为制约借款人的最终底线。

第四，完善金融机构破产法律制度，建立健全符合市场经济要求的金融企业市场退出机制。目前的金融法规难以保证市场经济要求的正常的财务纪律和财务约束，这就导致在实际操作中，金融机构无法按照市场化要求实施市场退出。金融机构的破产法规亟待出台。金融机构的破产要建立在市场原则的基础上，破产的成本要由对应金融机构的股东及相关利益人来承担，不能再由国家财政承担。与此对应，需要建立以市场原则为基础的存款保险制度、投资者保障制度和保险保障制度，以市场化方式保障存款人、投资者和投保人的权益，从而，有效提高公众的信用意识和风险意识。（苏宁，2005）

第五，银行除了要改善自身的经营管理水平，提高风险防范能力外，更重要的是改进金融服务。银行应该大力提高市场研发能力，结合当地实际，积极创新金融产品和服务，为不同类型、不同规模的企业提供有针对性的金融服务。

（3）对企业而言，应当在深化国有企业改革的过程中，规范企业破产改制行为，改善银企关系。

规范的企业破产是硬化企业债务约束的重要途径。但是，目前对企

业改制、重组、退出市场等行为缺乏有效法律法规，对企业利用改制、重组逃废金融债务，以及企业被吊销营业执照、被撤销、关闭后清算主体不履行清算义务，悬空信贷债权的行为难以有效制裁。要杜绝这种侵害金融债权的行为，就需要完善公司法，制定统一的企业清算办法。鉴于目前我国经济生活中利用法人资格逃废金融债务的情况非常严重，要明确规定适用法人资格否认制度的具体条件，使债权人可以直接追究隐藏在法人资格背后真正债务人的民事责任。同时，要规定企业终止后的普通债务清算程序与特别清算程序、清算组织的组成、清算责任人、不履行清算义务的法律责任、对企业清算工作的管理等等，规范企业终止后的退出市场秩序，保护债权人的合法权益。

良好的银企关系是保证银行债权得以顺利行权的又一重要因素。银企之间应该建立平等、互利、互信的新型关系，这样才能从更长远的视角来看待银行债权的可执行性。

（4）对中介行业而言，应当建立市场诚信体系，完善信用担保机制，加快发展中介服务体系。

第一，要建立起我国的诚信体系，加快征信立法，完善信用约束激励机制；加快各部门的有关企业和个人信用的信息资源的联网步伐，实现信息共享；加快企业和个人信用信息基础数据库的建设；培育信用市场，培育壮大信用评级机构。

第二，完善信用担保机制，促进担保业的发展。这就需要进一步完善担保法，适当扩大担保物的范围，对新出现的担保物权作出规定，对经济生活中普遍存在的具有财产性质的权利质押纳入担保法调整的范围；统一抵押物的登记管理部门和登记程序，以便于抵押物的公示以及抵押权的实现。

第三，发展中介服务体系，丰富和完善金融生态链。这就需要深化中介机构改革，实现中介机构的市场化运作；强化中介机构的市场竞争，积极引进国内或国外资信等级高的大型中介服务机构，促进提高中介服务水平；另外，还需要加强市场监管和行业自律，提高中介机构的专业化服务水平和诚信水平。

（易宪容　卢　婷）

金融法治环境

一、金融法治环境与金融生态环境

市场经济是法治经济。市场主体的缔造、交易规则的确立、交易秩序的维护，无不需要依靠法治的力量。改革开放以来，我国社会主义市场经济体制日渐完善、经济结构日趋合理、经济运行不断走向理性、经济总量不断扩大和经济效率不断提高，也无不与我国法治水平日益提高密切相关。金融是现代经济的核心，在一国经济发展中具有举足轻重的地位，它既是一个特别需要法律规范和调控的经济领域，也是一个与法治状况息息相关的经济领域，更是一个本身就体现和反映着法治运作的经济领域。

现代金融是法治金融，金融运行、金融创新、金融监管等无不受到法律的调整、无不依靠法律的规范、无不需法律的促动和保护。法治已经渗透到金融的各个领域和各个环节。在某种意义上，中国金融发展与改革的历史，就是中国金融法治不断深化不断完善的历史。

金融法治，就是依法治理金融，就是根据国家的法律、法规以及规范性文件等来规范和调整金融行政管理行为、金融机构经营行为等一切金融活动以及随之而产生的各种关系。

从更完整的意义上看，金融法治有两层含义：一是法治下的金融；

二是对金融实行法治。① 所谓法治下的金融，表达了金融法律的运行状态、方式、程度和过程。就其运行状态而言，金融法治注重金融法律本身的合法性问题，主张金融法律的内容和适用必须保障金融主体的权利和金融自由化。就其运行方式而言，金融法治主张金融主体和政府都要守法，但更强调政府首先守法，即重点不是"治民"而是"治官"。就其运行程度而言，它强调"法的统治"，突出金融法律的目的性价值，其精义是"人人在法律之下"。就其运行过程而言，它表达了从金融法律的形成、遵守和实施，到产生预期的、最佳的法律秩序状态，推动社会生产力发展的法律综合运行机制，包括了从立法到守法、执法、司法直至法律监督的整个过程。金融法治，作为法治在金融领域的具体化，已包含了善法之治、法律至上、平等适用、制约权力、权利本位和正当程序的法治精神。

所谓对金融实行法治，包含两层含义：一方面，金融法往往把金融制度、金融活动的内容和要求直接规定为法律，金融法与金融本身联系紧密；二是金融法治是上层建筑，它本身不能取代金融经济的运行，而是通过金融经济运行的法律化来促进其发展，其特征在于法治下的金融的发展和改革的规则、程序以及由此形成的新的经济模式的法律化。

金融生态环境则是指金融运行所依托的基础设施、基本制度和所有的外部经济环境。金融生态包括两部分，一个是金融部门的内部调节机制，一个是金融部门赖以生存的外部环境。从外部生存环境来讲，基本的法治环境、会计审计制度、清算制度、中介服务体系、社会保障体系、当地的诚信文化及其区域政治、经济环境等都是其非常重要的内容。而会计审计、清算制度、中介服务体系、社会保障体系以及诚信环境等最终也体现为法律制度。良好的金融法治环境是金融生态得以稳定发展的基本条件，完善的金融法治能够有效地保护金融主体的产权，有效遏制恶意信用欺诈和逃废金融债务。应当说，金融法治环境是金融生态环境的核心之一。

金融法治环境在金融生态环境中的核心地位体现在以下几个方面：

---

① 关于金融法治的两层含义，参见高晋康等：《金融法治与我国金融安全》，载于《湖南省政法干部管理学院学报》2002 年第 3 期。

第一，金融法治是防范和化解金融风险、维护金融稳定与安全，实现金融生态良性循环的有效途径。对亚洲金融危机原因的剖析，可以证实金融法治对维护金融安全的必要性。联合国亚太经济和社会委员会于1998年4月8日发表的"亚太地区经济社会调查"年度报告认为：1997年发生的金融危机暴露出受冲击国家金融部门的许多严重缺陷。这些缺陷不仅体现在金融机构方面，而且体现在监管金融机构的法规方面。亚洲金融危机后，有关国家纷纷加强金融立法以保障金融安全，推进金融改革。可见，为了克服和消除产生金融风险的隐患，就必须严格实行金融法治。只有切实加强金融法治环境建设，建立健全金融生态良性循环体系，我们才能防范和抵御金融风险，实现并维护金融安全。

第二，从国际组织和国际准则的演变看，金融生态环境中的法治问题始终是关注的重点。2004年11月20～21日在柏林召开的"20国集团财长和中央银行行长会议"上，20国集团发布了《关于金融部门制度建设》一文，总结了成员国家对"金融部门制度建设"中优先应注意的因素的共识。在列举的若干因素中，20国集团首先强调了完善的法律框架对金融部门制度建设的重要意义，提出"保证财产权利（例如抵押品）在合同中的落实和执法，能够促进金融服务的提高，促进金融市场的深化。为了强化司法的有效性和明确的法律预期，减少腐败和加强对法官和托管人的培训也非常重要。"

第三，金融法治是严惩金融违法犯罪、遏制金融腐败的重要手段，它是维护金融生态系统和谐、稳定运行的锐利武器。金融违法犯罪行为，正在对我国的金融资产、金融秩序和金融安全构成十分严重的危害。同时，在我国金融领域内，也还确确实实存在着一些较为严重的金融腐败现象。这些金融腐败行为既是历史的积淀在金融改革开放条件下的沉渣泛起，也是经济、社会和金融结构在转型时期国内外腐败因素对我国金融肌体侵袭破坏的突出表现，同时更是金融从业人员的权利失去自我约束和民主监督所产生的必然结果。金融腐败严重阻滞和侵蚀人类社会及我国金融的文明进程与创新成果，其现实和潜在的威胁都十分巨大。这些都迫切要求我们坚定地拿起法律武器，采取行之有效的措施，实行严格的金融法治。只有实行严格的金融法治，才有可能有效地遏制金融违法犯罪行为和金融腐败的发生，维护金融生态系统的和谐、稳定。

第四，金融法治是金融机构正确行使和保护自身合法权利，维护金融生态系统稳定运行和发展的根本保障。从某种角度而言，法律所规定的金融机构自身的合法权利，实际即为国家对客观存在的部分金融行为的积极认可，它代表的是对一种金融行为模式的肯定。金融法治的最大价值和社会效益就在于推行法律所积极认可的金融行为模式，指导金融机构本体权利的规范运作，避免和防范各种金融纠纷与漏洞的产生。由此可见，金融法治的真谛，就在于规范金融机构的行为模式，做好金融风险的事前控制与防范。当金融机构的合法权利遭受不法侵害时，金融机构只有勇于拿起法律武器，大胆寻求司法救助，才能有效地化解风险，较好地维护自身的合法权利。从这个意义上说，金融法治是金融部门打击侵权行为，维护自身权利的重要手段。由此可见，金融机构要想正确地行使权利和保护自身权利不受侵害，都必须选择和依靠法治。只有这样，金融生态系统才能得以稳定发展。

第五，金融法治是提高金融监管质量和效率的重要手段，从而能够积极地促进金融生态整体质量的提高。在金融实践活动中，金融机构应当依法开展经营管理活动，金融监管当局则应当依法进行全面监管。只有这样，才能真正确保我国金融系统的合法运行。我们只有实行严格的金融法治，才能不断提高金融监管的效率，降低金融监管的成本，提高金融监管的质量，从而不断完善我国的金融生态体系。

二、中国金融法治环境建设的现状

经过近十年的努力，基本适应社会主义市场经济和金融发展的金融法治环境已经基本形成，以银行三法、证券、信托基本法为核心，金融法律、行政法规和规章为主体，金融方面的司法解释为补充的金融法律体系框架逐步建立。在金融领域，无论是立法、执法还是司法方面，均取得了长足的进步，金融法治建设进入了快速发展阶段，金融业已步入法制化、规范化发展的轨道。

（一）随着银行三法的颁布与实施，金融立法得到进一步完善

《中华人民共和国银行业监督管理法》、修改后的《中华人民共和国中国人民银行法》、《中华人民共和国商业银行法》开始实施，三法的颁行，适应了我国加入世界贸易组织和金融开放的新形势，满足了金融监管体制改革和中央银行职能调整的需要，重新界定了中国人民银行、中国银监会的地位和职责，以法律的形式肯定和巩固了中国金融业改革的成果。随着银行三法的实施，中国银监会在新的法律框架下有条不紊地开展各项监管工作，以《中华人民共和国银行业监督管理法》为基础，以加强风险管理和资本充足率管理为核心的银行业审慎监管制度框架初步形成；证券市场围绕着《关于推进资本市场改革开放和稳定发展的若干意见》的贯彻执行，进行制度建设和体制创新，上市公司的股权分置改革依法逐步展开；信托行业加强了对信托公司和信托业务的监管和规范，集中出台了一系列的规范性文件，有效地防范了经营风险。

据不完全统计，仅 2004 年一年，在银行业，由中国人民银行和中国银监会单独或联合发布的法规及规范性文件近 60 项，内容涉及宏观调控、审慎监管、风险管理、资本充足率管理、银行业开放、公司治理结构等各个方面。有关部门出台了 60 多项证券、期货方面的法规和规范性文件，频率之高为历年罕见。这些法规及规范性文件涵盖了证券发行制度、发展机构投资者、市场监管、上市公司治理、交易制度、对外开放、投资者保护等事关资本市场运行的诸多关键环节。在保险业，由中国保监会单独或与国务院其他部门联合发布了约 50 项法规和规范性文件，内容涉及保险市场主体塑造、保险市场秩序规范、保险资金运用、保险公司融资、保险经营风险防范和化解、保险信息化建设和统计工作等多个方面，进一步完善了保险经营和保险监管的法律环境，为保险业依法经营、保险监管机构依法监管打下了扎实的法制基础。在信托业，2004 年下半年集中出台了 7 项法规及规范性文件，内容涉及信托投资公司监管、信息披露监管、信托公司证券投资业务、集合资金信托业务等方面。

（二）加强对金融犯罪的打击力度，查处一批重大金融违法案件

近年来，先后有常州铁本事件、南海华光骗贷案、孙宏伟诈骗贷款

案、上海农凯集团周正毅操纵证券股票价格案、"德隆系"案件、锦州交行与锦州法院联手作假案、王小石倒卖发审委委员名单事件，以及由中国银监会查处的两起国有商业银行重大票据诈骗案件等一系列的重大金融违法犯罪案件得到及时的披露和查处。这一方面体现了中国政府在惩治金融违法犯罪方面的决心和透明度，另一方面也反映出我们在打击金融违法犯罪方面面临着严峻的形势。

在加强金融犯罪的打击力度的同时，我们看到，金融大案、要案仍然频出，并且形成了金融领域多个行业的交叉犯罪。一些大案、要案的违法犯罪事实主要集中在2002年以前发生。随着中国金融体制改革的不断深化，金融监管机关监管力量的充实、监管措施的日益完善和政府外部审计作用的提高，打击金融违法犯罪案件的力度进一步加强，这些案件得以暴露和查处。同时，金融违法犯罪案件复杂程度也在不断加剧，往往一个案件涉及多家金融机构和多个地区，形成银行、证券、信托等金融领域多个行业的交叉犯罪。在中国银监会查处的两起国有商业银行重大票据诈骗案件中，涉及了河南、广东、贵州三省的多个城市，以及中国工商银行、中国农业银行、中国建设银行等共5家分支机构。诈骗分子以金钱收买银行工作人员，利用商业承兑汇票回购和贴现方式等多种方式骗取银行资金2.58亿元。在"德隆系"案件中，"德隆系"公司涉嫌侵占、挪用上市公司和关联公司资金、上市公司违规担保、非法操纵股价、挪用客户保证金、违规挪用信托财产等多项违法犯罪行为。

（三）通过严厉查处和打击地下钱庄，推动反洗钱活动深入进行，整顿了金融秩序

洗钱犯罪的隐蔽性、流动性、多发性、国际性和复杂性，决定了反洗钱是我国政府的一项长期战略任务。做好反洗钱工作是维护我国社会主义市场经济秩序和广大人民群众根本利益的需要，是加快我国金融业对外开放、推进我国银行业国际化的必要步骤，同时也是维护金融机构诚信及金融稳定的需要。反洗钱工作在严厉打击经济犯罪和遏制其他严重刑事犯罪中也将起到重要作用。

鉴于反洗钱工作的重要性，《中华人民共和国刑法》第191条规定了洗钱罪；2003年修改、2004年实施的《中华人民共和国中国人民银行

法》把反洗钱的职责赋予了中国人民银行；中国人民银行为此专门成立了反洗钱局，并于2003年1月发布了《金融机构大额和可疑外汇资金交易报告管理办法》、《金融机构反洗钱规定》和《人民币大额和可疑支付交易报告管理办法》等行政规章。仅2004年1～6月，外汇管理部门发现并向公安部门移送的洗钱犯罪线索达330多件，涉案金额10多亿美元。从2004年4月份开始，公安部和中国人民银行、国家外汇管理局等部门共同开展了为期8个月的打击洗钱犯罪专项行动，取得了明显的效果。国家外汇管理局浙江省分局会同当地公安部门侦破了"8·27"境外赌资洗钱案。

虽然在开展反洗钱工作的第一个完整年度里，无论是反洗钱立法还是反洗钱实践均取得了不错的成绩，但我们仍应清醒地看到，我国反洗钱法制体系建设仍然存在缺陷。为了依法保障和促进反洗钱工作，我国的反洗钱法律效力层次应得到提升，如应尽快出台《反洗钱法》，修订《中华人民共和国刑法》关于"洗钱罪"的规定，弥补立法上的空白，在法条的表述上体现统一性、前瞻性和可操作性；在《中华人民共和国中国人民银行法》等金融核心法律中确立中国人民银行对反洗钱工作的组织、指导地位，赋予其相应的执法、协调职能，以立法的形式，明确各相关执行机构的权利和义务；制定专门的反洗钱法规，为中国金融业反洗钱行动提供坚实的法律保障，争取建立以《反洗钱法》为核心，以配套的金融反洗钱法规为补充的多层次反洗钱法律法规体系。

（四）在金融监管及执法领域，强化金融监管力度，注重对金融企业客户利益的保护

金融监管机关加大了专项检查和现场检查的监管力度，通过专项检查和现场检查，提高了监管效果，有效防范和化解了各类金融风险，为切实保护广大存款人和金融消费者利益，保证宏观调控的顺利实施和维护金融稳定发挥了重要作用。一线监管力量得到充实，派出机构的主力军作用得以发挥，派出机构的工作质量对监管工作的整体效果产生重大影响。

三家监管机构确立了"分业监管、职责明确、合作有序、规则透明、讲求实效"的金融监管分工原则和金融监管机关的协调合作机制，密切

187

协调配合，避免了监管真空和重复监管，提高了监管效率，鼓励了金融创新，确保了所有金融机构及其从事的金融业务都能得到持续有效的监管，从而使金融业能够稳健运行和健康发展。

金融监管机构与其他部委及司法机关的配合与协作也进一步加强。一方面，各监管部门与其他部委和司法机关密切配合，共同颁行了大量的规章、规范性文件及司法解释。例如，就解决证券公司清理规范过程中的资金周转问题，中国证监会会同中国人民银行制定并颁布了《证券公司专项周转贷款暂行办法》；就解决司法机关冻结、扣划证券公司客户交易结算资金和清算备付金的问题，协调最高人民法院出台了《最高人民法院关于冻结、扣划证券交易结算资金有关问题的通知》。另一方面，在查处金融违法犯罪方面，各监管机关都加强了与其他部委、司法机关和地方政府的配合力度，严厉打击跨行业、跨地区金融犯罪活动。

2004年，金融监管机构都制定了多项规章并采取积极措施，不同程度地加强了对金融客户利益的保护。在银行业，出台了《银行贷款损失准备计提指引》、《商业银行资本充足率管理办法》、《商业银行授信业务尽职指引》、《商业银行内部控制评价试行办法》等一系列的规章，主要是从对银行机构进行审慎监管、加强风险控制的角度来体现对银行客户利益的保护。在证券业，中国证监会发布了《关于加强社会公众股股东权益保护的若干规定》、《上市公司股东大会网络投票工作指引（试行）》、《关于规范上市公司实际控制权转移行为有关问题的通知》、《个人债权及客户证券交易结算资金收购意见》等。在司法实践领域，银广厦和大庆联谊等一大批涉及证券民事赔偿的案件得以受理和判决，证券投资者得到了相应赔偿。在保险行业，中国保监会发布了《保险保障基金管理办法》，并在2004年4月下发了《关于严禁协助境外保险公司推销地下保单有关问题的通知》，严禁境内寿险公司及其代理人为境外保险公司非法销售保单。为了加大打击力度，中国保监会还与公安部联合发布了《关于严厉打击非法销售境外保单活动的通知》，积极部署了对地下保单活动的打击。在信托行业，针对一些违规、违法案件暴露出来的问题，中国银监会于2004年下半年集中出台了若干后补性约束性规范。通过这些规范的发布，中国银监会对信托公司的信息披露、资金管理、账户管理、关联交易、风险揭示等作出了一系列规定，有效地加强了对信托领域投资者的保护。

（五）进一步完善金融机构的公司治理结构

完善公司治理结构一直是金融机构改革的重点。2004年，为防范和化解风险，规范证券公司行为，《证券公司治理准则（试行）》正式实施，为证券公司完善治理结构，建立现代金融企业制度提供了法律规范；国有保险经营机构股份制改造已经告一段落，中国人寿保险股份有限公司（中国人寿）及中国人民财产保险股份有限公司（中国财险）已成功实现在海外上市；中国建设银行、中国银行和中国工商银行等国有独资商业银行进一步完善公司治理结构，加快股份制改造及上市步伐。

（六）改革行政审批制度，全面推进依法行政

2004年，《中华人民共和国行政许可法》正式生效，这是行政法治进程中非常重要的一个里程碑。作为金融领域的主管部门，中国银监会、中国证监会和中国保监会大力贯彻落实《中华人民共和国行政许可法》，着力进行行政审批制度的改革。经过改革，各金融监管机构的行政审批和执法的规范化和法制化程度得到明显提高。

189

三、进一步改善中国的金融法治环境

虽然我国金融法治环境建设取得了长足的进步，但是，我们仍然应清醒地认识到，中国金融法治建设的道路还很漫长。围绕着规范与发展这两大主题，今后一段时期内，我们应着力解决好以下问题：

（一）金融立法

首先，要转变立法思想，建立现代市场经济的立法理念。市场经济是一种需要完整保护产权主体利益，引导产权主体在追逐自身利益最大化的同时，内化自身成本和责任的经济。因此，市场经济的立法精神就是要保障各利益主体的利益神圣不可侵犯。金融立法就是要以债权人的权益为核心，建立一套防范侵权行为的法律体系。但是，我们的金融立

法思想或明或暗地沿袭着"杨白劳"式的思维定式，从而在客观上造成债务人利用这种法律漏洞侵害债权人权益，造成金融债权落空的后果。例如2005年1月1日执行的最高人民法院《关于人民法院查封、扣押、冻结财产的规定》，出于对债务人居住权的保护，规定"对被执行人及其所抚养家属的居住房屋，人民法院可以查封，但不得拍卖、变卖或者抵债。"这条规定对15000亿元的个人住房贷款债权造成了严重的不利影响。有人认为，这条规定体现了债权不可压倒生存权的人本主义精神。这种说法本身的合理性还是可以再讨论的。但是，在实践中，这样的规定没有保护债权人，不利于金融信用的扩展，最终又会因个人住房信贷门槛的提高而危害更多民众的利益，因而是一个不利于建立良好金融生态环境的规定。

归根到底，现代市场经济的立法理念应当被理解为要完整地保护产权的实现，保障各产权主体的地位平等，保护各主体之间的公平交易。改革开放以来，我国的社会主义市场经济建设取得了很大突破。平等保护各种所有制已经写入宪法，因此，与之相配套的金融法规也应进行修改与完善。其中，最重要的是要转变立法理念。要平等保护产权主体权益，从促进市场交易出发，制定和完善金融规则，应充分体现产权保护的理念，合同自由的理念，适应法律与适应国家政策相结合的理念，效率与公平同等重要的理念。①

其次，从金融法律体系的完善程度来看，目前，虽然我国基本金融法律体系已经建成，但仍有大量的法律、法规亟待制定和完善，其中包括加快修改《中华人民共和国公司法》、《中华人民共和国证券法》、《中华人民共和国保险法》等金融基本法；尽快制定《破产法》、《信托业法》、《金融控股公司法》及其相关配套法律、法规，如《金融机构破产条例》、《信托公司财产信托管理办法》、《信托财产登记办法》、《资产证券化管理办法》等。

（二）金融监管

在银行三法实施后，我国金融分业监管的框架已经基本建立，监管

---

① 参见徐诺金：《金融生态环境建设中法制问题》，载于《金融时报》2005年第7月。

的质量和效率不断提高。在今后的一段时期中，工作的重点应放在：改革监管方式，实现机构型监管向功能性监管的转变；整合资源，提高打击金融违法犯罪，惩治金融腐败的效率和力度；适应金融混业发展的新形势，有必要建立正式的金融监管的协调合作机制，建立一个高于一般部委规格的金融协调委员会，负责制定、协调金融业监管的有关政策，确定金融体系的重大问题和发展趋势，加强对金融控股公司的监管；进一步发挥行业协会的自律监管作用，等等。

（三）保护金融企业客户利益

虽然我国已经在金融立法、司法、执法等方面积极加大了对金融企业客户利益的保护力度，但从总体来说，我国金融企业客户利益保护仍嫌薄弱。今后，应逐渐放开对涉及证券民事赔偿案件的受理限制，强化对损害金融企业客户利益的司法救助；加强金融机构信息披露的深度、广度和规范；避免过多地采用行政手段介入金融机构的重组、接管和破产，强调以法律手段来处理金融机构的破产、接管问题；完善金融机构的公司治理结构，依法稳妥推进国有独资商业银行的股份制改造及上市工作。

（四）金融执法

同金融立法相比，我国金融执法的问题更多。近年来银行界曾经流传着一种说法：在涉及银行贷款的诉讼案件中，银行能够胜诉的占90％，但是只有50％的案件可以执行，更只有10％的执行结果可以真正拿回钱来。这种说法当然不足为严肃的论证根据，但也形象地刻画了涉贷案件的复杂程度并表达了对金融案件严格执法的忧虑。从整体上看，我国的金融监管执法运作在诸多环节上还存在着明显缺陷，执法的总体水平和总体效能都还很低，远不能适应开放性市场经济运行的需要，金融法治没有真正落实。根据中国人民银行广东省分行对广东省内 8 家金融机构的调查，目前金融执法方面存在的问题具体表现为：一是执行时间长，程序复杂。违约时债权的执行时间过长，往往造成担保物价值降低，对债权人和债务人双方都不利。二是执行费用高。金融机构通过法律诉讼主张债权，除了立案、诉讼保全、执行等环节需要先垫付费用外，

191

在案件审判或执行阶段，往往还需支付鉴定、评估、执行物过户等费用，收费的环节多而且费率高，导致诉讼费用基本要占到诉讼标的金额10%～20%，而且常由于债务人无意或无能力，最后变为由金融机构自己负担。三是抵债资产回收效果差。相对于违约贷款的价值，过去两年广东省8家金融机构的各种抵债资产的总回收率平均仅为50%；通过法律程序执行的抵债资产总回收率平均为48.9%；第三方保证的总回收率平均仅为39.7%。[①] 这些现象说明，提高金融执法效率，推动相关法律制度调整和完善，促进金融生态环境优化，是今后一个相当长时期中我国金融法治环境建设最艰巨的工作。

（五）司法的公正及规范性

法律和制度环境方面的缺陷还会使地方政府把更多的注意力转向对中央控制的公共金融资源的竞争上，并且，在辖区内企业面临逃废债的法律诉讼时，它们还倾向于充当地方企业的保护伞。这种地方机会主义也对各地区金融资产的不良率产生了显著影响。因此，地方保护主义和行政权力对司法的干预，是导致司法不公正和不规范的重要因素。

我国目前司法的独立性不强，尤其是地方行政力量干预在司法过程中依然存在，金融案件执法中地方倾向性明显，在审判和执行过程中与地方利益交错相织，执法效率低，程序复杂，成本高昂，地方保护主义倾向较严重。同时，司法监督体系仍欠完善，对司法机关工作人员履职缺乏有效的监督制约手段，影响了司法的公正和公平，直接危及到市场经济的法治基础。

因此，为了完善我国的金融生态环境，我们要着力优化金融发展的司法环境，建立突破地方行政干预的诉讼管辖机制，金融债权案件的受理应突破传统的属地管辖原则，实行异地立案审理，以不断提高金融案件的立案率、结案率和执行率。为适应市场经济的发展需要，应当深化司法机关人事制度改革，加大司法机关领导干部异地交流力度，摆脱地方行政干预，进一步增强司法的独立性。同时，为了加强对执法的约束和监督，可以考虑设立中央垂直管理的执法监督部门，严肃处理执法者

[①] 徐诺金：《金融生态环境建设中的法律保障》，载于《银行家》2005年第5期。

违法行为。

总之，我国的金融法治建设还处在起步阶段，要建立良性的金融生态系统，还需要经历一个长期的历史过程。在我们看来，健全的金融法治环境不仅体现在立法完备、司法独立、执法有效等方面，还包括广大民众法治精神与法律意识的提高。

（胡　滨）

主要参考文献

1. 周小川：《完善法律制度改进金融生态》，经济学50人论坛讲话。

2. 李扬、胡滨等：《中国金融法治2005》，中国金融出版社2005年6月。

3. 胡滨：《中国金融法治建设》，载于《中国金融发展报告2005》，社科文献出版社2005年5月。

4. 胡滨：《法治是金融生态的核心》，载于《中国经济导报》2005年6月29日。

5. 朱红：《完善金融环境的法律建议》，《中国金融法治2005》首发及理论研讨会的发言。

6. 徐诺金：《金融生态环境建设中的法律保障》，载于《银行家》2005年第5期。

7. 徐诺金：《金融生态环境建设中法制问题》，载于《金融时报》2005年7月。

8. 黄小强、余颖玲：《对完善我国金融法治的思考》，载于《金融与经济》2004年8期。

9. 高晋康等：《金融法治与我国金融安全》，载于《湖南省政法干部管理学院学报》2002年第3期。

10. 吴国平、吴毅平：《论金融法治》，载于《华南金融研究》2000年第4期。

11. 吴永强：《从金融监管的角度看金融法治之必要》，载于《南方金融》2001 年第 4 期。

12. 黄欣、黄皓：《关于我国金融法治重构的思考》，载于《中国法学》2002 年第 4 期。

13. 陈永富：《强化金融法治建设确保金融安全运行》，载于《上海金融》2000 年第 5 期。

经济基础及其对金融生态环境的影响

城市经济基础是城市金融生态系统繁衍生息的物质载体。这种内在的物质依赖性反映了经济基础与金融生态系统及其生态环境之间必然存在的因果关系。通常，衡量经济基础雄厚抑或薄弱的基本标准是经济系统的生产力。在定量分析中则是考察包含生产流通部门和金融部门在内的总体产出能力。进一步细分，经济系统的总体产出能力可以由规模或发展水平、结构、景气度、对外竞争优势等多方面的特征因素所共同解释。

一、经济基础与金融生态系统的基本关系

金融生态系统是社会生产力发展到一定阶段的产物。在市场经济发展初期，商品生产部门，即通常所说的实体经济部门，在扩大再生产过程中原始资本积累不足以实现生产目标时，需要通过信贷途径或运用收入资本化手段（马克思称之为"虚拟资本"）或将居民储蓄转化成投资，以缓解企业的资本预算约束。于是，产生了行使这些职能的金融机构、作为具体实现形式的金融工具、虚拟资本自由交易的金融市场以及相应的货币信用制度，诞生了较为幼稚的金融生态系统。在这些常见的收入资本化金融工具中，除了信贷资本与实体经济一直保持着相对密切关联之外，债券和股票之类的生息资本在金融市场环境中已经游离实体经济的产出和收入分配。但是，从长期而言，生息资本的收入最终来源于实体经济部门，这样，在物质支撑方面决定了金融市场中的价值运动最终还要向实体经济中的价值运动回归。

从经济功能的角度来看，金融生态系统的产生和发展，概括起来，是源于金融部门的产品与服务可以吸收和转化家庭部门的储蓄，缓解生产部门的预算约束，扩大投资和再生产；更进一步地，可以在一定的制度保障下改变资金的流向来实现经济资源的有效配置。可以说，正是为了满足这些实体经济发展的需要，金融部门及其产品和服务才应运而生，并得以壮大发展，相应的金融制度规范才得以确立和完善发展。因此，实体经济（即生产与流通领域）的发展及其现实需求是金融生态系统发展的源动力和导向。

从国内经济发展的实践经验来看，一方面，城市经济的规模、结构和效率决定了它对于城市金融机构的有效服务需求和金融市场的活跃程度。例如，产业扩张带来的投资扩张会要求商业银行提供更多的信贷支持，产业结构调整也会导致商业银行行业授信政策的调整，拥有较高经济效率的企业更容易吸引到银行信贷，等等。城市经济的向好发展容易吸引银行、保险、证券、信托等金融机构的聚集，促进金融业务和产品的扩张，同样也会提高当地企业金融工具在全国金融市场中的吸引力。另一方面，实体经济的发展及其现实需求也会促进金融制度的确立与完善。欣欣向荣的实体经济在刺激了金融部门繁荣发展的同时，也会带来诸多的市场矛盾和冲突，如信贷扩张过程中积聚的信用风险，信托项目投融资中日益加剧的资金和权责纠纷、金融机构无序竞争导致的严重市场失灵现象等，由此，需要行政、立法和司法等方面的市场环境政策，这引致了新的金融制度确立和旧的金融制度调整和改进。实体经济发展的现实刺激，为金融制度的确立与完善提供了源源不断的动机和激励，并在发展中得以实现。

然而，发展起来的金融生态系统并不仅仅是社会生产力的简单产物，反过来，金融生态系统对于社会生产力的发展具有突出的反作用力。在国外的金融学实证研究中，有相当多的文献表明金融生态系统对宏观经济增长具有促进作用。例如，如约翰·希克斯（1969）曾认为在英国的工业化过程中，金融部门通过广泛动员社会资金，促进资本流动，对当时规模浩大的社会建设起到了重要的作用。金融生态系统对于实体经济的反作用在更深的层面上，还反映在金融服务技术已经融入了现代社会的生产力。先进的金融服务技术与生产技术一样，都可以在生产领域提

196

高经济效率。金融机构向工商企业提供的资产定价与风险管理服务、资产重组与财务顾问，战略咨询服务等方面的技术支持，相当于直接参与了生产领域的价值创造。这已经超出了金融机构传统的资金融通职能。在这种意义上说，金融机构不再完全独立于生产部门或实体经济，事实上，它已逐渐融入了实体经济部门，成为社会生产力发挥其功能所不可或缺的重要机制。因此，衡量经济基础时，包括了金融机构在提供金融产品与金融服务过程中的各种能力（包括创新能力），如同在国民经济总产出的统计中通常包括金融机构的经济增加值一样。

不仅是金融机构的服务技术可以融入社会生产力，金融机构的产出能力可以称为经济基础的一部分，而且，金融生态系统中的制度环境作为一种生产关系也会反作用于社会生产力和经济基础。西方经济学认为，对现有制度结构和制度安排中无法获取的利润（常称为"外部利润"）进行内部化是制度变迁的内在动因。借鉴这种观点，当金融生态系统的制度环境不能适应其正常经济功能的发挥，甚至阻碍经济金融的发展时，市场经济自身便会萌发制度变革的动机和需要。因此，对于城市金融生态系统而言，当其制度环境不适应经济基础的需要时，会由市场机制自发产生调整，使其向适应社会生产力发展需要的方向变革。在这种意义上，制度环境在没有人为扭曲的情况下与经济基础的发展方向应当是一致的。

综上所述，在较为完善的市场经济机制下，经济基础决定了金融生态系统的发展以及生态环境的基本状况。

二、经济基础对金融生态环境的影响

经济基础与金融生态系统之间的内在关联，为从经济基础的角度评价金融生态环境提供了基本依据。城市经济基础对于城市金融生态环境的影响主要表现在三个方面：

第一，经济基础对金融机构、金融工具、金融市场和金融制度环境的作用力。这种作用力关系到整个金融生态系统的强健性，进而影响它的生态平衡能力。它通过推进金融部门的发展、促进相关金融制度的确

立与完善，提高金融生态系统的内部运行效率，直接降低金融资产质量。同时，金融机构的发展及其服务技术的进步也会反作用于实体经济部门，增强经济效率，间接降低金融资产质量。

第二，城市经济基础代表着该城市区域内所有企业的产出能力，是一个整体性、企业平均的经济实力，对整体金融资产质量有非常直接的决定关系。一般而言，城市的企业产出能力越强，其偿债履约的能力就越强，对企业金融工具的支付能力就越强，从而，企业与金融部门之间的相互促进关系就越容易进入良性循环，形成较好的金融生态平衡能力，导致金融资产的质量就越高。城市经济基础所表达的经济产出能力事实上就是这些企业产出能力的加总和平均的结果。事实上，城市经济基础与城市金融资产质量都是加总与平均意义下的结果。因此，这种经济基础决定了金融资产的偿债履约能力和支付能力，进而影响到了金融生态环境。

第三，经济基础是社会生产力与市场制度相互作用而共同发展的结果。在市场力的作用下，与社会生产力发展不相适应的市场制度环境终将面临被淘汰的命运。就这种基本原理而言，社会生产力发达的城市，其经济金融领域的市场制度环境将会更为完善与和谐。市场制度环境的约束与激励机制便在某种程度上决定了城市企业偿债履约或企业金融工具主动支付的意愿，并最终影响到城市的金融生态状况。这是经济基础对于金融生态环境较为间接的影响。

从世界各国金融生态系统演变的历史经验来看，金融生态系统的产生或最初配置都主要取决于实体经济部门资金融通的需要和初始的制度环境，其后的发展演变则既受到实体经济发展的驱动，也受到特定制度环境的制约。但就一般情形而言，实体经济发达的国家和地区，金融生态系统也较为发达，金融生态平衡能力较强。无论是银行中介主导的还是金融市场主导的，虽然受不同制度下历史选择的影响，类型不同，但发达而稳健的金融生态系统一般都对应着发达的实体经济或雄厚的经济基础，而落后或脆弱的金融生态系统通常对应着落后或薄弱的经济基础。当然，对于发展中的经济体，金融生态系统的发展水平却参差不齐，进一步的分析则可以反映出经济与金融制度环境的一些因素对金融生态系统的影响。

198

　　具体到国内的城市水平，最初市场经济意义下的金融生态系统，就是在国内特定的经济背景下，一方面是中央政府为服务于区域经济发展而计划性配置的，另一方面，又受到地方政府对行政区域内的计划发展所影响。原有的计划性经济安排造就了计划性的金融制度结构和制度安排。计划机制实质上是行政机制。目前，除了越来越多的资金（主要是证券类资金）开始遵循市场原则而进行自由流动，银行体制的资金依然受到一定程度的行政性管理。在当前乃至今后较长的一段时期内，可以预见，无论是经济资源配置还是受其驱动的金融资源配置，在全国范围内还难以很快地形成统一的自由市场，从而，各城市的金融部门及金融制度环境也将受到现有经济基础的深刻影响。例如，规模大、结构完备、发展迅速的城市经济可以为区域内的金融部门提供更多的物质资源，为区域内金融业的发展增添更多的动力。因此，城市经济基础决定了城市金融活动的深度和广度，同时，城市经济发展的态势和景气程度也为金融部门的进一步扩张和内部优化提供了物质基础，为金融制度的确立和完善提供了现实背景。

199

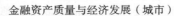

金融资产质量与经济发展（城市）

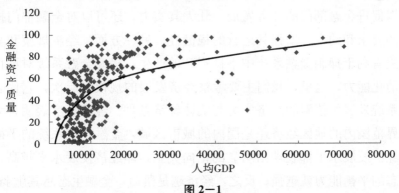

图 2—1

　　城市经济基础对城市金融生态系统的影响也反映到了城市金融生态环境的状况上来。城市经济基础的雄厚抑或薄弱可能是由于实体经济部门产出能力强大，或金融部门产出能力强大，或二者俱强所决定的。但无论是哪种情况，不过是间接地或直接地影响到金融生态系统的发展，从而，都会对应着同等性质的金融生态环境，即都会导致金融资产质量的好或坏。如上图所示，我国城市的金融资产质量（金融生态环境的评

价指标）与城市经济基础（此处用人均 GDP 指标来衡量）存在着密切的正相关关系。这表明城市经济基础越是雄厚，金融生态系统的平衡能力越好，或者说，金融生态环境就越好。

三、经济基础的评价要素及其对
金融生态环境的影响

评估经济基础及其对于城市金融生态的影响，我们主要从经济规模或发展水平、结构与景气度、外部支持等方面的具体经济指标进行分析。对这些经济指标进行筛选和归纳，可以进一步细分为经济发展水平、产业结构优化、经济活跃度、经济开放度和经济市场化程度五个方面。具体来看：

1. 经济发展水平

经济发展水平是衡量经济基础的重要指标，也是影响金融生态环境的重要因素。在经济发展过程中，不断增强和完善的实体经济部门，不仅可以促进金融部门的业务发展，壮大其实力，还可以对金融部门提出更高的要求和约束，增强其运营的稳健性；另一方面，经济规模和实力的增强有利于抑制金融系统中不良资产的产生，提高金融系统对不良资产的消化能力。这里，我们主要考察经济发展的规模和层次，它代表着金融系统发展所依附的经济实力与实体经济条件。经验事实表明，无论是世界范围内的地区经济还是国内的城市区域，金融生态系统的平衡能力与经济发展水平都表现出明显的正向关系，即经济发展水平越高，金融生态的平衡能力就越强；反之，经济越是落后，金融生态越具脆弱性。这种情况在国内表现得尤为明显。相对于发达市场经济而言，我国城市间金融资源在配置上存在较强的地区壁垒，缺乏区域流动性，从而，使得经济实力对于金融生态系统的物质支撑作用更为突出。

在本课题研究中，我们选择采用人均 GDP 来评估经济发展水平。这一定量指标也是通常衡量地区经济实力和发展水平较为常用的综合性指标。

2. 产业结构优化

产业结构，是经济资源在不同类型的经济部门之间进行分配，并不断演化调整的结果，也是决定整体经济效率和发展态势的一个重要因素。因此，城市产业结构的优化程度决定了城市经济的效率高低与未来经济前景的乐观与否。产业结构对于经济发展的影响会一直延伸到金融生态系统。对于金融生态的影响主要有如下三个方面：其一，来自整体经济效率所蕴含的经济发展水平方面的作用。其二，优化的产业结构蕴含着系统性经济风险在不同经济部门之间的合理分担，经济体可以联合抗击外生风险冲击。从而，由金融资产传递到金融体系的系统性金融风险得到减弱。其三，优化的产业结构对金融体系平衡发展的促进作用。经济资源在不同产业间的分配与调整，需要金融系统来促成资金的流动和再分配。在这个过程中，金融系统实现了资源配置功能，同时也实现了金融资源的合理配置，促进金融与经济的和谐性，而这种和谐性对于金融生态的稳健性具有重要意义。

评估城市产业结构优化程度，主要关注产业结构的高级化（如第三产业的发展程度、投资率）、产业的集聚程度、产业结构的转化速度等方面的量化指标。

3. 经济活跃程度（商贸与投资）

城市的经济活跃程度，即景气度，既是经济部门及其制度环境具有活力的表现，也是金融体系及其生存环境充满活力的源泉。特别是，经济体内商贸和投资行为的活跃程度，在很大程度上决定了，同时也反映了，金融活动的生机。活跃的经济活动可以促进金融体系对自身发展的调整，从而，有助于提高金融体系自身机能的完善。在国内的城市群体中，经济发展较快，充满活力的城市，通常金融业也发展较快，金融体系及其生态环境也较为完善。

评估城市经济活跃程度，主要关注 GDP 增长率、固定资产投资的规模和增速、房地产投资的规模和增速、批发零售贸易额度等方面的定量指标。在这些指标当中，城市 GDP 增长作为企业经营环境冷暖变化的晴雨表，基本态势预示着工商业经营环境及景气状况。商贸与投资方面的指标则是经济活跃的根源与具体描述，对于反映城市未来的经济发展态势，具有一定的前瞻性。

201

4. 经济开放度

开放经济是现代发达市场经济的一个基本特点。在当今世界，发展中国家（或地区）在经济发展水平方面追赶发达国家（或地区）经济水平的一个普遍趋势，就是走开放经济的发展道路，通过对内改革和对外开放来引进发达国家（或地区）经济的雄厚资本、先进技术和经验。具体到国内的城市经济，除了具有全国经济在整体上市场化水平和市场开放程度都较低的共同特点之外，由于区域资源的差异和过去的不平衡发展政策影响根深蒂固，城市投资环境对于外资的吸引力具有非常显著的差别，因此，城市经济的开放程度也具有非常显著的差别。

评估经济开放度，主要关注城市经济的国际化程度和招商引资情况。描述国际化程度采用外贸依存度、外资占 GDP 比重、外企占企业数比重等指标；描述招商引资情况采用外商直接投资额度（协议与实际利用）、港澳与外企贷款占比等指标。

5. 经济市场化程度

我国是一个正由计划经济向市场经济转型过渡的转轨经济国家，市场化程度越高往往就意味着更少的市场管制和更自由的市场竞争和更低地方保护主义倾向，从而，有利于市场机制的完善发展，促进社会诚信文化的建立和改善金融机构的独立性。这样既有助于提升经济基础又有助于改善金融生态环境。

评估城市经济市场化程度，主要关注市场的发育程度、地方保护主义倾向以及私人部门经济的发展等方面的指标。[1]

（袁增霆）

---

① 法国的经济学家 Sandra Poncet 的研究表明，1997 年中国国内省级间商品贸易平均税负达到 46%，比 10 年前提高了整整 11%，这一税负水平超过了欧盟各成员国之间的关税水平，和美国与加拿大之间的贸易关税相当。当然，这一估计和事实可能有些出入，但改革过程中地方保护导致的高交易成本确实是存在的（转引自 Bruce Gilley，"Provincial Disintegration：Reaching your market is more than just a matter of distance"，22/11，2001. 载于《远东经济评论》）。

地方政府诚信及其对
金融生态环境的影响

在城市区域内，地方政府诚信对城市金融生态环境造成的影响，根源于地方政府在市场经济中的职能和作用。评价政府职能运用情况与政府干预的经济效应，是分析地方政府诚信对地方经济与金融，进而对城市金融生态环境所造成影响的基本前提。在较为完善的市场经济制度下，地方政府的主要职能是公共服务与管理。例如，地方财政资金的社会筹措与公共运用，以及配合上级政府的统一市场监管。对于分配到地方政府的国有产权或地方政府的自有产权，也会涉及到国有企业或地方政府企业及其资产的管理问题。一般认为，地方政府的这方面经济管理职能仅限于地方政府拥有产权控制的企业，而对当地的民营经济或其他非国有经济成分而言，政府则不应拥有这一职能。尽管有关政府部门对市场经济行使经济管理职能是否合理以及实际运用情况的评判并不十分严格，但在世界范围内，政府部门采用各种干预市场经济发展的形式以变相参与经济管理的现象是很普遍的，只是干预的手段和运用的领域不像计划经济那样明显和直接。在中国现实的转轨经济制度下，地方政府对城市经济发展的干预，甚至可以说成经济管理，则与较为完善的市场制度下的情形具有相当大的差别。

一、地方政府职能与政府诚信的评价

为评价地方政府诚信对金融生态环境的影响，在地方政府的职能与诚信行为两个方面分别存在两个评价基准需要明确。

第一个基准是评价地方政府职能的基准。假定地方政府的基准职能是公共服务与管理，而不是直接或间接的干预市场经济，那么，在行使基准政府职能的情形下，地方政府诚信对金融生态环境是没有影响力的。然而，现实市场经济中的政府干预行为却是偏离政府职能基准的行为，由此，涉及到政府诚信对金融生态环境的影响。事实上，这种作为分析问题基准的政府职能可以理解为，长期的理想状态下的市场经济中的政府职能，也是政府部门可以最大程度上恪守自身行为规范的理想状态。在市场经济利益纷争的现实环境内，政府干预一直是学术界争论不休的话题。一些分析观点，坚持认为市场机制和市场力量可以自行解决市场经济中的各方面问题；另一些人则从制度变迁与人的有限理性等方面出发，坚持认为市场存在着天然的缺陷，因此，政府干预是必要的。尽管这些观点在历史实践中都很难得到完全可信的检验，但在实践中还是认可了一定范围内的政府干预。

第二个基准是评价地方政府诚信的标准。这个标准在于地方政府奉行职能基准（即公共服务与管理）或按照全国统一的、得到广泛认可的规范化干预市场运行并不越界。在理论上，可以简单地认为，凡是有益于纠正市场失灵、促进市场机制健全的政府干预都是必要的。从实践经验来看，各国实践中屡屡发生的一些政府干预行为，诸如市场经济中的立法和司法干预、宏观经济政策等，其存在的必要性已经得到了广泛的社会认同，也是一种较为普遍的市场经济现象。但也存在部分（地方）政府干预是局部的、不合理的且受到广泛批评的。所以，按照全国统一认可的规范化的干预也可以被认为是履行现有政府应尽职责的行为。与此对应，违背或超出这些现有的可以广泛接受的政府干预行为，常常被认为是一种政府失信行为。从理论上说，当政府行为超出了合理的干预程度时，可以认为是增加了政府的信用风险。尽管这种评价地方政府诚信的基准是一个相对的概念，目前还很难给出精确的界定，但是，界定政府合理行为的范围和程度有助于更确切也更科学地评价政府诚信。例如，地方政府为了局部利益或短期利益而损伤经济大局的行为，即使一如既往地信守承诺，并运用财力予以保障履行职责，但从全国利益或地方长期利益上看，它却是违背了地方政府合理职能的行为，因此，也是一种失信行为。另一方面，即使是合理的政府干预范围，但地方政府行

204

为超出了力所能及的范围，如城市基础建设项目负债过高，以至于地方政府偿债面临信用风险时，地方政府的信用也将因风险过高而处于危险状态。一旦当这种债务重负无力偿还时，便可能在事实上造成了政府失信行为。

运用上述评价基准，分析国内城市的地方政府行为与诚信现象，可以发现，在转轨经济时期，地方政府对城市经济和金融的干预行为相当频繁而普遍，其中，金融系统中的相当一些不良资产可以归因于地方政府诚信不足。地方政府干预金融机构和金融活动的手段通常有直接或间接参与经济金融活动、公共政策和行政机制等。诸如大量耗资而劳民伤财的"形象工程"、肆无忌惮的政府信贷扩张、直接干预地方金融机构的信贷决策以及地方项目的投融资、"土政策"反复无常等等，都有违公共管理与服务的基本职能，也超出了合理的政府干预范围，甚至伤害了地方政府信誉。此外，在政府债务问题上，地方政府也表现出偿债能力与偿债意愿的双缺失。

引致地方政府职能及其诚信不足的主要原因是，在经济转轨过程中，包括产权制度在内的市场制度建设尚不到位，政府诚信意识与法制观念不强。在单一的国有经济向多种经济成分并存的经济格局演变过程中，产权改革的制度不规范不到位，造成国有产权主体缺位，在行政经济意识还相当强烈的背景下，国有产权与非国有产权一样，都缺乏足够的制度保障机制；同时，市场经济改革过程中，规范行政行为的各项制度建设落后于市场经济的发展要求，地方政府的市场经济意识从而地方政府职能转变相对滞后于市场经济发展实践，地方财政收入难以有效满足不断增长的财政支出需要，如此等等，都在客观上造成了地方政府干预与地方政府诚信难以达到成熟市场经济的水平。

二、地方政府诚信对金融生态环境的影响

地方政府诚信对金融生态环境的影响，主要是通过政府对市场经济的干预及其经济效应来实现的。地方政府干预的直接经济效应主要有，地方政府自身的债务问题与财政风险、市场经济资源配置的扭曲、工商

205

企业与金融机构经营管理自主性的损伤、对企业的偿债能力和意愿以及社会诚信文化的影响等方面。

在渐进式的市场经济改革过程中，地方政府先是获得了不断宽松的地方经济行政管理权和地方财政自主权，此后，才逐渐向市场经济规则靠近。在这一过程中，地方政府存在一种普遍的现象，就是为追求政绩或受计划经济意识的影响直接参与经济建设管理，大肆举债以加大基本建设的投入来推进地方经济发展、改善城市经济环境，甚至直接组织大型地方项目的投融资，以求拉动当地经济的增长。在缺乏风险意识和对市场经济内在规律认识不足的条件下，基本建设的过度扩张导致了大量使用银行贷款资金，由此，地方政府承担的债务不断增加。由于政策上的限制，地方政府债务也往往以一种隐蔽的方式存在，这构成了一定的隐性财政风险。地方政府与当地企业在推进地方经济发展过程中，由于大量使用银行贷款，因此，这种模式的最终结果将是，经济风险分别转嫁给地方财政和金融机构[①]。在这种背景下，对地方金融机构来说，由地方政府行政干预所引致的金融风险最终将转移给地方财政，但那些由这些金融机构自身经营运作所引致的风险，也可能转移给地方财政，由此，形成比较严重的地方财政风险。例如，城市信用社、农村基金会、信托投资公司等地方金融机构积累的巨额不良资产，在财务重组或向社会和个人支付巨额债务时，大多采取了财政化的风险转移方式。在财政缺口和社会保障资金缺口日益扩大，债务还本付息压力不断增强的现实背景下，不断累积的地方政府债务与财政风险已经直接威胁到城市金融生态系统和经济系统。因为，地方政府债务或财政风险最终还是将转嫁给地方经济系统和金融生态系统。

不难看出，对地方政府的诚信能力而言，地方政府的债务问题与财政风险具有代表性。它本身就是历届地方政府实施不正当经济干预，又缺乏诚信约束而不断积累的结果，也是政府干预超出力所能及的范围之后债权人所暴露的信用风险。同时，在地方政府的干预过程中，又将金

---

① 政府与企业共同参与主导地方经济的发展模式，也被称作就是地方政府的"法团化（local state corporatism）"（戴慕珍，1999），它是企业与政府官员的利益的高度一致性所导致的后果。所谓"法团化"，指的是地方政府直接介入经济，担任管理企业的角色的过程，以及各级政府、政党与所辖企业形成的一个类似大企业的利益共同体。

206

融风险和不良资产产生机制传染给了地方金融机构，造成了政府部门与金融机构金融资产质量的下降和金融生态平衡能力的下降。此外，地方政府缺乏诚信约束和诚信意识也在政府与企业共同参与管理地方经济的过程中传染给企业和个人，助燃不良资产的产生，损伤社会诚信制度。

　　地方政府对金融的干预主要影响到金融部门的独立性和金融制度环境的建设。从政府诚信的界定来看，所有超出地方公共服务职能与合理干预市场职能的行政行为，都可以认为是不正当的，有可能给地方财政带来后续风险。不正当干预会损害金融机构经营的自主性，不利于金融的有效竞争机制和良性发展环境的形成，不仅如此，过度的干预还可能形成一种惯性和地方政府行为的范式，持续性地影响金融制度环境。在地方壁垒依然严重的条件下，金融服务难以在各城市间自由展开和选择，金融部门也很难运用"用脚投票"来对城市政府的管理进行选择。因此，由地方政府诚信不足所引致的城市金融生态之间的差异，在政府职能实现真正转变和地方行政壁垒被有效破除之前，仍将相当突出地存在着。

　　总地看来，在国内的城市实践中，地方政府干预经济的真实动机，具有促进当地经济社会发展、履行维护经济社会生活秩序稳定等职能的积极动机，但也伴随有一系列不利于市场经济发展乃至国民经济发展、不利于改善金融生态环境的一面。尤其是，当地方政府超出自身的实力，对经济活动进行干预时，更可能引致金融生态环境的恶化。因此，地方政府的诚信能力不足，对城市不良资产的产生负有一定的责任。

　　相关的调查进一步印证了这一点。在2001～2002年，央行对不良贷款历史成因做过一次详细的抽样调查统计。根据调查，在不良资产的形成中，由计划与行政干预而造成的约占30%，政策上要求国有银行支持国有企业而国有企业违约的约占30%，国家安排的关、停、并、转等结构性调整约占10%，地方干预，包括司法、执法方面对债权人保护不利的约占10%，而由于国有商业银行内部管理原因形成的不良贷款占全部不良贷款的20%。由此可以看到，在转轨时期，由政府部门的行政干预所引致的不良贷款大致占到了70%～80%。

207

三、地方政府诚信的评价要素及其对金融生态环境的影响

考察地方政府诚信对金融生态环境的影响，我们主要从地方政府财政能力、政府审批和管制、地方政府对经济干预程度、地方政府透明度和行政效率等四个方面进行分析：

1. 地方政府的财政能力

政府诚信对金融生态环境直接施加的影响，在很大程度上，依赖于政府干预背后的财政能力。一般来说，评估政府部门的信用水平，是通过分析其偿债能力和偿债意愿来反映的。这里的偿债能力对应着财政能力。在一般情况下，地方政府的财政能力越强，其履行承诺或秉奉正当职能的可能性就越高，市场预期的经济金融政策环境的稳定性（及确定性）就越强，为自我维持和扩展而对金融资源的不正当争夺就越少，通过加大社会基础建设投入以改善金融生态环境的财务支撑就越强，帮助金融生态系统消化和抵御金融风险的能力也就越强。因此，可以说，较强的地方财政能力将更有助于地方政府债务及其财政风险，以及金融部门风险的治理，有助于提高金融生态系统的平衡能力。

评估地方政府的财政能力，主要侧重于地方政府部门的财务实力，包括财政收入水平及其增长潜力以及城市的资本化经营能力。我们分别选择了预算内人均财政收入、预算内财政收入增长率、民间资金在基础设施投资中的比重等可得且可比的定量指标。

2. 政府的审批与管制

地方政府的诚信意识，在一定程度上，可以通过市场干预中是否积极服务于经济发展的主观意愿来反映。地方政府部门的审批和管制程序，包括企业项目审批、行业准入、监管等，是这种主观意愿的真实写照。这些程序的效率，在事实上不仅关系到在城市内开办和经营企业的难易程度，还关系到地方政府"管制失灵"的严重性。针对企业的审批和管制越繁琐、越低效，政府过度干预市场而伤害市场效率的管制失灵现象（由政府干预造成的市场效率低下）就越严重。我国各城市的审批与管制

208

程序差异较大，在很大程度上，这种差异反映了各地政府在行使市场干预职能时具有不同的主观意愿。通常，积极服务于市场经济发展的政府干预，在审批和管制程序上就越简洁、效率就越高；反之，就越繁琐、效率就越低。

评估地方政府审批与管制，我们选择了企业创办难易度、行业准入限制度和政府监管有效性三个方面的定性指标，并分别进一步选择替代性的量化指标予以定量描述。

3. 政府干预

这里的政府干预主要评估对市场干预的严重程度，借以反映这些干预是否超出了政府财政能力和公共服务职能"力所能及"和"力所应及"的范围。从分析政府诚信的角度，政府干预程度可以反映出政府部门的财政风险和信用风险，以及这些风险对于金融系统风险构成的潜在冲击，还可以反映出政府介入对于金融生态系统自行平衡发展构成的潜在威胁。政府部门对于城市经济的过度干预，一方面会伤害到市场经济的自我发育，削弱市场的自行调节机制，也同样会伤害到金融生态系统；另一方面会伤害自身的财政平衡能力，削弱其公共服务职能和社会诚信基础。

209

评估地方政府干预程度，我们选择了税收占 GDP 比重、税收占财政收入比重、企业非税负担、财政缺口、私人部门经济所占份额等定量指标。这些指标描述了税收、各种税外杂费、集资、摊派等构成的城市财政收入结构相对于城市经济的合理性、财政平衡的程度和自由市场经济的空间。

4. 行政效率

行政效率是政府部门在行使行政职能时表现出来的工作效率，是政府部门组织结构的功能体现和行政人员整体诚信意愿的外在表现。具有高行政效率的地方政府，通常都拥有精简能干的组织结构设置、积极进取的服务意识和高水平的服务质量。对于城市的经济部门和金融部门而言，行政效率关系到政府部门对于城市制度环境建设的支持力度和态度。鉴于国内地方政府在经济金融系统的很多领域，对其他行为主体的统治力都超出了规范市场经济中应当具备的理性角色，因此，政府部门在行政效率方面的具体表现，即是城市金融生态的一个重要侧影。

评估行政效率，我们主要关注地方政府的办事效率、服务态度、服务质量和政府规模方面的具体表现，其中，政府规模采用国家机关工作人员占当地总人口比例这一定量指标来衡量，而其他指标属于定性指标，通过问卷调查的方式予以评价。

5. 政府透明度

透明度是推断政府诚信的一个重要标准。适度公开、充分信息披露的政府活动对于金融部门及金融活动的理性预期形成是有益的，也是现代市场经济中政府部门行使公共服务职能的一个基本准则。从当今国际金融监管对于金融机构信息披露的重视，可以看出透明性在金融系统稳健运行中的重要性。对于金融体系中诸多行为主体而言，地方政府的透明度不仅是公共政策信号传递机制的工作特征，也是政府诚信意愿的真实表现。缺乏必要信息披露的地方政府，往往是容易失信的政府，其行为对于金融系统的影响是难以确知的，不利于金融系统的稳定。根据经济学中的信号传递与激励理论，如果地方政府对于关系社会和金融系统利益的信号缺乏自愿披露的动机，那么，它通常是一种不利的信号，政府部门对于基础金融制度环境造成的影响也是不利的。

评估政府透明度，我们主要关注信息化程度、对媒体的宽容度和政务公开程度三个方面。对于信息化程度，借助了社会现有研究成果，2003~2004 年度中国城市政府电子政务效率评分。对于政务公开度和政府对媒体的宽容度，借助问卷调查的形式来评价。

（袁增霆）

金融部门独立性的含义和度量

在影响金融生态环境的诸大类因素中，金融部门独立性是最为直接的一个决定因素。在发达市场经济中，金融部门同实体经济部门一样，是自主经营、自负盈亏、产权清晰、权责明确的独立个体。但在国内，由于经济发展阶段和历史方面的原因，金融部门通常不具有这种充分的独立性。这种现象的一个直接后果就是金融机制的人为扭曲和功能紊乱，不利于金融生态的平衡发展。

211

一、城市金融部门独立性不足的产生原因

具体到国内各地的城市，引致金融部门独立性不足甚至处境恶劣的主要原因有三个方面：

第一，产权制度与市场机制方面的弊端。长期以来，国有产权的制度安排使得国有产权占主导地位或受国有产权间接控制的金融机构摆脱不了对政府的行政隶属和对上级领导关系的"纵向依赖"。由于产权主体不具备独立的决策权，所有权也就成为一个模糊的概念，"剩余索取权"也因此失去监督意义，企业的产权结构失去了有效的制衡机制。另外，在市场机制方面也制约金融部门的独立性。由于国内的市场经济改革仅有20多年的短暂历史，经济转轨是一个缓慢的过程。相对于国有经济而言，民营经济从被确立市场地位到占据一定经济比重也才是10多年的事情。在这种背景下，市场自由竞争机制还相当不够完善，也没有完善的制度保障。因此，以商业银行为主的金融机构，以信贷业务为主的金融服务及其技术创新缺乏市场经济的激励与约束，制约了金融机构作为市

场独立主体所应有的积极性。

第二，市场经验欠缺与竞争力不足。由于国内的所有制改革和股份制改革都起步较晚，时间较短，而相对于生产部门企业而言，金融机构股份制改革与现代企业制度变革起步更晚，缺乏市场竞争的磨砺和经验积累。这样在客观上造成了，金融机构自主经营的能力和市场竞争能力差，甚至在主观上也需要政府部门的特别扶植。以银行业为例，占主导地位的工、农、中、建四大商业银行在上个世纪90年代末才开始股份制改革，这种改革至今都尚未完全铺开，已实施的改革举措也还不够全面彻底。此外，股份制商业银行和国有政策性银行也都存在着内部经营管理机制不健全、市场经验和国际竞争力严重不足的问题。在外汇市场和资本市场陆续开放的经济背景下，与外资银行相比，国内银行业的金融产品开发和服务技术都还有相当大的差距；在人才、技术与企业文化等方面则处于落后而被动的境地。在金融市场进一步开放进程中，国内金融部门因市场经验欠缺与竞争力不足而引致的独立性不足问题，将进一步暴露，由此，在国内各城市的层面上，也会由于金融机构的市场经验和竞争力方面的差异，表现出不同城市之间金融机构的独立性不尽相同。

第三，地方政府过度干预的影响。在市场经济改革过程中，地方政府财权与事权不对等造成的地方财政紧张，加上地方政府缺乏正常的市场化融资途径，客观上引致了地方政府对金融部门的金融行为进行行政干预；而地方政府官员片面追求GDP政绩考核导向，加上中国金融体系的软预算约束，又强化了地方政府争获得金融资源并逃避风险责任。这些来自政府部门的行政干预，影响了金融部门运营的独立程度，使得金融部门内部取得的现代企业制度改革难以得到充分有效的外部制度环境保护。

综上所述，在金融部门面临的内外制度环境尚未完善、市场竞争能力还有不少欠缺的条件下，其独立性将仍将面临着严重的挑战。对于这一问题的解决，需要随着市场经济的发展，产权制度的不断完善，企业自主经营管理能力的提升和政府部门职能的调整等多方面因素的共同推动。

二、金融部门独立性对金融生态的影响

城市金融部门独立性对城市金融生态环境的影响，可以从如下两个方面进行分析：

第一，制度因素所引致的金融部门独立性不足，可能导致金融机构在现有制度约束下优化自己的行为选择。在产权不清、市场机制不健全的制度环境下，金融机构的管理层会偏向于本机构利益，在行为上的表现，或者随波逐流地维持机构发展现状，或者在权责不对称约束下激进冒险。这些行为都将影响到金融机构的客户选择战略、市场营销行为、服务质量提高、金融产品创新和服务技术改进，从而，影响到金融功能的发挥，金融资产质量的优化，甚至影响到经济社会发展与金融发展的相互协调。地方政府职能转换不足，不履行正当政府职能而过度干预经济金融领域的活动，将引致金融机构在权责不清条件下的不利选择，或者在被动环境中生存空间受到压缩而丧失提高经验管理能力的时间，最终将引致金融生态恶化。

第二，由金融机构自身市场经验和竞争能力不足所引致的金融部门独立性不足，可能导致金融服务活动缺乏必要的竞争性和流动性，陷入地方金融保护、金融部门独立性不足与金融服务能力低下的恶性循环，最终引致城市金融生态环境的恶化；也可能在开放的竞争环境下，使原有金融机构的发展能力难以抵御外来金融机构的挑战，从而，危及生存。在金融服务活动的高度流动与激烈竞争中，城市金融生态系统的动荡不安，将不利于维护正常的经济社会生活秩序，容易发生金融生态系统自我平衡的功能紊乱。

综上，市场制度与金融机构自身的变革是影响金融部门独立性的主要因素，也是影响金融生态环境的重要因素。事实上，它们二者之间是相互关联的。在市场实践中，既定制度下的行为选择与行为对制度的挑战和要求常常相互反馈，使得市场制度建设与金融机构自身的变革也可以彼此促进。从实践经验来看，由于各个城市在经济金融发展中的处境不同，金融部门自身的独立发展能力以及受到政府部门的干扰或地方市

场的制度约束也有所不同，由此表现出来的城市金融生态环境也有所不同。

下面，我们重点考察由于地方政府干预差异带来的城市金融部门独立性的差异，以及城市金融生态环境的差异。在那些国有经济占比较高、民营经济不发达的城市，由于地方政府无法摆脱财政收入的困局，往往会采取干预和控制本地金融部门（城市商业银行和农信社）的做法来为财政赤字和本地国有企业融资，由此可能形成大量不良资产。[①] 对此，通过实证分析得到了进一步的验证（如图2—2所示）。

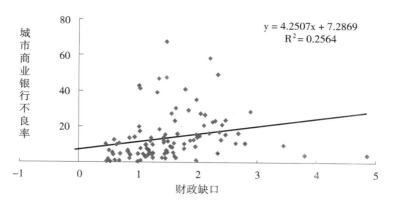

图 2—2　城市财政缺口与城市商业银行不良率

在对设立城市商业银行的112个城市的财政缺口与银行不良贷款率进行分析中，可以看出，一般性财政缺口越高的省市，城市商业银行的不良率越高，二者表现出很强的正相关性。因此，城市商业银行的不良贷款比率，在某种程度上，可以作为地方政府介入和左右金融部门活动的重要替代指标。

相反，在民营经济发达的地区，它们的信用文化一般也比较发达。这是因为民营企业在向银行贷款时，实际上已经将自己的财产抵押给了银行（如不能归还贷款，银行将对其实施破产清算），因此，它们在向银

---

　　① 地方政府对城市商业银行资源侵占的结果是，截至2003年底，全国112家城市商业银行贷款余额6523.91亿元，其中不良贷款余额1078.11亿元，占比达16.53%。全行业亏损为55.97亿元，历年累计亏损的有50多家，占到112家城市商业银行的45%，处于高风险状态的有22家，其中13家已经资不抵债。

行进行贷款时会更加谨慎，在使用贷款时也会更有效率，在还款方面会更加积极。因此，在民营经济发达的地区，银行部门可以充分利用信用文化这种具有很强"外部性"的公共产品，节省大量的信息产品成本，降低信用风险。类似地，其他金融组织也可以同样利用这种金融资源优势，提高自己的金融资产质量。

随着地方治理与银行改革进入不同阶段，地方政府干预金融的形式也在不断变化，由初始的直接行政干预到对银行决策施加影响，再过渡到目前的通过逃废银行债务间接争夺银行资源，再到经营土地等公产到银行部门换取货币支配权等等。

三、金融部门独立性的评价要素

评估地区金融部门的独立性，我们主要关注政府公共企业贷款占比、国有企业贷款占比、信用贷款及透支占比、土地抵押贷款占比以及当地城市商业银行不良率、中长期贷款占比等方面的定量指标。对于这些指标，主要采用了央行调查统计司的数据，并以此为基础处理成若干生成性指标来共同反映金融部门独立性。

（袁增霆）

经济发展的波动与金融生态环境

金融生态作为一个具有创造力的仿生概念，为我们理解金融体系的运行及其同社会环境之间的相互依存、彼此影响的动态关系，提供了新的视角。

根据本课题组的研究，金融生态环境主要由经济基础、企业诚信、地方金融发展、法治环境、诚信文化、社会中介服务、社会保障程度、地方政府公共服务、金融部门独立性等九大因素构成。在上述九项因素中，地方经济基础的影响力占据第二（其贡献弹性为 0.17611841）。

根据本课题的综合评价结果，我国地区金融生态环境与地方经济发展的整体关系是：无论是金融资产质量还是金融生态环境，东部沿海地区（北京、天津、河北、辽宁、上海、江苏、浙江、福建、山东、广东和海南 11 个省市）均位居前列，现阶段经济发展速度较快的中部地区（山西、吉林、黑龙江、安徽、江西、河南、湖北、湖南 8 省）则居末位，而整体经济落后的西部地区（重庆、四川、贵州、云南、西藏、陕西、甘肃、青海、宁夏、新疆、广西、内蒙古 12 个省市）则居中游。这说明，经济发展水平固然是影响金融生态环境的最重要因素之一，但是，两者之间并不存在完全的对应关系。

本部分的任务就是深入分析经济发展水平、经济波动以及金融风险之间的关系。

一、金融风险与经济发展的波动性

关于金融风险与宏观经济运行之间的动态关系，理论界至今尚未取

216

得广泛一致的意见①。这一方面固然由于金融风险与宏观经济关系的问题相当复杂，以至于对它们的研究刚刚起步；另一方面也是因为，对于诸如经济发展的基本模式、经济周期的驱动力等经济学的核心问题，无论在理论上还是在实证方面，均未获得一致的结果，从而给宏观经济运行与金融风险之间的动态关系的研究带来了极大困难。

从现有文献看，有关金融风险与经济波动性关系的研究，通常首先从两种不同范式的经济类型入手。

在第一种范式中，经济活动的演进被认为遵循波浪式发展的路径。这意味着经济的繁荣和衰退是相互交替的。基于此，在经济发展的繁荣阶段，考虑到衰退将随繁荣而至，经济中的各类金融风险在平均意义上随着时间的推移而逐渐增大；反之，在萧条阶段，考虑到繁荣不仅就会来临，在平均意义上，金融风险将逐渐减小。

在第二种范式中，经济发展的周期虽然在事后可能得以确认，但是它是如此的无规律性可循，以至于人们只好依据当前的经济状况来对未来进行推断，于是，当前的繁荣意味着未来经济中的信用风险预期会减小，而萧条则意味着未来信用风险的预期增大。事实上，鉴于经济发展周期的不可预测性，或者说进行准确的周期性预测存在巨大困难，这种观点具有相当的普遍性。正是这种观点，使得目前各类风险评估系统都高度依赖当前的宏观经济状态和债务人的财务状况作出判断，其结果是：金融风险在经济繁荣时期往往被低估，而在危机和萧条时期又往往被高估。信用风险的这种顺周期效应反过来又扩大了宏观经济的周期性波动，从而进一步加剧了经济系统的不稳定性。

还有一种观点认为：驱动经济扩张的因素通过产生和扩大经济和金融系统的不平衡而播下了未来经济衰退的种子。这也就是说，尽管经济发展的路径并不简单地遵循一种波浪式模式，然而，伴随着诸如信用和资产价格快速增长、过度的资本累积等导致金融系统发展不平衡的经济扩张，增加了未来经济衰退的可能性。因此，在某些环境下，高速的经济增长可能意味着经济中的金融风险会高于平均水平，或者说，风险在

217

---

① 有关金融风险（尤其是信用风险）随时间的变动性问题的详细讨论可参见 Borioc 等（2001）以及 Goodhart（2001）。

繁荣时期不断增加并累积，而在衰退时期则被实现和物化①。在实践中，这一观点需要面对的是实证性很强的问题：经济繁荣时期所累积的不平衡能否在事前被预测和度量？如果可以，如何在度量和管理信用风险的体系中反映这些预测？然而，不幸的是，没有任何一种观点在实证分析和经验观察中获得令人信服的确认。这也是有关宏观经济状态对金融风险周期性效应问题的分析和讨论变得如此困难的关键原因所在。

令人欣慰的是，这一领域的理论研究、经验观察和实证分析的结果至少从两个方面为我们提供了关于这一问题的研究思路和分析起点。其一，相当多的统计证据表明，GDP 是一个单位根过程，也就是说，经济的增长在大多数情况下可以被看作是一个持久过程，并不是围绕着某一趋势产生暂时性的波动。这也就是说，在强劲的经济增长时期，并不意味着衰退随后就会自动来临；其二，尽管经济的扩展并不自动意味着经济的衰退即将来临，然而，那种伴随着金融系统不平衡发展的经济繁荣，会增加未来经济发展的不确定性。这说明：在繁荣时期，经济中真实风险可能会相对较高；而在衰退时期，经济中真实风险可能相对较低。这意味着，在一般意义上，金融风险是顺周期的。

事实上，如果对我国上个世纪 90 年代那一轮经济周期和信贷周期特点与当时银行不良资产的形成和发展作一个时间维度上的考察，我们就不难发现，金融系统相对于经济增长确实存在着不平衡发展。继 1992 年邓小平南巡讲话之后，经济开始复苏和繁荣，人均 GDP 于 1992 年、1993 年和 1994 年连续三年比较平稳地运行在 10% 以上的平台上，直到 1995 年后才开始迅速下降。与此同时，信贷增速也连续攀升，并持续到 1995 年底。随着经济增长在 1995 年出现回落之后，银行不良资产的大量累积和资本金严重缺失问题开始凸现，甚至成为影响我国经济和金融安全的关键问题。为拯救脆弱的金融体系，1998 年，国家通过财政发行了 2700 亿特种国债补充国有商业银行资本金，紧接着于 1999 年通过设立四家资产管理公司剥离了 1 万多亿不良资产。尽管当时的不良资产和

---

① 现实中经验和观察似乎在一定意义上支持了这种观点，如过去二十年，许多国家在经历一段经济上的强劲增长、信用的急剧膨胀和资产价值的迅速攀升时期之后，纷纷陷入严重的银行和金融危机。

资本金不足问题有着历史方面的原因，但是这一问题在 1995 年后方才凸现至少说明，从时间维度上讲，我国的经济增长和金融发展之间存在着不平衡和不协调。

为进一步说明问题，我们再对始于 2001 年的本轮经济周期进行考察。继 2003～2004 年的高速增长之后，我国的 GDP 增长速度趋于放缓。与此同时，根据国际著名评级机构惠誉的估计，[①] 中国大多数银行 2003 年底的权益/资产比率都低于 5%，其资本充足率在 10% 或以下。截至 2004 年 6 月底，四大国有商业银行和 11 家全国性股份制商业银行的权益资产比率分别为 4% 和 3.1%，银行不良资产比率普遍出现上升趋势。这说明，到目前为止，我国经济增长和金融系统发展的不平衡问题仍然未有实质性的改善，宏观层次上体制体系性风险具有明显的顺周期性特征。

经验观察中金融风险的顺周期性效应并不是我国特有的，甚至，在经济发展水平最高、金融体系最为健全的美国也存在如此现象。根据Altman & Brady（2001）对违约概率和宏观经济条件之间关系所作出的至今仍是最为翔实的实证分析和研究（参见表 2-1），我们可以看出，相对于 1993～1998 年经济繁荣期较低的违约率，美国经济在 2000 年进入衰退期后，违约率也有一个显著增加，甚至在 1990～1991 年的衰退期，违约率超过 10%。

219

表 2-1　美国违约率及违约损失与宏观经济条件之间的关系

年　度	违约率（%）	违约损失（%）
2001 年前三季度	6.92	5.29
2000	5.06	3.94
1999	4.15	3.21
1998	1.60	1.10
1997	1.25	0.65
1996	1.23	0.65
1995	1.90	1.24

① 参见惠誉公司 2004 年 9 月 9 日发布的特别报告《中国银行业的资产质量和资本充足率：数据和趋势》。

续表

年　度	违约率（%）	违约损失（%）
1994	1.45	0.96
1993	1.11	0.56
1992	3.40	1.91
1991	10.27	7.16
1990	10.14	8.42

资料来源：Altman 和 Brady（2001）。

回到本部分所关注的核心问题，宏观层面上经济增长与金融发展的不平衡所导致的金融风险顺周期效应对我国地区金融风险及其生态环境的成因、作用和影响如何呢？根据我们的综合评价结果，我国中部地区的金融资产质量和金融生态环境均居末位，而若用 GDP 增长率的均方差来衡量经济发展的波动性，则中部地区的经济发展的波动性明显高于东部和西部地区。由此可以推断：金融风险是和经济发展的波动性正相关的。

220

二、实证分析及说明

根据以上讨论，我们认为经济发展速度的波动性是地区金融风险的主要成因。在此，我们在经验和实证上对这一结论作进一步的分析。

首先，对于被解释变量，我们直接选用反映金融资产质量的加权不良资产率（以 PL 表示），其中权重为信贷、非信贷和表外这三类不良资产占总不良资产的比例，显然这一指标反映的是地区金融风险程度，也是对违约可能性一种较为贴切的替代。

第二，对于解释变量，最终我们选择了 GDP 增长率（以 r 表示）的均方差（以 σ 表示），GDP 增长率与均方差之比（即 $\frac{r}{\sigma}$）以及各地区信贷规模（以 S 表示）与其 GDP 规模之比（即 $\frac{S}{GDP}$）。显然，指标反映经济发展的波动性，可以表示经济增长与金融发展之间的不平衡程度，即

波动性越大，经济增长与金融发展之间的不平衡程度也就越高。指标$\frac{r}{\sigma}$直接反映的是单位风险的 GDP 增长率，表示金融部门从事信贷活动所面临的信贷风险大小，$\frac{r}{\sigma}$愈高，意味着金融部门所承担的风险愈小。至于指标$\frac{S}{GDP}$反映的各地区作为一个整体和经济决策单元，其偿还能力的大小。$\frac{S}{GDP}$愈大，则说明该地区信贷规模相对于其总资产规模而言亦愈大，从而也意味着该地区偿还能力越低。

选择金融生态评价中 200 个地级以上城市作为样本，最后，我们得到估计方程为：

$$PL=\frac{1}{1+\exp(1.2038-1.9621\sigma+0.7200\times\frac{r}{\sigma}-0.0519\times\frac{S}{GDP})}$$

β_1 系数为正，β_2 系数为负，β_3 系数为正说明，随着经济发展的波动性增大，单位波动率的经济增长率的减小以及单位 GDP 信贷规模的增大，以不良资产率表示的金融风险也愈大，符合我们原先的假定。

相对于 β_1 和 β_2 而言，β_3 在绝对值上明显偏小，说明与 σ 和 $\frac{r}{\sigma}$ 相比，$\frac{S}{GDP}$对金融风险的影响程度较小，这一结果是似乎向我们表明，金融部门确定地区信贷额度规模是以该地区 GDP 规模作为重要参考依据的。

三、简短的结论

理论和实证分析都表明，经济发展的波动性是影响我国地区金融风险的一个重要成因，同时也是构成地区金融生态环境的一个重要因素，这主要体现在以下两个方面：其一，随着经济发展的波动性增大，金融生态系统中的体系性风险也会有一个显著的扩大趋势；其二，相对于单纯的 GDP 增长率而言，以 $\frac{r}{\sigma}$ 表示的单位波动率的增长率对地区金融风险

221

是一个更有力的解释变量。

我们认为，经济发展的波动性既是地区经济与金融发展不平衡的集中体现，又是造成这种不平衡发展的成因。因此，伴随着经济发展剧烈波动性而来的体系性金融风险，在短期内不能指望各地区通过自身经济发展水平的提高和完善得以克服。鉴于此，国家应该本着从维护经济金融在全局上持续、稳定和协调发展的大局出发，减少和降低包括地区间、部门间金融和经济发展之间所存在的巨大不平衡和不协调。对于那些已经从起飞过渡到快速发展阶段的地区，由于存在着自身的经济发展和金融支持的显著的不平衡，现阶段，金融生态环境和金融体系性风险都不尽如人意，势必会影响和阻碍当地经济社会的协调稳定发展，这就需要从国家层面上对这些地区在金融、财政和资源配置方面给予支持和关注，以减少和降低其经济发展过程中的波动。

显然，保持经济的稳定和协调发展，才是促进经济持久繁荣的必由之道。金融生态环境较差，体系性风险较高的地区，其平均发展速度虽与经济发展水平较高且金融生态环境较好地区没有多大差距，但是，由于其在发展过程中伴随着较高的波动性，致使其在发展过程中不仅存在着较大的体系性金融风险，而且也没有达到金融规模的迅速扩大和财富积累速度的迅速提高。这说明它们在发展过程中因内部原因和外部约束存在着较大的浪费和消耗。

（黄国平）

诚信文化与金融生态环境

金融生态环境是指金融运行所依托的基础设施、基本制度和外部经济环境，主要包括基本的法律、会计、清算制度、中介服务体系、社会保障体系、当地的诚信文化及其区域政治、经济环境等。在这些影响因素中，诚信文化居于十分重要的地位。

一、诚信文化的概念

从词义上说，诚信一般被理解为诚实守信。① 它可以在伦理道德层面上来理解，也可以在制度层面加以理解。过去在政治学、伦理学和社会学等人文学科的讨论中，人们一般侧重诚信的道德层面，但在具体谈到诚信体系建设和诚信评价，并涉及到诚信水平的定量评估时，从伦理道德层面来界定诚信就显得不够具体。因此，在实证研究和政策制定中，学者们倾向于从制度层面来界定诚信的内涵。在本报告中，我们将经济交易形成的各种关系看成是契约关系，把社会交往看作是社会契约关系，这些契约关系构成了市场经济制度的基础和本质。如果我们承认市场经济制度是一组契约关系的集合，那么，诚信就可以定义为签约双方对契约和承诺的遵守。这里的契约和承诺既包括正式的具有法律效力的契约或承诺，也包括隐含的，但交易双方均有一致理解的契约或承诺。

---

① 关于诚信的讨论在国外文献中一般涉及"trust"、"trustworthy"，即信任和值得信任，这一点和信用有非常大的差别。国内现在的诚信评价基本上都是信用评价，实际上曲解了诚信评价本身。本报告将经常对信任和诚信互换使用，但严格区分诚信和信用。

关于上述定义，有几点值得首先澄清。

第一，我们的定义与日常生活中人们使用的"诚信"有所不同，后者侧重人们行为的动机和道德状态，而我们主要强调交易双方在履约过程中的行为与后果，而不特别关心交易双方的内心动机。作出这种区分的主要原因在于：（1）行为和后果是可观察的，而动机不可观察；从反映诚信指标体系的设计角度出发，我们固然可以设计一些反映人们对契约的信守程度或倾向的指标，但永远无法从可观察的行为中推测行为人的内心状态；（2）从提高交易效率的角度，我们只需关注人们对事前契约或承诺的信守情况，而无须去进一步探测人们信守契约的动机究竟是出于道德的考虑，还是出于利益的计算。

第二，我们所定义的诚信与金融行业广泛使用的"诚信"一词也有一定的区别，后者主要指人们对借贷契约的遵守情况，属于一种较为狭义的诚信概念，我们的定义则包括其他市场中的一些金融交易乃至非金融交易过程中的诚信行为。更重要的是，良好的借贷诚信并不一定全面反映相关企业和个人的诚信情况。一个最简单的例子就是，生产假冒伪劣商品的企业可以拥有丰裕的现金流和良好的还贷记录。

第三，我们定义的诚信包括了对隐含契约或承诺的遵守，这一方面反映了许多市场交易采取隐含契约的事实，另一方面也反映了企业、个人和政府与社会经常处于一种隐含的社会契约关系之中，各行为主体对这种契约的遵守程度也是诚信极为重要的方面，从而也对市场经济的有效运行形成重要影响。比如近年来人们非常关心企业对环境保护所发挥的作用，在这里，企业对保护周围的自然生态环境具有隐含的社会责任。

诚信可看作是签约方对契约和承诺的遵守。由于在社会交往和经济交易过程中，失信行为具有"外在性"和"传染性"，需要通过建立一个涉及全社会范围的诚信体系才能使其内在化。特别是，这种诚信体系的建立具有规模经济的特征。所以，如果我们不是从单个的个体和机构看，而是从个体和机构组成的社会网络看，那么，一个不信任的社会就可能会陷入"所有人对所有人的战争"，也即霍布斯丛林。也就是说，仅仅依靠少数几个人或机构的信守诚信是没有意义的，关键是在社会网络中形成一种诚信规范或者诚信规则，作为网络中的个体和机构的行动准则。一旦诚信规范出现，那么，它就会作为一种类似文化和习俗的东西传承

224

下去，一直被社会经济活动中的当事人所遵守。这就是所谓诚信文化。

二、诚信文化对金融生态环境的影响

诚信文化是构成金融生态的非常重要的因素，在本研究列举的影响金融生态的九大因素中，诚信文化的相对指数贡献弹性为0.085128，列第五位。为何诚信文化对金融生态的影响如此之大？我们有必要对此作详细分析。

1. 诚信能够降低信息成本。如果一个经济环境是缺乏诚信的，那么，无论是个人还是机构，都需要花很大的资源和时间去应对信息不对称带来的影响。比如，个人或机构在同其他个人或机构进行交易时，如果其交易环境是缺乏诚信的，那么这个人和机构就需要要求对方提供极为详尽的资料，以证明其能够履约；同时这个个人和机构还不得不就交易伙伴提供的这些资料的真实性提供证明的途径。简单的一个例子就是，即使对方提供了身份证和营业执照，在一个缺乏诚信的社会中，交易一方还得就这些证件的真实性展开调查，因为它害怕假的身份证和营业执照。这些信息的收集、处理和证实过程既耗费大量的资源，而且也耗费大量的时间。结果，如果当事人追求交易的可靠性，他就可能因耗费的信息成本过大而限制了交易数量和频率。如果在一个诚信的社会中，虽然也会支出必要的信息成本，但像证实合法证件等的程序是可以节约的，或者说是可以通过其他途径解决的。比如，如果一个企业的信用评级很高，诚信度很高，那么有实力的企业和个人就会选择这些企业进行交易，这就大大节约了信息成本。简言之，信息成本是一种典型的交易成本，诚信至少能够确保避免出现反复证实信息的真实可靠性而花费大量人力、财力、物力的局面。

2. 诚信能够扩展社会经济交往和交易边界。如果诚信缺乏，那么，个人之间、机构之间以及个人和机构间的交易，除了必须支付上述信息成本外，还要支付另外一些重要的成本。比如，在一个失信的社会中，即使一个人或机构付出了高昂的信息成本，仍然难以避免上当受骗，而一旦上当受骗，就会给自己带来巨大的经济损失乃至心理伤害，严重的，

225

将影响交易的连续性。更为重要的是，这种失信的后果具有外部性，如果周围的某个人上过当，那么这些信息就会传播出去，会影响到潜在的交易者的决策，导致这些潜在交易者更加谨小慎微。另外，失信的行为也可能被潜在的违约者模仿，增强这些违约者的违约收益预期，从而增大这些人违约的可能性。违约的人越多，失信带来的外部性也就越大，这种"互动作用"会给整个社会带来灾难，正常的社会交往和经济交易也就失去了制度保障和行为保障。由此可以看出，在一个缺乏诚信的社会中，经济交易和社会交往的半径肯定是很短的，比如居民、企业之间很少交流，即便进行交流，也主要在血缘的基础上来完成等等。反过来说，如果社会是诚信的，那么正的外部性也会出现，这就会大大节约上述各种交易成本，使得社会交往和经济交易半径最大限度地扩大，这就意味着，社会网络的范围和经济交易将扩大和加深其广度和深度，大的经济实体就容易产生并有效运转，基于交易将提高效率的基本原理，整个社会经济也会因此而走向繁荣。

3. 诚信能够促进当事人之间的协调，增强集体行动的效率，产生报酬递增效应。既然失信能够带来负的外部性，那么交易成本的急剧增加就会给人们的交往和交易带来困难。在一个多人聚居的社会中，每个人都各扫门前雪，从来不和其他人交流，即使有一些必要的信息，也可能仅仅在极少数人中传播，这就无法形成一个社会的共识，从而使得整个社会出现协调失灵问题。看一个简单的例子。如果一个小区出现失窃现象并未能有效地解决，那么，这个缺乏诚信的小区的全部居民就可能选择每个人安装更好的防盗门，甚至自己雇用保安等更为封闭的行动方式。这种"协调失灵"，将导致资源的严重浪费。反过来看，在一个邻里们彼此相信的诚信小区内，出现任何问题之后，居民们首先的反应是和邻居形成联盟，共同结成一种防盗组织，互动信息，集体行动，这就很容易保障整个小区的安全。经济学理论一直认为，集体行动会因个别人的"搭便车"行为而无法实现，或者因被某些人操纵而变得低效率，但是，如果有了信任，居民和（或）企业之间就会因有了交流和行动的共同知识和规范，而有效地克服集体行动的困境。特别是，如果个别人或机构出现了失信行为，诚信的群体就会把其逐出该群体，那么，这个被逐出的个人或机构就会在市场上名誉扫地，从而难以展开进一步的经济活动。

这就是说，诚信本身能够大大增加失信的成本，这就相当于对失信者施以有效的硬约束，从而从成本角度迫使其丧失失信行为的动力。在这种环境之中，集体行动是能够实现的。显然，一旦集体行动能够在诚信基础上完成，那么集体的力量就必然带来报酬递增效应。这就会给整个社会带来巨大的财富增长。

总之，信任等社会资本不仅能够降低交易成本，稳定当事人预期，降低信息的不确定性，而且能够有效惩罚失信者，提高集体行动效率，产生报酬递增效应，创造新价值。正是因为如此，国外越来越多的学者将诚信看作是一种资本，并将之称为"社会资本"。

从理论上分析，社会资本具备了资本的必要特征：

第一，社会资本能够在使用中得到积累。从这一点看，社会资本不像是物质资本而更具有人力资本的特征。比如在一个群体中，信任一旦得到确立，就能够作为普遍知识传承和扩散，并通过群体内现有成员之间的重复交往和群体成员和群体外成员的交往得到扩展。在这种网络内和网络间的互动过程中，信任就和其他知识一样逐步得到累积。

第二，社会资本的生产需要付费。比如，一个群体的信任关系可能需要群体成员投入很大的精力和时间才能够在一段较长时期内建立起来，而且，建立信任难，毁灭信任却很容易。因此，要建立和维护社会资本都需要支出一定的成本，这些支出可以看作是投资。

第三，社会资本同样可以看作是一种存量，能够产生报酬。如前所述，个体信任一旦形成预期，那么，通过预期和交往，这些个体信任就会凝结成某种共同知识，作为一种网络中的信任规范积淀下来。这种信任规范是存在于网络之中的，它就像某种资产一样被群体成员感受、继承和积累，每个群体成员都会在个体决策时充分考虑到这种因素。由于信任规范是一种普遍知识，群体成员就能够通过预期的稳定来节约交易成本，从而创造价值。也就是说，信任规范能够带来实际的产出。

从上述三个方面可以看出，信任等社会资本具备了资本的主要特征，它进入经济和社会的分析结构便是很自然的事。自从普特南在意大利的研究中发现了社会资本对社会经济发展的巨大作用后，学者们相继研究了很多发达国家和地区以及发展中国家和地区的社会资本的作用。这些研究无一例外地发现：社会资本不仅存在，而且能够作为社会经济发展

227

的重要的甚至是关键的推进器（参见格鲁特尔特和贝斯特纳尔，2004；英国国家统计局，2001；澳大利亚生产率委员会，2003等）。

三、我国的诚信文化缺失的后果及其原因分析

诚信缺失已经对中国的金融生态环境产生了严重的破坏作用，并已产生了阻碍中国经济发展的副作用。2002年10月份，商务部、中国外经贸企业协会信用评估部曾组织专家对全国上万家企业进行了信用调研，结果让人触目惊心：中国企业因信用问题导致损失5855亿元，相当于中国年财政收入的37%，中国国民生产总值每年因此至少减少二个百分点。具体来讲，中国每年因逃废债务造成的直接损失约为1800亿元，由于合同欺诈造成的损失约55亿元，由于产品质量低劣或制假售假造成的各种损失2000亿元，由于三角债和现款交易增加的财务费用约有2000亿元，另外还有逃骗税损失以及发现的腐败损失等。

有学者研究认为（林毅夫，2004），我国经济发展过程中出现的严重信用问题是经济转轨时期的伴生现象。一方面，当前的中国经济正处于从传统经济向现代经济过渡的阶段，在这一过程中，商品的价值越来越高，一次性交易普遍存在。另一方面，当前的中国经济是由计划经济脱胎而出的，而且仍然在经历着从计划经济向市场经济的转变过程。在计划经济条件下，经济运行不是以市场交易为基础的，整个社会被组织成为一个全国范围的单一企业。在那时，经济资源由政府通过行政命令在自己所属各单位之间进行配置，信用只是资源配置过程中的一种发挥微不足道作用的辅助性手段，而且，信用手段只能由作为政府出纳机关的国家银行掌握。另外，以避免资源配置的自发性为理由，企业之间的商业信用是被严格禁止的。改革开放以来，中国经济发展迅速，在经济增长率方面，从1978年到2004年的25年间，平均每年的增长速度达到9.4%，整个经济规模增加了9.5倍，交易产品的价值也越来越高。随着市场的发展，信息不对称的问题必然产生并且程度越来越严重，于是便对信用制度的建设提出了越来越高的要求。然而，我国现行的信用制度和信用管理体系的基础设施建设却远远落后于这种要求，欺诈、赖账等

失信行为广泛发生。而且，这种失信问题不仅在企业界和民间广泛存在，就是政府失信问题也相当突出。

改革开放以来，尽管我国经济发展很快，但是，伴随着经济结构的剧烈调整，大量弱势群体（如国有企业下岗职工、城镇新增失业人口等）也不断出现。为了解决这些紧迫的社会问题，政府不免给予了很多承诺。然而，由于财政"两个比重"下降趋势未能有效扭转，有效的转移支付制度正在建立之中，政府在兑现这些承诺时常常力不从心，失信事件便屡有发生。这显然不利于全社会信用制度的建立。

更为严重的是，在"上行下效"机制的作用下，政府的失信不免向全社会蔓延。国有企业的三角债问题，国有银行的呆账、坏账问题，上市公司的虚假信息以及中介机构的无信誉问题等等，便是信用崩坏的主要表现。

从根源上说，国有企业的三角债和国有银行的呆账、坏账问题是我国经济发展过程中共生的现象。国有企业借钱不还现象的广泛存在，造成了国有银行日益积累的呆账和坏账，而政府为了维持国有企业的生存，仍然不断要求国有银行对国有企业发放贷款，则是银行呆坏账积累和国有企业信用确实的制度基础。[①] 显然，要想从根本上解决我国国企信用水平低和银行呆坏账长期积累的共生问题，我们需要在基本制度上进行改革。

关于上市公司的虚假信息和中介机构的无信誉问题，其产生的原因在于欺骗带来的收益丰厚以及与此同时缺乏相应的惩罚机制，或者，即使存在惩罚机制，其力度也远远不够，造成欺骗有利可图的负向激励。我国尚未全面建立起作为信用体系基础的信用记录、征信组织和监督制度，要获取企业的真实信息难度很大，同时，又由于缺乏信用激励和惩罚制度，在企业融资、市场准入或退出等制度安排中，还没有形成对守

229

---

① 很多研究者对这一问题持这样一种看法：国有企业借钱不还和国有银行呆账、坏账产生的原因在于二者都是国有的，因此，解决这一问题的出路在于国有企业和国有银行的私有化。事实上，苏联、东欧等国的实践证伪了他们的看法。苏联、东欧国家基本上实行了私有化，但是，根据世界银行的调查研究，在私有化之后，政府给予企业尤其是大企业的补贴比私有化之前更多了。而且，在其他市场经济国家，比如韩国，尽管其大财团是完全私有的，但在这些财团出现问题之后，政府还是要给予它们以政策性支持。

信企业给予必要的鼓励、对不守信用的企业给予严厉惩罚的规则。

由于信息的不对称，为制约和监督信息优势一方的不道德行为，社会中便产生了作为第三方的中介机构，比如会计事务所、律师事务所、评估事务所等等。但是，中介机构也可能成为欺骗的工具。一个真正有效的中介机构实际上应该有自我的约束能力，而这个自我约束必须有法律上的规范，也必须有自己价值的担保。在市场经济国家，中介机构如会计师事务所在一定范围内是具有垄断地位的，但是，这种垄断地位的确立与它的商标所建立的信誉价值密不可分，如果事务所产生了信用问题，像在安然事件中的安达信会计师事务所一样，数十亿美元价值的商业信誉就会毁于一旦。应当说，在向社会主义市场经济过渡的过程中，我国尚未形成这种真正有信誉的中介机构。

因此，我们认为，在我国的经济转型过程中发生诚信危机，既有经济转型的因素，也有经济发展阶段的因素，正是这些因素的综合导致了中国当前诚信危机的现状。

从经济转型的角度看，我国面临三大问题，其一是市场发育不足，诚信中介和行业自律机制一直未能健康地发展起来，企业品牌意识薄弱；其二是政府行政干预太多，该管的未管起来（如市场准入和产品质量监管），不该管的却管得太多（如行政审批和行政干预企业投资决策）；其三是法制不健全，我国关于诚信管理方面的立法严重滞后于实际需要，目前的征信业尚在"法律真空中发展"；现有法律对契约关系的维护、对债权人的保护力度不够，对违约方的惩罚力度不够，司法腐败和地方保护主义严重，等等。

从经济发展阶段的角度看，我国目前面临如下一些问题：其一是企业规模偏小，行业进入壁垒低，这客观地造成企业对声誉和品牌的注意力不够。[①] 而企业规模小、数量多也给政府监管带来了相当的困难，使市场准入制度难以实施。其二是由于我国人均收入尚处于较低水平，居民对商品价格反应非常敏感，许多消费者宁愿冒着购买假冒伪劣产品的风险，也要节省开支，购买低价产品。也就是说，在目前的经济发展阶

---

① 有关研究显示，我国绝大多数造假售假企业是家庭小作坊，在食品行业尤为如此。这些家庭作坊不可能真正关心企业品牌的投资。

段，声誉机制所赖以生存的高价格对许多消费者是一项难以支付的高成本。购买力的限制严重制约了企业对声誉投资战略的选择。

四、地方政府在诚信文化建设中大有可为

在上个世纪 80 年代和 90 年代假冒伪劣产品泛滥的时候，地方保护主义被认为是庇护本地企业制假售假、逃避债务的重要因素；"司法地方保护主义"成为我国诚信建设的一大障碍。从 20 世纪 90 年代末开始，一些地方政府在诚信建设方面改弦易辙，积极采取有力举措打造地方诚信品牌，成为中国诚信建设的一大特色和亮点。

最有代表性的是上海。据上海市信息委有关负责人介绍，2004 年以来上海围绕信用信息记录、信用产品使用、失信主体惩戒三个关键环节，持续推动社会信用制度建设、促进信用服务业发展、开展诚信文化创建活动，诚信体系建设实现了新的突破。

在信用立法方面形成了一系列地方法规。2004 年 2 月，《上海市个人信用征信管理试行办法》出台，规范了个人信用征信行为；5 月，《上海市政府信息公开规定》出台，促进了政府部门自身信息的公开。《上海市规范和促进企业信用征信的规定》也有望在 2005 年底前出台，从而为企业信用征信活动提供了有效的法律支撑。

上海市颁行的《企业信用信息元数据格式及数据交换接口技术规范》亦可圈可点。该规范将企业信用信息分为基本情况、资质许可、经营情况、财务情况、知识产权情况、公共信息 6 类；而个人信用信息则分为身份信息、配偶身份、联络信息、工作单位、金融账户、非金融账户、公共记录 7 类。

从政府部门使用信用报告的制度安排入手，以使用带动记录、归集和失信惩戒机制的建立。譬如，上海市工商局在企业合同信用评价、著名商标认定、经济鉴证类中介机构和担保公司注册登记时，要求提供企业或个人信用报告；市国资委在修改《上海市产权交易市场管理办法》时，增加了要求产权受让人提交信用报告的条款等。

个人征信业务发展迅速。截至 2004 年 9 月底，个人信用联合征信系

231

统成员单位已增至 45 个；入库人数达 485 万人，来自非金融系统的信用信息比例超过 50%；出具个人信用报告 239 万份，其中 90% 的个人信用报告主要用于商业银行对消费信贷和信用卡的审批等。

企业征信业务发展平稳。据不完全统计，目前上海从事企业信用服务的征信机构有 20 多家，企业联合征信机构入库企业数达到 60 万户，信用调查机构月均出具企业信用调查报告已达 6000 份。

经济主体信用意识不断加强。上海市先后制定《关于开展信用培训的实施意见》和《关于建立企业信用档案的意见》，加强企业信用人才培训、帮助企业提高信用意识、健全信用管理制度、学会运用信用产品和服务规避经营风险。截至 2004 年 9 月底，归口国资委管理的国有大型企业全部组织了信用档案建设业务培训。

2004 年 5 月 17 日，长江三角洲 16 城市的市长在浙江湖州共同发表了《共建信用长三角宣言》。这是我国第一个区域性政府间签署的信用宣言。在这些城市的诚信联动中，三省市将共享企业信用资源，共同开发企业信用交换平台，形成统一的信用评价体系，通过"经济户口"的融通，建立三省一体的信用监督体系，实行企业黑名单的警示通报制度，对有不良警示记录的企业进行三地联动公示，限制和禁止已经吊销企业执照的企业负责人跨省、市异地经营。

如前所述，诚信文化建设是一项系统工程，但这并不意味着只有采取"大推进"的方式才能建立这个诚信文化体系。正如中国的改革开放的历程一样，我国的诚信体系的建设应以渐进的方式推进。上述地方政府积极介入区域诚信品牌的建设，是在全国诚信体系建设滞后的情况下局部地区先行一步的尝试，这些试验将对日后国家诚信体系的建设提供重要的基础并积累宝贵的经验。

（尹中立）

地方政府的行为及其
对金融生态环境的影响

城市金融生态的状况，受到地方政府行为的严重影响。在经济发展过程中，如果地方政府比较重视和遵守金融运行的内在机制，尊重金融机构的独立性和债权规则，那么，城市金融生态的状况就比较好；反之，如果地方政府视金融资产为"第二财政"，运用行政机制随意干预金融机构的运作，纵容工商企业拖欠甚至逃废金融债务，那么，金融生态状况就将恶化，金融资产的质量就将明显走低。因此，研究地方政府的相关行为，是研究金融生态的一个重要构成部分。

233

一、城市金融生态差异中地方政府行为

在传统的计划经济体制下，地方政府只是行政体系中一级组织，既没有相对独立的经济利益，也没有可供自主支配的社会经济资源，因此，他们只是被动地接受和执行中央政府的指令性计划，以完成上级的任务为目标，不具有"经济人"的特征。然而，随着放权让利改革的深化以及"分灶吃饭"财政体制的实施，地方政府被赋予了具有较强独立性的经济利益，在整个经济体系中具有了"准市场主体"的地位。因此，在中国市场化改革和财政分权的制度变迁中，地方政府在整个社会政治经济体系中的主体地位也发生了变迁，即他们既是中央政府在一个地区的行政代理人，具有"政治人"的身份，又是地方经济利益的代表，具有"经济人"的身份。

作为"政治人"，地方政府仍以完成政治任务、发挥行政职能、追求

政绩最大化为目标。只不过在市场化改革后，地方政府的政绩考核标准发生变化，更加注重发展地方经济、保障和增加对中央的财税贡献、积极稳定当地经济社会生活秩序等等。这使得地方政府形成逆向选择，片面追求 GDP 的增长、各种形象工程、政绩工程等成为比较普遍现象，既努力争取政绩考核中排名的优势，又努力实现造福一方的愿望。

作为"经济人"，各级地方政府具有了越来越多的自身利益，把追求经济利益的最大化作为一个重要目标。经过二十几年的改革，地方政府拥有了自己独立的经济利益和经济地位，为地方追求经济利益最大化提供了动力，使地方政府确立了追求经济发展的目标。因为财政分权使地方政府的各种利益与地区经济发展的相关性大大提高。地区经济发展了，才能为地方财力提供基础，为地方政府实现其劳动就业、社会福利、改善公共环境、维持地区社会稳定等创造条件，也为地方官员职位升迁等提供了机会。对处于工业化和城市化进程中的中国而言，经济增长首先表现为数量增长（包括规模），这决定了，各地政府也将追求经济增长的目标放在以数量（包括规模）为特征的指标方面，"把蛋糕做大"的欲望强烈，试图通过规模扩张解决各种矛盾，缓解和消化当地经济社会发展中的各种问题，即增加财政收入，缓解就业压力，增加社会福利等。

地方政府的经济追求，尽力利用当地的各种资源（包括政策资源）并努力吸引外地资源，由此，使得各地差距迅速扩大。在这个过程中，地方政府不仅形成了"经济人"的角色，而且同时担负了各种基础设施、国有企业的投资者乃至经营管理者的角色。突出的现象是，相当一些地方政府官员同时兼任了当地企业的主要负责人。另一方面，在改革开放后，地方政府实际上掌握了辖区内产业布局的主导权，为了推进当地经济发展，他们努力发展各种产业，由此引致了各地经济结构趋同，形成大量的重复建设工程。例如，全国各地计划部门将汽车行业作为支柱产业的有 22 个省（市、区），将电子作为支柱产业的有 24 个省（市、区），将机械作为支柱产业的 23 个省（市、区），将化工作为支柱产业的有 25 个省（市、区）。在地区差距已经形成的情况下，强调市场化方式调节产业布局，将使得优势地区将继续扩大优势，因此，应通过中央政府强化产权改革，制定产业发展指导性政策，促进统一市场的形成。

地方政府的"经济人"角色也使得地方保护主义的"诸侯经济"更

234

加严重。在运用行政机制来维护本地区经济利益和企业利益的同时，地方保护主义也损害了市场效率和市场竞争，制约了全国经济的协调发展。对此，中央政府应通过制定规范市场秩序的细则和统一标准，围绕市场准入组织地方政府开展谈判，既要适应地方政府的这种角色转变，又要使地方政府适应更加透明和公开的博弈方式。

地方政府的"双面人"身份使其行为的目标函数也具有了双重性，既要考虑政治因素，在任期内追求政绩最大化；也要考虑经济因素，追求本地区居民的社会福利最大化。在实践中，理性的地方政府往往优先考虑地区局部利益和眼前利益，由此难免与中央政府的目标函数发生矛盾冲突。各级政府经济行为总要受其偏好或者目标函数的制约，目标函数的不同，也就有不同的行为选择，从而，形成中央政府与地方政府之间，以及地方政府之间的博弈关系。鉴此，中央政府可将一些长远目标和非经济的社会保障、环境保护等社会发展目标纳入到考核指标之中，或将一些更能全面反映经济发展质量和效率的指标如劳动生产率、技术进步率、财政收入、企业盈利面及盈利水平、居民人均收入水平、居民最低收入水平、义务教育普及率等细化，引导地方政府的目标函数向长期化、全面性转化，更加缩小与中央政府的目标函数差距。

235

在税收增长缓慢，财政收入不足以满足地方财政支出需要时，地方政府就会设法寻找财政收入的替代品。"乱收费"一直地方政府筹集资金的主要方式之一，虽经中央政府多方多次治理，至今仍然难以有效制止。除此之外，地方政府还可以通过设立投资公司（或其他类似机构）、采用BOT或信托的方式对部分营利性项目进行商业化融资。问题在于，对于绝大部分地方公共品而言，由于盈利能力差，建设周期长，风险大，很多地方政府不堪重负。在国内金融市场不完善，以及在发达市场经济国家比较成熟的筹资手段（例如发行市政债券等）在中国尚难实行的条件下，地方政府只能运用行政力量对以国有为主体的金融体系加强影响，或者推行花样翻新的所谓金融"创新"，以图用金融手段来替代本应由财政手段发挥的功能（CCEB，1999；周立，2003）。简言之，实施金融控制就是缓解财政收支矛盾的一种次优选择（麦金农，1993；张杰，1998）。

改革开放以来，GDP的增长一直被当作评估地方官员政绩的重要标准之一。在这个或明或暗的指挥棒引导下，各个地方官员的升迁竞争一

个主要考核指标是主持地方工作的经济政绩（包括当地的经济增长、就业率、市政建设改善状况等），由此形成了各地官员争政绩转向争经济增长；经济增长、就业率等的实现在很大程度上取决于当地的投资量和投资项目状况，由此，经济业绩的竞争转变为投资的竞争；在财政资金极为有限的条件，要扩大投资规模就需要有足够的金融支持，这样，投资竞争就集中地表现为对金融资源的竞争。另一方面，在转轨过程中，地方政府官员为了自身的政绩和声誉，还努力为风险型企业争夺金融资源。在政企千丝万缕的纽带关系中，受主管政府委托管理企业的经理人员不是出资人，在不存在资本约束的情况下，企业经理人员大都是风险偏好者，具有冒险追求短期收益的机会主义行为动机。同时，企业不断溢出的风险，只能不断地通过地方政府向企业追加资源和提供其他政策性帮助来承担，尤其需要地方政府（官员）为其争夺银行信贷资源。这是在位地方官员的理性选择，因为它关乎他们的政绩与社会声誉，进而影响到他们的升迁。

企业与政府官员的利益的高度一致性所导致的后果就是地方政府的"法团化"（local state corporatism）趋向（戴慕珍，1999）。所谓"法团化"，指的是地方政府直接介入经济，担任管理企业的角色的过程，以及各级政府、政党与所辖企业形成的一个类似大型企业的利益共同体。在经济转轨时期，先有党、政、地方企业，后来又有地方民营企业，它们互相结合，形成一定意义上的法团组织，构成了中国经济改革的微观层次上的制度基础。在一般情况下，具有"法团化"趋向的地方辖区往往会把宏观经济稳定、收入分配公正和环境外溢影响等都视为"外部性"问题，并将尽可能多地争取外来投资、上级政府资助或特别优惠。从地方辖区这个"利益集团"角度看，上述事件一般都能够增加地方事业的发展机会，如使地方财政更加宽裕、就业前景更为广阔、经济规模更加扩大等等。但是，随着这种利益集团的范围逐渐缩小，地方辖区的"共容利益"将逐渐被一小批掌握权力的"狭隘利益"集团替代。在这种情况下，地方政府行政权力的使用就会从对区域发展主要产生建设性作用转向主要产生破坏性作用了（时红秀，2004）。

由于金融体系具有极强的外部性，在转轨过程中，中央政府事实上以国家信用为商业银行提供了隐含的担保。中央政府的这种做法导致了

236

商业银行与地方国有企业间的债权债务关系形成了一种典型的关系型融资，并使得商业银行成为地方政府的"第二财政"。这主要体现在金融风险的最终承担上。从商业银行与个人部门、地方国有企业的关系来看，个人部门与商业银行之间的债务融资具有市场交易的性质，个人部门可以自由进入和退出，即商业银行对个人的负债是硬约束的，必须还本付息。同时，商业银行以国家信用为担保，中央政府对商业银行软预算约束，商业银行可以很方便地将金融风险转嫁给中央政府。商业银行与地方国有企业之间的第二重债务融资，同样是软约束的，具有关系型融资的特征，商业银行承担了由地方国有企业转嫁的大量社会成本，很难行使退出权，存在严重的外部性。这种关系导致了地方国有企业的融资成本和风险最终转嫁给中央政府，从而，使商业银行成为地方政府的"第二财政"、"准公共品"。简言之，在现行金融体制下，地方政府争夺国有金融机构的金融资源事实上是一种高收益、低成本的理性选择。从而，在市场经济体制建设过程中，各地区的金融生态产生了巨大的差异。

二、中央差异化政策下地方政府 行为选择及其特征

1. 地方政府与中央政府的博弈行为

对于地方政府来说，中央政府将事权下放，这要求地方政府不仅要着力推进当地经济发展，而且要承担教育、就业、"三农"等一系列政策任务，更要对维护地方经济社会生活秩序稳定负责；但中央政府对金融资源实行垂直管理、全国分配的方式，难以有效考虑地方的需要。地方政府在尚未实现政府职能的成功转型之前，其财政收入不仅无力继续承担国有企业软预算约束支持体的角色，也不足以提供弥补计划经济时代地方基础设施、公共服务体系严重不足所需的建设资金。

从下图中可见，1994～1995 的两年间，中央和地方的财政收支关系发生重大调整，此后，地方政府财政收不抵支的差额有逐渐扩大之势。在事权和财权不对称的格局下，地方政府要想有所作为就只能在三条路径中选择：其一，无穷无尽地向中央要资金、要项目、要政策，到北京

237

去"跑部";其二,设租(出现所谓"三乱",乱收费、乱罚款、乱摊派)以拓展财源;其三,对区域内的全国性银行的分支机构施加压力,尽可能地迫使其为地方多贷款。

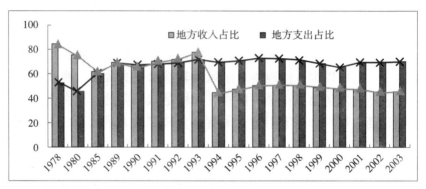

图2—3 1978年以来地方政府财政收支地位的变化趋势图

资料来源:《中国统计年鉴》(2004)。

财权与事权的不对等使得地方政府面临巨大的财政压力,由此,经济理性又促使其与中央政府展开博弈行为:

第一,在财政分配上与中央讨价还价,争取最大的经济利益。在财政分配方面,中央往往要求地方多上缴,而地方则想方设法藏富于本地,或者少交税收,或者争取更多的财政补贴。由于各地方政府经济实力不平衡,"政治资源的地区分布小平衡"[①] 等原因,因此,在与中央讨价还价中所得到的条件也不同。1980~1982年财政包干谈判中,各地方政府由于各自的政治、经济实力不同,在与中央讨价还价中所争取的财政分配条件也不相同。中央政府与地方政府之间还存在广泛的税收竞争行为,如中央与地方的税收征管竞争。在现有税收征管体制下,国税及地税两套税务征管机构分别为中央及地方政府服务,为维护其利益,双方经常在税收征管边界上发生纠纷。在税收征管上,很多地方政府存在重地方税、轻中央税的现象。

第二,向中央争取优惠政策。在中央实行地区倾斜政策的条件下,地方政府会努力向中央争开发区政策、争先行改革或试点等政策,目的是争得国家在税收、投资项目审批、吸引外资等方面给予地区特殊的优

---

① 胡鞍钢等:《中国地区差距报告》,辽宁人民出版社1995年版,第210页。

238

惠政策。如突出和强调本地区在整个经济发展格局中的地位，影响中央政府的发展战略决策，争取政策上的优惠；强调本地区社会经济发展战略的制定，积极向中央政府推荐投资项目；利用各种关系跑"部""钱"进；为了吸引中央投资，立项时低估所申请和引进项目的投资需要额，并承诺自行筹措较多份额的配套投资，待项目上马之后，地方政府的投资却不能按时到位，迫使中央政府追加更多的投资。

第三，逆调控行为，即地方政府采取的违反中央宏观调控的措施和手段，包括对某些政策不执行，或对某些政策的部分内容不执行，或是地方为了局部利益，任意对中央政策做出不合理的变通。[①] 地方政府无视中央宏观调控的权威性和统一性，以"变通"、"绕道走"的名义抵制中央指令，甚至曲解、肢解中央政策，"上有政策，下有对策"。如在经济过热、中央加强宏观调控时，很多地区都不承认本地区经济过热，想方设法保持较高的速度，使得中央政策大打折扣，削弱中央宏观调控的能力，影响宏观调控的效果；特别是各地都强调本地的房地产市场不存在过热的现象，不需要采取特别措施进行调控，从而使中央政府的调控政策实际上化为无形。

239

2. 地方政府之间的竞争行为

在地方政府具有独立利益的情况下，发展地方经济就成为地方政府的第一要务。为了实现这一目标，地方政府一方面增加本地区公共服务，制定地区投资优惠政策，以吸引更多的国内外投资。另一方面，地方政府又通过地方保护等一些限制性措施来减少本地各种资源的"漏出"。

上世纪 80 年代实行财政"分灶吃饭"和"拨改贷"以后，除了地区或跨地区的重大基础设施建设项目由国家投资以外，各地区经济发展所需建设资金已不再由中央财政预算供应，而是由地方财政或引进投资来满足各项建设的需要，这就促使地方政府为吸引各方面资金特别是国外投资展开了竞争。在地方政府竞争国内外资金的过程中，起决定作用的主要是地区公共物品的有效供给和地区的税负水平。税收不仅是供给公共物品的资金来源，而且直接构成了企业的成本和负担，因此，地方政府既要增加税收等财政收入来源，以增加地方公共物品的供给，又要降

---

① 杨明灿：《地方政府行为与区域结构》，载《经济研究》，2000 年第 11 期。

低税负水平以刺激投资。

为了吸引国内外投资，地方政府首先是制定了各项优惠政策。20 多年来中国的区域竞争可以概括为"让利竞争"为主的模式，即各地区在招商引资中，竞相出让好处或利益给投资商，包括以低于成本的价格出让土地，减免所得税，增值税地方留成部分先征后返，高耗能企业的电价补贴，免除应交的各种规费等等，在产权重组中各地方竞相通过债务核销、人员安置、资产低估等优惠措施，吸引区外投资者购并本地资不抵债企业。其中，最常用的鼓励投资政策是给予投资商优惠的土地价格和减免地方税，特别是对于外资较少、土地相对充裕的中西部地区而言，土地供给优惠是其招商引资一个不可或缺的工具。在税收政策上，区域之间主要是在地方企业所得税减免幅度和时间长度上攀比。到上世纪 90 年代中期，中国逐渐形成了形式多样的区域性税收优惠体系，使各地政府间的税收竞争达到白热化的境地。从竞争程度上看，沿海发达地区的竞争明显要比中西部地区和东北地区突出，而在沿海地区内部，长三角、珠三角地区的竞争要比环渤海地区更显著。这主要是因为经济越不发达的地区对国家投资的依赖性越强，而经济越发达的地区则对社会民间资本（包括外资）的依赖性越强。

其次是改善地方的投资环境，增加地方基础设施、公共服务等公共物品的供给。为此，地方政府往往致力于建设开发区、争建国际性城市和大都市圈，以争取税收优惠政策和改善投资环境。2003 年底，在"开发区热"中已建成各级、各类开发区 6015 个，规划用地面积达到 3.5 万平方公里，超出了全国现有城镇建成区 3.15 万平方公里的总面积，而提出建设国际化城市构想的城市则达几十个。

为了增加地方公共物品的供给，地方政府面临较大的财政压力，一方面，不得不通过各种途径筹集财政资金，另一方面，由于中国金融体系存在软预算约束，也降低了地方政府为争夺金融资源所应承担的风险，强化了其融资的动因；加上《预算法》等方面的约束，地方政府缺乏正常的市场化融资手段，于是便求助于各种手段来获取资金。

首先，通过地方政府之间的税收竞争，主要是征管竞争，来增加税收收入。中国现有税收征管法及有关税收实体法对属地原则与属人原则的优先权等技术性问题没有作出比较明确的界定，给地方税务征管机构

240

留下了自由裁量权及设租的空间。各地方政府一般选用符合自身利益的原则进行税收征管，以扩大自身控制的税收资源规模。

其次，通过设租行为，开展大量的预算外财政活动。目前存在大量非正式的财政关系使得预算外收入巨大，而且预算外资金管理相对松散，为地方政府通过预算外资金进行竞争提供了重要条件。而缺乏适当的自我约束又使得这一行为可能演变为收费中的"三乱"。

以预算外资金弥补预算内财力的不足已是地方财政中的常态，预算外资金成为地方政府间竞争中公共物品融资的重要形式，而这又很容易成为地方政府隐含债务失控的诱因。

此外，通过发行债券、借债等债务融资也是地方政府竞争中为公共物品融资的重要方式，目前中国不少地方政府都存在违反预算法而发债融资的现象。

再次，对银行尤其是地方性商业银行的经营活动进行干预，以银行贷款为其公共物品融资。在多数地区，银行贷款成为基础设施建设的重要资金来源，以银行贷款为公共物品融资是地方政府改善基础设施状况，进行横向竞争的主要方式。这就使得各地城市商业银行、区域性商业银行、城市信用合作社、农村信用合作社、信托投资公司等在地方政府影响下进行融资活动，成为诸多不良资产形成的重要因素之一。各地地方政府还采取多种措施，影响中央政府控制的四大国有商业银行及各类政策性银行的信贷活动，争取资金支持。

此外，以土地开发及其收入为公共物品融资，吸引民间资金进入基础设施建设领域等，也是地方政府为公共物品融资的常见方式。

地方政府间竞争的另一个表现是采取限制性措施，保护本地区的企业、产业发展，其中较为盛行的是地方保护主义。改革开放以来，一些地方政府在地方利益思想的支配下，通过行政壁垒、地区封锁、强制交易、歧视性待遇等地方保护行为，去割裂市场、限制公平竞争、破坏市场秩序。主要表现包括：以一定方式限定、变相限定单位或者个人只能经营、购买、使用本地生产的产品或提供的服务；在行政区域边界设置关卡，阻碍外地产品进入或者本地产品运出；对外地产品或者服务设定歧视性收费项目、规定歧视性价格，或者实行歧视性收费标准；对外地产品或者服务采取与本地同类产品或者服务不同的技术要求、检验标准；

241

采取专门针对外地产品或者服务的专营、专卖、审批、许可等手段，实行歧视性待遇；通过设定歧视性资质要求、评审标准或者不依法发布信息等方式限制或者排斥外地企业、其他经济组织或者个人参加本地的招投标活动；在执法中包庇纵容当地企业，对当地企业违约、欺诈、假冒伪劣、偷税漏税、走私骗汇等反信用行为睁一只眼闭一只眼。

总体来看，地方保护主义在地区间竞争中相当严重。一些计量检验结果表明，当前中国省际壁垒甚至要高于国际贸易壁垒，地区保护行为已经由过去禁止本地资源外流为主转变为限制外地产品进入当地市场为主。保护手段也更加隐秘，由过去直接下发"红头文件"转变为制定一些只有当地产品才具备的所谓技术、质量、环保或安全标准，达到限制外地产品的目的。保护范围也从过去的产品扩大到劳动力、资金等生产要素。经济发展水平不同的地区，保护程度也不一样。一般而言，经济比较发达、竞争力较强的地方要求市场准入，自由流通；而中西部欠发达地区，工业经济发展缓慢，缺少拳头产品、支柱产业或上等级上规模企业，迫使地方政府出台一些行政规章和行政命令来保护本地落后的产业、企业，导致地方保护主义盛行。

3. 地方政府对市场的干预行为

由于地方政府的利益目标的实现依赖于企业，如经济增长指标的完成、财政收入的增加、就业人口的安置都离不开企业的支持，特别是赢利企业的支持，因此，地方政府会通过命令、劝说、交换条件等方式把自身的偏好纳入到企业的效用函数中，从而使企业的生产、经营管理体现自己的意志。企业不仅要以利润最大化为目标，还兼有转移劳动力、承担地方政府摊派、消化改革成本等义务。

地方政府对企业的干预，一是通过各种方式支持本地企业经营，帮助企业做大做强，以带动地区财政、经济、就业的增长。甚至对那些濒临亏损、破产的企业，只要能够上缴收入、安排就业，政府也会通过干预银行贷款等保护方式，极力维持其生存。二是大范围介入企业的重组活动。在现有制度环境和制度安排约束之下，企业的兼并、破产、联营、合作、合并等重组行为表现出与发达市场制度的不同特征。在发达市场制度中，企业兼并是追求利润最大化的企业在生存竞争中主动选择的扩张战略，是一种自主的企业行为。而中国的国有企业兼并，都是在政府

242

行为目标的主导下完成的，企业兼并在很大程度上成为一种政府行为。

但对于不同范围的企业兼并重组，政府干预的方式也不同。当行政边界内企业兼并扩张时，地方政府通常利用其政治资源、信息优势和信用优势，降低产权交易成本，促成优势企业兼并扩张。另一方面，当辖区外企业兼并本地企业时，地方政府则区别不同情况采取不同的行为。如果被兼并企业是亏损企业，由于其存在大量隐性或显性失业，地方政府往往急于"甩掉包袱"，促成企业的兼并重组。当政府拥有过多亏损企业而与辖区外企业达不成兼并协议时，政府为了转移成本，会不顾企业意愿和企业兼并的内在经济机理，以其行政权力促使辖区内的优势企业兼并亏损企业，即所谓"拉郎配"，其结果往往是把盈利企业拖垮。如果被兼并企业是盈利企业时，从政府角度来看，如果兼并发生，产权转让后政府不但失去了对企业的控制权，还因纳税关系的改变而损失一部分财政收入，由于政府此时没有失业和亏损面的压力，政府阻碍兼并的机会成本较小，政府行为的理性选择是阻碍兼并。可见，当政府行为目标与兼并企业目标一致时，政府利用其政治资源、信息优势等促进企业兼并重组，从而降低了企业兼并的交易成本，提高了资源配置效率。而当政府行为目标与兼并企业目标不一致时，政府则会出于自身利益目标而设置障碍。

归纳起来看，地方政府的上述行为具有以下几个方面的特征：

第一，地方政府行为的本位化。即地方政府从本地区的经济或社会利益出发，不顾及整个国家的宏观需要，各自为政，各行其是，采取"上有政策、下有对策"的策略，在中央规定允许的范围内发挥主动性和创造性，有利于本地的政策就用足，不利于本地的政策就敷衍拖延。例如，在产业政策方面，中央政府制定的产业政策能否有效地执行，能否取得良好绩效，除了政策本身的合理之外，地方政府考虑的重要一点是，该产业政策的执行对他们收益和成本的关系。只有当地方政府执行产业政策的收益大于成本时，产业政策才能得到有效执行；反之产业政策的实施就会受到阻碍。[1]

第二，地方政府行为的短期化。在经济体制转轨的过程中，地方政

---

① 江小娟：《经济转轨时期的产业政策》，上海三联书店 1996 年版。

府的短期行为相当普遍。这主要表现为地方政府的急功近利，在发展地区经济过程中热衷于数量、速度的攀比，热衷于短、平、快的产业项目，尤其是鼓励利税较高的加工制造业。作为"政治人"，地方政府为了快出"政绩"，常常违反程序乱上建设项目，搞所谓的"形象工程"、"政绩工程"，有的甚至不惜以拼资源来换取任期内"政绩"，对于能够促进经济长期稳定增长的基础设施、教育、环境等方面却重视不够、投入不足。

第三，地方政府经济调控行为的行政化。中央政府在"权力下放"过程中，并没有给地方政府提供理想的调控机制，使得地方政府仍然保留着传统体制下的行为惯性，沿用行政手段干预经济。在很多地区，行政手段仍然是政府调控的主要方式，如投资项目审批、经营许可证发放、企业自主权截留、信贷资金配给、上市公司审批、外汇管制等等，这些行政性管制手段突出地反映在金融、价格和物资流通领域。还有些地方政府习惯于下达指标、布置任务、分钱分物，强化对所在地区国有企业甚至私营企业的干预，把企业由旧体制下的中央附属物变成了地方政府附属物。从全国范围来看，内地的政府干预又明显高于沿海地区。特别是在 1994 年实行分税制改革之后，地方政府的行为模式发生显著的变化，由之前的政府干预减少转变为逐渐的加强，在 1997 年以后这一政府干预加强的趋势更加明显。[①]

第四，地方政府行为的企业化。在分权化的财政体制下，地方政府财政收入的扩大需要当地企业的发展，而企业的发展又需要当地政府的支持，使得企业与当地政府实际上被捆在了一起。地方政府成为当地企业的总代理人，成为一个超大型的"企业"，因而，表现出某些企业主体的行为特征。例如，代理企业处理各种权利关系，帮助企业以非市场化手段和非正式渠道打通关节；代理企业开拓市场；地方政府出面举办各种招商会、贸易洽淡会，为企业引进资金、物质、信息等资源，推动企业的交易活动；承担市场中介职能，从事职业介绍、资产评估、信息咨询、行业监督等。有些地方政府甚至直接参与市场竞争以获取市场利润，直接投资创办各类企业（包括通过国有资产经营机构、投资公司等创办企业），通过这些经济实体获取市场利润，或者利用改革过程中的价格、

---

① 张军，金煜：《中国的地区财政支出、银行贷款与经济效率：1987～2001》。

利率、汇率等双轨制政策实现市场利润。

第五，地方政府的政策依赖性。在现行体制下，中央政府仍然掌握着地方优惠政策的决定权，如经济特区、开发区、税收减免、制度创新、试点等。谋取中央政府提供的优惠政策和特殊待遇，仍是地方政府提高本地区竞争力的重要手段。各地区都把中央政府的政策作为一种重要的资源，想方设法向中央政府索取更多的优惠政策。特别是一些落后地区的政府，面对日益扩大的地区差距，不是从其自身的思想观念、管理水平、领导素质、社会环境等方面找原因，而是把所有问题归结为政策不公，因此，把地区经济发展的希望寄托于中央政府关于发展落后地区经济的各种特殊政策或优惠政策上。

三、地方政府行为对城市金融生态的影响

地方政府的上述行为，一方面对地区经济乃至整个国民经济发展起到了一定积极作用，但同时也存在着严重的负面影响。具体来看：

1. 地方政府行为对金融生态的积极作用

地方政府行为对金融生态的积极作用主要表现在五个方面：

第一，促进了国民经济的发展。地方政府行为是支撑整个国民经济增长的一个不可或缺的内在因素。80年代以来的改革，使地方政府的利益得到承认，各地区因而有了发展本地经济的积极性和紧迫性。地区经济发展必然推进国民经济的发展，同时区域之间直接和间接的竞争，也激发了各地方政府进一步推进经济发展的动力，进一步提高了整个经济的活力。中国改革开放以来经济持续快速增长，正是在这种区域之间的竞争中不断取得的。

第二，促进了地区投资环境的改善。在地区竞争中，一个地区如果不能为企业和各种生产要素提供良好的基础设施、公共服务和社会经济环境，就会在生产要素的竞争中处于下风。这就会迫使各地方政府努力提供最理想的地方公共产品。特别是在进入90年代以后，各地区在招商引资、吸引外来资源流入的竞争中，普遍加大了对基础设施建设的投资力度，增加公共物品的供给，提高公共服务效率和服务意识，大大改善

245

了地区投资的软、硬环境。

第三，地方政府的竞争促进了市场化的发展。中国市场体系形成的特点之一，就在于地方政府在推动市场化过程中起到了不可替代的重要作用。有关研究表明，在转型阶段的中国，地方政府在同中央政府、其他地区以及企业之间错综复杂的经济关系中，其作用的强化不仅没有阻碍反而促进了市场化进程。原因就是地方政府的行为具有市场性，更准确地说是具有准企业行为。[①]

第四，地方政府的竞争为制度创新提供了动力和环境，成为整个改革开放的重要驱动力。实践表明，经济改革的初始启动离不开地方政府的创新行为，地方政府的体制转型和制度创新，在中国的改革开放中起着倡导和推动作用。正是在这种"制度竞争"[②]中，中国加速了体制转轨的进程。

第五，地方政府的竞争促进了非公有经济的发展。[③] 分税制以后，地方财政压力加大，预算约束硬化，而非国有经济发展和非国有经济比重的提高对改善地方财政状况有显著的作用。有研究表明，非国有经济的发展及非国有经济比重的提高对地方政府提高财政自给率、缓解财政收支压力作用相当大。1994～1998 年间，非国有工业总产值比重每提高一个百分点，各地区总财政收支自给率平均提高 0.31 个百分点；1999年以后，非国有工业总产值比重每提高一个百分点，各地区总财政收支自给率平均提高 0.42 个百分点。这就促使地方政府积极推动公有制企业的民营化，加速了中国非公有经济的发展。

2. 地方政府行为对金融生态的消极影响

从改善金融生态环境来说，地方政府行为既有积极影响，也有消极影响。消极影响主要表现在以下五个方面：

第一，巩固甚至是扩大了地区经济差距，不利于全面建设小康社会战略目标的实现。改革开放以来，地方政府经济主体地位的稳固与增强，

---

① 洪银兴：《地方政府行为和中国市场经济的发展》，《经济学家》，1997 年第 1 期。

② （德）何梦笔：《政府竞争：大国体制转型理论分析范式》，维滕大学讨论文稿，第 42 期，1999 年。

③ Li 等（2000）、张维迎和栗树和（1998）也认为，地方政府之间的竞争是导致经济民营化的重要原因。

246

加剧了地区经济发展不平衡状况。一方面，中央在财政、税收、投资、外经贸等方面的差异化政策本身就呈现从东部到西部、从沿海到内地、从中心城市到边远地区逐步推开的梯度推进态势；另一方面，地区经济发展的不平衡导致"政治资源的地区分布不平衡"，发达地区在竞争中，利用其政治资源优势，争取更加有利的经济发展政策，不断向外扩张，吸纳不发达地区的要素资源，扩大了地区间的差距。

第二，形成了各地区产业结构趋同和重复建设。在区域竞争中，符合个体理性原则的地方政府行为，如地方保护主义行为，导致了更高层次乃至全国范围的重复建设。在地区间的竞争中，各地区不考虑本地比较优势，一味地追求产业发展自成体系。尽管东、中、西部的资源和经济技术环境存在很大差别，但工业产品结构相似程度却很高。据有关部门测算，目前东部与中部地区结构的相似率为 93.5%，中部与西部的相似率更高达 97.9%，趋同化涉及的产业和产品众多，从初级产品到以家电为代表的机电产品，再到支柱产业。产业结构趋同化使很多行业的企业规模偏小，达不到合理的生产规模，生产成本居高不下。同时，各地区存在大量的低水平重复建设，热衷于争投资、上项目、大搞开发区。这些都阻碍了地区优势的发挥，影响了国民经济整体效益的提高。

第三，扰乱了市场经济秩序，影响中国统一市场的建立。主要表现在：

首先，在招商引资中，各地方政府使出浑身解数，出台各种优惠政策。对同一个投资人，经常有同一地区的几个开发区同时开出不同的优惠政策，竞相压低地价，减税让利，不仅造成了国有资产的大量损失和浪费，而且"同归于尽式"竞争也使得地方财力受到影响，反而无力提供本应提供的公共产品，即卡姆伯兰德（Cumberland，1979）所说的"破坏性地方竞争"。

其次，地方政府的竞争行为纵容、包庇了假冒伪劣等失信行为。地方政府为了发展本地经济，往往对本地企业放松管理，甚至包庇本地企业的走私、假冒伪劣等行为。对市场监管力度不够，虚假信息、虚假广告泛滥，滋长了社会的不诚信行为。

再次，一些地方政府为了本地区的利益，往往采取地方保护主义。设置不合理的行政壁垒、进行地区封锁、实行强制交易、对外地企业或

247

产品实施歧视性待遇等地方保护行为，造成"割据经济"、"诸侯经济"滋生蔓延，破坏了市场的公开、公正、公平等原则，使市场发育受阻，金融生态恶化，市场陷入混乱无序状态。

总之，地方保护主义的盛行妨碍全国统一、竞争、有序市场体系的建立，抑制市场机制的功能和作用的发挥，使中国国内市场有走向"非一体化"的危险。[①]

第四，影响了正常的金融秩序。金融资源是地方政府竞争的重点领域，地方政府为获取和支配最大可能的金融资源，常常通过多种途径介入和控制金融领域：

其一，干预所辖区域银行组织机构建设、人事安排等，采取多种措施拉揽各类金融机构，导致了中国金融组织规模的迅速膨胀。

其二，干预银行信贷，产生了大量的不良贷款。在资金借贷问题上，一些政府部门以"安定团结"、"讲大局"等为借口，明知贷出去的款是有去无回，仍要求银行发放贷款，把信贷资金当作社会保障资金使用。也有些地方政府以口头或书面形式为企业融资提供变相的信用担保，指令银行为其指定的国有企业或项目贷款，而在发生偿债问题时，又推诿担保责任，任企业逃废债务。

其三，通过企业改制、重组、破产等来逃废银行债务，破坏了信用秩序，造成了银行大量资金损失。一些地方政府认为企业是地方的，银行是国家的，因此，在破产案件中，运用各种名义、各种手段偏袒纵容本地企业或干涉地方法院依法审判，极力保护地方企业的利益，而牺牲银行的利益。有些地方政府甚至与企业恶意串通，精心设计企业破产方案，达到逃废银行债务的目的。还有在一些企业兼并事件中，由当地政府、法院或企业制订破产方案，让兼并企业接受被兼并企业的全部资产和全部职工，却不用承担被兼并企业的全部负债，显然也是为了达到逃废债务的目的。

其四，为企业"包装"上市创造条件，影响了上市公司的质量。地

[①] Berkowitz and DeJong (2001b)；Berkowitz, Daniel and David N. DeJong, 2001a, "the Evolution of Market Integration in Russia," Economics of Transition, Volume 9 (1) 2001, pp. 87～104.

方政府和企业把发行股票融资视为一种"低成本融资"，为了使企业达到上市的条件，地方政府常常通过税收减免、税收返还、财政补贴等方式帮助企业提高业绩，以满足股票发行上市的要求。但很多企业在上市圈钱后，经营并未出现改观，甚至很快就陷入了亏损。

第五，影响了政府信誉。政府信用在整个社会信用体系的建构中起着举足轻重的作用，它是整个社会信用体系的制度保障。没有强有力的政府信用的支撑，整个社会信用体系也会失去制度支撑，政府威信、投资环境乃至整个经济发展都会受到影响。一些地方政府的不适当行为对政府信誉产生了不良影响：

其一，经济信息失真现象大量存在。地方政府为了快出"政绩"，常常虚报产值、产量、指标，"数字出官，官出数字"的现象屡见不鲜。各级地方政府在布置任务时层层加码，上报资料时层层加水，各类社会经济统计数据充满了虚假信息。例如，近几年各省区统计的经济增长率大都超过全国公布的增长率，而各地市公布的增长率又高于所在省区的增长率。31 个省区公布的 2004 年地区生产总值增长率均在两位数，而全国的增长率只有 9.5％，省区数字平均高出全国 3.9 个百分点。有的地方政府在申报重点工程、重点项目时隐瞒不利信息，夸大有利信息，以争取中央或上级政府立项，并通过"钓鱼"的方式套取中央财政资金。

其二，地方政府的权力寻租行为。在地方政府经济利益地位得以确立的情况下，其设租寻租活动有了极大的利益驱动力。在中国转轨时期，地方政府的权力寻租活动比较严重，不同层级的政府存在不同程度的设租、寻租行为。例如，利用行政权力扩大管理范围，增加审批手续，通过颁发许可证、工程发包、土地批租、贷款、立项、验收等来设租、寻租。也有些地方政府为了获得各项优惠政策、财政资金等，想方设法地去走关系。显然，地方政府的权力寻租行为是对公权、公职的异化，严重败坏了政府的形象，影响了政府的威望。

其三，政策缺乏稳定性、连续性、一致性。由于地方政府制定地方政策的权限与程序还没有得到法律严格界定，地方政府在政策制定、实施方面具有很大的灵活性。一些地方政府在自身短期利益的驱使下，有时会随意变更、废止上届政府的政策，形成一届政府一朝政策的现象。政策多变，朝令夕改，造成了地方政府在民众心中的信任度下降。地方

249

政府在出台政策上的随意性，也导致了地区政策同中央政策、下级政策同上级政策、不同地区之间政策的矛盾、冲突，使微观经济主体无所适从。

其四，地方政府不能很好地守信履约，影响了政府的声誉。一些地方政府在地区间的招商引资竞争中，对企业随意承诺较多的优惠政策，但在项目到位、实施后，却又以种种理由加以限制，甚至单方面取消承诺，出尔反尔，不按协议、合同办事。

2003 年，全国共发现各类土地违法行为 17.8 万件，涉及土地面积 102 万亩（其中耕地 49.5 万亩）。其结果是投资企业获得了额外利润，地方政府取得了"政绩"，农民却遭受了利益损失。另外，有些地方政府为了自身短期利益，屡屡拖欠工程款、教师工资，造成政府公信力下降。

其五，非财政融资增加了地方政府的债务风险。在地区竞争中，地方政府一方面要降低税负水平以增加招商引资的吸引力，另一方面又要提高公共物品供给以改善投资环境，因而面临着"减收"和"增支"的双重压力，降低税率会影响进行基础设施和公益性设施建设和维护所必需的财力，而提高税率则有可能导致投资企业的"用脚投票"。面临财政收支的压力，地方政府的理性选择是通过债务融资方式如发行债券、借债、赊欠账款等筹集公共建设资金。而在"本届借债下届还钱"的"机会主义"倾向作用下，更是助长了地方政府的融资倾向，令地方财政债台高筑。

目前，各地政府投资的建设项目拖欠的工程款就高达 700 多亿元，地方政府债务至少在 1 万亿元以上。对于地方政府来讲，债务融资虽然有利于改善公共物品供给，吸引要素的流入和提高竞争力，但由于将所筹集的资金用于没有收益的公共物品供给，因此，存在一定程度的债务风险，有发生局部偿债危机的可能。

四、地方政府行为的个体理性与集体非理性

对于中央差异化政策下地方政府的行为选择及其影响，社会各界是指责多于褒扬，不仅把区域发展和竞争中出现的诸多问题归咎于地方政

府所为，即使是宏观经济运行中出现的投资过热、能源短缺、生态恶化、环境污染等问题，也总是在地方政府行为上找原因。客观地分析，地方政府作为地区经济的管理者，对地区经济发展中的各种问题应承担一定的责任。但在特定的历史条件下，在转型经济时期，地方政府的行为选择有其合理性，是其追求自身经济、政治效用最大化的合理选择。美国经济学家曼库尔·奥尔森1965年在《集体行动的逻辑》中揭示了个人理性与集体理性的矛盾性，"公地灾难"、"囚徒困境"等理论模型也说明，个体的理性行动最终导致的却是集体不理性的结果。在宏观经济环境优化等全局事务上，地方政府也面临着与"囚犯"类似的难题，那就是各个地方政府理性抉择的总结果很可能引致非理性的宏观后果。①

地方政府行为选择的合理性表现在，地方政府的各种行为都是在现有的制度安排下，在一定的激励机制、压力机制和约束机制下产生的：

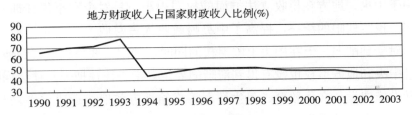

地方财政收入占国家财政收入比例(%)

图 2—4

资料来源：根据《中国统计年鉴》(2004) 整理，中国统计出版社，2004 年 9 月。

第一，地方政府作为"经济人"和"政治人"的激励机制。"放权让利"改革赋予地方政府"经济人"地位，使地方政府越来越成为一个拥有自我发展目标的经济实体，极大地调动了地方政府的积极性，强化了地方政府的经济动机。为了获取更多的可支配资源，地方政府想方设法地扩大地方财源，增加地方财政收入，从而诱发了地方的扩张冲动和保护主义等行为。另一方面，这些地方同时也是"政治人"，更要关注政治晋升和政治收益。同一行政级别的地方官员，无论是地市、县还是乡镇一级，都处于一种政治晋升博弈的状态下。不同地区的地方官员不仅在

251

---

① 毛寿龙：《"囚犯的难题"与"地方主义的泥淖"：中央与地方关系的在思考》，《行政论坛》，1996 年第 3 期。

经济上为 GDP 增长率和利税进行竞争，同时也在"官场上为晋升而竞争"。[1] 自 20 世纪 80 年代初以来，地方官员的选拔和提升的标准由过去的纯政治指标变成经济绩效指标，尤其是地方 GDP 增长的绩效，往往只以简单的经济增长数字作为官员业绩考核的主要参数，片面追求经济增长绩效。这就将地方政府的注意力集中到了追求经济增长上，使地方政府有着强烈的投资冲动。在具体操作中，经济绩效指标又主要以项目数量、新建企业、招商引资额、经济增长速度等指标来进行简单的量化和比较。经济增长业绩好的地方官员，往往容易得到升迁。[2] 在这样一种激励机制下，各地相互攀比增长速度，纷纷上新项目，搞"形象工程"、"政绩工程"，地方保护、盲目投资、重复建设等扭曲行为就不可避免。

第二，财权与事权不对称下的压力机制。1994 年分税制以后，中央上收了税收权限，税收立法权、税法解释权、税率调整权、减免权等均集中于中央，地方在税收立法方面的权限很小，只对个别小税种拥有开征权。税收权限的统一，提高了中央财政收入占总收入的比重，地方财力相对受到削弱。但在中央上收财权的同时，却把一些事权下放到地方，而且中央和地方事权也没有得到清晰的界定，中央往往把一些社会保障、基础设施建设、文化教育、卫生环保等推给地方政府，造成了中央与地方财权、事权的不匹配。一方面，近年来许多地区财政收入增幅下降，财政增收潜力不足，另一方面，地方财政支出需求增长较快，例如要解决社会保障资金缺口，对下级财政进行补助，加强地方基础设施建设，增加文教卫生等地方公共物品供给，解决地方行政事业机构的经费紧张状况，因此，财政压力较大。为了解决这一问题，在支出刚性的情况下，地方政府就把目标投向了增收，从而，造成地方经济扩张冲动以及地方保护、重复建设、乱收费、乱集资等现象。特别是中西部欠发达地区，财力水平比较有限，而地区的教育、就业、公共医疗、基础设施等方面资金需求增长较快，因此，地方政府在财政收支压力较大的情况下，其经济行为会充满本位主义色彩。

第三，转轨机制下地方政府行为约束机制的缺失。中国地区间竞争

---

[1] 周黎安：《晋升博弈中政府官员的激励与合作》，《新华文摘》，2004 年第 17 期。

[2] 陈东琪、银温泉主编：《打破地方市场分割》，计划出版社，2002 年版。

所存在的诸多问题，在很大程度上，是由于在地方政府有了从事竞争行为的积极性和选择空间的情况下，相应的法律制度规范和政策协调机制没有同时建立起来的结果。在中央差异化政策下，地方政府有了制度创新的空间，地方政府迫于财政收支压力、地区竞争的压力和政绩显示的激励，就会在现行制度安排中的模糊边界、模糊地带发挥创造力，打"擦边球"。地方政府在地区竞争中的某些行为，即使从宏观、全局来讲是不合理的，但却很难从法律、制度、政策等方面予以约束。这就助长了地方政府的"机会主义"倾向。

（曹红辉）

主要参考文献

1. Roland White & Paul Smoke, East Asia Decentralizes, World Bank，2005.

2. China National Development and Sub-national Finance，A Review of Provincial Expenditure，Washington D. C. ，World Bank，2002.

3. Decentralization in the Transition Economies，Challenges and the Way Ahead，Washington D. C. ，World Bank，2002.

4. 李扬：《中国地方政府竞争与公共物品融资》，《财贸经济》2002年第 10 期。

5. 林毅夫、刘志强：《中国的财政分权与经济增长》，《北京大学学报》，2000 年第 4 期。

6. 樊纲、王小鲁、朱恒鹏：《中国分省市场化指数——各地区市场化相对进程报告（2001）》，经济科学出版社，2003 年版。

7. 柳俊峰：《中央和地方政府的博弈关系及对策研究》，《西南交通大学学报》，2004 年第 5 期。

经济改革和经济发展中的差别化政策与金融生态环境

改革开放 26 年来，按照"效率优先，兼顾公平"的原则，中央政府根据区域不平衡发展战略，优先发展东部沿海地区，[①] 同时，在财政、税收、投资、金融、人员流动等一系列领域采取了各种差异化的政策。这些政策包括各种各样的"特区"、"试点"和"开发区"，出于各种考虑的区域"优先发展"战略，具有区域间差别化特点的财政"分灶吃饭"体制，政府投资重点的倾斜，国有企业分布的偏颇以及难以胜数的差别性安排等。不平衡发展战略，一方面重点支持了东部沿海的经济发展，调动了各级地方政府发展经济的积极性，从总体上提高了经济增长的效率，促进了经济的快速发展，但同时也拉大了地区间的差距，导致了地区间经济发展的更严重的不平衡。

面对中央政府差异化政策，各地政府从各自利益出发，在现行制度安排所提供的激励机制和约束机制下，做出了有利于实现地方政治、经济效用最大化的行为选择。这些行为虽然对于改善投资环境，增强经济活力，促进整个国民经济发展起到了积极作用，但地方政府的竞争行为也产生了一些整体非理性的负效应，如扩大了地区差距，扰乱了市场经济秩序，造成重复建设，降低了资源配置的效率等。这些现象又使地方政府的信誉受到影响，妨碍了地方金融生态的建设。

本文重点分析中央政府差异化政策的形成背景、原因、表现形式、

---

① 东部地区包括北京、天津、河北、辽宁、上海、江苏、浙江、福建、山东、广东、广西、海南 12 个省、直辖市、自治区；中部地区包括黑龙江、吉林、内蒙古、山西、河南、湖北、湖南、安徽和江西 9 个省、自治区；西部地区包括宁夏、陕西、甘肃、青海、新疆、西藏、四川、重庆、云南和贵州 10 个省、直辖市、自治区。

特点及影响等，探索完善中央政府管理体制，改善地方金融生态，协调区域经济发展的途径。

建国以来，中国区域经济发展战略经历了从平衡发展战略到不平衡发展战略，再到平衡发展战略的过程。由于历史原因，解放初期中国的经济布局和区域经济结构很不合理，70%以上的工业分布在东部沿海地区，广大内陆地区近代工业数量很少。为了尽快发展社会生产力，改变中国贫穷落后的面貌，同时考虑国防安全的需要，建国后的前30年，按照"平衡配置、平衡发展"的原则，实施了以建设内地工业体系为主的平衡发展战略。这种平衡发展战略强调各地区之间的平衡发展，客观上奠定了中西部地区工业化的基础，在一定程度上改变了工业布局过于集中于东南沿海地区的状况，大大加速了中西部地区的经济发展，致使三大地带的经济发展水平差距有所缩小。但由于过分偏向平衡发展，没有顾及到各地区的实际情况，使得各地区难以因地制宜、扬长避短、充分发挥各自的优势。各地区强调自成体系，自给自足，造成"大而全、小而全"的生产体系，制约了各地发挥比较优势，致使国民经济效率低下，制约了经济的发展。

为改变平衡发展战略带来的低效率、低效益等弊端，同时考虑到新的国际形势，改革开放以来，中国进行了区域发展战略的调整[①]，提出"要允许一部分地区、一部分企业、一部分工人农民，由于辛勤努力成绩大而收入先多一些，生活先好起来"。这标志着在区域政策上，不再强调向落后地区大规模投资，以强求生产力平衡发展，而是由平衡发展战略转向非均衡发展战略，更注重效率，在政策上允许、鼓励一部分有条件的地区先发展起来，发挥增长极的作用。从1979年开始，逐渐改变了长期实行的偏重地区之间平衡发展而忽视效率的做法，开始贯彻"注重效益、提高质量、协调发展、稳定增长"的战略方针，国民经济走上了快速发展的轨道，地区经济布局也发生了很大的变化，全国经济重心进一步向东部倾斜。

255

---

① 邓小平：《解放思想，实事求是，团结一致向前看》，1978年12月13日在中共中央十一届三中全会上的讲话。

一、不平衡发展战略中的中央政府差异化政策

中国的区域不平衡发展战略主要体现在中央政府实施的各种差异化政策之中，具体包括：

1. 各地差异化的改革开放政策

改革开放（特别是进入 20 世纪 80 年代）以后，中国主要实施了"梯度推移"的非均衡改革开放战略，地区开放政策具有很大的倾向性，采取了支持区位和经济条件好的沿海地区优先发展的倾斜性政策，然后，逐步向二梯度、三梯度的中西部地区转移。

1979 年 7 月，中共中央和国务院正式批准广东、福建两省在对外经济活动中实行特殊政策和灵活措施，决定在深圳、珠海、汕头、厦门划出部分地区试办经济特区。1984 年党中央、国务院决定进一步开放大连、秦皇岛、天津等 14 个沿海港口城市。从 1985 年开始，国务院又先后决定开放辽东半岛和胶东半岛，将济南市和广东的韶关、河源、梅州列入沿海经济开发区。1988 年设立了中国最大的经济特区——海南省。沿海经济开发区包括了珠江三角洲、长江三角洲、闽南三角地区及新建立的福建台商投资区、上海浦东新区，形成了由南到北沿海岸线延伸的开放地带。在整个 80 年代，国家在东部地区设立了 5 个经济特区，14 个沿海开放城市，13 个保税区；同时，在所设立的 30 个国家级经济技术开发区中，绝大部分也在东部地区。

这些对外开放的前沿地带，在财政投资、税收减免、项目审批、外汇留成、进出口配额、金融信贷等方面都享有大量优惠政策。这些政策实际上是对既有体制的率先突破，对东部地区吸引国内外资金、人才和技术等都发挥了重要的促进作用，但由此也开始形成东部地区与中西部地区之间的经济发展与体制改革进程等方面的差异。

2. 差异化的财政分配政策

差异化财政政策大致可分为两个阶段：

第一阶段：1994 年以前以"分灶吃饭"为基本特征的财政包干体制。从建国到改革开放之前的这段时期，中央财政对各地方基本上实行的是与计划经济相适应的"统收统支"的财政体制，全国各地方财政都是在中央财政"一灶吃饭"。从 1980 年开始，为提高地方政府当家理财、增收节支的积极性，中央对地方实行了以"分灶吃饭"为基本特征的多种形式的财政包干体制。其基本模式是以某一年或前几年（通常为三年）的地方财政收支决算为基数来确定地方财政的收入和支出基数，基数内的财政收入由地方包干使用，超基数部分中央与地方按一定比例进行分配。包干体制把各地方的财政收入与其增加收入的努力程度紧密地结合起来，改变了"统收统支"体制下地方财政资金支配权过小的弊端，极大地调动了地方财政增收节支、加快本地区经济发展速度的积极性。在设计包干体制时，虽然考虑了地区平衡问题，但在以下三个方面不可避免地扩大了地区间财力水平的差距：

第一，确定基数的原则有利于东部地区。确定基数和超基数的收入分享比例，主要是以某一年或前几年的地方财政收支平均数为基础，不仅难以做到公平，而且有利于支出规模较大的东部地区，不利于支出规模相对小的中西部地区。

第二，包干体制有利于经济增长潜力大的东部地区。在确定收入基数后，超基数的收入部分在中央与地方之间进行分配，超基数越多，地方可得的财力也越多。由于自然和经济基础条件差别巨大，东部地区的经济增长潜力较大，能从超基数的收入分配中得到更多的财力，而中西部地区的经济增长潜力相对较小，财力增长的可能性也小。

第三，中央财政平衡各地区财力水平的能力减弱。包干体制使财政收入的增量分配在总体上向地方财政倾斜，中央财政收入在财政总收入中所占的比重一直在不断下降，从 1980 年的 60％ 左右下降到 1993 年的 37％，中央财政拿不出足够的资金来平衡地区间的财力差距。另外，中央还对东部的一些地区，比如经济特区、广东省和上海市等，实行了较为优惠的财政体制。因此，中央政府利用财政政策作为宏观经济政策和地区平衡政策的能力受到了限制，同时，地方政府增收的积极性降低，而将收入转向预算外的积极性提高。1988 年，这种税收分享体制变得更具可塑性，地方各省讨价还价的余地增加了。

第二阶段：1994 年以后的分税制财政体制。从 1994 年开始，中国实行分税制财政体制，按照"存量不动、增量调整，逐步提高中央政府

257

的宏观调控能力，建立合理的财政分配机制"的原则，在原包干制的地方上解和中央补助基本不变的情况下，采取"三分一返"的形式。分税制提高了中央财政收入占全国财政收入的比重。

虽然分税制试图实现中央和地方政府间财政分配关系的规范化，调节地区间的分配格局，促进地区经济与社会均衡发展，均衡地区间的公共服务水平，实现横向财政公平，但这一目标并未能实现。

分税制对财政的地区政策加以调整，统一了包括特殊经济区域在内的内资企业所得税，在统一税收地区政策方面迈出了重要的一步。但没有对现行的地区政策做出根本性调整：中央对各地方的分税体制中保留了基数，原有的地区间财力分配格局没有被打破；特殊经济区域内除了内资企业所得税得到统一外，大部分税收优惠政策仍得以保留；平衡地区间财力水平的规范化转移支付制度没有相应建立起来。因此，分税制的制度设计在一定程度上扩大了税负差异，给东部沿海地区的财力增长提供了更多的机会和条件。

第一，在分税制财政体制中，中央和地方的事权划分不清，在一定程度上加重了落后地区财政支出的负担。如在边疆事权上，边疆地区地方财政承担了守疆责任重、驻军多、军粮军需供应、军属子女安置等本应由中央财政解决的一系列问题，这对财力不足的边疆、民族地区来说，无疑是加重了地方财政的负担。

第二，"存量不动"的分配原则保证了地方的既得利益，把地方收支差距的苦乐不均和民族地区的财政困难予以固化：分税制承认和维护了原有包干体制下不合理的分配格局，没有对地区间横向分配做出合理的调整；税收返还的确定以1993年为基期进一步固化了包干制下形成的财力不均格局；在"三分一返"的新体制中，没有体现地区经济和财力分布的不平衡。

第三，中央税与地方税划分对东部地区地方财政增长有利。中国目前的地方税种普遍偏少，在18种地方财政固定税种中，大多税种与第三产业发展密切相关，而东部沿海地区第三产业发展有较大优势，第三产业占GDP的比重明显高于中西部，因此，能从中获得更多的财政收入。另一方面，将地方企业所得税作为地方财政的固定收入，也有利于东部沿海地区增加财力。因为这一地区的地方国有、集体、个体及民营企业较为发达，经济效益好。对于税制结构中主体税种的安排是，75％的增值税和全部消费税划归中央。把第一产业和商品流通环节的主要流转税大部分集中于中央，显然不利于资源丰富而第一、二产业比重较高的中西部地区的经济发展。

第四，税种设计增加了中西部地区的负担。1994年税制改革之后，中间产品加工和零售商品化程度高的发达地区，其企业税负下降的因素多，而初级产品生产和运费支出比重高的中西部欠发达地区，其相关企业实际税负上升的因素增多。同时由于在提高能源等基础类产业税率、扩大资源税征收范围的同时，没能进行相关产业产品价格的配套改革，使中西部地区资源生产企业无法转嫁税负。因此，新税制使能源、基础产业的税负上升，中西部很多企业的税负不是减轻了而是加重了。

第五，转移支付制度难以缩小地区财力差距。1994年的分税体制虽然规定了税收返还、原体制补助、专项补助等办法，但没有突破旧体制的束缚，仍然采取了保护既得利益的传统做法。主要表现在：

其一，税收返还中"基数法"不利于缩小区域差距。属无条件拨款性质的税收返还目前是中央和地方政府间转移支付的主要形式，其设置是否合理决定了整个转移支付制度的合理性。"基数法"考虑了各地区的既得利益，但却没有考虑各地区的收入能力和支出需要的客观差异，也缺乏较为合理的客观标准，难以解决长期以来存在的地区间财力不均的问题。

其二，过渡时期转移支付数额过小，难以达到缩小地区间差距的目的。

其三，专项拨款方式采取配套形式，但配套率却没有按照因素法利用公式来计算拨款额和配套率，而是主要看讨价还价的能力。因而这种分配更有利于发达地区，这是因为对于发达地区而言，其配套率不成为问题，而贫困地区配套资金可能是一个很大的负担。这就使得发达地区获得了较其应得专项拨款更多的资金，而贫困地区则相反。

转移支付制度的不规范，使得财力薄弱的地区，政府的财政职能因没有财力的保障而得不到有效的实施。专项拨款比重太大，通过公示方式分配的规模很小，照顾了各地的既得利益，使原本没有转移支付或应得转移支付金额较少的地区，却获得了转移支付或更多的转移支付金额。

259

这成为地区间差距进一步扩大的一个主要原因。

第六，社会保障体系的设计不利于实现区域公平。中国现行的社会保障制度，只涉及城市而没有覆盖广大的农村。由于中国中西部地区农村人口较多，80％以上为农村人口，占全国农村总人口的三分之二。因此，这种排除农村人口的社会保障体系不利于中西部地区，必然加大了中西部地区发展经济的阻力。

3. 差异化的区域税收政策

改革开放之前，经过多次的税制简并，税收政策在全国各地区基本是统一的。改革以后，地区税收政策出现了明显变化，开始对各地方实施有差别的地区税收政策，实行区域税收优惠政策，按照"内地——沿海经济开放城市的老市区——沿海开放城市及其经济开发区——经济特区"四级梯度由低到高同向递增，主要向对外开放地区倾斜，直接促进了经济特区和沿海地区的经济发展。从地域分析，中国税收优惠政策主要分布在经济特区、沿海开放城市、沿海经济开放地区、经济技术开发区、专为台湾地区设立的投资区、上海浦东开发区、保税区、高新技术开发区、边境开放城市及苏州工业园区等等。对特殊经济区域实行的税收优惠政策，主要集中在降低所得税税率（见表2—2）、减免关税和进出口环节流转税等几个方面。这使得特殊经济区域企业的税负低于一般地区，从而使这些区域对外商投资具有更大的吸引力。

表2—2　中国特殊经济区域的所得税优惠政策

税收优惠政策	地区或城市量	所得税税率（％）
经济特区	5	15
沿海开放城市	18	24
沿江开放城市	5	24
沿海经济开发区	253	24
经济技术开发区	13	10～15
边境对外开放城市	13	24

这些特殊经济区域大部分都分布在东部。截至1993年年末，全国5个经济特区、13个保税区、14个沿海开放城市全部分布在东部，东部还有25个国家级经济技术开发区和253个经济开放县，中西部地区只有5

个国家级经济技术开发区、6个沿江开放城市、13个沿边开放城镇和13个边境经济合作区。由于特殊经济区域主要分布在东部地区，所以，财政的地区税收优惠政策总体上也向东部倾斜。

改革开放以来，中央政府还对经济成分不同的企业也实行了有差别的税收政策，给予对外资企业"超国民待遇"，在企业所得税、关税、工商统一税以及固定资产投资方向调节税、城市维护建设税和耕地占用税等税收上实行优惠政策。内外资税收政策的不同，直接影响到不同资本构成的企业之间的税负不同，而间接地影响了不同地区的税负差别。因为中国实行的是梯度开放的政策，特殊经济区域由于财政税收等优惠政策，吸引了大量的外资投入，而内陆由于开放程度较低，投资环境相对较差，吸引的外资相对较少。2001年年末，东、中、西部地区分别拥有外商投资企业51366家、3511家和1593家，所占比重分别为90.5%、6.2%和3.3%，外商投资企业明显集中在东部地区。不统一的企业所得税制，使内地企业所得税负担高于东部沿海地区。

表2—3　各地区的加权平均所得税率

单位:%

年　份	1994	1995	1996	1997	1998	1999	2000
东部地区	13.66	14.95	14.33	17.77	19.58	18.32	17.78
中部地区	14.57	20.29	17.58	15.61	16.93	18.18	16.94
西部地区	14.06	18.43	16.83	15.45	17.58	17.38	16.94
经济特区	9.35	10.86	11.93	11.04	10.97	10.78	11.57
上海市	12.32	13.58	13.60	15.67	13.65	13.19	16.71
平均	12.31	14.56	14.60	15.92	16.97	16.78	16.81

由于以上原因，使得不同地区的税负水平有很大差距。1989年税负水平（税收占GNP的比重）低于全国平均水平的沿海地区有广东、山东、江苏、福建，而西部地区除四川、陕西、新疆外的其他五省区均高于全国平均水平。表2—3以不同地区上市公司企业所得税负担为例，反映了不同地区的税收负担情况。由该表可以看出，1996年以前，中部和西部地区的所得税税率一直较高，而在1997年以后，东部、中部和西部的平均税率水平比较接近，经济特区则一直处于较低水平，上海的所得

税税率在 1999 年以前也处于较低水平。

4. 差异化的区域投资政策

改革开放以来，随着中国区域发展从平衡到不平衡发展战略的重大转变，中央财政投资的重点也发生了转移，开始转向东部沿海地区。一是国家预算内投资主要流向东部。"九五"计划期间，中央财政预算内投资的资金有 40％左右的流向东部，30％左右流向中部，20％左右流向西部。二是中央项目投资多集中于东部。"九五"期间，中央项目投资中，40％左右集中在东部，25％左右投在中部，只有 15％左右投在西部。

由于东部地区拥有较大的投资立项权，特别是沿海开放城市和经济特区对固定资产投资立项和外商投资立项的审批权明显高于内陆地区，投资立项程序简便快捷，加上具有较多的优惠政策，投资环境较好、对内对外投融资渠道广泛、政府管理机制比较灵活等原因，因此，也吸引了较多的国外投资。截至 1998 年年底，沿海地区实际利用外资总额占全国的 87.83％，而西部地区仅占 3.28％。同时，在优惠政策和市场力量的综合作用下，中西部有相当一部分资金通过银行存贷差、横向投资和股票交易等多种形式流向沿海地区。在差异化投资政策的影响下，东部地区获得了较多的建设投资（见表 2—4），推动了经济较快增长，取得了"先发优势"。而中央财政投资重点的东移，对中西部那些长期依靠国家资金投入、缺少"造血机制"的省区产生了不利影响，进而加剧了东西部差距的扩大趋势。

表 2—4　西部大开发前各地区固定资产投资占全国的比重

单位：%

年　份	沿海地区	中部地区	西部地区	沿海比内地
1982	50.6	27.9	14.6	1.91：1
1985	50.1	29.4	15.6	1.16：1
1990	56.8	24.9	14.5	1.44：1
1996	62.2	22.2	12.5	1.79：1
1997	61.0	22.4	13.5	1.70：1
1998	59.6	22.3	14.7	1.61：1
1999	60.0	22.0	15.1	1.62：1

可见，中央政府的财税体制改革使得财权上移，事权下移，地方政府的开支占政府总开支的 69%，并承担了教育、医疗及社会福利等公共服务[1]。虽然最近几年加大了向中西部地区的财政转移支付力度，但因力度不够等问题，不可能弥补多年形成的差距。

5. 差异化的区域金融政策

改革开放以后，中国在金融领域也实行了非均衡的、倾斜性的金融政策，重点向东部地区倾斜，使东部地区建立了发达的金融组织体系和成熟的金融市场体系，储蓄向投资转化的渠道较为通畅，获得的信贷资金、企业债券、股票发行上市额度较多，金融效率较高。与此相比，中西部地区金融资源缺乏，金融组织体系单调，金融市场发展滞后，获得的金融资源较少，金融效率不高，对经济发展产生了较强的抑制作用，导致中西部地区的资金向东部流动。

第一，在信贷资源分配上，沿海地区享受优于内陆地区的政策。对于一些计划内的重点项目，通常采取"戴帽下达"信贷计划，使那些经济发展速度快、重点项目布点多的东部地区能得到更多的信贷资金支持。在鼓励出口的政策下，出口企业更容易获得流动资金贷款，而出口型企业主要分布在沿海开放地区，因此这些地区能够获得更多的信贷资金。而且由于东部沿海地区企业经济效益好、信用等级高，在银行自主支配的资金中，也能获得较高的比例。

第二，在金融机构的设置方面，沿海比内地开放早，政策较为灵活，无论是内资金融机构，还是外资金融机构，在沿海地区设立分支机构所受到的限制都要比内地少，因此，东部沿海地区金融组织体系较为发达，从而，为这些地区的发展提供了更为有利的金融支持。到 1996 年年底，各种外资金融机构绝大部分都分布在中国东部地区，600 多家外资金融机构中，中西部仅有 15 家。

第三，在资本市场建设方面采取了向东部地区倾斜的政策。特别是深圳和上海证券交易所的建立，更使重点向东部地区倾斜，一方面促进了国有企业转换经营机制，增强企业活力，另一方面通过股票市场，促使全国各地资金加速流向广东、上海等地区，为这些地区的经济发展筹

263

---

① Roland White & Paul Smoke, East Asia Decentralizes, World Bank, 2005.

集了大量的资金，但却使资金本来就比较短缺的中西部地区资金大量外流。另外，企业债券的发行额度主要集中在特大型国有企业，而大型国有企业大多集中分布在东部地区，也造成事实上的倾斜。

第四，由于地区差异的存在，即使全国统一的金融政策、金融工具，在地区之间也会产生不同的政策效应。由于地区间的货币乘数不同，增加基础货币投放调节货币供应量的效应也不同。东部地区货币信用化水平高，现金漏损率低，资金周转快，货币乘数明显要高于西部地区，增加相同的基础货币投放产生货币总量的扩张比西部地区明显。在同一利率水平上，由于地区政策不同，收益率水平也不相同，"逐利"的本性也会推动资金由内陆地区流向东部地区。

最后，在进出口权限、外汇留成比例、人才流动等方面，也采取了差异化的政策。东部地区拥有较大的进出口配额等外贸权限及较高的外汇留成比例，在相当长的时期内，中央政府给予特区和沿海开放城市较内地高得多的外汇留成比例，特区为100％，沿海开放城市为50％，内地为25％。在外资利用的规模方面，沿海地区的审批权限也明显高于内地。而在户籍管理、出国审批权限等人才流动方面，东部地区也具有更多的权限与灵活性。

二、中央政府差异化政策对金融生态的影响

改革开放以来，以效率为导向的财政分权体制及不平衡发展战略的实施，提高了地区经济发展的积极性，促进了中国市场化改革的进程，推动了东部沿海地区的经济发展，对中国经济增长起到了显著作用（林毅夫、刘志强，2000），为全国全面推进改革开放和建立社会主义市场经济新体制积累了经验。同时，中央政府的差异化政策也导致了地区间投资环境、金融生态的差异，使原本就存在的地区差距进一步扩大。

1. 不平衡发展战略下地区差距呈扩大趋势

改革开放前（1952～1978年），中国东西部年均经济增长速度仅相差0.44个百分点，但改革开放后（1979～1998年），中国东西部年均经济增长速度的差距扩大到了2.11个百分点。1978年，东、中、西部地

区在 GDP 中的份额分别为 50.62%、29.96%、20.12%，2000 年则分别为 57.29%、25.58%、17.13%（见表 2—5）。1998 年，东部地区的人均 GDP 已经达到西部地区的 2.35 倍。地区之间人均收入差距也持续扩大：1990 年，东、中、西部农民收入比为 1.50∶1.17∶1，1995 年扩大为 1.70∶1.21∶1；1990 年，东、中、西部城镇职工工资收入之比为 1.24∶1∶1.20，1995 年则扩大为 1.59∶1∶1.24。

表 2—5　1978 年后各地区 GDP 份额变动

年 份	1978	1985	1990	1995	2000	2002
东部地区	50.62	50.68	51.50	55.65	57.29	57.86
中部地区	29.96	29.20	28.26	26.14	25.58	25.12
西部地区	20.12	20.12	20.24	18.21	17.13	17.01

对于中国区域差异的原因，一般认为，导致地区差异的原因主要有地区间资本回报率、劳动力流动、人力资本的情况、工业化水平、市场化程度、开放政策倾斜度、地方政府行为等因素的差异，归结起来看主要有资源禀赋论、结构因素论以及政策因素论三种解释。[①] 由于地区经济差异与政策因素有着很大的关系，所以，这些差距主要是由改革开放以来实施的中央政府政策造成的。

事实上，中国地区差距的扩大，固然与自然地理条件、资源禀赋、人文历史、思想观念、劳动力素质以及历史发展基础等因素有关。但从根本上来讲，则是中央政府实施分权化与市场化改革的同时，实施地区差异化政策的结果，是渐进改革、梯度开放的必然结果。

首先，市场化改革赋予了资金、劳动力等生产要素逐利的本性，提高了生产要素的流动性。

其次，分权化的财政体制改革一方面提高了地方政府发展地区经济的积极性，固化了原有财政分配的不平衡性，使各地区财力不均，进而改善投资环境、发展地区经济的能力有很大差异，另一方面也弱化了中央政府的财政调控能力，难以通过转移支付等手段来缩小地区间的差距。

---

① 刘爱玉：《政策结构与人力资本：对地区经济差距的成因分析》，《宁夏社会科学》，2002 年第 4 期。

265

再次，各种差异化政策使各地区投资力量对比发生了明显变化，导致了地区经济发展速度的差距。区域税收优惠政策，增加了东部地区对资金的吸引力；差异化的投资政策，直接加大了东部地区的资金投入；差异化的金融政策，为东部地区资本的形成创造了条件。中国经济主要依靠投资推动，东部地区因此获得了较大的发展动力。东部省份也正是充分利用中央政府给予的优惠政策，吸引了大量的国内外资金，获得了"先发优势"。

2. 中央政府差异化政策对地区金融生态的影响

中央政府对各地区金融生态的影响主要反映在制度供给、利益结构调整以及债务的终极责任承担上。

由于推进各类改革的需要，而且随着改革领域的深化，各种政策与体制改革方案的制定日益专业化。结果是规则制定的权利逐步集中于中央政府各部门，但规则的制定缺乏透明度和公开性，存在一定的随意性和短期化，使得政策变动的可预期性下降；同时，对各类制度的改革又使既有规则缺乏持续性，由此使得中央政府与地方政府之间的制度供给失衡。

虽然历经多年改革，中央与地方政府之间形成多元利益关系，但二者之间并未划分出明确的产权关系，中央政府事实上具有改变二者产权结构的权利，如多次将有色金属等行业的企业上收下放，使得优质企业集中由中央控制，而将大量劣质企业交由地方政府接管。

由于政治的因素，中央政府实际上还对地方政府的债务承担着终极的担保责任，只是当广东国际信托投资公司破产时才引起广泛震动，但此后的大多数金融机构关闭仍然由中央政府承担最后贷款人的角色。另一方面，地方政府对于预算软约束也存在逆向选择，这从住房公积金和养老金被普遍挪用，以及地方政府无节制地举债可以看出端倪。

其次，地区金融生态的差异主要体现在投资环境的差异上，进而对资本形成、资金流动、人员流动、市场交易次序、金融资产质量、社会诚信文化与市场监管体系等都产生影响。各地投资环境的差异造成各类投资的差异。财税分配不平衡导致的各地财力差异造成各地在公共服务、基础设施、投资环境建设等方面的差距，同时加剧投资的软、硬环境的差距。

　　税收的差异化政策使在相同或相近的投资环境中投资于相同的产业，具有不同的投资回报率，即在享受税收优惠的地区进行投资能获得较高的收益率，这些地区的企业相对具有较强的市场竞争能力。因此，财力相对较强、税收优惠相对较多、外经外贸自主权相对较大的东部地区对国内外资金就具有较高的吸引力，在吸引外部投资方面占据了绝对优势。1989～1993年，各地区实际利用外资618.8亿美元，其中东部地区实际利用外资达544亿美元，占87.9％，中西部地区实际利用外资只有43.4亿美元和31.4亿美元，分别占实际利用外资总额的7％和5.1％。改革开放以来经济增长最快的广东、江苏、山东、福建、浙江等省均受惠于大量的外资流入。目前，虽然中西部地区先后实行多种形式的税收政策，但也只是部分地缩小与东部地区的差异而已，并未有效消除地区间的税收差异，这在一定程度上也解释了西部大开发、振兴东北等政策为何在短期内没有产生如改革开放初期那种明显的拉力作用。

　　最后，从地区经济发展水平差异对地区金融生态的影响看，虽然存在资源禀赋、历史文化等方面因素，但地区经济发展水平对地区金融生态仍是决定性因素之一。金融生态的差异造成各地投资环境不同，造成各地吸引国内外投资能力的差异，投资规模的差异又加剧了地区经济发展水平的差距。经济发展水平与金融生态存在作用与反作用关系，经济进步与经济增长带动信用活动发展，而信用活动的扩大与发展又会促进经济进步与经济增长。信用总规模与GDP的变化也具有双向因果性，即信用总规模的变化会引起GDP的变化，同时，GDP的变化也会反过来影响信用总规模。东部地区经济发展水平高、经济实力强，各类经济主体守信的能力和意愿也就相对较高，金融生态相对较好。而中西部地区经济发展慢，经济实力弱，守信的能力和意愿必然受到影响。

　　除影响地区经济从而间接影响地区金融生态外，中央政府的差异化政策还诱发了地方政府与中央政府之间、地方政府之间的种种博弈行为，引发了地方政府的种种失信行为与对市场、对企业、对金融机构乃至对司法裁决的不当干预，从而损害了地区的金融生态。

三、区域经济协调发展战略：地区平衡发展战略的回归

　　进入 20 世纪 90 年代后，东部沿海地区与内地之间的地区差距扩大问题逐渐受到了各方的关注，中央政府也开始调整区域发展战略，逐渐向平衡发展战略回归。"八五"计划期间，提出"正确处理发挥地区优势与全国统筹规划、沿海与内地、经济发达地区与较不发达地区之间的关系，促进地区经济朝着合理分工、各展其长、优势互补、协调发展的方向前进"。"九五"计划时期，区域经济发展战略转向区域经济协调发展。1996 年，提出"促进区域经济协调发展"的战略方针[①]，提出"要按照统筹规划、因地制宜、发挥优势、分工合作、协调发展的原则，正确处理全国经济发展与地区经济发展的关系，正确处理建立区域经济与发展的关系，正确处理地区与地区之间的关系"。90 年代后期，中央政府把西部开发作为一项重大战略提到突出的位置。1999 年年末召开的中央经济工作会议上，实施西部大开发战略被列入 2000 年经济工作的一项重要内容，并将促进地区协调发展作为现代化建设中的一个重大问题[②]。通过西部大开发，振兴东北老工业基地，促进中部地区崛起，鼓励东部地区加快发展，形成东西互动、优势互补、共同发展的新格局。

　　为协调东部地区与中西部地区的经济发展，中央政府提出向中西部倾斜的一系列政策措施：优先在中西部地区安排资源开发和基础设施建设项目；理顺资源型产品价格，加大中西部地区矿产资源勘探力度；实行规范的中央财政转移支付制度，逐步增加对中西部地区的财政支持；加快中西部地区改革开放的步伐，引导外资更多地投向中西部地区，提高国家政策性贷款用于中西部地区的比重，国际金融组织和外国政府贷款 60％以上要用于中西部地区；加大对贫困地区的支持力度，扶持民族地区经济发展；加强东部沿海地区与中西部地区的经济联合与技术合作，

---

① 1996 年，《国民经济与社会发展"九五"计划与 2010 年远景目标纲要》。
② 温家宝：《政府工作报告》，2003 年。

鼓励东部沿海地区向中西部地区投资，组织中西部地区对东部沿海地区的劳动力输出。在具体的区域发展上则实施了西部大开发战略和东北振兴战略，给这两个地区一定的财政、税收、金融等方面的优惠政策。

区域协调发展战略下西部大开发战略和东北振兴战略的实施，在一定程度上促进了中西部地区经济的发展，增加了这些地区居民的收入，使这些地区得到了一定的实惠。根据国务院西部开发办的统计，2000～2004 年，西部地区生产总值分别增长 8.5％、8.8％、10.0％、11.3％和12.7％，比 1999 年的 7.2％明显加快；固定资产投资增速大幅提高，5年年均增速在 20％以上；地方财政收入保持高速增长态势，其中 2004年超过 2000 亿元，比 1999 年增长近一倍；商品进出口贸易总额大幅增长，其中 2004 年为 367.3 亿美元，是 1999 年的近 3 倍。

但平衡战略并没有从根本上阻止东西部地区差距继续扩大的趋势。即使在西部大开发开始实施的 2000 年到 2002 年期间，西部 12 个省市区综合起来跟东部的广东、浙江、江苏三个省比较，人均 GDP 的差距就扩大到了 2713 元。2003 年年底，上海、浙江、广东与四川、云南、贵州城市居民家庭人均可支配收入分别是 14867 元、13180 元、12380 元和7042 元、4215 元、4948 元，最高与最低之间的差距超过 10000 元，约为 3∶1；农村居民家庭人均年可支配收入，上海、浙江、广东与四川、云南、贵州分别是 6658 元、5431 元、4055 元和 2230 元、1697 元、1565元，最高与最低之间的差距大于 5000 元，约为 4∶1。五年来西部大开发战略的实施并没有从根本上扭转西部落后的态势。在投资环境方面，西部地区仍然缺乏吸引力，2003 年江苏实际利用外资 158 亿美元，而云南、贵州、四川三省实际利用外资分别为 1.68 亿美元、0.56 亿美元和5.8 亿美元，三个省合计起来仅 8.04 亿美元。西部地区 12 个省外商直接投资年均在 18 亿～20 亿美元，相当于深圳实际利用外资的三分之二，上海实际利用外资的二分之一。①

除中西部地区自然环境、地理位置、人力资源等方面的先天不足因素外，平衡发展战略难以短期发挥作用的原因在于以下几个方面：

269

① 章轲：《西部地区 12 个省外商直接投资年均相当上海 1/2》，《第一财经日报》，2005 年 8 月22 日。

第一，东部地区已经取得了改革开放的先发优势，造成了基础的不平等。其根本原因不仅在于非均衡发展以及随后继续实施的"效益优先、兼顾公平"政策，还有由于先富对后富、先发展对后发展存在的冲击与惯势。发展的不平衡不仅难以扭转，而且日益加重。制度创新资源配置不均、政策受益不均、竞争实力不均、逆向的"边际效益"等中西部发展的四大制约因素，集中反映出地区间的不公平。[①]

第二，向中西部地区政策倾斜的相对力度仍然不够。在西部大开发、东北振兴以及中部崛起的过程中，中央政府的政策优惠相对力度不大，特别是在东部地区已有较多优惠政策的情况下，这些优惠政策的吸引力低于预期。

第三，中西部地区政策的效果弱、乘数小。虽然最近几年中央政府对中西部地区投入力度大幅提高，但由于中西部地区在消费品、投资品等方面的自给率不高，导致大量资金漏出，如购买东部地区的消费品、机器设备等。这就极大地限制了中西部地区工业的发展。事实上，东部工业产品由于先发优势，已经占领了中西部市场，中西部处于同一水平的工业已难有崛起的空间，除非产业进一步向内地转移。

第四，经过多年的非均衡发展，东部地区已形成了较强的产业、企业实力，而中西部地区则相对较弱，使得东西部在产业体系、企业实力和竞争力方面完全不在同一个等级上。在这样一个博弈各方实力不同、基础不同的市场环境下，竞争的结果可想而知。

目前，中央政府倡导推行的"科学的发展观"反映了平衡发展的战略，对于矫正不平衡发展战略造成的地方政府激励机制扭曲、代理关系扭曲等现象具有重大意义，有利于修正地方政府在地区金融生态建设中的行为，促进地区金融生态的建设，为金融发展创造良好条件。

（曹红辉）

---

① 陈伯君：《非公平经济增长中折腾的西部》，《经济学家》，2005 年第 4 期。

主要参考文献

1. Roland White & Paul Smoke，East Asia Decentralizes，World Bank，2005.

2. China National Development and Sub-national Finance，A Review of Provincial Expenditure，Washington D. C.，World Bank，2002.

3. Decentralization in the Transition Economies，Challenges and the Way Ahead，Washington D. C.，World Bank，2002.

4. 林毅夫、刘志强：《中国的财政分权与经济增长》，《北京大学学报》，2000 年第 4 期。

5. 侯荣华等：《中国财政支出效益研究》，中国计划出版社，2002 年版。

6. 柳俊峰：《中央和地方政府的博弈关系及对策研究》，《西南交通大学学报》，2004 年第 5 期。

7. 刘爱玉：《政策结构与人力资本：对地区经济差距的成因分析》，《宁夏社会科学》，2002 年第 4 期。

8. 章轲：《西部地区 12 个省外商直接投资年均相当上海 1/2》，《第一财经日报》，2005 年 8 月 22 日。

9. 陈伯君：《非公平经济增长中折腾的西部》，《经济学家》，2005 年第 4 期。

271

改善金融生态环境：中央与地方
关系中的政策调整

地方政府行为的扭曲、地区经济发展水平以及地区金融生态环境的差异，与改革开放以来中央实行差异化经济改革政策密切相关，也是原有各种制度安排下地方政府行为异化的结果。因此，矫正地方政府行为扭曲，协调区域经济发展，建立良好的地方金融生态环境，必须从体制改革着手，在制度变迁中寻求解决办法。为此，提出如下建议：实施"一个战略"，摆正"两个关系"，重塑"三种机制"，调整"四方面政策"。

一、继续实施区域协调发展战略

20世纪90年代末以来区域协调发展战略的实施，远未达到协调区域发展、缩小地区差距的目标。今后，为了全面建设小康社会和和谐社会，应继续贯彻落实区域协调发展的战略。目前中西部地区经济发展水平与东部地区还有较大差距，存在的社会、经济问题也较多，改变这些地区经济发展落后、与东部地区差距过大的现实，必须在今后较长时期内继续推行西部大开发、东北振兴及中部崛起战略，在政策上向这些地区适度倾斜，通过生产力的空间布局及区域政策的引导，促进这些地区发挥比较优势，形成经济的自主增长机制，最终实现地区经济的可持续发展。在区域经济政策上，要兼顾公平与效率，在不影响资源配置效率的基础上，加大促进区域公平与协调发展的政策的力度，提高落后地区的发展速度。经过20多年放权让利的改革，各类经济活动主体普遍具有

了利益激励,在市场机制的作用下完全可以激发其提高效率的积极性,但调节社会公平的制度、机制目前则十分薄弱。因此,今后中央的区域政策应主要立足于促进公平、加强分工、建立协调的区域关系;促进贫困落后地区经济发展,缩小地区经济发展差距;促进地区经济技术联合与协作等。在效率方面,应加强社会主义市场经济体制建设,通过市场机制来引导资源配置,提高经济运行的效率。

二、正确处理好两个关系

第一,正确处理好中央政府与地方政府之间的关系。中央与地方各级政府之间事权范围划分不清,特别是缺乏规范化、法制化的保障措施,是导致地方政府行为不规范、过多地与中央讨价还价的重要原因。因此,应以规范的法律制度合理、明确界定各级政府之间的事权范围,构建合理的中央与地方之间的利益分配与协调机制,选择合理的中央与地方关系模式,合理确定集权与分权的关系。

首先,合理划分中央政府与地方政府的事权范围,既要保证地方政府享有自主发展本地经济的权力,又要保证全国政令统一和中央政府的宏观调控权力。原则上中央政府集中管理全国性的公共事务,地方政府在执行中央统一方针、政策、法规的前提下,领导和组织本地区的经济活动,制定和实施本地区的经济社会发展规划,协调本地区内部的各种经济利益关系,实现本地区国民经济综合平衡发展;负责本地区基础设施和重要工程建设,担负本地区的行政管理和文教卫生事业。

其次,在合理划分中央政府与地方政府事权的基础上,使中央政府与地方政府关系规范化、法制化。中央政府与地方政府应在法治基础上形成新型的权利义务关系,调控方式由以政策为基础转向以宪法和法律为基础。通过对中央政府与地方政府之间的利益关系进行法律调控,可以保持中央政府与地方政府关系的相对稳定性,规避政策的地区差异性和不确定性,防止中央政府地区政策的盲目性、随意性,并加强对地方政府的约束,降低地方政府"机会主义"倾向。

再次,规范中央政府与地方政府的利益分配关系与利益协调机制。

273

完善以分税制为主要内容的财政分配体制，理顺中央与地方的利益分配关系，充分考虑中央与地方两方面的积极性，既不妨碍地方政府促进地区经济发展所需要的财政能力，也不妨碍中央政府进行宏观调控的能力。在中央对地方的转移支付上，要建立科学、严格的法规、制度、程序和方法以保证其有效实施，防止利益调整中的讨价还价、行政权力滥施等政府行为扭曲现象。建立中央与地方稳定的利益协调机制，关键是要建立制度化、规范化的关于地方利益的表达与平衡机制，使地方政府在涉及到中央与地方利益关系的问题时享有一定的发言权，防止地方政府采取体制外的非正常途径进行利益诉求的行为，从而促进地区间利益的平衡。

第二，正确处理好政府干预与市场调节之间的关系。地方政府为了保护本地区经济发展，不仅在财政、税收、金融等方面同中央争取政策，而且还较多地干预微观主体的经济行为，甚至直接介入市场竞争，扰乱了市场经济秩序，因此，必须调整地方政府的行为方式，正确处理政府职能与市场调节的关系。

首先，要转变地方政府职能，改变地方政府通过行政手段干预地区经济的倾向。政府工作的着力点不应在直接管理、干预企业事务上，而应以培育市场主体、完善市场体系、健全市场规则和维护市场秩序为重心；其主要职能应转到搞好经济调控、做好社会管理、规划与组织好公共产品的提供等方面。政府行为越位的要归位，缺位的要到位，尤其要矫正地方政府过多过滥的行政性审批。

其次，要理顺政企、政资关系。如果不彻底实行政企分开，中央政府与地方政府之间的事权划分就难以真正做到合理、均衡，企业也难以成为真正意义上的市场主体。为此，不仅中央政府要努力实行政企分开，地方政府也要实行政企分开，尽快割断与企业的行政隶属关系。与此同时，还必须实行政资分开，把国有资产管理权与国有资产经营权分开，逐步退出竞争性生产领域，为规范地区市场竞争、减少地方政府不当干预创造条件。

再次，建立健全市场体系，充分发挥市场机制在规范地方政府行为、调解地区差距方面的作用。要打破目前广泛存在的地区贸易壁垒，消除地方保护，积极推进全国统一市场体系的建立。加快价格改革步伐，改

274

变目前农产品、资源性产品价格偏低的状况，以协调行业间的比较利益和地区间的价格分配关系，促进区域经济的协调发展；清理地方政府对生产要素价格的补贴或限制政策，理顺地区间生产要素价格的对比关系，消除因价格扭曲而导致的生产要素、产业转移的障碍。提高劳动力、资本在地区间的流动性，通过要素的流动来降低要素报酬的差异，缩小收入分配的地区差距。

三、建立健全规范地方政府行为的三种机制

第一，调整地方政府行为的激励机制。我国地方政府行为偏于短期化，以及存在浮夸风、腐败风、虚假风等失信行为，同地方政府的激励机制是密不可分的。例如，以工农业总产值、国内生产总值、招商引资等指标考核地方政府政绩，某些地区行政官员为在任期内达到考核指标要求，不影响自己的政绩、奖金或晋升，就会想方设法在统计数据上弄虚作假，欺上瞒下，骗取政绩，或者对地方资源进行掠夺性开发利用。因此，要对地方政府官员的政绩考核制度进行调整，建立科学、公正、合理的政府绩效评估制度。要按着科学发展观的要求，本着局部效益和全局利益、重点任务和全面工作、短期目标和长远发展相结合的原则，制定全面、科学的地方政府政绩考核指标、考核办法及激励措施，并尽可能地形成规范化的政府官员政绩考核和升迁制度。使地方政府不仅关注地方经济的增长速度，还要关注经济增长的质量、社会效益，以及关注当地的投资环境、市场秩序、社会治安和精神文明建设等。同时，要改变干部频繁调动和任期过短的弊端，使地方官员克服急功近利心态。

第二，强化地方政府行为的约束机制。为了规范地方政府行为，必须建立健全相应的监督约束机制，加强对地方政府行为的监督与控制。

首先，完善法律法规体系，加强对地方政府行为的法律约束。应遵循法制统一、非歧视性和公开透明的原则，对既有的地方性法规、规章、政策进行清理、完善，制定区域竞争的法律规范，明确鼓励和禁止的政府行为。在法制完备的基础上，中央政府要依法调控，地方政府依法行政，杜绝随意执法，防止执法中的地方保护主义，以法规制度来规范地

方政府竞争行为。

其次，加强对地方政府的行政监督与约束，强化中央政府对地方政府制定的政策、计划及行政行为的监督和控制。中央政府的监督职能必须进一步加强，在财政监督、技术监督、审计监督、统计监督等方面，要改变目前的双重领导体制，以加强中央政府对地方政府监督的力度。

再次，建立对地方政府行为的监测体系，通过制定一系列的法律标准、行政标准、经济标准、社会标准和业务标准等，来判断、考核区域经济活动的合法性、合理性和有效性，据以对地方政府进行监督与约束。

最后，要建立地方市场经济秩序评价与考核体系，约束地方政府的反市场行为，促使地方政府加大力度整顿市场经济秩序，营造统一、开放和有序竞争的市场环境。

第三，建立各级政府之间关系的协调机制。这包括：

其一，按照公平、合理的原则完善政府间的利益分享机制与利益补偿机制。中央政府通过产业政策、区域政策等宏观政策的调整，实现国家产业政策与区域发展政策的最优配合。一方面尽可能地照顾地区经济利益，使中央政府与地方政府按合理的比例关系共享发展带来的利益，另一方面，在平等、互利、协作的条件下建立一种新型的地区利益关系，通过地区间利益的分享实现地区的共同富裕。在利益补偿机制方面，主要通过建立规范的财政转移支付制度，来实现中央与地方、地方与地方的利益转移，从而实现各种利益在地区间的合理分配。

其二，建立有效的区域协调机制。可以参照国外区域协调管理的做法和经验，建立跨区域的管理机构，比如区域经济联席会议或协调委员会等机构。该类机构可以设在国务院下，由中央综合部门和各省市代表组成，主要职能是按照中央"统筹区域发展"的方针，制定全国的空间布局规划、区域发展战略和区域经济政策；协调各大区、各省区之间的利益关系，整合区域资源，促进区域之间经济社会的均衡、协调发展。

其三，建立区域间的监管组织，维护统一市场，保护区际竞争，防止地方政府可能出现的地方保护主义行为。

四、从四方面进行政策调整

第一，完善分税制财政体制改革，调整国家财政税收政策。主要内容包括：

其一，进一步完善和深化分税制改革，协调中央政府与地方政府之间的财政收入关系。要加快分权式财政体制改革，调整当前中央与地方的税收分享制，赋予地方政府一定的税收立法权和适当的税收管理权限，固化地方经济发展的长期性收益。

其二，进一步完善转移支付制度，建立促进地区公平的转移支付制度，实现转移支付制度的规范化、制度化。转移支付制度要立足于地区公共服务的均等化，在收入划分上适度集权，在政府支出上适度分权，合理配置各级地方政府的财力，为其履行政府职能提供财力保障。调整现行转移支付的结构，统一、简化转移支付的基本形式，将现行的多种转移支付统一为两种：均等化转移支付和专项转移支付。加大均等化转移支付的数量，使转移支付资金真正能发挥均衡地区公共服务水平的作用。压缩专项拨款规模，建立严格的专项拨款项目准入机制，减少专项拨款项目设立的随意性和盲目性。加强横向转移支付，使富裕地区能够对贫困地区提供相应的财力支持。

其三，规范地方政府的行为模式，防止地方政府对经济资源及税收资源的恶性竞争。规范地方政府出台的各种税收优惠措施，包括中央在地方游说下出台的各种区域性税收优惠，保证地方政府间平等竞争的基本条件或共同规则；改革税收征管法及税收实体法，规范地方政府间的征管竞争，降低地方政府在税收征管方面的自由裁量权。

第二，调整国家金融政策，加强对中西部地区的金融支持。继续深化金融体制改革，改变中西部地区金融市场发展滞后、金融资源缺乏、金融效率低下的状况。在金融组织体系上，加快国有商业银行改革，增强金融机构的活力和动力，调整东部地区金融机构过多而中西部地区金融服务供给不足的局面，围绕西部能源、交通和原材料工业的发展，适时增建一些政策性专业银行、外资银行或其分支机构。在金融市场体系

上，中西部地区应把重点放在债券市场上，争取多发放国家中西部开发重点建设债券，筹集经济建设资金。在信贷政策上，灵活运用信贷政策工具，在控制东部地区房地产和有关产业信贷投放的同时，增加对中西部地区商业信贷及消费信贷投放。考虑实行差别化的货币政策，例如，在现金备付率、储备金率以及流动性比率等方面，对发达地区可以规定得高一些，中西部不发达地区可以低一些，以扩大中西部地区货币政策的乘数作用。

第三，调整国家投资政策，适当向中西部地区倾斜。中央要加强对投资的宏观控制，合理引导投资方向，对国家限制发展的产业，中央政府要上收地方政府的固定资产投资审批权，对国家鼓励发展的产业，则应进一步下放投资审批权。国家投资政策要由单纯的地区倾斜政策变为产业倾斜与地区倾斜相结合的政策，重点投资农业、能源、交通、通讯等基础产业。西部地区是农业、资源、能源的密集区，中央应加大调整投资结构的力度，继续加强西部地区的基础设施建设投资，加快西部地区瓶颈产业的发展和能源矿产资源的开发。同时应加大对西部地区农业的投入，提高这一地区高附加价值农产品的比重。通过资金、技术的援助，促进西部地区乡镇企业的快速发展。为解决中西部地区建设资金短缺的问题，除增加国家预算内投资外，应提高国家政策性贷款用于西部地区的比重，并将国际金融组织和外国政府贷款主要用于中西部地区的发展，还应多渠道筹集资金，如利用外资、发展股份制等多种形式。

第四，调整国家的产业政策，推进我国产业的梯度转移。为了缩小东西部地区差距，优化资源配置，培育中西部地区经济增长极，必须调整现行产业政策，加快实现产业的梯度转移。中央要调整宏观产业政策，确立基础产业和原材料产业倾斜与中西部区域倾斜相结合的政策，统筹生产力总体布局。各地方政府也要根据地理位置、交通条件、自然资源、民族习俗和现存的产业格局，来确定所辖区域的主要产业，扶持主导产业和优势产业。在沿海地区土地和劳动力成本不断上升的现实情况下，要鼓励东部沿海发达地区到西部资源丰富、劳动力充裕、地价低廉的地方投资办厂，鼓励沿海地区的资源加工企业到内地收购、兼并一批企业，或者通过联合组建跨地区的企业集团，鼓励沿海大中城市结合结构升级把一批资源消耗高、劳动密集型企业转移到内地特别是西部。沿海地区

278

主要采取外向型经济发展战略，主要发展高、精、尖产业和高附加值出口产品。中西部地区要立足于地区内的资源、劳动力优势，重点发展能源、原材料、劳动密集型产业，提高资源的加工深度和增值程度。

（曹红辉）

社会中介服务与金融生态环境

一、社会中介组织的概念

本报告所指的社会中介组织，是那些在经济领域中不直接从事市场客体（商品、劳务）的交易活动，而以第三者的身份为市场主体在市场进入、市场竞争、交易秩序、处理市场纠纷等方面提供验证、公证、评估、协调、仲裁等中介服务，以及从事中介代理、咨询服务和提供交易场所等专业服务的机构，是介于市场主体之间以及市场主体与国家机关之间的专门机构。党的十四届三中全会将市场中介机构的职能归结为四点，即服务、沟通、公证、监督。律师事务所、会计师事务所、各类评级机构等是最典型的现代市场中介组织。

中介组织是社会分工的结果，它们的产生与发展既是社会经济发展的必然产物，又是社会经济进一步发展的不可或缺的重要环节。中介组织是一个复杂的组织体系，可以按照不同的方式将其归类。按照职能分，中介组织可以分为七类：验证公证中介机构、评估中介机构、交易中介机构、代理中介机构、咨询中介机构、协商与协调中介机构以及仲裁中介机构。如果按照运营的目的划分，则可以分为营利性中介机构和非营利性中介机构。

从理论上说，一个社会的中间型组织的数量能够反映居民的社会参与程度。中间型组织能有效地增强人与人之间的联系，提升建立彼此间诚信的基础。在现代经济社会中，中间型组织产业化成为构成整个经济体系不可或缺的一环，并且发挥着越来越重要的作用。随着社会经济日

趋复杂化，随着政府干预经济活动的范围和程度日趋缩小，如果中介型组织得不到充分发展，经济运行和金融活动就会出现薄弱环节，甚至出现漏洞，发生问题也不容易合理解决。总而言之，社会中介服务的缺失，不利于建立完善的社会信用体系（周小川，2005）。

二、中介组织产生的理论基础

从理论上来说，中介组织是社会分工的产物，它的产生提高了整个社会的效率。具体而言，有以下几个方面的作用。

1. 减少信息不对称问题

在新古典经济学的理论框架中，如果市场是完全竞争的，则信息也是完全且充分可得的，因而信息的获取也没有成本。然而，这种分析框架只是一个理论的假定，现代经济学承认：在现实世界中，信息并非完全充分的，因而获取信息需要付出成本，而且，由于信息的非对称性，交易也是有成本的。所谓非对称信息，指的是某些市场参与者拥有另一些市场参与者所不拥有的信息；或者说，当事人拥有的真实信息量不同，即一方是知情者，另一方是不知情者。当信息存在不对称时，互利的交易可能因交易费用过高而不能实现。交易费用起因于一方有可能利用信息不对称，进而依靠欺骗来攫取更多的利益；在另一方，则可能因这种问题的存在而不信任对方。如果这种状况严重存在，市场交易便有了障碍，严重者，将使得交易陷于失败。现实经济生活中大量存在着由于非对称信息导致交易成本过高从而有效交易失败的例证。例如：公司收购兼并的过程中，兼并者对被兼并方的资产质量不十分了解，就可能导致收购行为无法实现，或因出价过低导致卖者不愿出售资产。在这个例证中，本可进行良好合作的双方皆因害怕对方欺骗自己，或者害怕对方违约而使自己承担风险，而中止签订合约。在一定意义上，专业化分工的不断加深加剧了信息不对称问题，这是因为，一方面，分工的深化使得人们越来越局限于社会分工体系的一个环节上，从而其生存和发展越来越依赖市场交易，从而对信息提出了日益增大的需求；另一方面，由于交易规模日益增大，信息的收集却越来越复杂且越来越困难了。

281

有需求便会有供给。在社会经济发展的推动下，一系列专业化的以收集、分配、出售信息为主业的社会中介组织应运而生。这些中介组织的产生，并不能完全解决信息不对称的问题（而且中介与委托人之间也存在不对称信息），其主要功能在于减少交易双方之间的不对称信息从而降低信息搜寻费用，使交易各方（包括中介组织自身）均获得收益。这是一种较典型的"帕雷托效率"改善。不妨举例来说。假定 A 与 B 是有交易意愿的双方。由于不了解对方的合作态度、合作能力与信用记录等相关情况，且搜寻相关信息成本过高，致使交易没有达成。此时中介组织 C 介入。C 作为专业化组织，与 A 和 B 之间的信息不对称要远小于 A 与 B 之间，而且，由于进行专业化运作，且同时为包括 A、B 在内的多家公司收集信息，其单位成本因在多项交易中摊薄而大大降低。因此，C 的介入，将大大减少 A 与 B 之间的信息不对称，且由于获取此类信息的成本较低，交易便容易达成。在这个例子中，C 的出现，以其专业化的收集和分配信息的行为提高了市场效率。显然，会计师事务所可以增加投资者对交易对手的财务状况的了解，质量检验监督组织可以让买者明了卖者产品的质量，各种同业协会有利于降低交易双方的信息不对称问题，等等。

在金融领域，贷款者（资金盈余者）与借款者（资金短缺者）之间存在着信息不对称，一般地，借款者掌握的信息比贷款者多。也就是说，借款者相对于贷款者具有信息优势，贷款者因此在借贷市场上处于不利地位。为了消除不利的影响，贷款者往往根据自己所掌握的借款者过去的信息来设立贷款的条件。出于谨慎的考虑，贷款者一般会根据所有借款者的平均风险来确定利率，而不是分别根据各借款者风险程度的高低来定价。这种行为被称为"逆向选择"。在此情况下，市场机制不能完全发挥作用，其结果是货币资金的价格即利率不能按风险程度调整，而是相对固定在一定的水平上。这种格局有利于高风险借款者，而不利于低风险借款者。显然，产生这种状况的根本原因是贷款者不具有掌握借款者信息的优势。银行等金融机构就是为了改变这种状况而产生的。由于规模巨大，这些金融机构可以成立专门的信息部门，从而大规模且专业化地从事信息的收集、分析和分配的工作。但是，一方面，由于银行的信息事实上有一定的公共性，其他机构和个人"搭便车"的行为就难以

避免，这种情况的存在，将降低银行生产信息的动力；另一方面，由于社会经济日趋复杂，以至于银行的经营也越来越多地依赖外部信息。所以，尽管银行本身就是专业化的信息生产机构，随着经济的复杂化，在它们之外，仍需有大量更为专业化的社会中介机构。

2. 降低专有性资产（专业性人才）的风险，提供正向激励，促进社会分工

中介组织的产生是分工不断深化、市场不断升级的产物。从事中介业务的个人需要拥有相当强的专有性知识。要获得专有性知识，需要投入大量的物质资本和人力资本。个人为获得一种专有性资本，就要放弃获得其他知识的机会，因而可以认为，专有性知识的丰寡是与其投入的成本成正比的。具有专有性知识的个人需要从未来的收益中弥补前期的投入，并希望获得更多的收益。然而，一个具有专有性知识的个人，如果处在一个混合性企业当中，往往会出现风险与收益的模糊性，进而引致未来收益的不确定性等问题。

在一个混合生产的过程中，企业的收益中究竟有多少是由专业化人员提供，这一点并不容易说得清楚。失却了这种对应，就可能产生激励的不准确性。由于正向激励机制难以有效形成，就难以保证具有专有性知识的个人能够提供更高质量的专有性知识，更难以或有更多的动力去深化其专有性知识。因此，如果专业化的个人被融合于企业的生产过程，会因其最终贡献的不易分割与确定，出现其所获收益与所承担风险的模糊性问题。例如，通常情况下，一名律师在混合性生产企业中的积极性要小于其在律师事务所的积极性，因为，企业的好坏有多少是源于律师的努力或失败，这一点难以确定。

进一步来看，如果企业的效益差，尤其是一旦企业破产，专业化的个人就会面临失业，需要重返市场寻找工作。这一从失业到就业的过程无疑要支付高额的成本。更重要的是，由于原有企业的混合化性质，企业盈利或亏损当中有多少源于专业化的个人，这一点无法确知，从企业的整体效益无法准确判断专业化个人的能力，即没有信息可以显示专业化个人的专业才能。这种模糊性，可能导致专业化个人再次就业时，需要为证明自己的能力而付出成本，而且，即便能够再次就业，企业给专业化个人的报酬也不一定能够与其能力准确对应。

283

显然，专业的中介组织可以解决上述问题，因为，在这种情况下，专业人员的工作量可以测度，其绩效也是可衡量的。可见，一方面，中介组织是社会分工的结果；另一方面，它们的产生和发展进一步强化了社会分工。

3. 降低外部性及交易成本问题

企业某些业务和规则的制定存在"搭便车"行为：一种审计、会计、法律或管理业务上的创新，很快会有人效仿，这就是所谓"搭便车"问题。此时，企业的收益产生了外部化效应，而企业为了实现这一创新所投入的大量成本却无人分担。成本与收益的不对称也会导致企业创新积极性的下降。而中介组织的这种制度安排有利于减少或避免"搭便车"的行为。因为中介的创新成果可以分摊到多个具体案例中，并以多次售卖的方式收回成本。创新会使中介获得收益而不是收益的外溢。

专业化组织或个人的出现无疑节约了交易成本。对社会上的个人来讲，借助于中介组织提供的专业化服务能够节约搜集分析信息的成本。一种专业化的信息如果由每一个有信息需求的个人来搜寻，显然是同一劳动的多次重复，更何况大多数的个人并不具有搜寻信息的专业化知识和渠道，社会总成本必然大于某一专业化组织搜寻成本的多次累加。如果由专业化组织完成这一搜寻过程，一次劳动就可以满足整体需求，这无疑是一种成本的节约。例如：股票市场上的交易者需要了解企业的价值究竟有多大，而"企业的价值＝物质资本价值＋企业家价值"，那么显然两部分价值的确定都需要有专业性的知识，会计师事务所、猎头公司等中介组织就能够提供这种专业性知识，并以交易的方式出售这种专业性知识分析的成果。比起由非专业化的组织或个人自行搜集信息并判断企业的价值，委托中介组织显然是对交易成本的节约和整体效率的提高。

对企业来讲，专业化组织的存在节约了它们对专业性人才的搜寻成本。事实上，不论是企业逐笔业务逐次搜寻信息，还是企业自己供养一个专业性人才或机构，其成本均大于其支付给中介的费用。

三、中介组织对金融生态的影响

"中介的生计取决于它的声誉"，在充分竞争的条件下，中介组织为了得到客户的认可，就必须做到科学、客观、公正。因此，中介组织的存在，客观上就有提高社会诚信水平，从而改善金融生态环境的效果。例如，一般而言，会计师事务所在一定范围内是具有垄断地位的，而这种垄断地位的确立与它的商标所建立的信誉价值密不可分，如果它的诚信出了问题，像在安然事件中的安达信会计师事务所一样，数十亿美元价值的商业信誉就会毁于一旦。

从发达国家的实践看，对金融生态环境影响最大的中介组织是征信管理系统。它的主要功能是规范诚信、规范市场经济秩序、降低交易成本。例如，信用体系既可以为工商管理部门进行市场监管提供资讯，也可以帮助金融、商业机构甚至个人在诸如授信、放贷、购房、租房、租车等过程中大大简化对交易对方的信用能力的调查过程，从而达到降低交易成本的目的。它还可以提高某些领域的规则约束，如个人职业操守，甚至延伸至信用资产的风险跟踪、清欠等更广泛的应用领域。

发达国家的征信体系一般分为三个层次，有消费者信用记录体系、中小企业资讯信用机构和为大型公司发行债券进行评估的诸如标准普尔和穆迪之类的公司。可以说，这些国家对全社会各经济主体的信用都形成了功能健全的检测和评估记录。健全的征信体系有效保存了各经济主体信用记录，这有助于增强其信用意识，奠定信用在市场经济中基石地位。

我国在改革开放之前，城市职工的工作与生活几乎是以工作单位为依托的，消费行为几乎完全同构，个人几乎没有信用消费的问题，并且，单位掌握了个人的全部信息。改革开放后，"单位人"逐渐变为了"社会人"，单位不再承担职工的工作之外的义务，随着收入水平的提高，个人的消费行为也不再统一，信用消费开始出现，同时，单位也不再拥有个人的信用资料。如此等等的变化，都使个人信用的收集、整理、分析和分配使用问题成为社会主义市场经济建设不可或缺的重要因素。

285

金融业务的拓展更使得信用体系的建设有了紧迫性。众所周知，银行为了自身的生存需要，都力图扩大个人业务的比例。以信用卡为例，截至2004年年底，全国信用卡发行量已突破1000万张，人民币透支余额接近300亿元，年度增长率分别超过100％和500％。在北京市场上，仅广东发展银行一家，2004年一年内就发卡13万张，超过了业务开展以来前7年总共发卡的总额8万张，且2005年的计划是要超过20万张。同时，随着高端客户市场的饱和，发卡机构也将触角伸向更加广泛的普通人群，而发卡银行为了争夺有限的资源，难保不会降低风险控制标准，甚至发展为恶性竞争。在这种情况下，若无完备的信用体系，很难排除因大规模的风险膨胀连锁反应，最终导致金融危机。

和信用卡消费类似的还有住房抵押贷款业务的发展。1999年之前，我国的住房抵押贷款余额不足1000亿元，而经过短短5年的发展，该余额已经超过2万亿元，增长了20倍。

在个人信用消费如此快速增长的情况下，建立高效率的社会征信体系便成为题中应有之义。

目前，我国的征信管理系统主要以人民银行企业信贷登记咨询系统和个人信贷信息咨询登记系统为主。1998年，人民银行启动信贷登记系统建设工作。1999年年底，《银行信贷登记咨询管理办法（试行）》颁布实施，系统正式运行。2003年，实现了全国范围内的异地联网查询和数据报送。

从2002年开始，我国的个人信贷信息登记咨询系统投入建设。其主要功能是采集和整合各商业银行个人消费贷款的借款和还款信息，形成个人消费信贷信息数据库，实现银行内部信用资源共享，以便有效监管、控制和防范金融风险。这一系统开通后，将有利于各商业银行了解贷款者的负债及信用情况，及时发现和制止恶意骗贷、逃废债务的失信乃至犯罪行为，为银行进行贷款决策提供重要依据。

个人信贷登记咨询系统仍属于同业征信的范畴。存在的主要问题是信用信息不完整。一方面，我们对已借款者的基本信息和信用能力缺少了解，另一方面，我们对大量没有信贷记录的初次贷款者的信用状况更难以把握。此外，商业银行出于同业竞争或自身利益等原因而不愿提供全部信贷记录等，也直接影响该系统提供信息的准确性和完整性。

社会信用体系的正常运作需要一系列的保障，包括法律法规、政府监管、操作流程管理、技术手段等各方面。社会信用体系是在法律法规、政府监管、操作流程和技术手段的保证和支持下，汇集加工多种信用相关信息后，服务于多种社会经济活动的。

当前，我国征信业还刚刚起步，无论是民间机构的规模，还是整个社会的征信制度建设，都远落后于西方发达国家。虽然一些地区已经开始了有益的实践，但从总体来说，还远远落后于市场经济发展的需要。

（尹中立）

社会保障与金融生态环境

社会保障的健全程度是社会公平程度的体现。研究表明：相对完善的保障机制能增强社会成员的安全感，缓解社会贫富矛盾、城乡矛盾以及官民矛盾，建立新型的信任机制。

在中国，地区社会保障健全程度还直接关乎银行债权的保全。很多研究者已经指出，现行《企业破产法》以及《企业破产法（草案二次审议稿）》在直接关系到债权人利益的破产债权清偿顺序和破产条件这两个焦点问题上，存在不尽完善之处。在劳动债权优先于担保物权的情况下，如果一个地区在社会保障方面历史欠账太多，其直接后果是造成银行债权追索难、不良资产回收率低，从而导致金融机构债权人消化不良资产的能力弱化，形成地区金融风险的潜因。可见，至少在中国，社会保障制度与金融生态环境密切相关。

一、社会保障及其功能

1. 社会保障的内容

人类社会总会面临各种生存的危机，而且，总人口中必有一部分人需在外界的帮助下才能度过危机。因此，为了维护社会稳定，缓和社会矛盾，政府有必要制定并运用公共资财去实施诸如救灾、济贫、养老、保健等社会政策，即建立社会保障制度。

最初的社会保障制度是以互助或他助的形式出现的。在西方国家，宗教产生之后，慈善事业得到发展，社会保障又多了一种形式。16世纪后期，英国的自然经济逐渐瓦解，大批农民失去了土地，贫困、失业现

象严重，使得当时的英国社会矛盾加剧。英国政府于1601年颁布《伊丽莎白济贫法》。这是人类历史上第一次通过国家立法的形式介入济贫事务，堪称社会保障制度发展的里程碑。

但是，真正标志着现代社会保障制度产生的是19世纪80年代德国制定并实施的《社会保险法》。在工业革命取得胜利之后，欧洲国家先后进入工业社会，商品经济取代了自然经济，社会结构日益复杂，阶级分化也日趋明显，形成了以城市工人为主体的庞大的无产者阶层。以家庭为单位的失业、疾病等风险开始演变为社会风险，致使工人运动日益高涨，成为社会的不稳定因素。那时，仅靠社会济贫措施和慈善事业已经不能从根本上解决这些社会矛盾，需要建立新的安全机制来确保社会的稳定，社会保险应运而生。从1881年至1889年，德国先后制定并实施了《疾病保险法》、《工伤保险法》和《老年与残病保险法》。客观地说，社会保险对于化解社会矛盾产生了良好的作用，因此，世界各个国家相继效仿。

现代社会保障制度是以社会救济为最低目标、以社会保险为主体、以社会福利为发展方向的一种维持社会安全的制度。

（1）社会救济。社会救济在古代就已经出现，其表现方式主要是救灾济贫和慈善事业。现代的社会救济的内涵是指国家和社会对于弱势群体提供经济救济与扶助的一种生活保障政策。它是通过立法的形式确立的政府的职责和义务，从而使得社会救济经常化和法制化了。

（2）社会保险。社会保险是以国家为主体，通过立法手段，运用社会力量，对劳动者因非主观原因导致无法劳动时进行收入损失补偿，使其能继续维持基本生活水平，从而保证劳动力再生产进行，借以保证社会安全的一种制度。社会保险是现代社会保障的核心和主体，它保障的对象是人口中最多、最主要的部分。当然，它所承担的风险也最多，包括导致劳动者丧失收入来源后的生育、养老、疾病、伤残、失业、死亡等所有的风险。

社会保险是一种缴费的社会保障，它实行权利与义务相关的原则，任何公民都必须履行缴纳保险费的义务，才有享受收入补贴的权利，而缴费水平与其工资收入水平直接相关。就此而言，它是一种收入保障制度。它与社会救济不同之处在于：后者解决的是社会弱势群体的生存危

289

机,而社会保险解决的是劳动者未来的不确定性风险。从本质上说,社会保险制度是工业社会不可缺少的社会安全机制。

(3)社会福利。社会福利是较高层次的社会保障,它不仅是为了保障社会成员的最低生活需要,提供一定的收入补偿,更多的是通过建立公共设施和提供必要的服务,改善被保障者的生活状况。它并不着眼于保障个人目前的生活需要,而更要保障其赡养家庭、培育后代的需要。

2. 社会保障的功能

社会保障的功能可以从经济和社会这两个方面来考察,从本文研究的对象来看,这两个方面都对金融生态环境产生重大影响。

首先,我们分析一下社会保障制度对经济的影响。经济的波动是客观存在的,社会保障制度可以使经济周期得到平滑。例如,当经济高涨时,从业人员的收入增加,相应地,社会保障的收入也增加,而社会保障支出则相对减少,总的结果是整个社会的消费得到一定的抑制。这种作用被称为"内在稳定器"功能。内在稳定机制的存在,对约束经济过热有一定意义。相反,当经济处于衰退时,失业增加、居民工资收入相对减少。此时,社会保障的收入减少,而社会保障支出增加,总的结果是整个社会的消费受到一定的刺激。同样,这种内在稳定功能有弱化经济衰退的作用。

从历史的经验来看,经济波动幅度越大,银行产生的不良资产的可能性就越大。因此,社会保障制度既然有"熨平"经济波动的作用,也就有改善金融生态环境的积极效果。

其次,社会保障制度具有稳定社会的功能。在市场机制的作用下,一部分人因为竞争力强而获得较多的收入,而另外一部分人则会因为竞争力不足或其他原因而陷入贫困。社会保障制度可以通过立法,以社会保障税(或所得税)的形式将高收入者的部分收入集中起来,再以社会保障支出的形式转移支付给低收入者,使高、低收入者的收入差距减少。通过这种安排,社会总体的群体抗风险能力得以增强,间接地,便有降低金融违约概率的作用。

二、我国社会保障存在的问题及
对金融生态环境的影响

　　1986 年之前，我国城市职工实行的是单位统包形式的福利制度。无论是医疗开支，还是退休金的发放，都由单位负责。在这种体制下，社会保障事实上被单位化了，从而形成了严重的企业（单位）办社会的现象。1986 年 7 月份开始，国务院出台了一系列政策，开始对国有企业的劳动用工制度进行改革，将以前由企业负责的社会保障功能剥离出来，退休养老实行社会统筹，并开始实行失业保险制度等。[①] 十多年来，我们基本上废除了计划经济时代的企业统包的社会保障模式，但是，由于各方面的原因，新的完全市场化的社会保障制度依然没有能够建立和完善起来。尤其是在东北等国有企业比重较大的地区，社会保障制度的建立和完善还有不小的差距，并且给当地的金融生态环境产生了一定的不良影响。主要存在以下几个问题：

291

　　1. 政府财政投入太少，不利于收入分配的合理化。对于社会保障制度的建设，我国政府在财政方面的投入一直都比较少。可以将我国财政对社会保障的投入比例与国外进行比较。在欧盟国家，中央财政对社会保障支持的力度都比较大，社会保障支出占国内生产总值的比例都比较高。例如，1994 年丹麦为 33.7%，德国为 30.8%，法国为 30.5%，荷兰为 32.2%，芬兰为 34.8%，英国为 28.1%。我国社会保障支出占国内生产总值的比例是多少，国家没有一个权威性的统计数据，据有的学者测算，目前国家用于失业保险金支出和下岗职工基本生活费合计占国内生产总值的比重，1996 年为 0.16%，1999 年为 0.51%。在社会保险费用占财政支出的比例方面，德国 1994 年为 33%，新加坡 1996 年为 42%，匈牙利 1998 年为 50%，丹麦 1998 年为 70%，而我国 2001 年社会保险费用才占总财政支出的 6% 左右。发达国家高福利高财政的教训

---

　　① 1986 年 7 月国务院出台《国营企业实行劳动合同制度暂行规定》等一系列文件，它标志着企业的人事制度改革开始启动，社会保障制度进入一个新的阶段。

固然值得我们吸取，但我国中央财政对社会保障支出的力度也未免太低。目前，我国政府已经统筹考虑，计划在"十一五"期间，社会保障支出占国家财政支出的比例，逐步提高到15％～20％。

我国进行改革的最终目的，是要使一部分人先富起来的同时，带动大部分人达到中等生活的水平。然而，剧烈的社会转型，固然使得一部分人富裕了起来，但也使得很多人群在市场竞争中陷入了贫困：在有限的收入增长背景下，这些人群却面对着快速增长的住房、医疗、教育支出，因而呈现出相对贫困的状态。根据国家统计局2002年9月26日公布的《首次中国城市居民家庭财产调查总报告》披露：在我国，10％的最高收入的富裕家庭占有了45％的全部居民资产总额，而最低收入家庭的资产总额仅占全部居民资产总额的1.4％。

2. 社会保障面太窄。在社会保障面方面，我们远未建立起覆盖全体公民的社会保障制度，仅仅是对一部分特殊社会群体给予了特殊的待遇。例如：4亿多城镇公民成为了13亿多中国公民的特殊主体，他们可以享受到8亿多农民享受不到的社会保障待遇；1亿多城镇有职业者，又成为4亿多城镇公民的特殊主体，可以享受到其他城镇公民享受不到的社会保险待遇。由于社会保障的覆盖面太窄，所以，到2001年年底，尽管全国参加基本养老保险的人数超过了1.4亿人，参加失业保险的人数也有1亿多人，参加基本医疗保险的人数有9400万人，但是，能够享受一定程度的社会保障的人口总数仍不及中国总人口的1/10。

3. 社会保障水平太低。我国城市贫困人口约有3100万，约占城镇总人口的8％。2001年，中央财政用于城市低收入保障的资金为23亿元，按当年领取低保金的人数1170.7万人计算，人均仅有16.37元/月。2002年，全国城市领取最低生活保障费的人数为2053万人，中央财政用于低保的资金翻了一番，但因低保对象也几乎翻了一番，人均保障收入基本上没有提高。2003年，我国城市低保对象达到2235万人，比2002年增长了170万人，全国共投入低保资金近140亿元人民币，其中中央投入92亿元，比2002年增长了百分之百。截止到2003年年底，全国城市居民平均最低生活保障标准是155元，但实际平均补差为每人每月56元，个别地区仅有20元。

4. 社会化程度不高，导致地区差异大。社会化是社会保障制度的一

个重要特征。从内容上看，它应该包括三个方面：一是保障对象的社会化；二是基金筹集、管理、使用、给付的社会化；三是管理服务的社会化。在这些方面，我国都做得非常不够，不仅保障对象的面很窄，而且统筹的层次很低，养老保险和医疗保险的统筹仅限于地市一级，无法发挥社会保障在全社会范围内互助互济的功能。因此，经济发展的地区差异必然也表现在社会保障的差异上。

（尹中立）

企业竞争力及其评价

企业是金融生态环境的重要组成部分，它是金融主体与金融生态环境交流的主要媒介。金融生态系统运行良好的核心特征是，企业与金融主体——特别是金融机构之间能顺畅地进行资金交流。决定这一过程能顺利完成的关键在于，企业要有竞争力。一个没有市场生存能力的企业，只会吸收金融机构的资金而无法偿还。从这一意义上说，企业竞争力评价是金融生态环境评估中不可或缺的一环。

一、企业竞争力的内涵与来源

（一）企业竞争力的内涵

企业竞争力是一个直观含义明显但又难以准确定义的概念，国内外许多研究从不同角度对此做过阐述。

1985 年，世界经济论坛在《全球竞争力报告》中把企业竞争力理解成企业的一种能力，即"企业在目前和未来环境中以比其国内外竞争者更有吸引力的价格和质量，设计和销售货物以及提供服务的能力和机会"。1994 年，世界经济论坛对《全球竞争力报告》中的企业竞争力含义进行了修订，将其定义为"一个公司在世界市场上均衡地生产出比竞争对手更多的财富"，这一界定是从企业最终目标和国家福利角度展开的。

美国哈佛大学斯宾塞（A. M. Spence，1988）教授认为，企业竞争力是指一国企业在国际市场上的贸易能力。他认为，贸易流向、技术开放管理、一般产业政策和特殊产业政策、国内管理政策、竞争垄断等都对企业有深刻的影响。美国《产业竞争力总统委员会报告》（1985）认为，企业竞争力是指，"在自由良好的市场条件下，企业能够在国际市场上提供好的产品、好的服务，同时又能提高本国人民生活水平的能力"。这一定义是从微观和宏观两个角度展开的，带有福利经济学色彩。美国竞争力委员会主席菲什认为，企业竞争力是指企业有较竞争对手更强的获取、创造和应用知识的能力。[①] 这一定义是从企业竞争力的影响因素角度来界定的，即把企业竞争力视为一种知识能力。哈佛大学波特（M. E. Poter）教授从强势竞争力角度定义了企业竞争力，[②]"企业竞争优势，是指一个公司在产业内的优势地位"。显然，波特是从竞争力的直接表现来进行界定的。

20 世纪 90 年代中后期以来，中国学界对企业竞争力也展开了系统研究，并产生了一系列有影响的成果。金碚（2001）指出："企业竞争力是指，在竞争性市场中，一个企业所具有的能够持续地比其他企业更有效地向市场提供产品或服务，并获得赢利和自身发展的综合素质。"李显君（2002）给企业竞争力的定义是："企业竞争力是竞争力的形态之一，它是指厂商在竞争的环境中，通过配置和创造资源，在占有市场、创造价值和维持发展等方面与同业其他厂商在市场竞争中的比较能力。"

从学界各种界定中可以看出，企业竞争力是个多层次含义的综合性范畴：它不仅涉及企业内部要素结构和经营管理能力，而且还涉及企业的外部环境；它不仅关系到企业自身的市场占有和赢利能力，而且还关系到企业利益集团和国家福利；它不仅涉及国内市场竞争，而且还涉及国际市场竞争；它不仅是静态的比较能力，而且还是动态的发展能力。

笔者认为，从综合性角度看，金碚（2001）对企业竞争力的定义最为全面，该定义明确指出了企业竞争力的五个基本内涵：第一，企业竞争力所涉及的产业，存在于竞争和开放的市场中。在垄断和封闭的市场中，谈不上企业竞争力。第二，企业竞争力的实质是企业的相对生产率（或工作效率）。第三，企业竞争力体现在消费者价值（市场占有和消费

295

---

① 转引自：包昌火：《竞争情报与企业竞争》，华夏出版社，2001 年，第 176 页。

② 转引自：波特：《竞争优势》，华夏出版社，1997 年，第 36 页。

者满意）和企业自身利益（赢利和发展）两个方面。而且，从动态和长期的角度看，这两方面是密不可分的，它们具有很大程度的同一性。这一结论容易理解，只有对消费者有价值，受到消费者欢迎，企业产品才能有市场，企业才能生存和发展。第四，企业竞争力决定了企业的长期存在状态，因此，企业竞争力有持续性和非偶然性的特点。第五，企业竞争力是企业所具有的综合性质。决定和影响企业竞争力的因素很多，而且，这些因素经常发生相互作用。所以，企业竞争力的各种决定因素并非孤立存在，它们是作为一个整体对企业存在状态产生影响。

从企业竞争力的核心内涵可以看出，竞争力是企业生存和发展的长期决定因素。但是，企业经营成败也并非完全由竞争力决定。例如，市场条件（特别是市场的非经济性垄断和封闭）、外部环境的偶然变动、企业决策的不确定性后果等也会对企业经营成败产生重大影响。

（二）企业竞争力的来源

西方战略管理理论家对企业竞争力来源做了艰苦探索，逐步形成了结构学派、资源学派和能力学派三大学派。

结构学派以波特为代表，其理论建立在产业组织经济学的"结构——行为——绩效"这一分析范式之上。结构学派认为，企业竞争优势主要取决于产业结构，即由产业中的五种竞争力量（现有竞争者的威胁、潜在竞争者的威胁、替代品的威胁、供应商的讨价还价能力、顾客的讨价还价能力）所决定。从这一认识出发，结构学派提出，价值链是分析企业竞争优势的基本工具，企业可通过低成本和差异化这两个基本途径来创造竞争优势。从学术意义上看，结构学派首次明确提出了企业如何获取竞争优势，但该学派仅着眼于企业外部环境——产业结构，对企业内在因素未做深入研究。

资源学派以沃纳菲尔特（B. Wernerfelt）、科林斯（D. Collis）和蒙哥马利（C. A. Montgmery）等学者为代表，其主要观点是，企业竞争优势来源于企业拥有或支配的资源。企业要在市场竞争中长期取胜，就需要开发利用具有价值性、稀缺性、非模仿性、非流动性的资源，特别是开发利用非物质性的无形资产；凭借这些关键资源，企业可以获得经济租金。资源学派一定程度弥补了结构学派的不足，然而，它忽视了并非

所有资源都能成为企业竞争优势来源的事实。在高效运作的市场中，企业生产经营所需的大多资源可以通过市场交易获得，竞争优势与多数具有普遍意义的资源之间不存在因果关系。

能力学派以哈默（G. Harmel）和普拉哈拉德（C. K. Prahalad）为代表，其主要观点是，企业的竞争优势来源于自身拥有的核心能力，企业之间核心能力的差异造成了效率和收益的差异。企业核心能力隐藏在资源背后，它是一种开发、利用、组合和保护资源的能力。在探寻企业竞争优势来源的研究过程中，能力学派剥离了企业资源，强调企业竞争优势根源于核心能力。应当看到，能力学派在弥补结构学派和资源学派的缺陷的同时，也带来了自身的局限：它不仅极少关注企业外部环境，而且忽视了资源是形成核心能力的基础。

因各执一端，强调一面而忽视其他，上述三大理论学派都难以单独圆满地解释现实。在综合各派学术观点的基础上，金碚（2003）较为全面地将企业竞争力来源归结为四个方面：一是企业所处环境，特别是企业所处的行业环境；二是企业所拥有或控制的资源，尤其是战略资源；三是企业所拥有的能力，特别是核心能力；四是企业所拥有的知识，特别是获取流量知识。应该特别说明的是，企业竞争力来源的四类要素在概念内涵上不是截然排斥的，外延上不免有所交叉，甚至是不同角度观察得到的不同映像。企业竞争力构成要素中的资源、能力和知识在一定程度上是相互作用、相互转化的。

297

1. 企业所处环境

企业所处环境主要涉及五个方面。

一是企业所处的产业状况。企业所在的产业是本国具有比较优势的产业还是不具有比较优势的产业，是新兴产业、成熟产业还是夕阳产业，是高赢利、高增长产业还是低赢利、低增长产业，这些对企业竞争力都有重要影响。例如，一般认为，中国纺织、玩具、家用电器等产业中的企业具有较强的国际竞争力，而航空、化工产业中的企业则国际竞争力较弱。形成这一格局的主要原因是，前者为中国有比较优势的产业（劳动密集型产业），而后者为中国没有比较优势的产业（资本和技术密集型产业）。

二是行业的五种竞争力状况。一般来说，每个企业都身处某种行业

环境之中，行业环境通过市场对企业产生影响。影响企业竞争力水平的主要行业环境因素有：现有竞争者的威胁、潜在竞争者的威胁、替代品的威胁、供应商的讨价还价能力、顾客的讨价还价能力。

三是企业的社会关系。企业的各种社会关系也直接影响企业的竞争力。企业的社会关系主要指企业和高校、投资商、政府、标准机构、咨询机构的关系等。其中，企业和政府的关系最为关键，它涵盖政府对本企业所在产业的管制制度（是否允许自由进入）、有关的产业政策（鼓励发展还是限制发展）、税收政策、区域政策等。

四是企业活动所处的国际经济关系。国际经济关系包括关税和进出口环节的增值税、是否存在进出口壁垒、国外企业的市场准入条件、实行国民待遇原则还是歧视性制度、汇率变动是否会对本企业的产品市场竞争力产生重要影响等。

五是经济、社会和政策环境。经济、社会和政策环境包括本企业所在地的技术创新环境、金融环境、人文治安环境、产权安全环境、生态环境等。

2. 企业内部资源

从理论上讲，环境对身在其中的所有企业应具有相同或类似的影响，然而，处于同种环境下的不同企业却往往有不一样的市场绩效。这一现象说明，环境只是企业获取持续竞争优势的条件，而企业资源才是竞争优势的内因。企业资源是指，由企业拥有或控制，并能在企业的市场运营中被投入的要素，它既包括有形的财务和物化资源，也包括无形的市场商誉、知识产权、人力资源、组织资源和基础结构资源。企业资源可以通过两个渠道对企业竞争力产生影响：一方面，企业资源能直接影响企业价值创造能力，例如，大规模生产能力和已建立的质量声誉能使企业收益超过竞争对手；另一方面，企业资源作为企业能力的基础，对企业价值创造会产生间接影响。

需要特别指出的是，只有战略资源才能对持续竞争优势产生作用。当企业所处环境相对稳定时，企业战略资源就能发挥基础性作用：它一方面直接创造竞争优势，另一方面构筑防护机制以维护企业竞争优势。

3. 企业能力

对建立企业竞争力而言，企业资源有非常重要的作用，没有资源，

298

竞争力就成为"无米之炊"。然而，具有相似资源的企业在资源使用效率和有效性方面往往表现出巨大差异。这一现象说明，企业的成功不仅依赖企业资源，还依赖于隐藏在资源背后的配置、开发、使用和保护资源的能力，这是产生企业竞争优势的深层次因素。能力是企业在组织过程中配置和优化资源以达到目标的才能和技能。企业的能力为组织内部所特有，必须在组织内部发展。能力特有的价值之一在于难以模仿和转让，它与企业的无形资产构成了竞争力难以模仿的特征。

系统理论认为，企业本质上是资源转换体。环境为企业提供资源、机会和限制，企业将这些输入进行转换，为环境提供产品和服务，然后经过反馈，由环境来评价企业的产出并据此决定将来给予企业的输入。企业只有实现这一转换过程的良性循环，它才能求得生存和发展。企业的资源转换功能是以企业能力为基础的，而能力是企业资产、人员和规程的有机结合。这里，规程是指把输入转变为输出所采用的方法和过程，它在生产实践中决定了企业的效率。企业能力包括存量与增量两个层次，前者是指企业重复过去活动的能力，后者是指企业创建新能力的能力，主要是指企业的学习能力。

299

4. 企业知识

追根溯源，企业核心能力根源于企业拥有的知识，这包括发现市场、识别市场机会的知识，开发新产品满足市场需求的研究开发能力，将个人创意整合到新产品中去的能力，将企业生产的知识产品推向市场、传播知识的能力。这些知识和能力的组合就构成了企业的核心能力。也就是说，知识是企业竞争优势的来源，企业现有的知识存量决定了企业发现商机和配置资源的能力，企业资源的有效利用程度和企业拥有的知识密切相关。拥有自己核心能力的企业不易被对手模仿，从而形成独特、持久的竞争优势。从这个意义上讲，成功的企业在于创造新的知识，并在企业内迅速扩散。

5. 企业竞争力形成的小结

在相对稳定的环境下，企业的持续竞争优势由其内部和外部两方面因素决定。内部因素是指企业的资源（一般资源和战略资源）、能力（一般能力和核心能力）、知识（显性知识和隐性知识）。资源是企业形成和运作的基础和前提，从而也是企业能力的基础和前提；其中，战略资源

具有异质、不可流动、难以模仿、不可替代等特性，它是创造持续竞争优势的前提和基础。然而，资源和战略资源毕竟只是竞争优势的前提和基础，它需要经过配置、使用才可以转化为现实的竞争优势。在组织过程中配置和优化资源以达到目标的才能和技术就是能力；其中，独特的资源配置能力就是核心能力，它具有独特性和难以模仿性，是持续竞争优势的来源。隐藏在能力背后并决定能力大小的是企业掌握的知识。能力是存量知识的表现，存量知识的多少决定了企业能力的大小。新的能力需要通过不断学习才能获得。外部因素是指企业所处的社会环境和各种社会关系，其中，起直接作用的是产业环境。

二、企业竞争力评价研究综述

（一）企业竞争力评价指标综述

要客观、科学地评价企业竞争力，首先就需要设计一套能够从全方位、多角度反映企业竞争力的指标体系。在这一领域，国内外学者做出了诸多尝试。

1. 先驱研究

自世界经济论坛（WEF）和瑞士洛桑国际管理开发学院（IMD）在1980年发布《世界竞争力年鉴》以来，全球掀起了竞争力研究的热潮。尽管《世界竞争力年鉴》的研究范畴主要是综合比较国家整体经济实力，但由于其国际竞争力评价指标体系涵盖了众多与企业竞争力密切相关的内容，因此受到各国企业竞争力研究者的广泛关注。

在微观经济学、产业组织经济学和企业管理经济学等各种竞争力经济理论指导下，《世界竞争力年鉴》认为：国家之间的竞争是其企业在特定环境下的竞争，因此，国家竞争力是国家创造促进企业竞争力增长的环境的能力。2001年前，《世界竞争力年鉴》提出影响国家竞争力的八大要素（见表2—6）：一是国内经济实力，指一国经济力量的整体评估；二是国际化程度，指一国参与国际贸易和国际投资的程度；三是政府影响，指政府政策对竞争力的有利程度；四是金融实力，指对资本市场和

金融服务质量的整体评估；五是基础设施建设，指资源和制度满足企业基本需求的程度；六是企业管理能力，指企业管理在创新、获利和应变等方面的表现；七是科技实力，指科学技术能力以及在基础和应用研究上的成功程度；八是国民素质和人力资源，指拥有人力资源的数量和质量。在这八个要素中，每个要素又包括若干方面，共有 244 个指标。2001 年起，《世界竞争力年鉴》重新调整了评价体系，提出了由经济运行、政府效率、企业效率、基础设施和社会系统这四大国家竞争力要素构成的新评价体系（见表 2—7）。

表 2—6　2001 年前《世界竞争力年鉴》竞争力评价要素

八大要素	国内经济	国际化	政府	金融	基础设施	科技	企业管理	人力资源
子要素	增加值	贸易	政府债务	资本成本	交通设施	研发费用	生产率	人口特点
	投资	出口	政府支出	资本可得性	技术基础	研发人数	劳动力成本	劳动力特点
	储蓄	进口	税收政策	股票市场活力	科学基础	技术管理	公司业绩	就业率
	最终消费	汇率	政府效率	银行系统效率	能源基础	科研环境	企业文化	失业
	产业业绩	投资组合	政府干预		环境基础	知识产权		教育结构
	生活成本	外商投资	法律和社会保险					生活质量
	适应能力	保护主义价值观						开放程度

表 2—7　2001 年后《世界竞争力年鉴》竞争力评价要素

四大要素	经济运行	政府效率	企业效率	基础设施和社会系统
子要素	国内经济实力	公共财政	生产率	基本基础设施
	国际贸易	财政政策	劳动市场	技术基础设施
	国际投资	货币政策	金融市场	科学基础设施
	就业	企业和市场保障组织	企业管理实践	健康和环境基础设施
	价格	教育	全球化	价值体系

2. 国内相关研究

在企业竞争力评价指标建设方面，国内学者提出了众多建设性方案。

金碚（2003）对企业竞争力评价指标建设提出了系统看法。他认为：企业竞争力评价指标应当包括测评性指标和分析性指标（见表 2—8）。在具体工作中，首先要尽可能地运用比较综合性的测评指标，特别是具有显示性的指标，这是企业竞争力强弱的最终显示性表现。测评指标又可分为两类，一类是可以直接计量的指标，另一类是难以直接计量的因素。对不能直接量化的因素，用一些间接计量的指标来反映，即通过对一些特殊人群的问卷调查来实现。测评指标要有综合性，指标数不要太多，力争用数量不多的测评指标就可以基本上把企业竞争力的结果反映出来。分析性指标要能够更详细地反映企业的实际竞争力状况。这些指标可以解释企业为什么有竞争力，或者为什么缺乏竞争力。与测评指标不同，分析性指标是一个为数较多的多角度、多层次的指标体系。竞争力评价指标选取过程主要沿着两条线索进行：一条是专家学者通过理论分析来构架它的基本框架，另一条是用问卷调查的方法把有关人群（主要是企业经营管理者）的经验集中起来，即从科学理论和实践经验的结合上确定选取什么样的指标更好。依照上述指标选取安排，可以做到理论依据可靠、选择程序合理、逻辑线路清晰、操作方式可行、逐步优化细化。

表 2—8　金碚提出的企业竞争力评价指标体系

指标类型	指标构成	作用	数据获取
测评指标	直接计量指标	反映竞争力的结果	统计资料
	显示性指标		
	潜力性指标		
	间接计量指标	反映不可量化的因素	对特殊人群问卷调查
分析性指标	多种类、多层次的指标	反映竞争力的原因	统计资料及对比分析

胡大立（2001）提出，企业竞争力是一个具有层次性、综合性、动态性的系统。对应于企业竞争力的概念模型，其表现层即为显在竞争力；而作为影响层与决定层的信息技术、组织结构、人力资本、企业文化、知识管理能力等则为潜在竞争力。胡大立设计的指标体系旨在充分评估企业显在竞争力和潜在竞争力，从而对企业竞争力做出尽量全面的衡量。

302

胡大立评价法是一种多因素评价方法，该方法设计了13大要素的指标体系（见表2—9）。

表2—9　胡大立提出的企业竞争力评价指标体系

评价要素	评价指标
企业规模	年销售收入、资产总额、净资产、无形资产、利税总额（利润总额、纳税总额）、人均利税总额、员工总数、生产能力、投资规模、平均投资强度、年现金净流量
经营能力	存货周转率、应收账款周转率、流动资产周转率、总资产周转率
经营安全能力	自有资本构成比率、产权比率、流动比率、速动比率、资产负债率、已获利息倍数
获利能力	销售利润率、总资产报酬率、资本收益率、净资产收益率、每股赢利
市场控制力	市场占有率、市场覆盖率、市场应变能力、市场拓展能力、国际化销售密度、企业社会形象、营销能力、顾客忠诚度
信息技术水平	信息技术拥有率、信息技术无保障率、信息技术使用率、信息技术投资收益率、信息技术投入增长率
技术创新能力	人均技术装备水平、设备先进程度、能源消耗利润率、原材料消耗利润率、技术创新投入率、技术开发人员比率、新产品开发成功率、新产品产值率、新工艺产值率、专利水平
组织结构	组织结构的合理性、组织外向拓展能力、生产能力有效利用率
人力资本	企业高级管理人员综合素质指数、员工平均受教育程度、员工的观念素质综合指数、员工的信息技术水平、顾客受教育程度、顾客的信息技术水平、人均利税率、人力资本开发成本率、人力资本开发成本利润率
企业文化	聚合力、企业文化适应性、企业文化建设投资率
资本运营能力	附加经济价值EVA、资本保值增值率、固定资产使用率、规模—单位成本函数、企业融资率、企业资信度、留存盈余比率/股利支付率
知识管理能力	知识管理的环境指数、知识收集能力指数、知识运用能力指数、知识传播能力指数、规模—单位成本函数、企业融资
外界环境关联水平	企业经营权力系数、社会责任成本率、社会贡献率、社会积累率、政府经济政策对企业的影响

303

　　张金昌（2002）认为，从定量评价来看，显示竞争力高低的最基本指标是盈利能力指标，它可以用资产利润率或利润总额来表示。盈利能力是企业竞争力高低的最终反映：从相互比较角度来看，盈利能力是企业各种竞争优势的综合反映；从竞争结果来看，盈利能力是企业最终取

得收益水平的反映；从竞争过程来看，盈利能力高低反映了企业在竞争过程中对顾客的吸引力大小。从盈利能力角度看，企业竞争力主要由利润、资产、销售收入、销售成本、销售数量、销售价格等因素决定，由此构成企业竞争力评价指标体系（见表2—10）。

表2—10　张金昌提出的企业竞争力评价指标体系

评价因素	指标构成
竞争力评价指标	利润
	价格、数量—成本
竞争力决定因素	质量
	营销
	规模
	技术
	消耗
决定因素评价指标	增加值
	价格、销售收入、市场份额
	成本、生产率

李友俊等学者（2002）认为，根据企业竞争力的内涵，企业竞争力评价指标体系应反映企业的生存能力、发展能力、抗风险能力和科技开发能力；指标体系的构造应遵循科学性、全面性、协调性、可行性和层次性的原则，以准确反映企业竞争力和使指标体系与评价方法相匹配为前提，构造企业竞争力评价指标体系。根据这一观点，李友俊等学者也设计了一种企业竞争力评价体系（见表2—11）。

表2—11　李友俊等提出的企业竞争力评价指标体系

一级指标	二级指标	计算公式或指标内涵
生存能力指标	市场占有率	某类产品销售量/市场同类产品销售量
	全员劳动生产率	工业总产值（增加值）/全部职工人数
	成本费用利润率	利润总额/成本费用总额
	销售利润率	利润总额/产品销售收入
	产品销售率	工业销售产值/工业总产值
发展能力指标	资本保值增值率	期末所有者权益总额/期初所有者权益总额

续表

一级指标	二级指标	计算公式或指标内涵
生存能力指标	企业资信度	金融部门对该企业的信用评估等级
	设备新度	期末固定资产净值/期末固定资产原值
	环保设施投资占技改投资比值	环保设施投资/技改总投资
	利用外资金额	根据企业外商投资金额汇总而得
抗风险能力指标	资产负债率	期末负债总额/期末资产总额
	流动资产周转率	产品销售收入/流动资产平均余额
科技开发能力指标	从事科研开发人员占全员比值	从事科研开发的人数/全部人员的人数
	科研成果转化率	转化的科研成果数量/科研成果总数
	企业拥有专利	根据企业获得专利的数量统计而来

　　贾玉花等学者（2003）认为，企业竞争力评价指标体系用于对企业自身及竞争对手进行评估，其关键之一在于是否可获取全面、准确的数据。根据企业竞争力的特征，可把评价指标体系分为显在指标体系（见表2—12）和潜在指标体系（见表2—13）。

表2—12　贾玉花等提出的企业竞争力显在指标体系

外部状态	指标	指标计算公式	指标的作用
商品服务市场	产品市场相对占有率	销售收入/主营业务相同的上市公司的销售收入之和	反映企业的经营规模和产品获顾客接受程度
	销售收入增长率	（当年主营业务收入－去年主营业务收入）/去年主营业务收入	反映企业主营产品在市场中受顾客接受程度
资金市场	流动比率	流动资产/流动负债	反映企业的短期偿债能力
	股东权益比例	净资产/总资产	衡量企业在清算时保护债权人利益的程度
外围环境	净资产收益率	净利润/平均净资产余额	反映股东收益水平
	社会贡献率	营业税金及附加＋所得税	反映企业为政府上缴的财富

表 2—13　贾玉花等提出的企业竞争力潜在指标体系

企业内部素质	指标	指标计算公式	指标作用
技术素质	人均技术装备程度	固定资产平均原值/员工平均人数	反映人均占有生产工具的多少
	设备技术水平	固定资产净值/固定资产原值	反映当前固定资产技术水平
	固定资产增长率	（年末固定资产－年初固定资产）/年初固定资产	反映企业硬件设施规模的增长情况
人员素质	技术人员比例	技术人员数/员工总数	反映企业员工的技术水平
	员工的学历程度	大专及大专以上学历员工人数/全部员工人数	反映企业员工的平均受教育程度
	全员劳动生产率	销售收入/员工平均人数	反映人均创收能力
	存货周转率	销售收入/存货平均余额	反映企业运用资产赚取收入的
管理素质	应收账款周转率	销售收入/应收账款平均余额	反映应收账款管理能力
	总资产周转率	销售收入/总资产平均余额	反映企业运用资产赚取收入的能力
	销售净利率	净利润/销售收入	反映销售收入的收益水平

张晓文等学者（2003）认为，评价指标是企业竞争力评价内容的载体，也是企业竞争力评价内容的外在表现。由于影响企业竞争力的因素很多，非常复杂，为了把握企业竞争力的运动规律，可把构成企业竞争力的因素分成两部分，即评价因素和分析因素。评价因素是反映企业竞争力外显特征的评价指标，也就是表示企业竞争力得到发挥的那种状态的变数，称为"外显变数"。企业是否具有竞争力以及竞争力的水平高低可以通过这些评价指标的变化来测量。分析因素是影响企业竞争力水平变化的因素。这些因素可以通过宏观和微观的决策等进行制约。这些分析因素称为"动力因素"。

表 2—14　张晓文等提出的企业竞争力评价指标体系

基本要素	评价要素	评价指标
能力资源	人力资源	具有中高级职称人员占企业职工的比重，具有大专以上学历人员占企业职工的比重，企业经营班子在职工中的威望度
	装备状况	主要装备的技术水平
	财务状况	资产负债率，流动比率，速动比率，年现金净流量
	信息资源	企业信息网络对经营决策的支持作用，企业对同行业发展情况的了解，企业对竞争对手的了解
	财务状况	企业品牌知名度，本企业文化对自身发展的作用
能力制度与机制	制度与管理创新	法人治理结构的规范运行程度，企业法人代表的决策创新能力
	科技创新	从事科研开发人员占企业全部职工比重，企业拥有核心技术的竞争优势
	营销创新	市场占有率，国际销售额占销售收入的比重，企业营销网络建设情况
能力状态	规模能力	资产总额，销售总额，净利润
	生长能力	销售收入近三年平均增长率，净利润近三年平均增长率，净资产近三年平均增长率
	盈利能力	净资产收益率，销售利润率

　　肖智等学者（2002）认为，企业竞争力评价指标体系应包括六大基本要素：一是企业总体经济实力，它包括物耗利税率、工资利税率、资金利税率、固定资产投资率、产品质量价格比。二是人力资本，它包括职工教育、职业技术培训费占销售额比重、管理人员中管理专业大学生所占比重、职工人数中大学生占的比重。三是科技开发，它包括科技开发经费占销售额的比例、职工中科技人员所占的比例、新产品投产率、新产品产值率。四是经济信息资源利用水平，它包括应用经济信息的总量指标、经济信息的经济效益综合指标。五是技术创新能力，它包括新产品替代率和开发率、技术进步项目收益率、新技术带来的成本降低额、新技术带来的劳动生产率提高率。六是企业偿债能力，它包括资产负债率、现金净流量比率、长期负债率。

（二）企业竞争力评价方法的研究综述

截至目前，企业竞争力评价方法已发展到 20 余种，其中，比较有代表性的有因素分析法、对比差距法、内涵解析法、模糊综合评价法四种。

因素分析法采取"由表及里"的分析方式，即从最表面、最容易感知的因素入手，逐步深入到更为内在的因素。一般来说，越是内在的因素对企业竞争力的影响越深刻、越长久，并且，其作用机制可能非常复杂；越是表面的因素对企业竞争力的影响越直接、越短暂，并且，其作用机制相对较为简单。最表面、最容易感知的因素可以表征为企业竞争力的显示性指标，例如，产品或服务的市场占有率及其增长率、企业的盈利率、企业规模等。企业竞争力显示性指标直接反映当前企业竞争力的强弱；但是，由于缺乏对企业竞争力的深层次分析，这类指标并不能说明企业竞争力强弱的形成原因。为揭示和评价决定企业竞争力的深层次原因，就有必要进一步找出竞争力显示性指标的决定性因素。这样一来，企业竞争力评价指标体系就会延伸演变成为一组非常复杂的统计数值，而且，有些决定和影响竞争力的因素可能是难以计量的。因素分析法的基本要求就是尽可能地将决定和影响企业竞争力的各种内在因素分解和揭示出来。

因素分析法主要涉及以下几个环节：第一步，选取指标；第二步，构造指标间的因果关系；第三步，确定各指标所占权重；第四步，计算各种因素共同发生作用所导致的企业竞争力计量值；第五步，对统计结果进行合理性判断和解释。

对比差距法（"标杆法"）采取企业与企业直接比较的方式：假定同类企业中最优秀的一家或几家企业的一系列显性特征对竞争力具有明显的影响，因而，可以通过本企业和最优秀企业的一系列显示性指标的比较来评估本企业在竞争力上存在的差距。

对比差距法主要涉及以下几个环节：第一步，选取对比指标；第二步，比较本企业与最优秀企业各指标的差距；第三步，进行综合汇总，评价本企业与最优秀企业之间的总体差距。对比差距法同因素分析法的共同之处是，都要进行详细的因素分析和统计数值的计算；不同之处在于，由于采用一对一的比较，对比差距法可以进行多指标的直接对比，

而不必进行数值的加总比较，这可以避免各因素权重确定过程中的主观干扰。

内涵解析法将定性分析和定量分析结合起来，重点研究影响企业竞争力的内在决定性因素。与对比差距法和因素分析法不同的是，内涵解析法重点分析竞争力的内涵性因素；此外，对于一些难以直接量化的因素，该方法采用广泛听取专家意见或者问卷调查的方式进行分析判断。内涵解析法的基本目的是揭示企业的核心竞争力，并对其作用进行评价。

内涵解析法主要涉及以下几个环节：第一步，确定企业竞争力的主要决定因素，并分析因果关系；第二步，通过统计分析、专家意见、问卷调查等方式，分析企业竞争力的实际状况；第三步，深入剖析企业核心能力，发现企业核心理念及其渗透性（即是否贯彻到企业运行的各个部分和环节），并以此判断企业竞争力的强弱。内涵解析法的优点是，它可以深入分析企业核心能力，具有深刻性；缺点是，由于难以全面计量化，该方法可能含有较大程度的主观性，此外，有些因素在性质上是难以在企业间进行直接比较。

模糊综合评价法利用了模糊数学原理。在企业竞争力评价中，一些因素因具有模糊性而不能简单地用一个分数来评价。为应对这些因素，模糊综合评价法应运而生。模糊综合评价法可分为单因素模糊评价和多层次模糊评价两种方法。鉴于企业竞争力受多因素影响，采用多层次模糊评价法来评价企业竞争力较为适宜。

模糊综合评价法主要涉及以下几个步骤：第一步，确定因素集；第二步，确定各影响因素的权重集；第三步，建立评价等级集；第四步，确定隶属关系，建立模糊评价矩阵；第五步，进行模糊综合评价，得到模糊综合评价结果。利用多层次模糊评价法进行企业竞争力评价，首先要评价二级指标，其评价结果相对于一级指标构成一个模糊评价矩阵，与一级指标权重集相乘便得到企业竞争力模糊评价的最终结果。

309

三、本课题的企业竞争力评价说明

在企业竞争力指标选取方面，本课题坚持以下五条基本原则：一是

目的性原则。设计企业竞争力评价指标体系的目的在于，衡量企业竞争力的状况，找到增强企业竞争力的途径，指出改善企业竞争力的方法，从而最终增强企业的竞争实力。二是科学性原则。企业竞争力指标体系应该准确反映企业竞争力的实际情况，有利于企业同国内外竞争对手进行比较，挖掘竞争潜力。三是全面性原则。企业竞争力的评价应该充分考虑企业的显在竞争力和潜在竞争力。不仅要反映企业竞争力的"硬"指标，还要考虑企业竞争力的"软"指标。四是定性与定量结合的原则。对定性的指标要明确其含义，并按照某种标准对其赋值，使其能够恰如其分地反映指标的性质。定性指标和定量指标都必须有明确的概念和确切的计算方法。五是通用性和发展性结合的原则。所建立的指标体系必须具有广泛的适应性，即设立的指标能反映不同类别、不同行业的企业竞争力的共性；与此同时，建立的竞争力指标必须具有发展性，即可根据具体的行业和企业做出适当的调整，从而灵活应用。依据上述原则，本课题拟采用如下企业竞争力评价指标体系：

1. 企业规模

一般来说，企业规模大可以获得规模经济，并且可增强企业产品的市场竞争综合实力，如新产品开发能力、建立营销网络的能力、广告的集中投入能力、企业形象的总体策划能力等。企业规模的量化指标数据易于获取和加工计算，可以用企业的年销售收入、资产总额、净资产、无形资产、利税总额（利润总额、纳税总额）、人均利税总额、员工总数、生产能力、投资规模、平均投资强度、年现金净流量等来反映。在本课题中，企业规模指标用人均限额以上工业总产值、限额以上工业企业规模总产值/企业数、固定资产净值年平均余额/企业数、流动资产年平均余额/企业数四个指标来代表。

2. 经营能力

企业经营能力反映企业的经营状况。企业的市场控制力、盈利能力取决于经营能力的强弱。反映经营能力的指标很多，本课题组主要以财务报表数据为依据，从企业资产的流动效率方面进行评估，因为它是经营能力最直接的体现，具体包括：

（1）存货周转：用以衡量企业在一定时期内存货资产的周转次数，是反映企业购、产、销平衡效率的一种尺度，也是衡量企业销售能力和

310

分析存货是否适度的主要指标。

存货周转率＝销货成本÷平均存货

（2）应收账款周转率：反映企业一定时期应收账款的回收效率（周转速度）。

应收账款周转率＝销货额÷应收账款平均余额

（3）流动资产周转率：考察企业流动资产的运转效率。

流动资产周转率＝销售收入÷平均流动资产余额

（4）总资产周转率：反映总资产的利用情况，即单位投资发挥的效益如何。

总资产周转率＝销售收入÷总资产平均余额

3. 经营安全能力

企业经营安全与否是其生存能力高低的指示器。本课题组从企业资本结构、短期偿债能力、长期偿债能力三个方面进行评估。

（1）自有资本构成比率：考察自有资本在整个运营资金中占有多大的比重，是企业资本结构的衡量指标之一。

自有资本构成比率＝自有资本合计数/资本总额

311

（2）产权比率：反映债权人与股东所提供资本的相对关系，反映企业的基本财务结构是否稳定。比率越低，表明债权人投入的资本受到股东（所有者）权益的保障程度也就越高。

产权比率＝负债总额÷股东权益

（3）流动比率：反映企业的短期偿债能力。用流动比率来衡量企业的偿债能力，是要求企业的流动资产有足够的能力偿还短期债务，并有余力去应付日常经营活动中的其他资金需要。根据西方国家经验，一般情况下，流动比率达到2∶1的水平，表明企业的短期偿债能力较好。但由于各行业的经营性质不同，营业周期不同，对该指标的要求也不一样，应结合行业或地区的不同情况制定不同的衡量标准。

流动比率＝流动资产÷流动负债

（4）速动比率：反映企业短期偿债能力的补充性指标。流动比率只说明企业流动资产总额与流动负债总额之间的关系，并没有考虑流动资产项目中的流动性和变现能力的强弱。如果流动比率较高，而流动资产的流动性却较低，则企业的偿债能力仍不会高。速动比率是考虑流动资

产变现能力（在流动资产中扣除变现能力较低的存货）和企业短期偿债能力的衡量指标。一般认为，速动比率1：1为好，但也应根据企业的具体情况而定。

速动比率＝（流动资产－存货）÷流动负债

（5）资产负债率：考察企业长期偿债能力，说明债权的保障程度，比率越低，债权人所得到的保障程度就越高，对债权人就越有利。

资产负债率＝负债总额÷资产总额

（6）已获利息倍数：考察企业在一定盈利水平下，支付债务利息的能力，反映利息的保障倍数。

已获利息倍数＝税息前利润÷支付利息额

4. 盈利能力

（1）销售利润率：反映企业全部产品的综合盈利能力。

销售利润率＝利润总额÷产品销售净额（或销售收入）

（2）总资产报酬率：反映企业运用自己实际占有和支配的资产所能获利的程度，用来衡量企业所有经济资源运用效率的高低。

总资产报酬率＝（利润总额＋利息支出）÷平均资产总额

（3）资本收益率：反映以企业实收资本为基础的盈利程度。

资本收益率＝净利润÷实收资本

（4）净资产收益率：反映股东权益的收益水平，是衡量股份制企业盈利能力的指标。

净资产收益率＝净利润÷年末股东权益

（5）每股盈利：反映普通股每股所获盈利额，是衡量股份制企业盈利能力的指标。

每股盈利＝（净利润－优先股股息）÷发行在外的加权平均普通股股数

5. 市场控制能力

（1）主导产品市场占有率：反映企业的主导产品或服务在市场上的占有深度。

市场占有率＝（$S_1 + S_2 + S_3 + \cdots + S_n$）÷R

其中：S_i——企业第 i 种主导产品的市场占有率，其值等于该产品销售收入与同行业产品销售收入总额之比；i＝1，2，3…，n

n——企业主导产品数

R——市场占有率修正系数

R＝（企业固定资产原值＋企业年末定额流动奖金平均余额）÷（行业固定资产原值＋行业年末定额流动资金平均余额）

（2）市场覆盖率：反映企业主导产品服务在市场上的占有广度。

市场覆盖率＝企业某种产品的销售地区数÷行业同类产品的销售地区数（在实际应用中，不同地区的权重值应有所不同）

（3）市场应变能力：反映企业对市场变化的应对能力。

市场应变能力＝企业新产品开发率÷行业新产品开发率

新产品开发率＝（在研产品数＋储备产品数＋新产品投产数）÷现有生产产品数

（4）市场拓展能力：反映企业在开拓产品市场方面的实力。

市场拓展能力＝考察期内的营销费用总额÷考察期内产品销售额

（5）国际化销售密度：反映企业产品在国际市场上的实力。

国际化销售密度＝企业出口产品销售额÷企业全部产品销售额

（6）企业社会形象：反映企业在顾客等相关人员中的形象。

企业社会形象＝$Q_1＋Q_2＋Q_3＋\cdots＋Q_i$

其中，Q_i 为消费者协会或其他几个管理部门对企业的评分。

（7）营销能力

①定量指标：营销队伍实力用"销售人员占全体职工的比例"来表示。

②定性指标：通过问卷调查采集数据。

◇营销渠道：直接销售1分，电话销售1分，电视销售1分，零售1分，代理销售1分，网络（Internet）销售1分。有则得分，其和为营销渠道得分。

◇营销网点：全球9分，全国7分，全省4分，没有1分。

◇品牌商标：拥有国际知名品牌个数×9分，国内知名品牌个数×5分，省内知名品牌个数×3分，其他个数×1分。

◇售后服务网点：售后服务网点数量为得分数。

（8）顾客忠诚度＝100名顾客向本公司购买的某种商品的数量÷100名顾客从其他同类产品供应商处所购同种商品数量

313

6. 信息技术水平

从信息技术的拥有、使用、投入情况进行评估。

(1) 信息技术拥有率：反映企业现已拥有的信息技术软、硬件的水平。

信息技术拥有率＝信息技术总值÷企业总资产

(2) 信息技术无保障率：反映企业已拥有的信息技术中无法获得售后服务的比率。选用此指标是因为信息技术的升级换代很快，缺乏厂家技术保障的信息技术难以充分发挥功效。

(3) 信息技术使用率：反映企业对已拥有的信息技术的使用情况。

信息技术使用率＝正在使用的信息技术资产价值÷信息技术总值

(4) 信息技术的投资收益率：反映企业已拥有的信息技术所创造的价值。

信息技术的投资收益率＝利用信息技术而产生的收益÷信息技术的投入总额

(5) 信息技术投入增长率：反映企业在信息技术方面的投入情况。

信息技术投入增长率＝考察期内信息技术的投入增长额÷考察期内销售收入增长额

7. 技术创新能力

从现有技术实力、研究与开发（R&D）两个方面进行评估。

(1) 人均技术装备水平：反映企业现有技术水平。

人均技术装备水平＝生产用固定资产平均原值÷生产人员平均数

(2) 设备先进程度：反映企业现有技术水平。

设备先进程度＝期末达到国内先进水平以上设备数÷期末全部设备数

(3) 能源消耗利润率：从实际生产过程中反映企业技术水平的高低。

能源消耗利润率＝利润总额÷年综合能耗

(4) 原材料消耗利润率：从实际生产过程中反映企业技术水平的高低。

原材料消耗利润率＝利润总额÷原材料消耗总额

(5) 技术创新投入率：反映企业在技术创新活动中的资金投入情况。

技术创新投入率＝技术创新活动总费用÷企业产品销售额

（6）技术开发人员比率：反映企业在技术创新活动中的人力投入。

技术开发人员比率＝经常从事 R&D 的技术人员总数÷年平均职工数

（7）新产品开发成功率：从创新结果角度反映企业技术创新实力的强弱。

新产品开发成功率＝能够到达市场的新产品数÷开发的新产品总数

（8）新产品产值率：从创新结果角度反映企业技术创新实力的强弱。

新产品产值率＝创新产品销售额÷企业产品销售额

（9）新工艺产值率：从创新结果角度反映企业技术创新实力的强弱。

新工艺产值率＝由于工艺创新而增加的产值÷企业产品销售额

（10）专利水平：从创新结果角度反映企业技术创新实力的强弱。

专利水平＝某时刻企业申请专利数÷某时期企业专利数

（11）是否具有较完备的技术支撑

问卷调查：

◇企业是否使用管理信息系统、Intranet 或其他全球网络工具，是 1 分，否 0 分。

315

◇企业在产品设计中是否经常使用各类软件工具，是 1 分，否 0 分。

◇企业是否有处理顾客知识的相应系统，是 1 分，否 0 分。

◇企业是否开发或使用 Extranet，是 1 分，否 0 分。

8. 组织管理能力

（1）组织结构的合理性：反映现有组织结构在企业经营过程中的合理性。

问卷调查：

◇是否以市场为主建立相应的职能部门（考察：是否建立了新产品开发部门、市场开发部门、产品售前售后服务部门）。

◇企业组织结构是强调集权的传统金字塔形，还是强调分权的扁平网络形。

◇企业是否能在较短的时间内组建一个打破职能界限的新产品开发队伍。

◇企业内员工是否能获得工作所需的足够信息。

◇企业内部门之间的信息交流是否频繁。

（2）组织外向拓展能力：反映企业在发展与其他企业协作关系方面的实力。

组织外向拓展能力＝在发展与战略伙伴关系方面的投资÷企业产品销售额

（3）生产能力有效利用率：从企业的实际生产结果角度，反映组织结构对企业经营过程组织、协调作用的强弱。

生产能力有效利用率＝有效的生产能力利用规模÷年平均生产能力

其中，有效的生产能力利用规模是指一定时期生产的产品中实际销售的产品数量相对的生产能力利用规模。也可用：

生产能力有效利用率＝实际生产能力÷计划生产能力

9. 人力资本

从员工、顾客现在的知识、技能存量，员工创造的价值，企业对员工、顾客的培训投入三个方面进行评估。

（1）企业高级管理人员综合素质指数。

企业高级管理人员综合素质指数＝（平均管理年限÷平均年龄）×150＋150－平均年龄×2

（2）员工平均受教育程度。

员工平均受教育程度＝（1×小学程度人数＋2×初中程度人数＋3×高中程度人数＋4×大专程度人数＋5×大学程度人数＋7×硕士程度人数＋9×博士程度人数＋11×博士后程度人数）/员工总数

（3）员工的信息技术水平。

员工的信息技术水平＝[5×(a_1＋b_1＋c_1)＋3×(a_2＋b_2＋c_2)＋1×(a_3＋b_3＋c_3)]÷3N

其中：N——企业员工总数

a_1，b_1，c_1——分别为：对本职工作所需的专门的信息技术很熟悉、较熟悉、不熟悉的员工数

a_2，b_2，c_2——分别为：对一般性的用于通信的信息技术很熟悉、较熟悉、不熟悉的员工数

a_3，b_3，c_3——分别为：对信息技术很重视、较重视、不重视的员工数

（4）顾客受教育程度。

顾客受教育程度＝（1×小学程度人数＋2×初中程度人数＋3×高中

程度人数＋4×大专程度人数＋5×大学程度人数＋7×硕士程度人数＋9×博士程度人数＋11×博士后程度人数）÷经常购买本公司产品的100名顾客

（5）顾客的信息技术水平。

顾客的信息技术水平＝（5×对电话及其他网络通信技术很熟悉的顾客数＋3×对电话及其他网络通信技术较熟悉的顾客数＋1×对电话及其他网络通信技术不熟悉的顾客数）÷经常购买本公司产品的100名顾客

（6）人均利税率：反映企业员工利用自身知识、技能所创造的价值。

人均利税率＝利润总额÷职工平均人数

（7）人力资本开发成本率：反映企业在人力资本开发上的投入。

人力资本开发成本率＝用于人力资本开发总费用÷产品销售额

其中：人力资本开发总费用包括：在职教育费用、岗位培训费用、脱产培训费用、被培训员工误工损失费、顾客培训费等。

（8）人力资本开发成本利润率：反映企业在人力资本开发上的收益。

人力资本开发成本利润率＝由于人力资本开发而获得的利润÷人力资本开发的成本

317

10. 企业文化

（1）企业文化适应性。

问卷调查：

◇是否注重顾客因素

◇企业内是否具有创新的氛围：是否强调知识是核心生产要素并且鼓励员工持续学习、不断创新

◇对待风险的态度

◇经营中的灵活性

◇是否重视领导艺术

◇是否具有团队意识

（2）聚合力：反映企业文化在企业经营过程中因其引导、凝聚、约束功能而产生的效果。

聚合力＝企业全要素生产率÷行业全要素生产率

（3）企业文化建设投资率。

企业文化建设投资率＝近三年文化设施投资÷企业基建技改投资总额

（4）员工观念素质综合指数。

问卷调查：

◇竞争观念：强5分，较强3分，弱1分

◇效益观念：强5分，较强3分，弱1分

◇法制观念：强5分，较强3分，弱1分

◇团队意识：强5分，较强3分，弱1分

（5）企业家观念素质综合指数。

问卷调查：

◇竞争观念：强5分，较强3分，弱1分

◇创新观念：强5分，较强3分，弱1分

◇效益观念：强5分，较强3分，弱1分

◇法制观念：强5分，较强3分，弱1分

◇团队意识：强5分，较强3分，弱1分

11. 企业信誉

（1）产品返修率：反映企业产品质量。

产品返修率＝年返修产品价值金额÷年销售额

（2）企业被投诉次数：反映顾客对企业服务的满意程度。

企业被投诉次数＝企业每年在消费者权益部门登记的被投诉次数

12. 资本运营能力

（1）附加经济价值 EVA：从资本运营效果上反映企业资本运营实力的强弱。

EVA＝息前税后利润－资金总成本

（2）资本保值增值率：从资本运营效果上反映企业资本运行实力的强弱。

资本保值增值率＝期末股东权益期÷股东权益

（3）固定资产使用率：反映企业在存量资本上的管理实力。

固定资产使用率＝在用固定资产原值÷全部固定资产原值

（4）规模—单位成本函数：反映企业规模的扩大与单位产品成本之间的数量依存关系。

规模—单位成本函数＝规模扩大后的总成本÷规模扩大后的总产量

（5）企业融资率：反映企业在资本增量管理上的实力。

企业融资率＝本期各种渠道融资额÷企业平均总资产

（6）企业资信度：反映企业的资信情况，资信度越高，在筹资过程中就越容易获得投资。企业资信度采用金融部门对企业的信用评估等级来表示，等级 AA、AB、BA、BB、C 所对应的得分分别为 9、7、5、3、1。

（7）留存盈余比率：反映企业在资本收益管理上的实力。

留存盈余比率＝（净利－全部股利）÷净利

（8）股利支付率：反映企业与资本收益管理上的实力。

股利支付率＝每股股利÷每股盈余

13. 跨国经营能力

反映企业在产品开发、生产、营销及售后服务诸方面，在国际市场上求得生存的能力。

（1）国际市场占有率：反映企业生产的产品在国际市场上的竞争力强弱。

国际市场占有率＝企业生产的某类商品出口总额÷该类商品的世界出口总额

（2）出口产品品质指数：反映企业出口产品附加值情况，其隐含意义是出口产品技术含量情况。

出口产品品质指数＝（企业生产的某类产品出口额÷该类产品出口件数）÷该类产品的出口价格指数

（3）国际市场营销能力。

企业在国际市场上的营销网络的规模和效能是影响和提升贸易竞争力的重要因素。企业自己的国际营销渠道畅通是开拓市场、增加市场份额并取得较高出口附加值的重要前提。本课题组用境外销售网点和代理商及销售人员的数量、通讯费用支出占企业同期总营业收入的比重、全球质量保证体系情况等表示。其中，全球质量保证体系采取问卷调查方式取得数据：有 5 分，无 0 分。

（4）企业利用外资水平。

企业利用外资水平＝企业利用外资额总量÷资产总值

14. 环境协调能力

（1）企业经营权力系数：反映企业参与市场经济活动的独立性。

企业经营权力系数＝$\sum (K_i \times Pp_i) \div Ps$

319

式中：K_i——各项经营自主权对企业部分力的权重系数

Pp_i——企业到目前为止实际拥有并能够运用的自主权项目

Ps——企业在生产经营过程中应拥有的自主权数量

规定：$Pp_i = 0$ 对应为没有，$Pp_i = 1$ 对应为有。

（2）社会责任成本率：反映企业因生产经营行为对社会整体或劳动者群体产生现实或潜在的不利影响或损失，而要求采取防护措施或给予损失补偿所付出的代价。

社会责任成本率＝社会责任成本÷产品销售收入

（3）社会贡献率：反映企业对社会整体或劳动者群体作出的贡献。

社会贡献率＝企业社会贡献总额÷平均资产总额

式中：企业社会贡献总额包括工资（含奖金、津贴等工资性收入），劳保退休统筹及其他社会福利支出，利息支出净额，应交增值税，应交产品销售税金及附加，应交所得税及其他税收，净利润等。

（4）社会积累率：反映企业对国家财政所作出的贡献。

社会积累率＝上交国家财政总额÷企业社会贡献总额

式中：上交国家财政总额包括应交增值税、应交产品销售税金及附加、应交所得税及其他税收等。

应当说，上述指标体系能较为完整、准确地反映企业竞争力。受资料可得性限制，本课题在现阶段采用了一个简化版本的企业竞争力评价指标体系（见表2—15）。

表2—15　本课题现阶段采用的企业竞争力评价指标体系

评价要素	评价指标
企业规模	人均限额以上工业总产值、限额以上工业企业规模总产值/企业数、固定资产净值年平均余额/企业数、流动资产年平均余额/企业数
企业盈利能力	利润总额/产品销售收入、（利润总额＋利息）/平均资产总额
企业组织管理能力	组织结构的合理性、生产能力有效利用率
企业文化	企业家观念素质、员工观念素质
企业信誉	产品返修率、企业被投诉次数

（余维彬）

主要参考文献

1. A. M. Spence and Heather A. Hazard，edit（1988），International Competitiveness，Balling Publishing Company，U. S..

2. President's Commission on Industrial Competitiveness，Global Competition：the New's Reality Washington D. C.，U. S.，Government Printing Office，1985，p. 26.

3. 金碚：《论企业竞争力性质》，《中国工业经济》，2001 年第 10 期。

4. 金碚：《企业竞争力评价的理论与方法》，《中国工业经济》，2003 年第 3 期。

5. 金碚等：《中国企业竞争力报告（2003）》，社会科学文献出版社，2003 年。

6. 金碚等：《中国企业竞争力报告（2004）》，社会科学文献出版社，2004 年。

7. 李显君：《国富之源——企业竞争力》，企业管理出版社，2002 年。

8. 胡大立：《企业竞争力论》，经济管理出版社，2001 年。

9. 胡大立：《企业竞争力——决定因素及形成机理分析》，经济管理出版社，2005 年。

10. 包昌火：《竞争情报与企业竞争》，华夏出版社，2001 年。

11. 波特：《竞争优势》，华夏出版社，1997 年。

12. 王陈叶等：《区域竞争力五星论及实证》，航空工业出版社，2000 年。

13. 张金昌：《国际竞争力评价的理论和方法》，经济科学出版社，2002 年。

14. 李友俊、李桂范、康喜兰、徐庆文：《企业竞争力的模糊评价》，《大庆石油学院学报》，2002 年第 1 期。

15. 贾玉花、纪成君、王红亮：《企业竞争力及其综合评价》，《辽宁工程技术大学学报》（社会科学版），2003 年第 1 期。

321

16. 张晓文、于武、胡运权：《企业竞争力的定量评价方法》，《管理评论》，2003 年第 1 期。

17. 肖智、冉松况：《21 世纪企业竞争力评价指标体系》，《统计研究》，2002 年第 5 期。

由国别风险与主权评级到
中国区域金融生态环境评价

20世纪80年代以来，特别是亚洲金融危机之后，国别风险和主权评级的概念在发达国家经济学界成了热门话题。有关国家信用和风险的评估未能预测到1997年亚洲金融危机，甚至有可能加深了危机，让大部分跨国资本感到有必要重新评估国际评级机构的工作。而评级机构对债务工具选择的指导、对国际资本流向的左右、对新兴市场国际融资的限制以致歧视，都引发了学术界广泛的争论。2001年1月，巴塞尔银行监管委员会发布了一份新巴塞尔资本协议（《巴塞尔Ⅱ》建议书），其中对外部评级标准、机构、使用等都做了强调。这进一步引发了人们对国别风险和主权评级的关注。

323

一、国别风险及其测量[①]

一个被广泛使用的国别风险定义是由纳吉（Nagy，1984）提出的："国别风险是跨边界贷款中的损失的可能性，这种损失是由某个特定国家发生的事件所引起，而不是由私人企业或个人所引起的。"把握这一概念，有两点需要强调。一是跨边界贷款包括了一个国家的各种形式的跨边界的贷款，不论它是给政府的、银行的、企业的，还是给个人的。二是损失是由国家层面发生的事件所引起，而不是某个私人部门或个人层面的事件所引起。这些事件包括政治事件、经济政策、经济基本面等等，

---

① 该部分参见曹荣湘：《国家风险与主权评级：全球资本市场的评估与准入》。

对于私人部门来说是不可抗因素。

纳吉的定义只是就国际信贷市场而言的，实际上，国际市场上的股票、债券、金融衍生品，以及国际直接投资等等——几乎一切国际资本流动都面临着因债务国"不能"或"不愿"而产生违约的风险。厄尔布等人（Erb，Harvey and Viskanta，1996）认为国别风险是影响全球投资战略的一个重要因素，并分析了国别风险概念的构成。诺伯特·菲斯（Fiess，2003）证实，国别风险是资本流动中的一个重要决定因素，并且国别风险的增长将降低资本流动。实际上，最著名的几家国别风险测评机构，如国际国别风险指南（International Country Risk Guide，ICRG）、穆迪投资者服务公司（Moody's Investor Services）、标准普尔信用评级集团（Standard and Poor's Rating Group）所测定的国别风险，均包含了所有国际贷款和投资面临的损失可能性。因此，我们可以将国别风险宽泛地定义为：国别风险是国际资本流动中面临的、因受特定国家层面的事件的影响而使资本接受国不能或不愿履约，从而造成债权人损失的可能性。

国别风险的测量是一件十分复杂艰巨的工作，它涉及一国政治、经济、文化、外交、国防等方方面面的问题。因此，对国别风险的测量必定以专业队伍或机构的形式出现。在需求的拉动下，国别风险的测量如今已成为一个巨大的产业。主要的测量机构除以上提到的三个外，还有：世界市场研究中心（World Market Research Centre）、美洲银行世界信息服务公司（Bank of America World Information Services）、商业环境风险情报中心（Business Environment Risk Intelligence）、控制风险信息服务公司（Control Risks Information Services）、经济学家情报中心（Economist Intelligence Unit）、欧洲货币（Euromoney）、机构投资者（Institutional Investor）、政治风险服务公司：Coplin-O' Leary 信用评估体系（Political Risk Services：Coplin-O' Leary Rating System）。

为详细说明这些机构对国别风险的测量，我们以其中最重要的三家为例：

1. 国际国别风险指南（ICRG）

ICRG 是最专业的、惟一每月发布测量结果的国别风险测量机构。ICRG 和其他许多测评者一样，认为国别风险由两个基本的部分组成：

324

偿付能力和偿付意愿。ICRG 的国别风险评价包括政治、财政和经济三个范畴。其中政治风险与偿付意愿有关，而财政风险和经济风险则与偿付能力有关。

政治风险的组成因素包括：经济预期与现实的偏差、经济计划的成效、政治领导人表现、有无外部冲突、政府腐败状况、军队和军人在国家政治中的位置、宗教在政治中的位置、法律和秩序传统、种族和民族压力、政治恐怖主义状况、有无内战、政党发育情况、官僚主义；财务风险因素包括：贷款违约状况或有无对贷款人不利的重构、贷款延期支付状况、由政府清算合约的可能、汇率管制可能造成的损失、剥夺私人投资的可能；经济风险因素包括：通货膨胀水平、债务占出口商品和服务的比重、国际流动性比率、对外贸易收款经验、当前账户余额占商品和服务的比重、汇率市场指标。

ICRG 根据以上风险类别，列出了一个综合风险指数，以考量该国国别风险的总体状况。

$$国家综合风险（CRR）=0.5×（PR+FR+ER）$$

式中，PR 为政治风险评级，FR 为财政风险评级，ER 为经济风险评级。分值 100 表示风险最低，0 表示风险最高，具体见表 2—16。

表 2—16　ICRG 国别风险评级状况

风险评级	风险
0.0～49.5	风险非常高
50.0～59.5	高风险
60.0～69.5	中等风险
70.0～84.5	低风险
85.0～100.0	风险非常低

2.《欧洲货币》杂志（Euromoney）

《欧洲货币》杂志衡量的国别风险范畴包括政治风险、经济风险（其中又包括人均 GNP 和《欧洲货币》专家以投票形式对各国经济情况进行评价的结果）、债务指标（其中又包括总债务存量占 GNP 的比例、债务占出口的比例、当前债务余额占 GDP 的比例）、违约债务或重新安排的债务情况、信贷评级、获得银行融资的能力、获得短期融资的能力、进入国际资本市场的能力、福费廷的折扣九项内容。

《欧洲货币》的计算方法中，政治和经济风险的权重各为 25%，债务指标占 10% 的权重，违约债务或重新安排的债务情况占 10% 的权重，信贷评级占 10% 的权重，获得银行融资的能力占 5% 的权重，获得短期融资的能力占 5% 的权重，进入资本市场能力占 5% 的权重，福费廷的折扣占 5% 的权重。总分的计算公式如下。

$$总分 = A - \frac{A}{B-C} \times (D-C)$$

式中，A 为范畴权重；B 为范围内的最低值；C 为范围内的最高值；D 为个体值。其中在债务指标和违约债务的计算中，要将 B、C 颠倒过来，最低值权重最高，最高值权重为 0。

3. 世界市场研究中心（WMRC）

世界市场研究中心（WMRC）的评级办法考虑六个因素，即政治、经济、法律、税收、运作和安全性。政治风险评级要估计国家全面的政治状况，如政府机构是否稳定和政治的民主性、政府是否能够实施政治计划而没有经常性政治僵局、国家的政治生活是否安定；经济风险评级要关注国家宏观状况和稳定性，如是否有稳定的市场、政府的政策是有益还是有害；法律和税收风险评级估计投资者遇到法律障碍的程度和未曾预料到的税收情况；运作和安全风险评级估计官僚主义和物质方面的障碍以及人员在工作中可能面临的情况，如是否有良好的基础设施或是否有恐怖主义的威胁。

WMRC 的思路是对每个国家六项考虑因素中的每一项都给出风险评分，分值为 1~5，1 表示最低风险，5 表示最高风险。风险评级最小的增加值是 0.5。国别风险的最终衡量根据权重，综合六个因素的打分情况得出。其中政治、经济风险各占 25% 的权重，法律和税收各占 15%，运作和安全性各占 10%。其计算方法如下：

$$国别风险 = \sqrt{\begin{array}{c}(政治风险)^2 \times 0.25 + (经济风险)^2 \times 0.25 + (法律风险)^2 \times 0.15 \\ + (税收风险)^2 \times 0.15 + (运作风险)^2 \times 0.1 + (安全性)^2 \times 0.1\end{array}}$$

其国别风险评级状况描述见表 2—17。

表 2—17　WMRC 国别风险评级状况

全面风险评级		风险
1.0~1.24	AAA	非常小
1.25~1.74	AA	可忽略
1.75~1.99	A	低
2.0~2.49	BBB	适中
2.50~2.99	BB	中
3.0~3.49	B	略高
3.50~3.99	C	高
4.0~4.49	D	非常高
4.5~5.0	E	极高

　　这些方法尽管在设置指标上可能不同，但计算方法一般都采用风险因素加权打分法。风险因素加权打分法的好处在于，可以将难以定量的风险量化，从而解决了不同国别、地区风险难以进行比较的难题。缺陷是受评价机构主观影响比较大，对同样国别、地区如果风险因素设置不同或赋予权重有差异，评价的结果可能大相径庭。因此，为了保持其具有较高的准确性就需要不断的结果反馈，及时修正。

327

二、国别风险与主权风险[①]

　　与国别风险有关的另一个概念是主权风险。但对于什么是主权风险，学术界的定义并不一致。一种观点认为，所谓的主权风险，是指一个国家政府未能履行它的债务所导致的风险（Claessens 和 Embrechts，2003；Cantor 和 Packer，1996）。其特征有三：一是偿付意愿在主权风险中占了一个重要位置。在通常的情况下，私人部门债务往往主要因能力问题而违约，但对于一个国家来说，能力问题一般不是真实的问题，在很多情况下，违约是偿付意愿的问题。一个主权政府甚至会由于政治原因而违约。二是主权政府如果不履行债务，债权人可能得不到任何补偿，或

---

　　① 该部分参见曹荣湘：《国家风险与主权评级：全球资本市场的评估与准入》。

者只是有限的法律意义上的赔偿。三是主权政府的债务往往缺乏外来的有效担保，因为主权本身通常被预设为最终担保人（Jüttner and McCarthy，2000）。

另一种主权风险的定义是把它当作由国家干预所造成的风险。例如，标准普尔把主权风险定义为：主权国家及时采取行动以直接或间接影响债务人履行其义务的能力（Standard & Poor's，1997）。穆迪公司则强调主权评级并不是一个政府的信用价值的直接评估，而是对公共部门和私人部门的债务偿还能力的评估（Moody's Investor Service，1992）。这种定义显然比第一种定义更加宽泛，它不仅包括了第一种意义上的主权风险（政府履行自己的债务的能力和意愿），而且包括了由国家政府行为直接和间接造成的对私人部门债务的影响。也许可以说，这种主权风险的定义倒是和前面我们所说的"国别风险"相近似了。

相应地，关于国别风险与主权风险的关系，学术界也有两种截然相反的看法。一种与前一个主权风险的定义相对应，认为国别风险不仅仅局限于主权风险，它是一个比主权风险更大的概念，主权风险被局限于给一个主权国家的政府提供贷款的风险（Claessens 和 Embrechts，2003）。另一种观点则完全相反，它们把国别风险当作主权风险的一部分。例如，在标准普尔对主权风险的定义中，国家的直接干预被认为包括如债务偿付的延期、外汇管制和改变税制等之类的手段。这些手段使政治风险上升。被看做国别风险和经济风险的间接行为与主权国家所采取的、逆向地影响债务人的经营环境的措施有关（Standard & Poor's，1997）。

尽管存在这些用法上的不同，但我们认为，后一种主权风险的定义更加符合实际的需要，也更具有可操作性。撇开其他的风险，单独就国家政府能否或愿否偿付自己的公共国际债务而言，这种定义实在太过狭窄。应该把对主权风险的分析放到更大的宏观背景下来考察。也正是由于这个原因，目前国际上的评级机构在进行主权评级时，大多数采用了这种定义。而所谓的主权评级，指的就是对各国"直接或间接影响债务人履行其对外偿付义务的能力和意愿"这一主权风险的测量与排名。

三、主权评级：标普、穆迪和惠誉[①]

与对国别风险的测量一样，国际上有许多评级机构。但在全球金融市场上，这个行业主要被三个机构所主导：标普（S&P）、穆迪（Moody）和惠誉（Fitch）。我们通过对 S&P、Moody 和 Fitch 三家公司的分析比较，来了解国际评级公司主权评级的方法。大体来说，三家公司都使用了一些指标，量化指标只能反映过去状况，要加入"质"的指标才能够有足够的预测功能，也就是说做主权评级研究，政治经济学要比计量经济学重要许多。

1. Standard & Poor's

S&P 的主权信用评级目前评级了 77 个国家或地区。S&P 的评级包括了量的分析与质的分析：在量的分析方面，藉由一些经济与财务方面的数据表现来作为评级的标准；而质的分析用来评估国家未来的信用展望。它的评估方法兼采"由上而下"与"由下而上"两种方式：

329

"由上而下"的方法为每季分析研判该区域违约的趋势并且定期观察国际情势对该国的影响。"由下而上"方法专注于影响每个政府债务的基本因素，一共分为八大类指标，分类如下：（1）政治风险、（2）所得水准与经济结构、（3）经济增长展望、（4）财政弹性、（5）公共债务负担、（6）物价稳定性、（7）国际收支账户弹性、（8）外债与流动性；评级时由委员会成员就这八大类指标评分（1～6分），没有绝对的评分公式。

这八大类指标，每一类都和政治、经济风险有关，经济风险强调政府还款的能力，包括质和量的分析；政治风险强调政府还款的意愿，属质的分析，将政府和其他不同的发行者分开，因为政府违约，债权人能获得的补偿很少。

（1）关于政治风险

在评级的考量中，政府的稳定性是一个重要的考量。它是经济政策

---

① 参见 Standard & Poor's, *Sovereign Credit Ratings：A Primer*, December 1998; Fitch IBCA, *Sovereign Ratings Rating Methodology*, 2002。

的一个重要变量,影响到错误决策被发觉和修改的效率。例如,法国的 AAA 评级,有一部分也是反映该国政策的制定过程透明,也因此导致能对错误的政策迅速纠正;哈萨克的 BB— 评级,有一些也是因为其政策的不确定性。

(2) 关于经济结构和经济增长

另外,经济结构也是考虑的因素之一。市场经济因为非集权式的决策、有合法的财产权,相对不容易产生政策错误,并且比较尊重债权人权益;如果市场经济改革在东欧成功,一些国家的主权评级就会和西欧渐趋一致。

一个国家如果不断地提升生活水准,所得分配也公正,它就可以承担比较多的公债,并较能承受突如其来的政治经济冲击。但是如果一个国家发生过公债违约的记录,它必须花更大的努力和更久的时间才能回复到相同等级。例如:英国的 AAA 评级代表其这个世纪光荣的信用记录,相对地,尽管现在阿根廷的负债相较于其国民所得的比率较英国为低,但阿根廷却因为曾经违约而被评为 BBB—。

(3) 关于财政政策

S&P 考虑财政政策时通常着眼于以下三点:一是公债举债之目的;二是公债增长所可能带来之影响;三是通货膨胀所代表之意义。赤字预算对任何政府都可以是适当的政策工具。当项目效益可以支撑债务时,用借款从事公共建设是明智的做法,例如,新加坡的 AAA 评级,一部分就来自于它过去 40 年对公共建设精明的投资。

(4) 关于通货膨胀和公债

S&P 视通货膨胀率为国内公债评级最重要的因素,因此为各个主权评级设立了通货膨胀的基准。为评估各国的物价压力,S&P 会观察各国政府在经济景气循环中的行为,包括各级政府的负债变化、表外收支账、公共部门基金和或有负债等项目,也会参考货币供给增长率、负债增长率等指标来评估通货膨胀情形。

S&P 也注重制度面对通胀造成的影响。具有高度自主性的中央银行会有较好的物价维持能力,例如:美国(AAA)、德国(AAA)央行有高度独立的传统;在新兴国家中以智利和以色列的央行独立性较佳;墨西哥的央行则徒有独立的形式。

330

各国资本市场的深度与广度也是重要的评量因素。如果国内公债的持有者分散在社会各界，比起公债持有者集中在几家私人银行，政府会较不愿意违约。因此在几个国家，例如智利和阿根廷，其成立投资债券的私人基金，对该国债券评级有一定的支撑。经合组织（OECD）的研究也显示，即使公债处于高水位，只要决策者决心维护选民的财产价值，它的信誉仍可以长时间维持。

（5）关于国际收支和外债

S&P检视各国国际收支账时，会特别注意公共部门外债部位、政府或有负债的大小、外汇准备适切性和私人部门的外债。

公共部门外债包含各级政府直接发行或提供担保的外债，净公共部门外债为总外债减去包含央行外汇储备在内的政府金融资产。净公共部门外债规模大小的比较对象为对外出口（包含商品和服务）金额。排列1998年10月S&P评级的77个国家，这一个比率的中位数为60%。

金融部门的问题往往比较严重，当问题严重到必须政府加以营救时，也会影响主权评级。韩国和泰国在1997～1998年间被大幅降低评级就是因为要支持银行部门政府花了大量的资本；相反地，新西兰的金融部门就非常健全，而且当地最大的金融机构为信誉良好的外资银行。

（6）关于国际流动性

外汇储备包含外币和黄金准备，它的重要性随评级级别不同而不同。在收支账面临压力时，外汇储备可发挥缓冲器的功用。外汇储备之适当存量，根据政府财政政策、汇率政策、经济体对资本流动和贸易变动的承受程度，以及来自于国际组织或其他国家的援助而定。

美国的外汇储备非常低。原因之一就是美元在国际贸易和投资上占重要地位，其他评级高又采用浮动汇率的国家，即使外债不多也都有较多外汇储备。至于评级低的国家，流动性更为重要，以备遭受冲击所需，南美洲国家的外汇储备普遍较高就是这个原因。

总之，S&P希望能考察经济、政治、债务、商品的循环，所以贸易量的衰退或政权的交替本身并不会影响到评级；它看重诸如长期的趋势或意料之外的政策反应。例如，国际资金的移动在S&P看来是正常现象，不会影响评级，因为政府的偿债意愿和能力不会受投资者的情绪转变而影响。另外一方面，政策的贯彻能力和政策错误被修正的效率对评

级非常的重要。例如，过低的外汇储备和过多的短期外债是大部分主权国家评级降低的背景，但是错误的政策才是主因。此外，由于金融体系特别容易因信心问题而引发大量损失，S&P除了观察诸如私人部门借贷增长率和外债增长率等领先指标，也会采用经济衰退下的资产价值，估测政府的或有负债。

2. Moody's

与标准普尔的定义类似，穆迪的长期债务评级对一个发行者完全及时地偿付本息的能力和意愿的相对风险进行评估（Moody's Investor Service，1997a）。评级事项反映出借款人履行债务偿还义务的金融、法律和政治能力（Moody's Investor Service，1997b）。

穆迪公开的评级方法比标准普尔显得结构更加松散，并且更改的频率较高。虽然如此，其主权风险分析显然包含三类：定性因素、经济基本面和外债。

定性因素包括阶层、种族划分、财富分配、文化和意识形态差异以及利益集团等，主要涉及社会关系结构。评估政治动态时着重强调对财富形成和经济管理的政治干预程度、过去受压制的行为以及政权的合法性。经济基本面的分析着重强调经济管理，包括财政货币政策、国家资源和资源开发、出口构成以及对进出口部门的结构依赖。外债部分完全集中于相对于出口和GDP的外债。债务构成，特别是到期债务部分是重要的考虑因素。

坎托和帕克（Cantor 和 Packer，1996）曾经开创性地对主权评级做了分析。学术界称他们的分析模型为CP模型。他们发现，穆迪和标准普尔的评级有相当大的一致性。在1995年9月穆迪和标准普尔都评过级的49个国家中，28个得到的评级是一样的，12个被标准普尔评级较高，9个被穆迪评级较高。他们还对这两家评级机构的指标或者类别进行了归纳，得出了一个被学术界广泛认可的评级指标体系。他们认为，尽管穆迪和标准普尔在评级标准叙述中，列举了许多经济、社会和政治因素作为其主权信用评级的基础（Moody's Investors Service，1991，1995；Standard and Poor's，1994），但在它们的评级报告中，反复列举的、作为主权评级决定因素的变量有8个：

（1）人均收入：借款国的潜在税基越大，政府偿债的能力就越大，

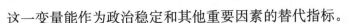

这一变量能作为政治稳定和其他重要因素的替代指标。

（2）GDP增长：经济增长率相对较高，表明国家现有债务负担相对容易偿还。

（3）通货膨胀：高通货膨胀率暗示着政府财政的结构问题。当政府显得不能或不愿通过收税或发行债务来支付当前的预算支出时，它必须求助于通货膨胀的财政。公众对通货膨胀的不满反过来可能导致政治的不稳定。

（4）财政平衡：大的联邦赤字吸收私人国内储蓄并表明政府缺乏对公民收税的能力和意愿，以满足当前的支出和偿还债务的需要。

（5）外部平衡：大的资本项目逆差表明公共部门和私人部门均严重依赖于国外资金。持续的资本项目逆差导致国外亏欠增长，这在长时间可能变得无法维持。

（6）外债：较高的债务负担对应于较高的违约风险，随着一国的外币债务相对它的外汇收入（出口）上升，债务负担也更加沉重。

（7）经济发展：虽然发展水平已经被人均收入变量所测量，但评级机构认为一旦某个国家达到某个确定的收入或发展水平，它们不太可能违约。

（8）违约史：在其他条件相同的情况下，如果一个国家最近有过债务违约，则会被认为是高信用风险的国家。

随着国际经济环境的变化以及评级模型的完善，主权评级总是处于不断的改进和变化之中。朱特勒和麦卡锡（Jüttner和McCarthy，2000）对亚洲金融危机之后的主权评级变量的变化做了考察。他们发现，CP模型在1997年的解释力下降了。8个自变量中的6个在1996年和1997年的检验中有显著的解释力。在1998年的分析中，这个数目降到4个，其中，通货膨胀和GDP增长这两个变量以前有显著解释力而这时却变得不大相关。为此，他们增加了5个变量，即：1个利差变量（某国和美国相同期限的政府债务之间的利率差）、3个金融部门变量（潜在问题资产占GDP的百分比、金融系统因政府而产生的或有负债与GDP之比、私人部门信贷增长的变化率（用对GDP的百分率表示））、1个实际汇率变量（用购买力平价作为均衡基点）。朱特勒和麦卡锡以此为基础，检验了这一扩展模型的解释力。他们发现，调整后的新模型的 R^2 极其高，为

333

91.2%。而且，把额外变量——特别是利差和实际汇率——引入模型，在解释 1998 年 6 月新兴市场主权评级的变化上是很重要的。

3. Fitch IBCA

1982 年 8 月爆发了国际债务危机，有许多国家付不出本金利息，这不是第一次的国际债务高峰，问题由来已久。事实上，美国密西西比州自十九世纪以来就一直有公债违约的问题，有些人认为过度借贷和违约高峰有一个 40 年到 50 年的循环。

现代国家极不愿意发生违约情事，因为愈来愈紧密结合的国际贸易和密集的国际金融往来使各国不可能在各方面自给自足，故此增加了违约的机会成本。政治方面，因为苏联解体、中国内地的市场化改革，使得与世界资本市场脱节的国家不再有其他救援的管道。这些发展都使国际资本流量加大，主权评级更显重要。

一般而言，现在全球各国的政治风险已经降低，国家评级现在因此考量较多的是经济风险。Fitch IBCA 的评级方法是参照最近发生的违约情形来建立数个领先指标，配合一套风险模型为各国评分。

即使如此，主权评级比银行、公司评级都要困难。主要原因是国际借贷的规模比起公司、银行借贷的规模要小得多，而且自从有正式国际收支账统计后的违约次数不多，即使用各种研究法（包括回归模型、神经网络分析等）来改善风险模型，再精细的计量经济方法也会因为过少的样本和数据而产生不确定性。

小样本的经济分析不能肯定有一套指标能发掘问题，依据 Fitch IB-CA 的研究，违约同时发生在高负债和低负债国家，发生在赚取外汇能力高低不同的国家，也发生在拥有不同长短历史的政治机构。

所以现在的主权评级方法，政治经济学的技巧比计量经济学的科学方法还要重要。一个经验丰富的研究员对政策的持续性以及决策者的评价，和用科学方法去估计出口潜力是同等重要的。与其他信用评级相比，国家信用评级的确需要更多的判断。

Fitch IBCA 的评级是一个双方合作的过程，一旦一个国家同意 Fitch IBCA 对其进行评级，就会有一份问卷寄给相关的政府官员，该问卷内容不限于政府负债的问题，也包括针对该国特殊政治、经济情势的问题；这份问卷形成 Fitch IBCA 访谈的基础。至少有两位研究员会做一个星期

334

以上的访谈。访谈期间，会评估该国公、私部门的外债和外国资产；取得一些传统的经济指标，例如，负债对出口比、负债对国民生产毛额比、外汇存底的规模和种类、财政收支均衡等；检视该国的生活水准和成长性，观察经济的活力和对冲击的承受力，所得分配情形对经济压力承受力和社会张力有很重要的影响。

在衡量政策的时候，Fitch IBCA 会先引用 IMF 长年对各国储蓄率、投资和经常账户的观察。然后，通过对决策者的访谈再修正 Fitch IBCA 对该国货币政策和财政政策的看法。正确的国内财政衡量要先剔除因为通货膨胀所减少的政府资产、负债、分开循环性和结构性的借贷因素、考察公债负担对经济发展是否有贡献等，除非公债的投入标的收益很高，否则应该和国内生产总值维持一定的适当比率。

Fitch IBCA 非常注重政策的一致性。决策者对符合该国经济实况的政策辩护通常让人放心，但是如果有证据显示政府忽略了某项因素，或无法处理一些问题，就令人担忧。主权评级被降低，常是因为政策发布，却不实行的这种最糟糕的情况。

Fitch IBCA 对政策的评估不限于金融指标，例如：经济增长率、通货膨胀率、外部均衡、失业率等重要实质指标也必须同时考虑。维持安定以外，Fitch IBCA 也会考虑政府试图改善经济结构的决心。

其他结构性的政策也是影响长期经济发展的因素，Fitch IBCA 因此也会考虑例如人口增长率、不同行业生产力的差异、城市化程度、教育水准和品质等指针。

在评估政策的同时，Fitch IBCA 也评估国家行政机构的竞争力，决策管理者对外债的处理，显示其对世界市场的了解和还款的计划是否适当，过去政府对流动性危机的处理也是 Fitch IBCA 重要的考量因素。

对外贸易部门的评估则包括价格和非价格的竞争力、市场占有率、出口品的市场分散程度、进口品的多样化程度等。强劲的成长、多元化和具竞争力的贸易部门都是赚取外汇的主因。越是开放的市场越容易培养具竞争力的产业，一个国家若没有降低关税保护的明确时间表，长期而言便是其赚取外汇的阻碍。

其他考量因素还有：对资本的开放程度（包含外国直接投资和收益的汇回）、服务业的发展程度、投资占国内生产毛额的比例等。金融体系

335

关乎国家资源分配的效率，Fitch IBCA 还有一群专家，专门对金融体系做评估。

此外，一个国家面对国际经济冲击时的反应也是观察的重点，Fitch IBCA 会透过敏感度和压力分析以检验经济和政治面对突发状况的强度。这会因经济结构不同而有所不同，例如油价上涨对产油国就是一件好事。一般设想的突发状况包括：世界经济衰退、国际实质利率上升、原材料价格下跌等。考虑的因素则还包括劳力市场的弹性和社会安全制度等等。

政治风险虽然影响力变小，但并未消失。对内政权是否能长治久安，是否能与企业沟通，社会对施政目标和问题是否了解以及政治、社会关系紧张的来源皆是 Fitch IBCA 观察的重点。对外是否有战争的可能，邻国的国防预算编列比例、世界各国对潜在冲突的态度等，都是 Fitch IB-CA 观察指标。不论其他方面表现如何，一旦有战争的威胁，该国的主权评级就会被大幅降低。如果该国和国际社会有很好的联结，会是一个加分的项目，例如是 OECD、NAFTA 或欧盟的成员，或者跟 IMF 有很好的关系等。

Fitch IBCA 的主权信用评级标准包括十四项（注7），分别为：（1）人口统计、教育及结构方面的因素；（2）劳动力市场分析；（3）贸易结构；（4）民间部门的因素；（5）供给间之平衡；（6）国际收支账；（7）中期成长限制的分析；（8）总体经济政策；（9）贸易及外国投资政策；（10）银行与金融；（11）外部资产；（12）外部负债；（13）政治因素；（14）国际地位。而这 14 项评级标准中又再分成 128 个子项。

Fitch IBCA 的评级标准较 S&P 为细，但其实评级项目大同小异，也可大致分为政治方面的因素与经济方面的因素。它也看重政策的连贯性，检验该国面对国际经济冲击的能力。但 Fitch IBCA 的评级标准较 S&P 多了一些民间部门方面的因素，包括了企业创新率与失败率及其趋势、产业集中化情形、产业间竞争态势等产业方面的影响因素。

4. 国际评级公司的主权信用评级分类与符号

S&P 和 Fitch 对每一个主权给予国内长、短期和国外长、短期四个指标，一个展望评语。Moody's 除了国内外通货长期评级之外，在国外部分又分成有价证券和存款的长短期四个评级，所以一共是六个指标，一个展望评语。

国际评级公司的主权评级划分为国内外和长短期四个大类。国内外区别的主要考量因素是汇兑风险，一般而言，国内公债违约的可能性远比外债低。因为政府有发行通货的权力，只要它不考虑通货膨胀的后果，国内公债要违约几乎是不可能；但如果是外债，违约的可能性就大得多，因为它无法发行国外货币。

一个国家财政和货币政策的调和、金融政策、与国际金融结合的程度、外债增长率等是外债评级的主要考量因素；财政和货币政策、通货膨胀率则是国内公债评级的主要考量因素。

长短期的风险则是考量流动性的高低，评定未来一年内的违约风险，例如：外汇储备对进口的比例，若出口变化大、对外投资多则此比例要求高。

根据前述的评级方法，S&P 分别针对各主权本国及外国货币计价之长、短期信用作评级，长期信用评分结果最高主权的评级为 AAA，接下来为 AA、A、BBB、BB、B，评分结果最低的主权为 CCC－；短期信用则分为 A－1、A－2、A－3、B、C 五种等级。此外，S&P 会以正号（＋）、负号（－）来代表增加或减弱某等级的评级。

Fitch IBCA 的评级与 S&P 类似，分为长、短期信用评级。长期主权信用评级分为 AAA、AA、A、BBB 四个等级；短期主权信用评级分为 F1、F2、F3、B、C、D 六个等级。此外，Fitch IBCA 也是以正号（＋）、负号（－）来代表增加或减弱某等级的评级。

Moody's 的主权信用评级等级，长期信用分成 Aaa、Aa、A、Baa、Ba、B、Caa、Ca、C 九个等级，后面 1、2、3 的数字代表在这个等级里上、中、下的位置；短期信用则分成 P－1、P－2、P－3、P－4 四个等级。

5. 主权评级的意义

S&P 虽然强调主权评级（Sovereign Rating）是针对各国"中央政府"而非"全国"的评级（Country Rating），但是它也说明各国中央政府的评级常常就是该国的国家最高限度（country ceiling）；该国企业的评级最高就和中央政府一致，几乎没有超过的可能。

另一家国际评级公司 Fitch 则解释：主权信用评级不但对中央政府，对银行、公司、公部门等国内所有债券发行人（issuers）一样重要，主

337

权评级形成了一个这个国家里其他借贷者无法超越的限制（ceiling）。因为中央政府可以控制国民的外币汇兑，对该国所有部门的外汇收益有独占力。例如：20世纪80年代许多国家重新安排外债的支付办法，对外汇实施限量供应。所以其他部门的国际借贷就必须面对这一种汇兑风险，使他们的风险至少跟中央政府一样大。Fitch明白指出：即使政府不进行国际借贷，主权评级仍然重要，该评级为该国企业评级设立了界限。

而Moody's把主权评级当作投资考量因素中的国家风险的参考指标；在此之下才定义它的各国评级（National scale rating），即该国所有有价证券的相对信誉（relative creditworthiness）。

四、国别风险和主权评级的启示： 中国区域金融生态评价

从理论上讲，一个国家内部，如果资金是充分自由流动的，那么一个国家内部各个地区之间或许并没有明显的风险差异，在实践中我们看到很多国家都是这种情况。但是，中国是一个幅员辽阔的国家，很多省份甚至比一个中等国家都大。由于经济发展水平、经济结构、对外开放程度、历史文化传统、社会习俗乃至地理环境存在很大差别，地区差异一向就是中国经济的一个突出现象。

不仅如此，更为关键的是，中国经济的市场化改革在相当程度上是由政府推动、主要依靠政策规范和法令来展开的强制性制度变迁，整个过程的核心就是政府主导的资源配置。

我们看到，在过去20余年的改革中，政府尽管从一开始就强调"减政放权"、"松绑让利"、"转变政府职能"，但实际上在很长时期内政府利益是在不断增加的，政府支配资源的能力也在不断增加。尽管计划经济已然远去，但在实际经济运行中，各级政府自觉不自觉地并没有放弃对资源配置的支配力。在20世纪80年代后期的"拨改贷"中，政府把固定资产投资的任务从财政交给了银行，但却没有放弃对投资的支配力，资源配置的权力仍在政府。因为上什么项目并不是银行说了算，而是政府说了算。不仅如此，银行贷款形成的固定资产还得算是政府所有的

338

"国有资产"。其后，分税制的改革实际上是中央政府与地方政府在资源支配权上的一次重新分割。后来的"诸侯割据"局面就是依靠由此而来的地方财力形成的。1998年以后，连续多年实施"积极的财政政策"的过程中，政府的资源支配力得到进一步的增强。政府不仅借助于"发债"大大增强了自己的投资能力，而且在"国企三年脱困"的政策中借助于"债转股"又形成了一大批经营性资产的国有产权。一直到20世纪的90年代末的很长一段时期内，我国企业上市还需要经过政府审批，各地的企业上市还采取分配"名额"的办法。连资本市场的资源配置权力也被掌握在政府手中。近年来，地方政府非常热心于"经营城市"。所谓经营城市的最主要内容就是努力提高政府的土地使用权的出让收益。在过去几年中愈演愈烈的"税外加费"的现象，也是政府利益不断强化的一个重要表现。

由于地方政府在竞争中资源支配权的不断强化使得区域经济发展有悖于区域经济一体化的发展方向，出现所谓的"诸侯经济"、"地方保护主义"、"市场分割"等现象。这些现象都说明了在中国经济转型过程当中地方市场分割是一个较为严重的问题。地方保护主义主要指各地方政府为了本地的利益，通过行政管制手段，限制外地资源进入本地市场或限制本地资源流向外地的行为。地方市场分割是我国从集权的计划经济体制向社会主义市场经济体制转轨过程中的产物。所谓"诸侯经济"，是在由计划经济向市场经济转轨过程中出现的，与区域经济一体化相悖的一种特殊的、过渡性质的区域经济，它表现为行政区划对区域经济发展的刚性约束。由于在"诸侯经济"运行下，地方政府对其辖区的经济起很强的干预作用，生产要素流动受阻，因而是一种具有明显封闭性特征的区域经济。省区经济、市域经济、县域经济、乡（镇）经济等地方经济均属于"诸侯经济"范畴。

"诸侯经济"最显著的特征表现为：（1）企业在竞争中渗透着强烈的地方政府行为。由于地方政府现阶段的主体功能是发展经济，地区经济的发展速度和地方财政收入的增加是衡量各级地方政府政绩的主要内容与标志，因而，地方政府多从自身的利益出发，各自强调本辖区内的经济发展，使企业在竞争中受到辖区政府的强烈干预，产生不公平性，难以实现企业在市场竞争下的规模经济。（2）生产要素难以跨行政区自由流动。地方政府从自身的利益出发，对本地市场实行保护政策，使生产要素难以自由流动。近几年来，虽然工业消费的商品和农产品市场发育较快，但资金、人才和劳动力市场受行政干预仍较多，流动困难。（3）"诸侯经济"呈稳定结构态势。由于以上的原因，加之目前的改革难以从根本上打破各地区原有的自成体系的发展格局，重复建设、重复布局的现象难以在短时期内消除，这就使行政区经济呈相对稳定的态势。（4）制度差异存在甚至扩大。尽管从全国经济发展角度看，具有相同的制度环境和基础性制度安排，如宪法、法律乃至政治制度等，但各地区都有自己特殊的制度环境和具体因素，也都有自己特定的历史文化、传统习俗、价值观念、伦理规范及道德观念等，这就造成各地区的正式与非正式制度安排不完全相同，区域经济发展的制度以及制度变迁的起点也就存在较大差异；同时，制度变迁还具有较强的路径依赖性特征。加上行政区的封闭性，使地方政府在竞争过程当中，不同区域的制度差异甚至在不断扩大。

多年来的实践显示，由"诸侯经济"格局而形成的各地区经济、金融、社会、法治以及其他制度环境差异是影响银行贷款质量乃至金融体系稳定的关键的系统性因素之一。如果按照信贷资产质量来衡量，中国的区域间存在着巨大的差异。最差地区和最好地区的不良资产率居然能相差 10 倍以上。这种状况的形成，当然不可能从宏观层面，而只能从各地区之间的差异这种区域结构层面找到原因。在我们看来，我国各地区之间的金融生态环境存在着巨大的差异正是其根本原因。

有鉴于此，充分借鉴国别风险和主权评级的思想，全面、系统地评价并以适当的方式反映地区间信用环境差异，便有了极大的紧迫性。中国社科院金融研究所此次推出的城市金融生态环境评价体系，势必将有助于我国银行业有针对性地展开风险管理，从而提高我国银行业信贷乃至整个金融资源的配置效率。具体而言，建立科学、全面、系统、持续的地区信用环境差异的评估体系，将发挥三个方面的积极作用：其一，有助于各类金融机构建立基于区域风险差异之上的风险管理框架，提高其配置信贷和其他金融资源的科学性；其二，有利于监管当局完善其风险控制体系；其三，为未来市政债券及其他信用活动的评级奠定基础。

（刘煜辉）

主要参考文献

1. 曹荣湘：国家风险与主权评级：全球资本市场的评估与准入，《经济社会体制比较（双月刊）》，2003 年第 5 期。

2. Standard & Poor's，Sovereign Credit Ratings：A Primer，December 1998.

3. Fitch IBCA，Sovereign Ratings Rating Methodology，2002.

4. 章彰：《商业银行信用风险管理》，中国人民大学出版社，2004 年。

市政债券：经验、背景与前瞻

一、概念与解释

市政债券在西方各国已经是一种成熟的融资工具，具有一百多年的发展历史。从广义上来说，市政债券（Municipal bond）是指一国的地方政府或其授权代理机构发行的、以地方政府信用为保障的有价证券，所筹集资金主要用于城市公用设施的建设。

市政债券一般具有四个特点：一是发行人必须为地方政府及其授权机构或代理机构；二是筹集资金一般投向城市公用设施建设；三是偿债资金来源多样化；四是具有特殊的免税待遇。

市政债券逐渐具有特殊的重要地位，是由供给和需求两方面因素决定的。

从发行者的供给角度来看，市政债券对于各国地方政府来说都是不可或缺的。一方面是地方政府自身职能的需要。地方政府需要提供的公共产品主要就是城市公用设施。由于地方政府投资修建公路、桥梁、自来水厂、医院、学校等公用事业设施时，工程周期长、耗资巨大，单凭地方政府财力无法满足，往往需要发行市政债券来融资，而依靠股权融资则较少。另一方面是经济增长对于城市带来的压力。一般认为经济增长中的城市发展包括两层内容：一是城市化，即人口向城市适度集中，表现为在一定地域范围内，城市形态和功能不断扩大和发展，由此提高城市在经济活动以及在整个国家经济活动中的地位，其表现为城市人口的增多、城市规模的扩大、城市数量的增加，这是城市的外延型发展过程；二是城市的现代化，即城市产业结构不断优化、城市设施的更新改造、城市功能不断完善和提高，这是城市的内涵型发展过程。无论是城市化还是城市现代化，都对城市公用设施供给水平提出了更多的要求。由此看来，城市本身发展以及整个经济增长的压力，都使得地方政府利用市政债券来扩大融资途径是必要的。

从投资者的需求角度来看，市政债券的吸引力表现为以下几方面：一是信用级别高，投资安全可靠，一般地方政府到期不能偿还本息的情况很少，因此投资者的收益能够得到保障；二是流动性强，抵押价值较高，由于市政债券安全可靠，当债券持有人需要变现时，一般都能迅速在市场上出售，并且不会遭受价值损失；三是免缴所得税，这是市政债券的主要特征，也是最吸引投资者的地方；四是期限灵活，包括中长期和短期的，适应了不同投资者的需求。这样，市政债券与国债、企业债券、股票、投资基金等共同构成了统一的证券市场。

二、国外发展市政债券的经验与借鉴

在多数西方国家，地方财政独立于中央财政，中央预算和地方预算是各自独立编制的，因而，地方政府经常利用发行债券来融通资金，地方政府发债已经成为一个极其普遍的现象。地方债券市场不仅已经成为地方政府融资的重要来源和资本市场的有机组成部分，而且已经在这些国家的经济发展尤其是地方经济发展中扮演着十分重要的角色和发挥着十分重要的作用。

从发达国家的实践看，发行市政债券是一种成熟的融资工具，已有100多年的历史。欧美等国家城市基础设施建设及其融资的成功，很大程度上依赖于发达的市政债券市场。例如，战后日本积极利用市政债券为城市基础设施建设提供资金，对日本经济增长与城市发展起到了重大作用。近年来，越来越多的发展中国家也开始采用市政债券为地方政府融资。作为一种金融工具，市政债券可以成为国家重要的财政政策手段，并为有巨大资金需求的城市基础设施建设开辟新的融资渠道。

从国外的实践来看，市政债券发行量最大的国家是美国和日本，其次是加拿大、德国。在美国，1990 年以来市政债券的余额占 GDP 的 15％～20％，约占美国全部债务的 6％。

（一）美国

1. 背景

美国城市公共设施项目的市场融资渠道主要有四条：一是设立专门的税费，本着"谁受益谁出钱"的原则。二是发行市政债券。对于建成以后可以收费的项目，如机场、收费公路、桥梁、隧道等项目，许多地方政府采取这一方法筹资。如波特兰市机场扩建，10 亿美元的投资中50％是通过发行市政债券解决的。这一方法是美国城市基础设施建设最主要的融资渠道。三是鼓励私人部门投资。近些年，一些原来完全由政府投资的基础设施项目开始鼓励私人部门投资。如波特兰市在与华盛顿州交界的哥伦比亚河上新建 5 号码头，所有资金只有 10％是政府筹集的，90％是私人部门投资的。为了鼓励私人投资，政府往往提供一些优惠政策，如免缴财产税等。四是由政府提供信用。这是鼓励私人部门参与基础设施建设的一种新方法。比如，南加州有一条国道因过于拥挤而需扩建，要投资 11 亿美元，政府负责 35％的费用，其他 65％的费用由私人开发公司承包，并由该开发公司发行政府担保的建设债券。如果公路运营之后的收益达不到预期，联邦政府负责提供贷款，并予以资助，以保证运营成本和偿还债券。

2. 市政债券类型

在美国，市政债券是指州和地方政府及其授权机构发行的有价证券，目的是一般支出或特定项目融资。市政债券是美国地方基础设施融资的主要工具。

根据信用基础的不同，市政债券分为一般债务债券（General Obligation Bond）和收益债券（Revenue Bond）两大类。

一般债务债券可以由州、市、县和镇发行，都以发行者的税收能力为基础（以一种或几种税收的收入来偿还）。一般债务债券是建立在地方政府信用基础上发行的债券，仍是依靠税收保证偿付的核心资本融资工具。除非某种税收收入被特别限制，一般发行人会以自己全部可支配收入的权力为一般责任债券担保。其中，市级政府依靠它的税收权力（财

产税）而发行债券，州政府则依靠其无限的收入流如销售税或收入税而发行债券。一般债务债券中违约的情况极为罕见，某些一般债务债券不仅以征税权力作保证，而且以规费、拨款和专项收费来保证，这类债券被称为双重担保的债券。

收益债券是指为了建设某一基础设施而依法成立的代理机构、委员会或授权机构发行的市政债券，它由专项使用费或附加税来保证还本付息，而不是由一般地方政府税收担保偿付。这些基础设施包括交通设施（收费桥梁、收费公路、港口、机场）、医院、大学宿舍、公用事业（供水设施、污水处理设施、供电设施、供气设施）等。收益债券主要通过这些设施有偿使用的收入来偿还。收益债券安全性各不相同，特别是它的附加收入现金流直接与其投资项目相关。例如，电力销售所得能确保建造电厂的债券偿付的安全性。但是会议中心、停车场与街灯等市政设施从征收附加销售税、汽油税或二者合并税所得收入中偿还，则不足以确保债券安全性。政府本身也可以发行收益债券，但资金只能用在能够带来收益的政府企业，政府并不以自身的信用来担保收益债券的偿还。收益债券的风险往往比一般债务债券的风险大，但利率较高。

345

从期限来看，市政债券市场以长期债券为主，但也有短期市政债券和商业票据（CP）。商业票据期限在 30 天至 270 天，且可以滚动发行而具有长期债券的特征。以收益预期债券、特别是税收预期债券发行为例，它的目的是解决持续经营期内费用与收入的期限不匹配问题。市政府可以通过发行短期债券而减少初始的现金支付或利息成本，零息市政债券便是一例。发行贴现债券也具有初始阶段现金支付少的优点。面值与贴现价格间的差额是特殊的年金收益。市政乘数债券指按面值发行，到期一次还本付息的债券，假定其未分配收益以约定的收益进行再投资（通常是投资于发行的债券）。此外，与短期收益指标挂钩的投资人可选择权附息债券，市政府将其售卖给融资项目方。以上交易工具都是结构性融资产品的一部分。

根据美国《1986 年税收改革法案》的规定，市政债券的税收待遇有三种情况：用于公共目的的债券，利息收入免缴联邦所得税；用于私人项目的债券需要缴联邦所得税，但可以免缴债券发行所在州的所得税和地方政府所得税；既非公共目的、又非私人项目的债券，如住宅与学生

贷款债券，也是免税的，但发行数量受到限制，而且利息收入被作为选择性最低税收的优先项目。目前绝大多数市政府债券是用于公共目的的免税债券。

3. 市场状况

从总量来看，1998年底，美国市政债券存量约14000亿美元，占其债券市场总额的13%左右。到2004年度，美国已公开发行的市政债券余额约1.8万亿美元，约占GDP的18%；近年来，美国市政债券的年发行量基本上保持在2500亿～3500亿美元。

表 2—18　美国债券市场结构

单位：10亿美元

时间 \ 种类	国债	住房抵押债券	公司债券	联邦机构债券	市政债券（市场比重%）	货币市场工具	资产支撑债券
1990	2195.8	1024.4	1350.4	434.7	1184.4 (15.93)	1156.8	87.0
1991	2471.6	1160.5	1454.7	442.8	1272.2 (15.93)	1054.3	128.7
1992	2754.1	1273.5	1557.0	484.0	1302.8 (15.29)	994.2	154.4
1993	2989.5	1349.6	1674.7	570.7	1377.5 (15.12)	971.8	178.1
1994	3126.0	1441.9	1755.6	738.9	1341.7 (13.91)	1034.7	205.8
1995	3307.2	1570.0	1937.5	844.6	1293.5 (12.41)	1177.3	291.6
1996	3459.7	1711.2	2122.2	925.8	1296.0 (11.47)	1393.9	388.1
1997	3456.8	1825.8	2346.3	1022.6	1367.5 (11.19)	1692.8	513.6
1998	3355.5	2018.4	2666.2	1296.5	1464.3 (10.92)	1978.0	632.6
1999	3281.0	2292.0	3022.9	1616.3	1532.5 (10.33)	2338.2	746.3
2000	2966.9	2490.6	3372.0	1906.6	1555.3 (9.8)	2655.8	854.0
2001	2967.5	4125.2	3835.4	2149.6	1603.7 (8.65)	2566.8	1281.1
2002	3204.9	4704.9	4094.1	2292.8	1763.1 (8.75)	2546.2	1543.3
2003	3574.9	5309.1	4462.0	2636.7	1892.9 (8.56)	2526.3	1693.7
2004	3943.6	5472.5	4704.5	2745.1	2018.6 (8.56)	2872.1	1827.8

资料来源：1990～2000年数据引自中国国债协会；2001～2004年数据引自美国债券市场协会。

从结构来看，2003年，美国债券市场的发行量达到了6.92万亿美元，比2002年增长了27.9%。其中：

- 国债发行量为7452亿美元；
- 联邦机构债券发行量为1.27万亿美元；
- 市政债券发行量为4524亿美元；

- 公司债券发行量为 7436 亿美元；
- 资产支撑债券发行量为 4891 亿美元；
- 住房抵押债券发行量为 3.2 万亿美元。

截止到 2003 年 12 月 31 日，美国固定收益证券余额为 21.9 万亿美元。其中：

- 可流通国债余额为 3.6 万亿美元；
- 联邦机构债券余额为 2.6 万亿美元；
- 市政债券余额为 1.9 万亿美元；
- 公司债券余额为 4.4 万亿美元；
- 资产支撑债券余额为 1.7 万亿美元；
- 住房抵押债券余额为 5.3 万亿美元；
- 货币市场工具余额为 2.4 万亿美元。

在美国，许多不同的机构和个人共同构成市政债券市场。先是发行人出售债券，然后是投资者购买债券，市政府债券从业人员从事承销、交易、研究、售卖等工作，评级机构就债券的表现提供咨询，债券保险公司承保其中一部分债券。

从发行者来看，在美国，几乎所有的地方政府和地方政府代理机构都将市政债券作为其融资工具。全美共有约 55000 个市政债券发行者，且大部分是小规模发债者。大规模发债者有：加利福尼亚州政府、洛杉矶运输局、长岛公用电力局、纽约/新泽西港务局等。

从投资者来看，美国市政债券的投资群体通常包括：个人、保险公司、银行、共同基金、信托基金、封闭式基金、公司、对冲基金。美国市政债券的突出特点是税收优惠。联邦政府对个人投资者的市政债券利息所得免征税。在市政债券的投资群体中，没有养老基金和外国投资者，原因是他们不需缴纳联邦收入税，同时，也就无法享受在购买市政债方面的优惠。

从监管者来看，一是发行监管。发行市政债券不需要向美国证管会登记，主要是接受《证券法》中反欺诈条款和美国市政债券规则委员会有关规则的约束。各州和地方政府是否发行市政债券，完全由本级政府的证券监督委员会或者管理委员会确定，不需要上一级政府的批准和同意，委员会以及委员个人应为债券发行行为负责。二是市场监管。1975

年以后，美国国会组建了市政债券条例制定委员会（MSRB），由它提出有关市政债券市场的监管提案，经过证券交易委员会批准，由全国证券交易商协会中监管市政债券交易商的部门以及自营银行的有关监管机构负责实施和控制。

美国市政债券监管体系与规则是一个不断完善的过程。作为对纽约市政债券违约的回应，美国国会 1975 年修订了《证券法》，通过了《证券法修正案》。《证券法修正案》中，增加了条款 15B，完善了对市政债券经纪商、交易商的监管体系。作为对 1983 年华盛顿公共能源供应系统（WPPSS）债券违约的回应，1989 年美国证券交易委员会采用的《规则 15c－12》是第一个市政债券披露规则，该规则要求地方政府发债应符合一般证券发行的要求。这一法规实质上是取消了对地方政府发债的注册和披露豁免。虽然信息披露的严格程度不及股票和公司债券，但市政债券的发行人需要详细地披露其财务信息。

（二）日本

348

日本具有悠久的市政债券发行历史，发行市政债券已成为维系地方财政、扩大地方财政收入的重要手段。在日本，地方市政债券大体可以划分为普通债和公共企业债。普通债是由日本地方政府直接发行的债券；公共企业债是由一些特殊的国营法人发行的债券，这种债券一般都是由政府担保支付本息，所筹集的资金一般也用于执行政府的经济政策。日本的地方债主要用于地方道路建设和地区开发、义务教育设施建设、公营住宅建设、购置公共用地及其他公用事业。地方公共企业债的使用比较集中，主要用于下水道、自来水和交通运输设施等方面。

在日本，市政债券在城市生活污水处理设施建设方面的投资占相关设施建设总投资的 20％～40％。日本市政债券的发行由中央政府集中审批，这一点与美国采取的备案制不同。中央政府根据地方政府财政收支情况，结合当地经济、社会发展情况，审批每个地方政府每年或每个项目可以发行多少金额的地方债。而欧洲各国，由于市政建设的历史较长，虽然融资做法不尽相同，但大多数国家对于发行市政债券都采取了比较开放的政策，同时运用多种市场化的办法解决市政公共设施的融资问题。

三、中国发展市政债券的理论分析

（一）中国城市化发展与市政债券

1. 城市化给地方政府带来巨大的融资压力

2000 年 7 月，诺贝尔经济学奖获得者斯蒂格利茨曾经谈到："中国的城市化与美国的高科技发展将是深刻影响 21 世纪人类发展的两大主题。"从世界范围来看，城市化已经成为经济结构调整与社会发展的重要内容和原动力，并且对社会福利的增进起到重要的贡献。

中国目前通常被认为处于工业化阶段的中期，根据西方国家的发展经验来看，城市化问题在此阶段直接关系到国家整体经济运行状况，也影响着中国几亿人的生活模式。当然，城市化的内容是多方面的，它可以包括城市人口增多、城市发展加快、农村部门相对比重下降等现象，而市政公用设施建设是其中一个不容忽视的重要方面。在中国的城市化进程中，市政公用设施的投融资结构决定了城市公用事业的发展状况，并成为社会各方所关注的焦点。

目前中国城市市政公用设施的融资途径可以分为五个方面，即：

（1）财政融资模式。包括政府预算内投资、政策性收费和国债资金安排，占城建资金的比例接近 60%。

（2）银行贷款。十四大以后，市政公用事业加快了市场化改革的进程，价格机制初步得以确立，利用国内银行贷款的规模增长迅速，如 2001 年 60% 以上的城市公用事业建设利用了银行贷款，总额达到 742 亿元，占城建资金比例为 29.4%，是 1992 年的 23 倍。

（3）利用外资和民营资本。

（4）企业和项目直接融资。包括市政公用企业发行债券和股票、土地出让转让收入、经营无形资产收入、存量资产经营权转让收入等。其中，当前在城市建设中一个典型的运作模式就是地方政府利用土地资源，通过无偿或者低廉的土地出让金，吸引土地开发商和建设商来进行各种旧城改造和城市基础设施建设，以此来解决开发中资金不足的问题。这

些项目往往引入银行提供房屋信贷资金和按揭贷款，从而造成近几年信贷资金的急剧增加。这种批地融资方式目前已经产生了种种问题，如耕地面积急剧下降，城市房屋拆迁纠纷不断，土地价格上升过快，房地产开发及价格出现过热。地方政府的短视有可能将政府实现其职能的能力消耗殆尽。

（5）强制集资。例如，一些地方政府靠对使用者强行征收过高的税费来对基础设施融资。以某市的"四桥一路"工程为例，政府向机动车拥有者强行征收"四桥一路"建设费，汽车每辆每年缴 1200 元，共缴三年；摩托车每辆每年缴 200 元，共缴三年。一些地方的高速公路以"借款修路、收费还贷"的名义收取过高、时期过久的过路费用。这种强行集资的方式往往是政府行政作为，没有经过当地人民代表大会和全体市民的投票表决，因此造成了社会舆论的不满，容易引起各种社会问题。

我们看到，在当前的中国城市发展过程中，市政公用设施投资的主体依然是中央和地方政府，这种状况已经不能适应城市公用事业发展的巨大融资需求了。根据统计显示，到 2002 年末，中国城市人口达 3.5 亿人，市政公用设施投资力度加大，各级政府完成城市建设固定资产投资 3119 亿元，比上年增长 32% 以上；城市建设固定资产投资额占同期全国全社会固定资产投资总额的 7% 左右，比上年增加近 1 个百分点。事实上，这样的投资规模仍然不能满足城市公用事业的需要。考虑到产业结构调整将成为未来中国经济增长的重要源泉之一，伴随的农村人口向工业和服务业的转移将在未来 15 年间推动中国城市人口按年均约 3% 的速度增长，这自然会对城市基础设施带来极大的需求压力。因此，中国城市化面临的首要问题之一，就是要采取有效措施来努力优化市政公用设施建设的融资结构。

为了进一步推进中国市政公用行业的改革，建设部于 2002 年底出台了《关于加快市政公用行业市场化进程的意见》，其主要内容包括：（1）全面开放市政公用行业建设投资、经营、作业市场，允许国内外各种资本参与市政公用设施建设，各地的企业可以跨地区、跨行业参与市政公用企业的经营；（2）建立市政公用行业特许经营制度，政府通过合同协定或其他方式明确政府与获得特许权的企业之间的权利和义务；（3）转变政府管理方式，市政公用行业管理部门从直接管理转为宏观管理，从管行业转变为管市场，从对企业负责转变为对公众负责，对社会负责。这一改革的目标将鼓励越来越多的企业、民间投资者和外商参与城市基础设施的投资、经营与管理，以较低的运行成本实现经济效益与社会效益的统一。

其实，上述改革措施无非就是为了扩大市政公用设施建设的融资渠道、强化公用事业管理水平。一般来看，为了补充政府财政投资的不足，市政建设融资可以求助于民间资本和外国资本。就民间资本来讲，近代中国的城市化过程就曾经以民间资本为主要融资力量。例如，19世纪中后期，中国城市中率先兴建的近代公用设施是电灯、邮政、电话、电报。当时的地方政府基本没有市政投融资能力，外国资本一度试图垄断包括电灯在内的城市公用设施，而民营资本也同时大量介入，并成为城市建设的主要推动力量。而就外国资本来讲，目前各地方政府利用外资发展市政设施的力度也不断加大，许多城市开始与国外资本采取独资、合资等多种形式，使之参与市政公用设施的建设和运营。

总之，城市化的压力使得地方政府必须想方设法扩大城市公用设施建设的融资渠道。上面提到的融资途径，多属于财政融资手段和间接融资手段，根据国际经验与中国国情，大力发展以市政债券为核心的直接融资手段，将成为缓解城市化压力的重要环节。

2. 负债建设是城市化发展的必然趋势

中国的城市化水平近几十年来迅速提高，经过20世纪60年代和70年代的停滞以后，随着改革开放的推进，城市化水平也稳步上升。1952年中国城市人口占总人口的比例仅为12.5%，改革前夕的1978年城市人口占总人口比例为17.9%，到2003年底，城市人口占总人口的比例已达40.5%。

一是城市人口的增加必然伴随着城市规模的扩大和城市基础设施的建设，城市化必然带来更多的城市基础设施投资和房地产投资，而城市基础设施和房地产投资必然带来钢材、水泥等建筑材料和家居用品、家庭装修、装饰等行业的产出增长，进而也带动这些行业的投资增长。二是城市的积聚效应将使在城市的投资享受到规模经济的好处，城市化本身可以提高投资回报率，促使投资增加。城市化对第三产业的促进作用尤其体现了城市积聚效应的好处。

351

　　由此看来，城市化带来的城市投资压力，使得地方政府想方设法筹集资金用于城市建设，这又反过来促进了城市综合经济实力的增长和社会福利水平的提高。

　　由于城市基础设施建成后，并不是供我们这一代人使用，而是至少要用几十年、上百年。地方政府举债建设具有明显的合理性，是城市化发展的必然。

　　投资建设城市基础设施是城市化的先行措施，而有限的地方财力与城市基础设施建设的高额投资需求经常形成矛盾。城市建设中合理的建设组织方式是把相关的系统一次性建成，然而，短期内地方财政的节余财力十分有限，往往需要多年的财政节余才能满足系统性建设的投资需求。在相对较短的建设施工周期内，地方财政提供的建设资金不能够及时到位，严重制约了城市基础设施的及时建设。20 世纪 90 年代后期，城市公共基础设施落后的矛盾日益突出，如道路堵塞、暴雨时排水不畅、污水处理率很低、垃圾不能无害化处理等等。这常常是因为建设资金不能及时到位，导致一些必要的市政建设工程被拖延时间。

352

　　据世界银行统计数据，1980 年中国的城市化水平只有 20％，2003 年这个指标达到了 40％，城市化水平的提高需以大规模的基础设施建设为物质前提，而这必然需要大量的资金投入。

　　国务院发展研究中心曾经做过测算，每增加一个城市人口，按照 2002 年的价格水平需要投资 9 万元，20 余年间中国的城市人口由 2 亿人增加到如今的近 5 亿人，如按照 2002 年的价格水平计算，所需投入的资金高达 27 万亿元。如此巨额的资金投入已超出政府财政所能承担的水平，面对庞大的资金缺口，地方政府面临进退维谷的境地：一方面需要促进地方经济的发展，另一方面又无钱投入。因此，大举借债成了无奈的选择。

　　国家开发银行也做过测算。2002 年中国城市化水平提高了 1.45 个百分点，而 2003 年则提高了 2 个百分点，这个速度是在加快的。即使按照每年提高 1.5 个百分点计算，20 年后中国城市化水平也将达到 70％。按每增加一个城市人口需 9 万元投资计算（20 年后人口达到 14 亿人，净增加城市人口近 5 亿人），所需静态投资为 45 万亿元，如果计算利息费用的话可能还要翻上一番。

然而，由于《预算法》的约束，地方政府无发行债券的合法资格，运用种种手段变相负债也就在所难免。更令人担忧的是，这些日益累积的地方债务丝毫看不到终结之时。据统计，近几年来，各地城建投资只有少部分来自财政税收，绝大部分靠市场机制融资。其中有合理合法的市场化融资途径，也有地方政府的隐性负债。

中央政府曾经考虑增加地方政府建设资金来源，例如建设部曾经考虑使城建维护税由副税变正税，适当提高税率，以此增加政府财政对城市建设的投入。但当时与中央的"藏富于民"的减税政策存在矛盾，所以没有能实施。最终，我们发现扩大地方政府的债务融资能力才是增强城市负债建设水平的最好途径。

（二）中国财政改革与市政债券

1. 地方政府隐性负债的内在扩张性

中国的地方债务究竟有多少？由于地方政府的隐性化操作，几乎没有人能确切地回答这个问题。根据国务院发展研究中心宏观经济部此前一份研究报告的粗略估算，这个数额至少也在1万亿之上。中国如果出现经济危机，地方债务肯定首当其冲，地方债务风险甚至会危及我国整个财政和金融系统。

就中国的地方政府债务来看，主要包括直接债务和或有债务两种类型。其中，地方政府的直接债务主要有：

——中央政府债务转化为地方政府债务。包括中央政府代地方政府发行、由地方政府承担的国内外债务。如外国政府与国际金融组织的贷款、国债转贷资金等。中央政府发行国债再转贷给地方，用于地方项目建设，其实质是中央代地方发行债券。表2—19是近几年中央国债再转贷的数额统计。

表 2—19　中央国债再转贷给地方的数额

单位：亿元

年份	1998	1999	2000	2001	2002
数额	500	300	500	400	250

——中央财政对地方财政的项目贷款。如农业综合开发借款、解决

地方金融风险专项借款等。

——地方政府间借款。如下级政府财政对上级财政的借款。

——地方政府的各种应付项目。如因地方政府财政困难而造成的拖欠工资、国有粮食企业亏损新老挂账、拖欠企业离退休人员基本养老金等。

而地方政府的或有债务则主要包括：地方政府担保债务（包括外债）、地方国有企业债务、地方金融机构的呆坏账、社会保障资金缺口等等，这些或有债务都会在出现清偿危机时对地方政府造成资产损失。

地方债务负担问题如何解决已成为摆在各级政府面前的一个大难题。目前，我国地方政府的债务风险正在日积月累，不断增加，形势已经达到了相当紧迫的程度。地方债务不仅规模庞大，而且结构分散。在某些地方，地方财政已经超负荷运转，地方政府所背负的债务负担甚至到了危机的边缘。

但是，由于我国限制地方政府发行公债，使得这些巨额债务具有很强的隐蔽性，无法被人轻易发现，透明度极差。目前，尚未确立衡量这些债务的统一口径，也缺少债务的预警机制。而且，这些债务的违约率较高，副作用很大。更为严重的是，由于金融风险与财政风险之间可以互相转化：如果银行在金融风险控制方面严格一些，政府就会有更多的动力通过财政获取资金，风险更多积压在财政方面；但在地方没有发债权力的情况下，地方财政风险就会积压到银行系统，成为金融风险。

近十几年来，我国经济一直保持快速稳定的发展，城市化水平也逐步提升，城市建设如火如荼。除去城市化和工业化带动和促进这一原因，我国的城市大规模的建设还有三方面的原因：第一是为了招商引资，把投资环境建设得更加理想，以吸引更多的资金，体现出政府财政的"挤入效应"；第二是群众对于城市精神、文化消费、居住环境的要求逐步提升；第三是官员争政绩，由于我国的干部考评制度还存在某些不足，很多干部为了出政绩就大兴土木，造成市政建设一片"欣欣向荣"。由此，城市开发最终表现在市政建设上。

在此情况下，地方政府隐性负债逐渐泛滥。

我国现行法律不支持地方政府负债。而事实上，我国地方政府早已开始大量负债。由于我国财政实行从中央到乡镇五级预算体制，在每一级都可能存在负债行为。因缺乏法律和国家政策依据，各地普遍采取了变通方式，五花八门或明或暗的操作方法，使地方政府究竟有多少负债，成了一个扯不清的话题。这些负债多数用于当地城市基础设施建设，随着城市化进程的加速，债务需求会越来越大。

地方政府的负债行为没有足够的法律支持，对有关债权人的权益缺乏健全的法律保护，对某些地方政府盲目的负债行为也没有有效的法律限制。当地方负债已经普遍化之后，特别是当国有银行也大胆地进入该领域提供贷款之后，一些地方政府的领导人开始大胆起来，大量负债建设自己的"政绩工程"，甚至一些经济不够发达的地方政府也开始大规模负债建设，甚至举债积极性更高。大量工程款和民工工资的拖欠就是由此引发的社会问题之一。

市政债券，为地方政府的隐形负债和或有负债显性化，提供了重要的机制。

2. 市政债券的财政作用

首先，它有利于减轻中央财政的负担，清晰界定中央与地方的事权、财权关系。我国政府间分级财政的模式正在逐步形成。目前很多地方的基础设施建设是通过国债再转贷来完成的，即中央政府发行国债再转贷给地方，用于地方的基础设施建设，其实质是中央代地方发行债券。如1999 年、2000 年和 2001 年中央国债再转贷的数额分别高达 300 亿元、500 亿元和 400 亿元。而通过中央政府代发国债的做法，债务风险最终还是要由中央政府承担。举例而言，在 1998 年发行的用于基础设施建设的 1000 亿元国债中，有相当一部分是通过财政转移支付制度由中央财政转给地方财政，用于地方基础设施建设，这笔钱是列入中央财政的，由中央财政来偿付，地方政府只是无偿使用。如果改变一下做法，直接由地方政府来发债，列入地方预算，由地方财政来还钱，刺激经济增长的效果是一样的，但减轻了中央财政的负担，实现了中央信用与地方信用的梯度开发。现在，不仅地方政府有通过发行债券筹集城市建设资金的迫切需要，而且客观上也形成了以地方财力为支撑、变相的甚至是隐蔽的地方政府债务融资体系，因而放松对地方举债权的限制，既有利于缓解中央财政的压力，也有利于清晰界定中央与地方的事权、财权关系。

第二，有利于增强地方财政收支行为的透明度，加强对地方政府的

监督。债券市场的公开、公正与公平特点和信息披露机制，加强了对地方政府和地方财政的约束和监督。通过对其财政收支的评判和约束，促使地方财政将可支配收入和补贴用于偿债。在市场因素的约束下，地方政府将设法在精简人员、约束开支、减少浪费、提高资本效率方面有所表现，以增加投资者的信心并保持信誉等级。

总之，考虑到地方政府普遍存在隐性负债，有些规模已经很大，对此最为现实的措施是将地方政府隐性债务显性化、合法化，同时加强监管。另外，国内资金条件已经具备，以政府信誉作担保，发行市政债券，实现低成本融资，已具有实现的可能。

（三）中国金融改革与市政债券

1. 发行市政债券有利于企业债券市场的发展

事实上，目前在我国企业债券市场上居主导地位的，是有政府色彩的基础设施建设债券（有学者称之为"准市政债券"），真正意义上的企业债券仅占很小的部分。在我国企业债券的额度管理体制下，基础设施建设债券的主导地位实际上阻碍了真正意义上企业债券的快速发展，因为基础设施建设债券挤占了企业债券的绝大部分额度。而在当前低利率的市场环境下，我国越来越多的优秀企业包括上市公司将考虑大量地采用债券融资的方式，改善公司的负债结构、降低财务费用。显然，这种愿望在当前的企业债券管理体制下受到了明显的制约。而如果独立推出市政债券，则对企业债券的发展无疑能够起到积极作用。

2. 发行市政债券有利于推动中国资本市场的均衡发展

多年来，以大量银行贷款为主的支持基础设施建设的间接融资体制，客观上抑制了长期债券市场的发展。长此下去，融资风险主要集中在银行业，不利于全社会资本的有效配置。市政债券以地方政府信用为保证，以项目的未来收入为信用基础，期限长，安全性高，收益稳定，通过合理设计，精心操作，能够成为高质量的新型债券品种。日益发展的保险机构、养老基金、投资基金等对市政债券蕴蓄着巨大的潜在需求。

事实上，发展市政债券市场也是资本市场自身发展的客观需要。目前我国居民银行存款超过 10 万亿元，数额巨大，如何为这笔资金找到较好的投资渠道是一个值得研究的课题。如今间接融资渠道风险大、配置

资金效率不高，存款利率的多次下降已使银行储蓄越来越失去对持币者的吸引力，股票市场的风险和不规范运作也使投资者裹足不前。虽然国债是一种较安全的工具，但限于中央政府的财政实力，发行规模有限。在这种情况下，发展市政债券（地方债券）将在不加大中央财政债务依存度的前提下，使国民应债能力得以充分释放，减轻国债发行压力。当然，市政债券的发行会提高国家财政债务依存度，但考虑到我国近年来这一指标尚在 20％左右的情况（若考虑到我国隐性财政，该指标会更低），适当发行市政债券是可以接受的。另外，市政债券的推出，投资者可以与公司债券、国债进行组合投资，这样将会极大丰富我国资本市场投资品种，也能进一步增强国债、公司债的吸引力。故开辟市政债券市场是今后我国资本市场发展重要方向，也是资本市场功能开发的实质内容。

3. 发行市政债券有利于改进货币政策的调控

发展市政债券市场与货币宏观调控关系密切。由于地方政府在强烈的资金需求下，往往对地方商业银行产生过度干预，从而对货币政策产生倒逼影响。但我们认为，通过发行市政债券，只要政策得当，在当前经济条件下，完全可以避免出现这种局面。首先，控制市政债券发行主体的冲动。市政债券的发行必须经过严格的审批制度，只允许符合条件的地区才可发行。可由央行对地方债券进行额度控制，以起到总量控制的作用。其次，发行市政债券，增加了央行货币政策的调控对象。在国外，央行通过在债券市场上公开买卖各种政府证券如国库券、地方政府债券以控制货币量。这样，通过公开市场操作，央行的货币调控能力进一步加强。

4. 发行市政债券有利于商业银行改革

按现行法律规定，地方政府进行城市建设，指定代理人进行举债时，地方财政不能出具担保函。商业银行在做市政贷款时只能采用一些没有办法的办法——让地方政府和财政出具承诺按期、如数偿还债务本息的文件。但这种文件并无法律效力，一旦地方政府真的不还债，告到法院也解决不了，只能用这些文件与地方政府交涉。另外还要让当地人民代表大会出具文件，批准政府负债，以防止人代会否决偿债方案。但这种文件也不能成为提起诉讼的依据。目前，商业银行大多是通过这种方式

357

向地方政府贷款。同时银行还可能要求地方政府将土地作为质押，并要求将基本账户设在该银行，以监督现金流变化，防患于未然。

为了促进商业银行改革，防止财政风险向金融风险的转化。不能再长期选择这种次优的方式，必须研究地方债务主体合法化的问题。

（四）中国发展市政债券的外部环境

1. 法律条件

1994年通过的《预算法》第28条第二款规定："地方各级预算按照量入为出、收支平衡的原则编制，不列赤字；除法律和国务院另有规定外，地方政府不得发行地方政府债券。"中国人民银行1996年发布的《贷款通则》规定："借款人应当是工商行政管理机关（或主管机关）核准登记的企（事）业法人，其他经济组织、个体工商户或具有中华人民共和国国籍的具有完全民事行为能力的自然人。"1995年通过的《担保法》第8条规定："国家机关不得为保证人，但经国务院批准为使用外国政府或者国际经济组织贷款进行转贷的除外。"财政部明令规定各级财政也不得对外提供担保。

专家认为，尽管我国现有法律体系对地方政府的举债是不支持、不鼓励，对相关债权人权益的法律保护不充分，同时对地方政府不合理的盲目负债行为也缺乏法律的制约和限制。但我国地方政府的直接或间接负债早已成为普遍事实。各地方政府普遍存在着隐性负债，有的是以发行企业债券、政府提供某种担保的形式负债，有的以企业贷款、政府承诺还款的形式负债，目前有些地方政府的负债规模已经很大。这样将在法律上带来更多的问题。

《预算法》中规定，除法律和国务院另有规定外地方政府不得发行地方政府债券。因此，可以提请全国人大对现行《预算法》进行修改，但如果对这一法规修改的时机尚不成熟，还可以考虑由国务院依据《预算法》尽快制定一些特别的规定，为地方政府发行市政债券提供法律依据。

2. 经济条件

在中国，发行市政债券的国内资金条件已经具备，从资金供给方面看，目前存在巨大的发行空间，且能得到认购者的积极响应。我国是世界上储蓄率最高的国家之一，平均储蓄率达到35%～40%。目前每年新

358

增存款超过 10000 亿元，存款利率在 2％～3％，考虑到物价因素，实际上是负利率。

然而当前我国居民个人的投资渠道相对有限，股票市场的高风险让广大并不具有专业投资技能和风险承受能力的居民望而却步，银行储蓄余额的持续大幅增长和近年来的国债热销的现象，都反映了普通居民其实更渴望得到安全性高和收益稳定的投资品种。这些情况说明，债券市场的发展具有巨大的潜力，地方政府债券的发行无疑将会拥有广大的投资人基础。而且，居民个人投资于地方政府债券，可以避免将储蓄滞存在银行体系成为巨额的存差，有助于更有效地实现储蓄向投资的转化以及国民经济的平稳运行。

当前市场利率水平较低，具有地方政府债券发行的良好外部条件。目前，我国利率水平处于历史较低水平。自 1996 年 5 月份以来，一共连续 8 次降息，存款利率平均累计下调 6.24 个百分点，贷款利率平均累计下调 7.42 个百分点，在 2002 年 2 月 20 日的利率下调后，一年期储蓄存款名义利率只有 1.98％，而活期储蓄存款名义利率只有 0.99％。虽然 2004 年 10 月 28 日，央行在国际、国内双重经济环境压力下进行了加息的政策选择，但就目前来看，金融市场的代表性利率不断下降，并且已经达到一个极低的水平。就货币市场而言，加权平均的抵借利率从 2005 年 1 月份的 2.06％下降到 8 月份的 1.45％。如果将超额准备金利率从中涤除，则实际的拆借利率只有 0.46％。就债券市场而言，自 2004 年 6 月份以来一直处于快速上涨态势，这导致债券收益率处于极低的水平，期限稍短的国债收益率不仅低于银行一年期存款利率，甚至还低于银行间拆借利率。例如，在 2005 年 9 月 20 日的银行间市场中，待偿期为 1.236 年的 04 国债 11 的收益率只有 1.3261％，待偿期为 1.816 年的 05 国债 07 的收益率仅为 1.7432％。可以预期，随着准备金利率的继续下调，金融市场的利率重心还将往下移。总之，较低的利率水平有助于降低各类筹资方式的资金成本，尤其对于固定利率的长期融资活动更是如此。

除了个人投资者，各种机构投资者也成为市政债券潜在的巨大资金来源。例如，伴随着我国经济的持续快速增长和城乡居民收入水平的稳步提高，近些年来，我国保险基金出现了超常规的增长态势。截至 2003 年，全国保险基金累计接近 10000 亿元。按此速度发展，十年之内，我

国保险基金突破 50000 亿元是完全可能的。如此庞大的资金规模，必然要为实现其营利性寻找投放渠道。

四、中国发展市政债券的实践考察

本节主要对中国市政融资发展历程中的主要案例进行简要考察和分析。

（一）根据建设项目发行的"准市政债券"——公司债券型

"准市政债券"是指那些由和地方政府有密切关系的企业发行、所募资金用于城市或地方基础设施建设等用途的债券。这一融资方式在一些省市已经得到了运用。例如，1999 年 2 月，上海市城市建设投资开发总公司发行 5 亿元浦东建设债券，筹集资金用于上海地铁二号线一期工程；1999 年 4 月，济南市自来水公司发行 1.5 亿元供水建设债券，为城市供水调蓄水库工程筹资；1999 年 7 月，长沙市环线建设开发有限公司发行 1.8 亿元债券，筹资目的是长沙市二环线工程的建设；1999 年 11 月，上海久事公司和上海市城市建设投资开发总公司分别发行了 6 亿元和 8 亿元企业债券，筹集资金全部投入上海市市政基础设施建设。从资金用途上判断，这些债券与一般的企业债券有明显的不同，实质上是市政债券。由于其偿付资金主要来源于投资项目产生的收益，因此类似于美国市政债券中的收益债券。不过，此类债券的发行方是同地方政府有紧密联系的企业，这些债券是以企业债券的形式审批并发行的，所以在形式上是合法的，从而规避了《预算法》的制约。这里要注意的是，有些地方政府发行的债券未经过企业债券的审批程序，因而不能称为准市政债券，只能是违规发行的地方债券。由上述分析可见，"准市政债券"是在我国当前特定的经济环境下，地方政府为规避法律上的管制而进行创新的产物，是中国现阶段特有的金融产品。

为拓宽城市建设融资渠道，上海市于 1992 年 7 月 22 日成立了上海市城市建设投资开发总公司。该公司是经上海市人民政府批准和授权的，对城市建设和维护资金进行筹措和管理的城市建设专业投资、开发控股

公司。以城投公司发行的 1998 年浦东建设债券为例。该债券期限为 5 年，满 3 年、5 年均可兑付，满 3 年兑付，年利率为 8％，满 5 年后兑付，年利率为 9％，收益率高于同期的银行存款利率和国债利率。浦东建设债券的偿债资金纳入上海市政府的支出预算内，偿债资金的来源可靠。上海建事有限公司还为 1998 年浦东建设债券提供了全额不可撤销担保，进一步降低了此次债券的偿债风险。再加上债券可上柜交易，流通性较好，所以我国债券资信评估机构———上海新世纪投资服务公司确定其信用级别为 AAA 级，这在国内企业债券评级中是最高级别。此外，经上海市地方税务局批准，债券利息收入免征个人所得税。上述发行条件使得浦东建设债券具有了低风险、高收益的"准市政债券"特征。

从上海、济南等城市的实践可以看出，我国的准市政债券呈现出了如下一些主要运作特征：

（1）完全按照企业债券的流程操作。尽管准市政债券募集资金的投向是那些投资额大、回报期长、带有公益性特征的市政项目，与一般的企业债券差异很大，但从债券的设计、审批到发行、流通与清偿，准市政债券完全套用了企业债券的模式。准市政债券实际上是借企业债券的"壳"，实现了为地方政府筹集基础设施建设资金的目的。

361

（2）具有明显的政府行为特征。在地方政府不具有债券发行权力的情况下，同政府有密切关系的企业充当了准市政债券的发行人。债券发行计划在相当大程度上是由地方政府制定的，筹集的资金主要用于私人投资不足的市政基础设施建设，地方政府为准市政债券提供免税等优惠措施，并大力支持其偿还工作。因此，准市政债券的发行并不是纯粹的企业行为，它带有很强的政府行为特征。

（3）信用级别高，筹资成本较低。准市政债券以地方政府作为后盾，并由大型国有企业进行担保，偿债风险较小，因此信用级别比较高，通常是 AAA 级，这增强了投资者的购买信心，使得准市政债券的融资成本低于一般的企业债券。当然，由于准市政债券是以企业债券的形式发行的，企业的资信要低于政府的资信，因此，准市政债券的筹资成本明显高于国债。

准市政债券拓展了市政基础设施建设的融资渠道，实现了基础设施建设投融资主体的多元化，缓解了市政建设资金短缺的局面，发挥了积

极的作用。从短期来看，我国准市政债券有着较好的发展前景。由于各省市的基础设施建设需要巨额资金的支持，在法律不允许地方政府发行市政债券的情况下，发行准市政债券无疑为他们提供了一个可行的融资渠道。笔者认为，准市政债券最好采取收入债券的形式，为特定的经营性项目融资，清偿债券需要的资金则主要来自于投资项目所产生的现金流。这一安排有两方面的好处：一是可将企业经营项目、债券发行和政府的支持紧密结合起来，妥善完成债券的还本付息，降低准市政债券的风险；二是在债券发行上比较容易通过国家发改委、人民银行的审批。非经营性项目难以产生稳定的现金流收入，靠项目本身的收益无法还本付息，此类项目所需要的资金，应尽可能直接由地方财政来负担，不宜发行准市政债券。

当然，同真正意义上的市政债券相比，准市政债券存在着若干不足和不规范之处，例如，准市政债券的发行主体是企业而不是地方政府，对投资者的吸引力取决于企业的资信状况，这导致它的信用等级要低于真正的市政债券；准市政债券适用企业债券管理法规，但它的项目资金运作和项目资金管理不同于一般的企业投资项目，有其特殊性，用企业债券管理法规来监管准市政债券的合理性和实用性就显得不足；准市政债券这一融资行为缺乏统一的规范化管理，随意性较大，如果资金使用效益不好，会孕育一定的金融风险，增大地方政府的财政负担。

（二）以信托为工具的"准市政债券"——资金信托型

所谓以信托为工具的"准市政债券"，其实就是地方政府采取了变通的办法，由信托公司帮地方市政项目融资。私募的基础设施投资基金可以通过资金信托计划这种形式部分实现，如上海外环隧道资金信托、上海磁悬浮交通项目资金信托等是此类的成功例子。2002年10月，就在信托产品加速推出，中小投资者趋之若鹜的时候，人民银行发布了《关于信托投资公司资金信托业务有关问题的通知》（业内称其为314号文件），要求一个信托计划项下的资金信托合同总数不得超过200份。同时，严格禁止信托公司在媒体上发布信托产品的广告和宣传文章。314号文件对于快速升温的信托热来说，犹如一盆冷水，迅速在业界引起很大反响和争论。

1. 基本情况

我国第一个为市政建设融资的集合资金信托——上海外环隧道项目资金信托计划于 2003 年 7 月上旬提前结束，投资者在短短 11 个多月的委托期，获得 7％的不菲收益。有业内人士评价，该案例成功的一个重要方面，是上海市政府针对取消收费的一些基础设施项目，出台有关扶持政策，对投资商进行补贴。实际上这是一种与 BOT（建设—运营—移交）相似的融资方式。这个投融资体制改革方面的新创举，为各地地方政府提供了招商引资的新思路。

2002 年 7 月，爱建信托推出"上海外环隧道项目资金信托"后，同地方政府发行市政债券异曲同工的"爱建模式"便成为集合资金信托中特殊的一类。其后地方财政纷纷利用信托业筹集资金，弥补公用事业、基础设施建设投资资金的不足。在这些项目中，除信托资金的使用者为地方政府的相关单位外，信托资金在安全性和收益方面也获得地方政府支持，甚至有地方政府为项目担保的现象。

所谓资金信托业务，就是指委托人基于对信托投资公司的信任，将自己合法拥有的资金委托给信托投资公司，由信托投资公司按委托人的意愿以自己的名义，为受益人的利益或者特定目的管理、运用和处分的行为。"上海外环隧道项目资金信托计划"的具体操作，是由工商银行上海分行代理收付信托资金，爱建信托将多个指定管理资金信托的信托资金聚集起来，形成具有一定投资规模和实力的资金组合，以资本金形式投资于上海外环隧道建设发展有限公司，用于上海外环隧道建设项目的建设与营运。同时获取上海外环隧道建设发展有限公司的分红，向受益人支付信托收益。

这项信托计划总量为人民币 5.5 亿元，被中诚信国际信用评级有限公司评定为 AAA 级。按照有关法规的要求，该计划接受委托人的资金信托合同不得超过 200 份（含 200 份），每份合同金额不得低于人民币 5 万元（含 5 万元）。据了解，该信托计划信托期为 3 年，信托期满 10 个工作日后，向受益人交付信托资金和信托收益。按规定，资金信托不能承诺保本和保底收益，所以，"上海外环隧道项目资金信托计划"披露，"在现行长期贷款利率水平下，扣除运营费用及信托财产承担的费用，预计本信托计划资金可获得 5％的年平均收益率"。此外，该信托计划也具

363

有一定的流通性，信托受益权经受托人审核并登记，可办理转让手续，也可继承。

爱建信托此次推出的资金信托计划，本质上是一种市政债券性质的金融创新产品，我们称之为资金信托型市政债券。

再例如，在重庆国投为重庆市南岸区弹（子石）广（阳坝）公路建设发放贷款信托项目中，据悉重庆南岸区财政局就为该项目出具还款承诺书；中原信托为焦作市城市基础设施建设项目贷款发放的信托产品中，焦作市政府以公文形式做出承诺；而上海爱建信托推出上海外环隧道项目资金信托中，据悉在收益来源中，上海市政府将按照 9.8% 的投资余额进行补足。金新信托出租汽车运营权信托、北京 CBD 开发信托、上海磁悬浮交通投资信托、长春生态环保投资信托、长春基础设施项目投资信托都有地方财政的支持。但业界人士认为，部分信托销售中出具政府确认函、政府承诺书、地方财政局红头文件等，违反了《担保法》中有关政府不得为企业担保的规定，应该规范。

2. 鞍山的信托模式

2003 年 7 月 10 日，鞍山市人大常委会的一项决定可能对信托资金进入地方市政建设产生示范效应，一种名为集合资金信托借款、实际同地方政府债券异曲同工的融资方式通过鞍山信托面世。

当天，鞍山市人大常委会通过了关于批准鞍山市政府利用鞍山信托公司筹集城市基础设施建设资金并将还款资金纳入同期年度财政预算的决定。这是《信托法》实施以来，在信托公司为地方政府基础设施建设发放的集合资金信托产品中，第一次以人大名义批准地方财政为信托资金本息做出的还款承诺。

该信托产品刚一面市便备受争议，从 2002 年开始，利用信托渠道募集资金，成为地方政府解决市政建设资金的重要来源，但在信托资金本息安全保障上，这类信托产品极为模糊，不少信托产品在计划书中所宣传的"地方政府财政担保"因违反《担保法》而同样受到质疑：地方政府在《担保法》中不能成为担保主体。而中国人民银行在颁布的《资金信托管理暂行办法》第四条第四款中规定，"不得承诺信托资金不受损失，也不得承诺信托资金的最低收益"，也使该项信托产品引人注意。

2003 年 6 月 23 日，由鞍山信托推出的"鞍山市城市基础设施建设集合资金信托计划"开始向鞍山市投资者发售,在信托产品计划书上明确表示这是由鞍山市人民政府责成鞍山市城市建设投资发展有限公司(以下简称城投公司)委托鞍山信托投资股份有限公司(以下简称信托公司)以资金信托方式为城市基础设施建设筹集资金。

计划集合的11亿元信托资金将全部投向鞍山市市政建设,其中5亿元信托资金将用于南沙河综合整治工程,3亿元信托资金用于城市基础设施建设,余下3亿元信托资金用于城市供水供热项目。这3个项目都关系到鞍山市的城市远期发展规划,同老百姓的生活息息相关。

这样大的市政建设为鞍山近年来所少见,3项工程实施后,对改善鞍山城市的生态环境质量,提高居民的生活水平,促进城市社会和经济的可持续发展将起到积极作用。

吸引鞍山市投资者的正是该信托计划中"政府承诺"的字样,而该计划分为三年期、四年期、五年期三个档次,预期收益率分别为4.375%、4.6875%、5%,均高于同期银行存款利率和国债利率。为此鞍山市政府专门下发文件,确保收益。

鞍山市财政局这样解释信托关系:广大投资者作为委托人将资金委托给信托公司管理,信托公司把筹集到的资金以贷款的形式转借给城投公司,城投公司把贷款资金投放到城市基础设施建设中去。城投公司是信托资金贷款的借款人,但该公司主要经营的是城市基础设施项目,更多的是体现社会效益。为保证广大委托人的投资利益,市财政局将在以后年度的财政预算中设立足额的偿债基金,当城投公司不能按期还本付息时,由市财政从偿债基金中偿还,数目每年按融资额度7.74%的比例拨付给鞍山信托。

2003年7月10日,鞍山市人大常委会批准了市政府关于提请批准利用鞍山信托公司筹集城市基础设施建设资金并将还款资金纳入同期年度财政预算的议案。人大常委会会议认为,市政府所列筹集资金用途符合城市基础设施建设的实际需要,符合财政资金使用范围方面的规定,符合鞍山信托投资股份有限公司的业务经营范围。此项筹资虽然增加了市政府的债务规模,但与鞍山市逐渐增长的财力是相适应的,具有本息的偿付能力。会议同意鞍山市城市基础设施建设资金信托计划,决定批准市政府利用鞍山信托公司筹集城市基础建设资金并将还款资金纳入同

365

期年度财政预算的议案。会议同时要求城市基础设施建设综合项目资金信托计划的总额度，要控制在议案确定的额度之内；城市基础设施建设综合项目资金信托计划经办机构要严格依法运作；市本级财政要将还款资金纳入同期年度财政预算，保证本息的兑现。

鞍山市人大的批准实质上从法律效力上确保了鞍山市政府的承诺具有法律效力。"该项资金信托本金和收益的偿还可以说是以我市的财政收入为保证的。"鞍山市财政局人员这样解释。对外界怀疑该市政投资信托是变相债券的问题，鞍山市财政局予以否认。鞍山市财政局有关人员认为，资金信托作为财产信托的一种，是《信托法》和国务院《信托投资公司资金信托管理暂行办法》明确规定允许的投资方式。本次资金信托经市政府委托，市人大批准，所有程序和内容都严格依法进行，根本不是有些市民所担心的乱集资或非法集资行为。

作为一种新的理财方式，市政资金信托不同于原部分金融机构代理企业发行的债券。从本质上来说，本次资金信托是一种政府行为，由政府负责到底；而代理企业发行债券是企业行为，具有一定的市场风险。具体来讲，当委托金融机构的企业经营不善无力兑付时，金融机构就要负责兑付，一旦金融机构也发生兑付风险，投资者就要遭受经济损失；对此次资金信托而言，如果城投公司不能偿还信托公司的贷款，政府将动用财政预算资金来代为清偿，从而保证广大委托人的利益不受损失。

为鞍山信托此次产品提供法律顾问的上海锦天城律师事务所合伙人李宪普认为，在本次信托关系中不存在变相发债问题，尽管同债券融资有相通的地方。但发债是基于人的信用关系，发债要有现金流和资产做保证；信托是基于物权关系，具体到本次信托是借款行为，因此也是民事行为，不是担保行为。这就回避了《担保法》中政府不能作为担保主体的限制。对政府基于借款民事行为的单边承诺，还要求人大批准是出于法律上的考虑，是还款的保证。信托产品本身并没有直接做出保底收益承诺。

而市场的另一种说法是，该集合资金信托产品是地方政府债券的变通，具备债券的四个特征。在目前地方政府缺乏融资渠道的前提下，信托不失为一个重要的金融工具。但相关政策风险仍不容忽视，地方政府没有成为可以承担民事责任的政府法人的法律依据，因此我国《预算法》

明确规定地方政府不能发行债券，《担保法》规定政府不能提供担保，鞍山信托的市政投资信托模式尚值得探讨。

（三）一般债务市政债券的尝试——奥运债券

目前北京市为 2008 年奥运会的计划投资已经达到 3000 亿元，但北京市 2001 年的地方财政收入仅 450 亿元左右。由北京市发行"奥运债券"而引发的地方发债被寄予了极高期望，但此项计划最终未能得到上级政府的批准。应该说，从本质上看，奥运债券是发行一般债务市政债券的尝试。

申奥成功后，北京市随即委托北京大学首都发展研究院进行名为《北京举办奥运会的金融支持工程》的专题研究，由该院副院长何小峰教授牵头，探讨通过项目融资、发行长期债券、组建企业上市、资产证券化、筹集风险资金等方式为北京奥运建设筹措资金。首都发展研究院的一位知情人士透露，专题研究形成的初步建议就是由北京市政府向社会公开发行"奥运特别债券"。后来在 2003 年初完全被政府主管部门否定。

专家认为，"国内不乏通过包装市政项目的变通手段发行市政债券的先例，像上海的浦东债就很成功。关键要视项目的收益评估而定。奥运债券数额大，牵涉项目又多为公共基础设施建设，收益不易做出清晰评估"。

实际上，由于奥运债券本质上还需要财政收入作担保，因此确实是一种一般债务的市政债券的改革尝试。

五、中国发展市政债券的未来展望

（一）基于中央政府角度的战略发展思路

1. 选择特定城市进行试点，由点到面

发行债券的地方政府会不会出现无力偿债的问题？地方政府的信用风险肯定是存在的。针对这一问题，目前地方政府发行债券还须实行审

批制度。发行债券的地方政府必须具备以下一些基本条件：（1）本地国民经济的发展水平比较高，人均国民收入达到一定的标准。这是本地储蓄能否提供足够的资金来源的重要条件。（2）地方政府具有一定的财政实力。这由地方政府的税收收入水平及其在本地国民生产总值中所占的比重体现。（3）地方政府项目投资的收益率达到一定水平。（4）地方政府具有较强的管理经济的综合能力。（5）地方政府官员廉洁奉公，具有很高的政治素质和社会责任心。

我国地方政府的各种风险指标一般都在安全线范围之内（安全线假定以国债风险指标为标准，见表2—20）。

表2—20　地方政府的公债风险指标模拟

单位：亿元

年　份	地方政府财政收入	地方政府财政支出	中央国债再转贷	公债依存度	公债偿债率
1998	4984.0	7672.6	500	6.5%	0.8%
1999	5594.9	9035.4	300	3.3%	0.4%
2000	6406.1	10436.6	500	4.7%	0.6%
2001	7803.3	13134.6	400	1.9%	0.2%

资料来源：《中国财政年鉴》（1999～2002）。

这样看来，要在中国经济发达地区选择一些重点城市进行发行市政债券的试点，中央政府应严格审批发行额度，严格限定市政债券的用途。

2. 从项目收益债券到一般债务债券

由于地方政府预算尚未得到严格的法律制约，并且用财政收入作为发债担保涉及到整个分税制财政体制的重新整合，因此在改革试点初期，发行一般债务债券并不合适。较好的做法，是把各种类似于项目收益债券的"准市政债券"规范改造为标准的收益债券，以此作为重要的切入点。

3. 完善与市政债券发行相配套的政策

一是对市政债券的投资收益制定减免税政策，以引导投资；二是向商业银行开放市政债券市场，在政策上允许商业银行投资市政债券；三是允许市政债券在全国性证券市场交易，并创造条件开办市政债券的场

外交易，通过场内与场外交易，提高市政债券的流动性，降低投资风险；四是建立有效的市政债券的发行与担保机制，推进市政债券的市场化发行，确定合适的发行与承销主体以及发行方式，并运用合理的担保结构，落实担保及风险责任。

4. 建立市政债券优先用于城市环境基础设施建设的保障机制

据透露，一些城市政府对于环境基础设施建设以外的项目也希望发行市政债券，特别是收益较好的交通、供水等项目将成为环境基础设施债券发行的竞争对手。因此，必须综合运用政府的调控手段和市场机制保障城市环境基础设施建设的资金要求，例如设立政府环保专门预算用于偿还债券等。

5. 防止资金的跨地区流动与地区间发展差距的扩大问题

根据发行市政债券的以上基本条件判断，符合条件的只有部分发达地区的地方政府。这些地方获得这种融资手段，就可得到更快的发展。另外，如果发达地区发行的市政债券收益率较高还可能导致落后地区资金向发达地区流动，从而导致地区间差距的进一步扩大。这种可能性是存在的。但是只要措施得当，这种可能性是可以避免的。首先，市政债券的收益率理论上应高于国债低于公司债券和股票。市政债券市场的价格一般也不会有大的波动，因此其对于外地资金的吸引力不会很强。其次，市政债券的发行市场可以局限在本地区，以吸收本地区的闲置资金为主要任务。再次，中央可考虑减少对发行市政债券的地区的项目投资和其他某些财政支出，把有限的中央财政资源投入到落后地区或跨地区的大项目中去。当然，对于发行市政债券的地区，有必要进一步划分中央和地方的不同税种，适当提高当地政府的财政收入来源。

此外，为了避免发达地区发行市政债券导致地区差距拉大情况的出现，可以制定一系列法律和规定，比如商业银行只允许承销当地政府所发行的市政债券；发达地区所发行的市政公债利率不得过高，以降低对外地资金的吸引力；或者规定跨地区认购市政债券不能享受到利息免税的优惠；中央政府增加对落后地区的资金扶持，减轻发达地区市政债券对其的资金吸引作用。

6. 有效的规模与风险控制

许多理论研究和实践都表明，经济转轨国家的政府普遍存在预算软

369

约束的问题。同样，在中国逐步实现由计划经济向市场经济转轨过程中，地方政府的自我约束力也不够强，有着无限扩大支出的偏好和冲动，决策责任机制的不健全和法律约束的缺位是诱发这种现象的重要原因。因此，要有效控制地方政府在拥有举债权下的过度借债的问题。首先，要加快立法进度，在赋予地方政府举债权的同时，完善相关法律法规的建设，因决策失误而导致债务问题的发生，要追究政府有关责任人的法律责任。从远景看，为了强化地方政府的法律约束，应该考虑建立地方政府破产程序；其次，强化地方政府的预算约束，要发挥地方人大对地方债券的发行规模、使用方向、还本付息等方面的审查权和监督权，这是控制地方政府短期行为和不当决策的重要保证；最后，还应考虑引入市场中介机构对地方政府的约束，如引入发行律师事务所、证券评级机构等市场中介组织的监督和制约。

另外，为了确保地方市政债券的按期还本付息，地方财政必须建立专门的偿债基金，债券项目所产生的收益直接拨入该基金。每年年初编制预算时必须安排好地方市政债券的还本付息支出，有关管理部门对各地财政偿债基金的安排和使用进行监督和检查，并将检查结果作为评价各地市政债券资信的重要依据。

7. 信用评级体系与方法的完善

从美国的市政债券评级体系来看，目前基本上还是由穆迪投资服务有限公司、标准—普尔公司、惠誉公司这三家主要评级机构主导进行。其中，穆迪公司设有专门的市政信用评级部门，定期对外公开《市政信用报告》。标准—普尔公司对在美国境内发行的数额在 1000 万美元以上的所有公共事业债券或优先股，不论其发行单位是否提出申请，都给予评定等级，但评级结果的公开权属于发行单位，一旦发行单位公开评级结果，标准—普尔公司便拥有等级变化情况的公布权。惠誉公司的业务则涉及到了 17000 种市政债券的评级。

根据国外市政债券评级的经验，我们看到，市政债券的评级在实质上都是针对特定的市政债券产品进行的，在市政债券发行之后，评级机构便对发行主体进行信用评级，而直接对地方政府进行的信用评级并非市政债券评级的主要内容。

由此看来，在目前我国制度条件和评级经验都未成熟、真正意义的市政债券产品还并未出现的时候，建立一套完善的市政债券评级体系是不现实的。结合目前中国的实际情况，应当首先针对具有地方政府隐性担保的、收益型市政债券进行评级，为将来条件成熟时发行严格意义的市政债券奠定一定的基础。具体来讲，评级框架的初步构想拟包括以下四个方面：地方经济背景分析、项目风险评价、偿债资金来源分析、保证方式的信用提升作用分析。

（1）地方经济背景分析

①地方经济发展现状

a. 地方产业结构、财政收支情况

b. 地方经济发展水平、支出情况分析

c. 居民状况分析

d. 地方资源分析

②地方政府政策分析

a. 政府角度考察发行债券目的

b. 政府中远期发展规划和产业发展政策

c. 地方政府具体的扶持措施

（2）项目风险评价

①项目经营风险

a. 原材料价格、供应风险

b. 价格调控风险

c. 资金周转风险

d. 产品结构单一风险

②行业风险

a. 行业内竞争问题

b. 政策性风险

③市场风险

a. 商业周期风险

b. 市场拓展风险

④其他风险：项目的实际管理机构的设置、管理者背景、治理结构、影响管理层决策的外部因素

（3）偿债资金来源分析

①项目盈利能力分析

②项目现金流量保障分析

（4）保证方式的信用提升作用分析

①保证方式本身的有效性分析

②保证涉及的资产价值分析

8. 协调国债和市政债券的关系

国债和市政债券是投资替代品，可能会出现抢市场、抢时间以及在利率上的恶性竞争等情况，因此，要协调好两者关系，做到国债优先原则，使地方性融资服从于全国性融资；给予市政债券一定的政策扶持，例如赋予各地对利率制定的一定权限等。

（二）基于地方政府角度的战略发展思路

1. 确立经营城市的新观念

我们这里并非指前阵子非常流行的"经营城市"的概念。那是一种纯粹以"获利"为目的的观念。借着"经营城市"的名义，很多城市动辄以城市建设为名、打着公益的旗号，以极低的价格取得城区或郊区农村的土地，然后以较高的价格转让给开发商，从中牟取暴利。有报道说，土地出让金已经成为不少地方政府的主要财源，有些地方出让土地所得甚至占到了当地财政收入的一半以上！——如果说"政企不分"还只是政府间接做老板的话，那么，"经营城市"简直就是政府直接做起了"土地贩子"！

我们这里所说的经营城市，是政府为城市全面发展创造环境和基础的概念。其中经营城市的获利，是获得的社会利益。

举一个简单的例子，天津市和国家开发银行在探索市政公用设施投融资中的合作模式时，与某些地方政府协作设立了相应的制度安排，对于城市重要基础设施进行打包后的整体贷款，然后以地方政府未来的经常性财政收入和土地出让收益作为贷款清偿的保障。对于城市重要设施进行打包贷款，可以促进城市综合实力的迅速发展，并带动城市土地与相关产业的价值增值，为地方政府偿还贷款的能力进一步提供了保障。对于地方政府来说，这样做主要是可以解决预算约束与流动性制约问题，并且可以更多地吸引银行贷款进入市政建设领域，来暂时性地替代政府信用的不足。

经营城市，要求全面的制度创新和金融创新。例如，资产证券化（ABS）和不动产投资信托（REIT）。

2. 积极参与市政债券的改革与试点

一方面，积极创造条件，关注国家改革，争取走在前面。因为中国的很多改革都是自下而上进行的。

另一方面，创造发行规范的市政债券的技术条件，努力成为国家的试点地区。

3. 不断推进地方财政改革，为发行市政债券奠定基础

这是必需的措施，例如公共财政体制建设、国库单一账户改革等，这是为发行市政债券奠定基础，也是为了确定良好的信用评级基础。

（杨涛）

地方金融发展与金融生态环境：
温州的例子

2005 年 8 月中旬，《中国银行体系脆弱性的政府治理》课题组一行三人按计划对温州地区进行了为期一周的调研，重点是调研温州的金融环境。下面是调研小组的周子衡博士执笔的调研小结。

引子："温州模式"的旧框框

20 世纪 70 年代末，温州人便开始广泛地寻求集体农业之外的谋生之路。他们大多从简单的家庭手工业加工开始，逐步向消费品为主体的轻工产品加工生产拓展。鉴于生产能力和技术水平的严重限制，温州人的"生意经"是商业第一、生产第二。这就形成了温州以"劣质货、强销售"迅速占领全国流通市场份额的态势。在一片对温州货的抱怨声中，温州资本的原始积累初步完成，为其产品生产进一步向工业品拓展奠定了基础。

这样，20 世纪 80 年代，温州的工业生产就逐步地实现了从简单的家庭手工业向工场工业的扩展，在生产范围和生产单位两个方面实现了突破。通过商业手段迅速地完成了资本的原始积累后，温州的商人开始大规模地投资创办工厂，机器设备的投入水平、密度和范围都得到提高或扩展，形成了大规模生产技术水平要求不高的各类轻工业品的能力，产销进一步取得了极大的成功，并将之扩展到居民消费品之外的许多的工业产品的零配件领域和各种小商品的广阔范围。

于是，在政策研究领域和社会宣传中，就出现了所谓的"温州模

式"，它包含了产销两个方面，即：家庭作坊式的手工业和计划体制之外的商品流通。作为对于计划经济的一种突破，以及工业进入乡村的尝试，以家庭单位为基础的"温州模式"和乡镇集体为基础的"苏南模式"等成为经济社会中广受争论的焦点。其中，最为吸引人的是，这些模式都在没有与计划经济体制发生严重冲突的状况下，实现了巨大的经济产出，并改善了当地人们的生活水平。

在经济短缺和改革开放伊始的年代，经济社会对于经济问题的认识与理解往往带有非常鲜明的局限性，并无可避免地带有意识形态的烙印。对于"温州模式"的褒贬不一或莫衷一是说明了一开始这个问题就不是单纯的经济问题。在这种背景下，"温州模式"被过度曝光、甚或被过度"解释"了。尤其是在有关"苏南模式"和"温州模式"等一系列的"模式"的解读或争议的不断升温中，渗透着极强的政治意味和政策动向。

计划经济体系被称为计划"体制"，此外，其他诸种皆被视为"模式"，包括"商品经济模式"，甚或"市场经济模式"（在建设有中国特色的社会主义市场经济体制成为中国经济改革与发展的根本方向后，市场经济体制取代了市场经济模式的提法）。这说明，相对于"计划体制"而言，"经济模式"在理论研究与政策宣传中带有明显的"等而下之"的地位，"某某经济模式"的标签表明其"身份"的划定，可以对其进行直截了当的批评甚或是情感宣泄。温州模式极大地冲击了人们在计划经济时期的经济活动中所形成的道德观和现实的计划经济体制的权威，以及长期奉行或尊崇的传统的计划经济理论教条或政策惯性。简言之，温州模式带给经济社会的是新鲜刺激和不适应感。

经济社会更愿意将温州经济视为异类，将温州商人视为"经济动物"。将之打上"温州模式"的标签，更容易使人产生一种距离感，这就形成了一种可观测、可把握的"安全感"，甚或面临温州经济的勃勃生机和温州商人的咄咄逼人的进取精神产生出某种"心理优势"，而少了本应当有的紧张与压迫感。可以说，"温州模式"一开始就包含着许许多多的复杂因素和情感成分。

进入20世纪90年代，伴随全面改革开放的大格局的形成，尤其是在全面建设社会主义市场经济体系成为政策实践的根本方向后，用"特殊模式"、"特殊政策"或"特定地区"来阐发中国整体市场经济体系的

走势甚或走向便有所不当了。至此，有关"温州模式"等的讨论就暂告一段落，但是，有关"温州模式"的一系列的认识分歧甚或严重误解却没有被画上句号。

在2004年的宏观调控中，温州商人再次成为众矢之的，原因是出现了"温州炒房团"，接下来，又出现了温商炒煤团、温商炒矿团，仿佛温州商人颇为喜欢与宏观调控作对，喜欢开罪于经济社会公众。事实上，这是一种严重的误解！"温州炒房团"的最初起因是《温州晚报》发起的一次"太太购房团"，其参加的人员范围和动用的资金额并不大。之后，经过部分媒体的渲染，仿佛温州商人要对于全国的房价上涨负有某种意义的直接责任。为什么温州商人这样容易成为传媒故事的牺牲品？为什么温州商人总是在不同时期成为最受经济社会"侧目"的少数人呢？

如果我们没有跳出"温州模式"的旧框框，就不能发掘出温州经济在中国市场经济体系建设与发展中所处的特殊位置，也不能通过温州经济体系中所出现的种种经济现象预测中国经济体系已经或将面临的主要矛盾。温州经济是中国市场经济的一个观测点，原因在于，温州经济处于中国市场经济的最前端，是中国市场经济体系中最为活跃的经济力量之一。

一、温州经济是中国市场经济的一个缩影

2005年，五月号的《资本市场》杂志封面文章痛斥"温州模式"的穷途末路。但是，人们似乎忽视了这样一个问题：为什么总是"温州"呢？

大家总在谈论温州经济和温州商人的答案只有一个，鉴于历史因素和自然条件等多方面的原因，温州事实上是中国计划经济体系中最薄弱的一隅，这反而成就其抢占中国市场经济最前端的位置，成为中国市场经济体系中最为活跃的经济力量之一。

• 经济优先

温州地处浙南、临海。境内多山、地少、路狭，民多迁徙、语多方言；历史上，此地少战事，政治不活跃、经济也属落后。

376

清代，康熙帝为征台湾而禁海，令福建沿海数百里渔民内迁，闽南人部分北迁至温州苍南等地（至今，温州人用语包括闽南语等多种方言）。至此以降，温州乃经年避战之地。20世纪上半叶，国共两党在浙南都不算活跃；下半叶，鉴于台海对峙，这里事实上又长时间作为预备战区，各项政府投资很少，工业稀少、国有计划经济体系远非发达。由于山区耕地局促，农耕经济十分落后，所以，乡民大多倾向于外出谋生，并多青睐商业。其时，温州人大多借助海路外出，即便到上海也需2天的路程；晚近，铁路开通，情况稍解。现在，温州地区户籍人口达770万人（其中不少人口外移，广布国内外，多以商业为根基；另，散布在海外的温籍华侨达50余万人）。

自古及今，温州始终处于政治活动的边缘，也处于经济活动的边缘。鉴于，经济资源的匮乏，温州事实上缺乏发展农业和工业的基础条件。"穷则变，变则通。"这是温州经济和温州商人不断发展壮大的活写真。以经济为中心早早就成为温州人的生存基本法，恰恰由于政治不活跃，经济活动也处于最低潮，所以，温州人的经济活动所依靠的主要力量就只能是家庭和个人。作为经济活动的最基本单元的家庭和个人，有着取之不尽、用之不竭的精神动力。在各地长期陷入到解决政府与企业的历史或现实的矛盾关系的同时，在各个企业还在摸索各种各样的企业形态、治理结构或激励机制的同时，温州人便开始了"经济自救"，积极地进行资本的原始积累，迅速地从商业资本积累发展到产业资本积累，并开始通过土地积累等方式向金融资本积累过渡。温州没有一系列的经济发展的优势，也没有历史包袱和思想积习，反而在全国范围的经济发展中占得先机。

温州"经济优先"的根本含义是，由于计划经济体系的组织系统不发达，所以，纪律约束松弛，温州商人所依靠的只有市场法则，所以，经济优先必然体现为市场优先。温州经济和温州商人白手起家，从最微小的、竞争最薄弱的商品、产品领域做起、做大，体现出勃勃生机，在不同时期，我们都一再地发现温州经济的活跃和温州商人敢为天下先的劲头。

• 商业起家——通过商业活动积累原始资本

计划经济后期，全国常年饱受"经济短缺"之苦，民众生活之必需

377

品或消费品等严重不足，充足的产品数量是满足民众消费需求的第一步，至于产品质量方面的要求尚在其次。由于实行严格的产品计划配给，全国的商品流通极不发达，因此，在计划体制之外，开辟商品流通渠道在短时期内甚至比扩大产品生产规模数量还要重要。没有市场化的灵活的商品流通渠道，即便生产有了快速而大规模的扩张，也不能满足实际需要。发展商品经济成为计划体制改革的第一步，温州经济和温州商人就是抢占先机，成为计划经济后期商品流通领域中最为活跃的一股力量。

由于长期奉行"先生产、后生活"的工业发展指导思想或经济发展战略，居民消费品或轻工业品的生产和流通流域普遍存在着质次价高的情况，一旦放开流通，必然出现庞大的廉价劣质品。事实上，在计划体制下，产品质量问题是普遍存在的，但是，整个经济体系没有酝酿发动一场针对产品质量的攻势，因为，这会危及计划配给体制，打击计划经济的权威，同时，计划分配体系并没有发展出一套完整的服务体系，消费者的地位与权利还处于抑制状态，计划经济的有效性、效率不允许更为细致地划分产品的质量等级，那会进一步加剧经济短缺。只是在产品生产得到快速扩张和商品经济大发展之后，产品质量和服务水平才成为经济社会关注的主要对象。

其时，温州经济体系既没有能力在计划经济体系下获得充足的货源，也没有港口能力或边境贸易获得境外商品，因此，推动温州展开全国性商业活动的最初的产品来源就只能依靠自我生产。由于生产能力和技术水平十分低下，几乎完全依靠手工，同时，由于缺乏必要的资本积累，温州产品生产条件简陋、原材料品质低下，温州货质量不高就是一个普遍性的问题。这就几乎完全依靠行销力度弥补，温州商人很快地建立了全国性的行销网络。温州积极向全国供货，成为各地突破计划供应体系中最为活跃的一支货源。同时，温州货的品质也成为备受全国买家诟病的对象，这在另一方面也说明了温州货的销售成功。这一时期可以说是温州经济的商业资本积累阶段。

所幸的是，温州货质量不高的历史并没有持续多时，或成痼疾；更为万幸的是，温州劣质货并未扩展到食品、医药等关系生命健康的领域。一俟商品资本积累告一段落，温州经济即行扩张生产，并扩展升级为工业产品部件等的加工制造。既有的商业行销网络也有了多渠道的充足货

源，伴随资本壮大和销售能力的提高，温州商人事实上建立起更长的销售半径，产销结合也更为紧密，温州商人行销的货物遍及世界各地，货物品质有了保障，也逐步地建立起全球性的商业信誉。

因此，我们认识到，温州货质量不高只是其特定发展阶段的产物。相对而言，全国各地都先后出现了货质不高的问题，一些地区假冒伪劣商品横行，民众深受其害，当地经济体系和一些行业、企业为此深受牵累。我们的问题是，为什么温州能够较快地从这种恶性循环中走出来？为什么另一些地区则深深陷入到恶性循环之中去？这里面有时间先后的问题，更有一系列值得深思的深层次原因有待检省。

二、温州资本发展的三步跳：商业资本－产业资本－金融资本

温州经济肇始于商业活动，在完成了商业资本的原始积累之后，迅速地转化为可以遍地开花式的工业生产，产业资本成为温州经济发展的中流砥柱。当产业资本不断扩张并受到土地、能源、技术、人才等的约束后，温州经济开始发挥其更为强劲的资本力量，产业资本开始向金融资本过渡。

• 产业资本优先

中国是世界的工厂，没有强大的生产能力，就不会有强劲的贸易活动。这一基本状况在温州经济身上得到了最有力的印证。

温州商业资本长盛不衰的根本原因在于，有着日益强大的产业生产力量作为支撑。温州的大企业不多，这有着方方面面的原因，但是，我们并不能断言，小企业没有大的发展前途。事实上，全国还没有一个可以通行的有关划分企业规模的有效标准，温州的基本标准是年产值在3000万元以下的企业被认为是小型企业，在一些内地省份，这一标准就过高了。目前，温州正在进行大规模的土地资本的积累，企业普遍酝酿着扩大生产规模。因此，再以小企业或者家庭手工作坊的老眼光看待温州工业就陷入误区了。

• 经济发展瓶颈的出现

温州经济发展的瓶颈主要体现在两大方面：土地约束和能源约束。当然，技术和人才也是温州经济进一步发展的主要限制条件之一，但是，当前其重要性远远地落后于土地和能源之后。

温州地处山区，土地紧缺。经济进一步扩张需要土地资本的投入，但是，土地资源短缺及其流通体制不畅造成了企业发展的瓶颈。土地价格每亩超过 100 万元，土地的政府批划也存在一系列亟待完善的环节，失地农民的补偿问题也是非常突出的。新的一轮的土地竞买决定了产业资本的新一轮的膨胀，谁能够获得土地意味着谁将能够在激烈的竞争中生存下去。

土地资本在产业资本的进一步生成中占据了支配性的地位。就是说，企业的发展前景、规模和竞争能力将首要地取决于其在新的一轮的土地资本竞争中所处于的位置。温州的地价上升得很快，以房地产为例，温州市区内的楼价普遍上扬，瓯江岸边的商品住房价格已经达到每平方米 1 万～2 万元；温州下属的县级市——瑞安的楼价也达到每平方米 8000 元甚至个别商品住房达到每平方米上万元。即便如此，温州的商人们普遍预测，土地价格还将上升，因此，囤积土地和商品房就成为一种必然的选择。由此，也就不难理解温州商人大量置业的现象了。

土地作为基础的生产资料和生活资料，在温州经济体系中的作用将越来越重要。我们可以预想，大规模的土地资本化，意味着土地的集中，这将迫使在新一轮土地竞争中的失败者被迫退出温州经济体系，他们要么将所拥有的小规模土地出卖而获得较高的回报，要么将迁到土地约束较为松弛的地区寻求发展。类似的变化最初出现在温州贸易商和制造商的分离，当初起决定作用的是，是否能够有效地将商业活动所积累的资本投入到工业生产中去，从而实现产业资本的生成。

温州土地资本的变化说明了，在全国经济发达的主要地区，尤其是在东部沿海的经济发达地区，新一轮的土地集中将较为彻底地改变这一地区的产业形态和企业结构，也将深刻地塑造该地区的金融格局。只有巨额资本投入才能获得的土地也意味着产业资本同金融资本间的必然结合，产业资本与金融资本的结合也将进一步整合企业体系，从而形成一系列新的经济变化和金融变化。

与此同时，电力供应紧张也进一步束缚了温州产业发展。温州的电

380

力供应紧张已迫使企业普遍地开工不足。许多企业被电力系统勒令隔日开工，由于缺乏有效的限制设施和监控手段，供电当局倾向于采取更为严厉的限电措施。电力供给紧张的矛盾向柴油等替代能源扩张，柴油发电成为制造商和服务商应对限电的必备手段。电力紧张无疑极大地动摇了小企业生产的灵活性，压缩了其创造利润的有效空间。在与大企业展开用电竞争中，小企业往往处在不利地位。鉴于电力供应在严格的政府管制之下，价格缺乏必要的弹性，供电紧张的局面还将持续。虽然，新建的电站大规模投入使用，但是，上游的煤价已经放开，电站供电利润空间被压缩，如果各电站争相扩张供电规模必然会引发电煤竞争，从而危及电站的盈利，同时也会拉高整个能源体系的价格。因此，供电紧张在目前的体制格局下难以有大的改善。温州商人从自身的状况出发判断出煤电油运的紧张，进而开始向诸领域投入大量的资本。

能源紧张将迫使部分产业资本撤出，转向更为灵活的投资领域，形成金融资本。

- 经济扩张向金融资本积累过渡

在打破计划壁垒、推进商品流通的时代，温州经济体系积累了大量的商业资本；在有关"温州模式"的论争时期，依托商业资本，迅速地形成了产业资本，并大范围地扩张到力所能及的各个工业生产环节，形成了一系列产品的生产优势和市场优势。现今，产业资本成为温州经济体系的支柱。全面的工业化带来了新的矛盾和问题，集中体现在土地供给的紧张和电力供给的紧张，这事实上形成了温州产业经济发展的瓶颈，引发了一系列的企业外迁，以及大量的商业资本事实上脱离了温州地域。

温州经济已经从商业资本阶段过渡到产业资本阶段，并正在向金融资本阶段迈进。这体现了一个基本的发展态势。

最能够说明温州经济中金融资本积累快速发展的事实是，温州普遍存在的大规模的民间借贷。至于温州民间借贷的规模，有着不同版本的统计，最高的认为有 5000 亿元人民币，根据当地人民银行的统计为 1700 亿元人民币。温州当地的金融资产规模为 2000 多亿元人民币，一般说来，存贷比并不高，资产质量很好，不良资产率 1.89%。这些指标在全国而言都是最为突出的。

为什么温州没有出现全国较为普遍的资产质量低下的问题呢？原因

如下：

　　首先，温州不存在大规模的国有经济，也便不存在银行体系向国有经济进行大规模的金融补贴的状况；其次，民间金融发达，风险在银行体系和民间借贷之间分散，全社会对金融风险的识别、管理、监控和防范的敏感度、程度、有效性等都较高；第三，产业资本发达，工业利润丰厚，形成了充裕的资金来源；第四，当地的信用体系发达，债务关系普遍良好，包括政府在内的信用意识明显较全国其他地区高；第五，现金经济在相当程度上还普遍存在，这在一定程度上也约束了金融风险。根据人民银行温州分行的统计，温州地区近几年的人民币现金投放呈现出不断提高的态势，2002 年现金净投放为 85 亿元人民币，2003 年为 87 亿元人民币，2004 年为 92 亿元人民币。大量使用现金也带来了一系列的问题，效率和安全性是最为主要的问题，于是温州地区产生了现金提送的保安服务，支付结算开始大量地使用票据，值得注意的是，温州商人所使用的票据以本票居多；第六，事实上存在较大数额的外部资金的流入，来源主要是埠外温州商人的汇款，居民储蓄存款也有稳定的增加。

382

三、温州金融活动反映的一些特殊性

　　• 货币体系：货币单位制度发生变化

　　现有的人民币货币单位制度是历史形成的，在 20 世纪 80 年代后期，出现了 50 元和 100 元的大钞，之后，最新一版的人民币增加了 20 元的纸钞而没有设定新版的 2 元纸钞和新版的分角币。

　　在温州，人民币的单位制度正在发生深刻变化。人民银行温州分行已经多年没有像温州地区投放 5 角以下的分角币现钞，银行柜台结算已经废止了分币，乐清的商业银行的柜台结算的最小单位是 5 角。可以说，分币已经退出了流通，退出了支付结算；角币基本上也开始大规模地退出。在商品和服务的定价方面，分币已经退出超市，公交车的最低票价为 1.5 角。应当说，现存的分角币在自然的减少，仅有 5 角币将保留较长时间。同时，以元为单位的商品或服务的定价、支付和结算也出现了较大的变化，主要体现为 5 元和 10 元为基本的末位数。例如，温州地区的公路桥梁收费基本上是个位 5 元或 0 元。这样看来，温州地区实际通行的货币单位为：5 角、1 元、5 元、10 元、15 元，等。基本上实现了简化了的 5 进制。100 元人民币以下的单位基本上为从 5 角到 100 元 12 个基本单位。这较现行设定的从 1 分到 10000 分（100 元）的单位密度大为缩减。

事实上，全国各个地区在现行人民币单位使用上都有所缩减，主要集中在分角币上，尤其是分币。其中，深圳和温州比较有代表性。但是，就银行的柜台结算和定价的 5 元进制方面看，温州地区的变化要更大一些。

货币单位的设定和运用上的这种变化反映了金融活动的基础正在发生深刻的变化，另一方面也不同程度地说明了传统的货币单位制度已经开始偏离经济活动的现实。这种差异也反映了地区间经济和金融活跃程度的差异和发展水平的差异。从近几年的情况及其发展态势上看，在货币层次上所出现的地区差异会进一步扩大而不是缩小，这会为金融体系和经济体系带来何种影响有待进一步观察。毫无疑问的是，温州地区的现钞使用状况可以形成一系列非常有价值的观测或评估的指标体系。

383

• 银行体系：管制局限

温州的银行体系依然是国有四大银行占先，依次为：农业银行、工商银行、建设银行和中国银行。温州城市商业银行位居第五位，是温州地区银行体系中发展最为迅速的商业银行，现有存款 132 亿元人民币，贷款 127 亿元人民币。不良资产为 4.89％（温州城市商业银行脱胎于若干家城市信用社，历史形成的不良资产在快速地减少）。温州城市商业银行是温州地区惟一一家法人单位的银行，其他各银行都是二级分行或一级分行。

温州银行体系每年产生的利税 40 多亿元人民币，基本上是四大国有银行创造，这些利税没有进入当地的财政。温州城市商业银行中政府财政所占的股权比例为 8.9％，并且在持续缩减之中，财政当局对温州城市商业银行的干预相较于全国大多数城市而言是很少的。温州的这种状况非常具有特殊性，反映了地一级城市财政金融的一种不对称关系。

温州银行体系以分支行为主导的局面是否有利于该地区金融与经济的长远发展尚有待观察。可以期待的变化是，温州银行准入管制的进一步放松，而开放针对的对象将不再局限为国有银行或股份制银行的分支机构的进入，还应当包括直接设立一级法人银行机构。

现有的温州城市商业银行和温州农村合作银行所存在的主要问题之一是历史形成的股东过多，过于分散。以温州城市商业银行为例，股东达到 2000 人以上，而员工只有 1027 人。在农村还存在一系列的农村信用合作社，面临的问题很相近。

因此，可期待的是，温州的银行体系的改革与发展能够为全国提供有价值的参考。

- 民间借贷：是否应当得到规范

就全国范围而言，对于民间借贷的定义或看法大为不同。有地下金融、非规范金融、民间金融、民间借贷等多种说法。关于民间借贷的名词最有价值的是"民间"，即非"官营"。计划经济时代和改革开放初期，"金融官营"是受到法律保护的，立法的主要目标是确立这一原则。其核心在于"官"，而不在于什么是"金融"，以及如何界定"营"。

伴随市场经济的发展，我国的金融体系开始从"官营垄断"逐步放开，但是，在这方面的立法也是大大地落后于现实需要。不仅如此，事实上，对于金融活动的立法本身并不充分。以银行业为例来说，什么是银行（包括商业银行、信用合作社、政策性银行）？什么是银行业务？什么是存贷款？什么是利率？什么是汇率？这些并无明确的法律规定。所以，不是简单地规范民间金融的问题，而是规范所有金融活动。

在法律变化之前，首先是观念的转变。备受诟病的温州民间金融终于在 2005 年间接地获得了官方的某种程度认可。人民银行吴晓灵副行长在 2005 年 5 月的一次会议上表态应当正确评价民间金融。事实上，民间借贷或民间金融早早就存在了，它是作为官营金融之外的第二套金融体系在运转的。其不仅生存下来，而且在不断地发展壮大，这突出地说明了市场经济的力量。在这方面，温州再一次提供了值得深入研讨的"样板"。

两套金融体系在未来长期发展中的关系将如何变化，温州也将提供一个非常有价值的观测样本。这将为全面的金融改革提供建设性的参考意见。

在温州，资金的充裕是相对的，资本的约束还是较为普遍地存在的。

民间借贷的利率水平大致在10％或更高的水平，这与现行银行体系的利率水平存在较大的差异。两套金融体系是渐行渐远，还是渐行渐近呢？毫无疑问，在不远的将来，两套金融体系之间相互补充，彼此分割的状况将有所变化，在相当程度上，彼此之间将形成某种程度上的竞争。如果深入地研讨，我们或许会发现，事实上，银行体系始终没有深入到一系列的融资环节中，就是说，银行体系自觉地退出了民间借贷大量发生的部分领域；另一方面，这种退出可能远未结束。这样，二者之间将发生相当程度上的竞争，竞争也许早早就已经发生，表现在民间金融在不自觉地提高了银行体系的运营成本，银行体系的存贷比没有大的提高，受到民间借贷的约束（即民间借贷的存款发生在银行体系，贷款则不依赖银行体系）。这些有待于进一步的调查研究。

有一点是清楚的，民间借贷将获得怎样的发展，以及获得何种程度的认可、保障，这些将是衡量和评估我国银行体系改革与发展的一项重要的指标。正如，从商业资本向产业资本过渡一样，温州经济中的产业资本如何更紧密地同银行资本或金融资本结合在一起，实现产业资本向金融资本的过渡将是未来温州经济变化中最为根本的一环。

- 金融制度环境

与全国大多数地区一样，温州的制度环境主要取决于政府的政策执行状况。鉴于温州地区的银行体系总体上运行良好，质产质量水平高于全国平均水平，金融监管的开展总体上比较顺利。较全国其他地区而言，鉴于温州地区的国有经济成分低，财政投融资或市政建设对于地方经济的影响力较弱，因此，温州政府各个部门对于金融活动的干预也明显较少于全国其他地区。

鉴于温州干部家属或亲属大多从事经济活动，官员的家庭经济收入或来源并不完全依赖公务员的财政工资收入，由此可见，尽管政府在整个经济体系中仍然占有突出地位，并控制着诸如土地等极为重要的经济资源，但是官员廉洁自律的程度还是比较突出的。但是，值得注意的是，虽然官员洁身自好，但是在经济活动的重大利益博弈中推进公平竞争方面，政府部门还是有进一步完善工作的必要。举例来说，在土地划转开发方面，大企业往往较小企业具有更大的优势，这将必然导致金融资源跟随土地资源一同向大企业集中。这种态势任其发展将人为地改造企业

385

结构，将一定程度地损伤温州的经济活力和企业竞争。

调研中，我们还发现，个别的部门直接干预一些政府基层机构的财政存款，特别是村委会的存款，要求其支持农村信用合作社的发展。在一些金融机构的改组中，个别政府部门也实施了不恰当的强制做法，干预正常的经济活动，一些也产生了不良后果。比如，在信用合作社的改组中，某县有关当局强令信用社吸纳高达5000万元人民币的不良债权，并提供虚假的政府担保，事后，并不兑现承诺。

在未来的经济变化中，政府部门将置身于更加激烈的利益冲突中，许多矛盾有可能向政府部门集中，这将增加金融活动的不确定性。这一点在调研中有比较突出的反映。

- 活跃的社会组织

在温州的经济体系中，企业、个人、金融机构（主要是银行部门）和政府之外，还出现了活跃的社会组织。这一点也是温州走在了全国的前面。这方面的情况并不十分清晰，没有成为调研的必然内容，但还是获得了一系列的相关信息，值得关注。

这里仅以基督教会为例，简要地介绍一点情况。

温州的教会组织在全国而言也是非常发达的。教会组织多以民间自发的形式存在，并快速发展。以瑞安市为例，教会组织达到100多个，各个教会之间也存在普遍的联系。温州的教会组织还向邻近的安徽和江西渗透，在北京也存在较为发达的温籍教会组织。温籍教会组织的成员并不限于温州人，在外地的温籍教会组织人也有当地人的大量加入。这种状况同温州商人所建立的行销网络有关，在商业组织的藤蔓上也结出了社会性组织的果实。

温州本地的教徒粗略地统计也在数十万人之众，如果计算在各地的温籍教会组织，人数会突破百万。维持这样一个庞大的教会组织，在精神信仰之外，还是需要相当的组织能力和财力。温籍教徒中不乏相当数量的农民，但是还是有一定数量的商人和企业主。教会组织的经费来源虽然主要依靠自筹，还是比较充裕的。同样，以瑞安为例，100多个教会组织中，各家的教会资金都在100万元人民币以上。据此，粗略推算，温州地区的教会资金应在6亿~10亿元人民币之间。这些资金大多比较分散地以各个教会组织骨干的个人或家属的名义存在各个银行机构，一

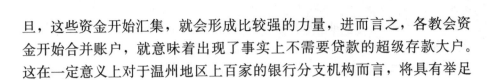

旦，这些资金开始汇集，就会形成比较强的力量，进而言之，各教会资金开始合并账户，就意味着出现了事实上不需要贷款的超级存款大户。这在一定意义上对于温州地区上百家的银行分支机构而言，将具有举足轻重的影响力。

<h1 style="text-align:center">结　　论</h1>

对于全国而言，温州地区经济和金融问题具有预警性，即许多问题在温州经济中先发生，之后，在全国不同地区先后出现。这一点，可以为经验证实。温州地区经济比较好地解决了商业资本、产业资本、金融资本等不断升级问题，其所出现的矛盾和困难是发展中的问题。

就金融领域而言，温州的金融体系更加贴近市场，突出体现为两套金融体系的平行运行，相互补充，协调发展。就银行体系而言，温州的主要问题在于如何有效地放松准入管制，如何有效地推进民间借贷的正规化和合法化。

就长远来看，温州的土地约束和能源约束是暂时的，根本来说，还将是资本的约束。这预示着，金融改革需要一场更为彻底的价格改革为基础。

说明：一系列的数据没有补充进本文中，有待进一步完善。

一点补充：

温州金融活动中区别全国其他地区的一个最大特点是，债务关系清晰。由于温州地区经济以中小企业为主体，这些中小企业又基本上是从家庭手工作坊做起，并不存在复杂的社会关系或政府关系，企业之间的关系也因此趋于简洁。这就降低了民间借贷的信息成本、管理成本，也为风险控制提供了条件。因此，温州的民间金融活跃、规模庞大，并在不断向前发展中。由于民间金融的不断壮大，事实上也降低了当地银行体系的经营风险水平。可以说，这是一个良性互动的阶段。

然而，两套金融体系之间的关系既相互补充、彼此融合，也存在一

387

定的竞争关系。一方面，银行体系主动让出了部分高风险的业务领域或低端客户群，而民间借贷恰恰在此方面有较强的适应性；另一方面，民间借贷有可能突破散、小、短的局限，单笔信贷规模增大，同银行竞争，造成银行客户或业务流失。值得考虑的是，温州经济发展总体上快速而非常平稳，一旦出现大范围的经济异常，即便银行体系不出或少出问题，民间金融一旦出现某种失灵，同样会对于整个金融体系产生较大的负面影响。

鉴于此，温州地区的金融活动的启示有四：

首先，降低一个地区的债务风险水平的关键是使该地区的债务关系总体上趋于清晰、稳定。尤其是关注这一地区的政府、企业与银行的三角关系，那些规模大、业务范围广泛、资产规模大且种类多、历史长、投融资关系复杂等的企业是最有必要给予特别关注的，因为其往往决定了这一地区的金融稳定程度、银行风险水平等。这方面的案例颇多，教训也颇多。

其次，必须关注民间金融的规模、水平、趋势及其特点。事实上，各地都存在不同规模、水平的民间借贷活动，某种意义上说，民间金融促进了金融稳定性或健康；相反，在那些民间金融欠发达的地区，金融活动的违约风险水平也往往更高，甚或存在较强的掏挖银行体系或其他金融机构资产的趋势。

第三，现实银行体系的经营战略中存在明显的"尚大"之风，表现在银行追求大客户、大项目，这似乎是减少了运营成本，但是，集中甚或拉高了风险水平，降低了银行处理单笔信贷业务的能力，尤其是处理小额信贷的能力。"尚大"之风还对地区经济产生了一定的负面影响，即使得政府和企业各方都倾向于大项目、大公司运作。这一方面有可能使得有关项目和公司的运行脱离了实际需要，产生不必要的风险；另一方面恶化项目竞争和公司竞争，抬升大公司或大项目的运营成本，压迫中小项目或公司的发展空间。银行经营的"尚大"之风说明了银行体系的趋同性，不利于拉开银行间业务或市场的层次，发展开来也会对于整个银行业产生负面的影响。

第四，正确处理好银行业务与地区经济之间的关系。在政府、企业与银行的三角关系中，金融生态环境是一个重要的观测指标。简言之，

388

从温州的情况看，企业是地区经济发展与稳定的重心，政府和银行都处于相对弱势的地位。这一生态环境就确保了温州银行体系的快速、健康、稳定地发展，温州也成为全国银行资产质量最好的地区。反例是，一些地区的政府和银行体系结合在一起，强势推进本地经济，企业跟在后面分得一杯羹，结果形成的只是短期的经济繁荣；在长期形成经济下滑，造成复杂的债务关系，银行体系受损，甚或政府信用遭破坏，企业一蹶不振。

（周子衡）

附录：

央行领导
论金融生态

完善法律制度　改善金融生态①

中国人民银行行长　周小川

"金融生态"是一个比喻，它指的主要不是金融机构的内部运作，而是金融运行的外部环境，也就是金融运行的一些基础条件。这个概念不是我先用的，是别人先创建而我跟进的。

首先，法律制度环境是金融生态的主要构成要素，比如法规能否很好地保护投资者、存款者的权益，会计准则是否足够高，《破产法》是否完善，是否有利于建立和维护良好的金融秩序等。

其次，还包括市场体系的完善程度，其中涉及中介服务体系的完善程度。因为很多中介服务业务，不是金融机构自身的职能。像律师事务所、会计师事务所、评级机构等中介机构在金融服务中非常重要，如果这些方面薄弱，就会使金融运行存在漏洞，也不利于建立完善的社会信用体系。

另外，由于银行不良贷款的产生程度跟贷款客户的资信密切相关，因此，企业改革也是改善金融生态的重要方面。企业改革如果不到位，其产生财务问题的可能性就会高于成熟市场经济中的企业，这样一来，银行的不良贷款比例也会比成熟市场经济中的银行要高。

在下文，我将就与金融生态有关的若干重要问题做一些探讨。

---

① 本文系由周小川行长 2004 年 1 月 8 日在"商业银行风险管理及内部控制论坛"上的演讲、2004 年 12 月 2 日在"经济学 50 人论坛"上的演讲，以及 2005 年 3 月 25 接受《人民日报》记者采访的部分讲话汇集而成。

一、随着经济转轨的不断深入，金融风险的表现形式会不断出现变化，需要解决的风险隐患也不断出现变化

形成金融风险的基础原因很多：第一，全球经济、科技、金融发展变化很快，很多问题已不能用已有的理论和经验来应对，金融稳定面临很大的不确定性；第二，我国在从计划经济向市场经济转轨的过程中，不少机制尚处于非计划非市场的模糊或矛盾状态；第三，实践表明，特别是通过亚洲金融风暴，可以看到经济中的各种问题反映到金融上是一个镜像，危机首先反映在金融上。金融风险隐患如果不能够及时解决，很可能会逐步积累，并导致经济金融危机。由于风险具有不确定性，我们宁肯把问题看得重一些，透一些。只有及时加以解决，这些风险隐患才能及时消除。世界范围内都可以看到，金融业风险隐患积聚的时间越长，解决问题的难度往往越大。

在经济转轨的过程中，不同时期金融风险的表现形式有所不同，风险隐患的特征、重点都处在不断转移的过程中。过去我们所遇到的主要的问题，今天已经不再是主要问题了；过去看起来不太起眼的问题，现在开始变得很重要。例如，在过去一段时间内，我们主要面临大规模不良资产的处置问题。为此，在1998年通过财政发行2700亿特种国债，补充国有商业银行资本金的不足。1999年，通过设立资产管理公司，剥离了一万亿不良资产。2003年年末开始中行和建行股份制改造的试点，用现存资本进行不良资产损失类的核销。此后，运用部分外汇储备和黄金储备，注资中国银行和建设银行。从2003年开始的农村信用社的改革也是国家花费一定的资源加以推动的。

为了尽力解决好不良资产的问题，在2001～2002年做了很详细的抽样调查统计，基本摸清了不良贷款历史问题的形成原因。这是在解决不良资产和国有商业银行改革方案设计前必须要做的基础性的工作。

根据此次调查，在不良资产的形成中，由于计划与行政干预而造成的约占30%，政策上要求国有银行支持国有企业而国有企业违约的约占

30％，国家安排的关、停、并、转等结构性调整约占 10％，地方干预，包括司法、执法方面对债权人保护不利的约占 10％，而由于国有商业银行内部管理原因形成的不良贷款占全部不良贷款的 20％。此外，社会信用环境较差，企业逃废银行债务严重以及未能实行高标准会计准则等因素都交叉存在于各个类别之中。可以看到其中有很多原因是与法律、司法和执法有重要联系的。

在改革转轨期间随着问题的不断解决，原有的矛盾开始不断转移。例如过去某些造成不良资产的原因开始逐步被消除。由于政企不分、政策性贷款、不当行政干预、中央地方关系不顺、商业银行缺乏内控或者内控不严而造成的问题开始逐步得到解决。改革早期，中央地方关系中存在"行政性分权"思路，在很大程度上影响了商业银行内控制度的有效性。贷款经营权也仿照行政区划按照省、地、市、县等分权，每一级分行可能存在"三只眼睛"的现象，即"三只眼睛"分别看着总行、当地政府和作为监管者的当地人民银行。改革初期远程通信网络不发达，所以日常的监管或指导，受地方利益影响很大，内控相当薄弱。举一个例子，20 世纪 90 年代初期我在商业银行工作时就发现银行内部有很多业务运作的规则，十分详尽。表面上看制度很健全，但是实际上总行知道执行上常是另一回事，因此制定和完善规则在很大程度上是推卸责任的一个机制，分支机构用"三只眼睛"看事、办事，办错了不是总行的责任。

内控问题得以重视是从 1993 年十四届三中全会开始的，当时强调专业银行要发展成综合的商业性银行，向企业化、商业化方向发展，不再是行政机构，所以不能按照行政的办法来处理。但是变化往往需要时间，直到 1997 年吸取亚洲金融风暴教训并召开全国金融工作会议后，国有银行对业务和人员才真正实行了"垂直管理体系"，才为加强内控创造了条件。

其他导致不良资产的原因，例如监管体制问题、国有企业本身问题等，都在不断变化，风险因素在逐步消除。例如，早期监管存在的问题简单说就是"重审批、轻监管"，主要是发"出生证"，生下来以后就不管了。从亚洲金融危机后，我国政府已基本放弃了对国有商业银行的行政干预，政府部门已经从法律角度明确了商业银行决定贷款的自主性。

395

从本世纪开始，政府已经逐步放弃了国有银行应向国有企业实行信贷倾斜的要求。随着国有企业改革的不断深入，一些国有大型企业逐步成为上市公司，企业经营状况的改善也为商业银行带来了改进资产质量的可能。因此，总的来看，旧式的不良资产的问题在逐步解决。但是，经济体制进入新的发展阶段后，金融方面会出现很多新问题，要求我们加以解决。

为此，人民银行研究部门最近就影响今后我国金融的风险问题作了个研究报告，将金融风险概括为9个方面：储蓄率和M2持续盘升导致大量的风险集中于银行业；币值稳定仍旧面临很大的潜在压力；从世界各国范围看财政赤字往往是金融不稳定的根源；汇率制度僵化和国际收支失衡严重蕴含着巨大的风险；银行业客户和银企关系所蕴含着的显著风险；公司治理中若干问题不解决可能面临需要国家再度救助的风险；金融机构缺乏自主定价的环境和科学定价能力蕴含的重大金融风险；缺乏金融创新体制蕴含金融僵化的竞争力风险；维护金融稳定和防范道德风险的关系等。

其中很多方面都和我国金融生态环境中的法律问题密切相关。例如，从银企关系的现实看，我国企业的财务杠杆率比较高，即自有资本金比较少，资金需求大量依靠银行贷款。银行在发放贷款时是否能够完全依靠外部信息还是在一定程度上依靠内部信息？在发生违约时，法律上的安排是否能有助于保护债权和减少违约所造成的损失？市场经济中风险的存在，使得不良资产的出现是不可避免的，但是在处理不良资产的过程中，银行作为债权人的控制能力究竟有多大？银企之间究竟是选择控制导向型还是保持距离型？对这些问题的回答实质上都和法律条件或者"约定俗成"密切相关，同时也涉及会计准则、外部审计、信息披露、司法执法完备与否、市场信息获取的便利性等问题。在银企关系中除了常规的制约关系外，更为重要的是，银行对借款企业有没有最后的威慑手段，或者说"杀手锏"。作为债权人的银行希望企业有了困难就尽量及早纠正，但是必然有一部分企业最终是违约且难以扭转的，在后一种情况下，在法律上的安排、债权是否能依照《破产法》得到既有效果又有效率的保障，就是一个十分关键的问题。

另外关于维护金融稳定和防范道德风险的问题，也跟法律问题关系

396

密切。如果对金融机构缺乏一个清晰的关闭破产和清算的法律框架，那么在维护金融稳定方面，我们的一些做法就可能缺乏根据，甚至会造成很多影响社会稳定的事件，难以做到"公平公正"，因为法律事先未明确定义投资者和存款人的权利和义务，使得市场参与者并未预期所面临的风险、进行明确的选择。市场的所有参与者是否能够以及如何对金融市场和金融体系的组织结构进行约束，也是一个需要法律加以明确的问题。

二、当前一些有争议的问题

今天再次讨论当前的一些争议，主要想讨论三个方面的问题：《破产法》、贷款欺诈以及在贷款欺诈问题上所涉及的会计准则。

（一）关于《破产法》

金融改革和金融企业一直期待新版《破产法》的诞生。1986年版的《企业破产法（试行）》是在改革转轨初期制定的。随着市场经济的发展，该法在覆盖面、清算、破产重组等方面都已经不能适应市场经济的要求。虽然亚洲金融危机中在处理广国投破产的过程中，对破产重组和清算程序做了补充和司法解释，但是现有的法律规定依然难以保证建立社会主义市场经济所要求的正常的财务纪律和财务约束。在新版《破产法》起草过程中听说还有些争议，我主要关心四个方面的问题。

第一个议题是清算程序，其中涉及有抵押、质押的债权在清算中的次序。一种主张是将其放在劳动债权之后。企业职工劳动债权一般理解是企业拖欠职工工资，但是广义的理解可能会包括欠交基本社会保险费用、养老金、欠发医疗费用，甚至可能还包括职工安置、再就业安置等。如果对劳动债权没有严格和明确的范围，模糊的职工劳动债权优先于有抵押、质押的债权，实际可能导致有抵押、质押的债权回收机率相当低。另外，关于养老保障、医疗保险、下岗再就业等问题本身，目前还处于改革探索之中，还都比较模糊，处于定义不清之中。

第二个议题是关于破产条件。从法理来看，关于破产条件的一般说法是"借钱不还就可以提出破产起诉"，意味着债权人可以通过破产起诉

作为"杀手锏",督促企业还款,不还就会按《破产法》由法庭进行审理。一旦进入破产法的审理,就会指定接管人、成立债权人委员会,原有管理层管制和治理企业的任何权利就要让位于债权人。这种做法对债权人的保护至关重要。从实践看,很多破产诉讼的提起,并不真是想逼企业破产,而是另外两个目的:一是增强最后的威慑力督促企业还钱;二是可进入破产重组程序并为企业重组提供机会。在企业重组过程中,债权人有可能通过减免部分债务、延长贷款期限、展期等多种办法,帮助企业在破产重组中得到再生。并不见得就是把企业真正肢解掉,最后收一堆废铜烂铁。但如果把资不抵债列为破产条件,就会大大削弱破产诉讼这一手段的有效性,使破产法更具有"花瓶"色彩而不是实用性。特别是资不抵债是个会计问题,伸缩性和操纵性很强,我后面还会谈到。这涉及破产法在角色上是充当"硬约束"还是"软约束",也就关系到整个改革转轨是否能够走出科尔奈所说的"财务软约束"。

第三个议题关系到《破产法》是否是一个专业性比较强的法律,是否需要成立专业法庭。从表面看,《破产法》似乎并不难,借钱不还,最后就起诉破产;但是,如果涉及复杂的债权结构、税务争议、劳动债权、特别是重组问题时,就可能需要相当强的专业知识才能进行审理。例如债权结构中就有不同的优先级别,质押/抵押债、优先债和次级债的清偿顺序就不同。而重组则类似收购兼并,是一个非常复杂的议程。如果只是地方法庭审理,是不是能够做好破产法的司法,始终有人提出疑义。

第四个议题是金融机构的破产是否纳入普通破产法。按照国际经验和目前国际组织的倡议,应将金融机构破产纳入普通破产法。另外一种观点认为金融机构的破产涉及到存款人、债权人,在当前还没有建立存款保险机制、投资者补偿基金的情况下,金融机构破产会比一般工商企业破产更为复杂,因此提出不将金融机构列入《破产法》或者"由国务院另定"。这是否会导致金融企业破产规则会再拖延很长时间?中间又会有很多吵不清的争议,也会妨碍存款保险机制、投资者补偿机制的及时推进。

(二) 关于贷款欺诈

从我国当前实际情况看,金融诈骗行为大致可以分为两类:一是以非法占有为目的、通过提供虚假信息而进行的金融诈骗。这类诈骗的典型特点是行为人的主观意图是将资金据为己有。在此目的下，行为人通过虚构假的资金使用目的或资金支取凭证，骗取银行资金。例如信用证诈骗、票据诈骗等。这方面我国的法律规定是明确的。二是不以非法占有为目的，但通过有意提供虚假财务资料为企业的利益骗贷。这类欺诈的特点是，行为人陈述的资金使用目的是真实的，即行为人主观上没有将资金据为己有的目的，但行为人向银行申请资金时有意提交虚假资料，从而导致银行的决策偏差，骗取银行的资产。目前涉及银行的欺诈大部分是第二类。

目前我国《刑法》第 193 条对"以非法占有为目的"的金融诈骗有明确规定。而对上述第二类欺诈，由于其行为人的贷款目的是真实的，不是为了非法占有，因此根据目前《刑法》，行为人利用虚假信息骗取银行贷款的行为并不属于金融诈骗。只有对贷款的"非法占有"才能追究行为人的刑事责任，否则只能通过《合同法》追究行为人的民事责任。对于第二类欺诈缺乏足够的威慑力，将对财务金融纪律的建立以及今后银行会不会再产生大量的不良资产，都有重大的影响。

根据毕马威提供的国际比较来看，虚假财务信息导致的金融诈骗范围已经成为各国关注的重点。德国、美国和英国在法律中都有明确的规定，用刑法而非民法来打击和防范利用虚假财务信息进行金融诈骗。例如，《德国刑法典》第 265 条 b 对信贷诈骗罪的规定为，有利于信贷人且对银行批准信贷的决定具有重要意义的下述之一的行为是信贷诈骗：提出不真实或不完全的资料；以书面形式作不真实或不完全的报告；在提供的材料或书面说明中没有告知对决定申请信贷具有重要意义的经济状况的恶化情况。《美国法典》第 18 篇第 1014 节规定了虚假贷款与信用申请罪。行为人以影响银行决定为目的，在信贷申请中向银行提供了明知虚假的陈述或报告就构成该罪。强调行为人的行为具有影响银行决定的目的，而不依赖该目的是否实现。此处的贷款与信用包括各种贷款、贷款承诺和各种担保。而且 1014 节的涉及期间不仅包括信用申请阶段，还包括展期、续借等信用的延续阶段。英国颁布的《Financial Services and Market Act 2000》中有关虚假陈述罪状规定，行为人通过下列方式之一影响他人签订协议、提供签订协议的承诺或延续签订协议的行为是一种

399

犯罪：明知虚假却仍然提供的声明或预测；隐藏重要事项；鲁莽的声明或预测，这些声明或预测在重大方面存在错误。英国关于信息真实性的要求与德国和美国相近，并且将不计后果的预测作为定罪的条件之一。

（三）会计准则

金融欺诈中利用虚假信息骗取银行贷款，实际上和会计准则密切相关。虚假信息有两个方面，一类是生编滥造、根本没有项目支持的无中生有的虚假信息；另一方面关系会计制度和准则的规定。改革开放以来，我国会计准则的标准一直在提高，但是执行并不普遍，中等以下企业有很多并不真正严格执行现行会计准则。会计准则的制定和执行与信息真实以及造假机会之间显然是有关系的。

会计准则是一个技术性很强的议题。不少人理解会计准则是"钢尺子"，应该有一是一，有二是二。但由于现代经济高度复杂化，有些会计领域取决于理解、判断，甚至是"审美观"，"尺子"有弹性。会计准则的问题在改革初期始终没有受到太多的重视。一直到1993年，企业会计财务制度和准则有了比较大的改革，亚洲金融风暴中我国对会计准则又做了很多重大改进，我们应该高度评价这些卓有成效的进步，同时也应该看到，和市场经济的高标准相比，还有一定的差距。一些评论仍旧认为我国的会计制度体系比较复杂，有企业会计制度，也有分行业的会计制度，各种会计制度之间差距很大。例如企业会计制度要求企业按照资产可回收性提取减值准备，分行业会计制度虽然也有近似的要求，但其稳健性远远低于企业会计制度。其次，银行在评价企业财务信息的可靠性时，由于我们没有很强的会计师行业，外部审计也不强，因此银行过去的做法是不要求贷款申请人提供外部审计的。今后银行贷款时，可能会考虑要由会计师审计财务信息，由律师评价企业运行的合规性以及贷款条件，由评估机构对抵押品进行价值评估，由评级机构进行债券评级等。但是，上述中介机构的发展往往需要时间，专业、诚信、品牌、服务水平和内控往往需要几十年的积累。经过审计的报表就一定可靠吗？也不一定，因为还涉及到事务所的职业水准、内部管理等问题。整个金融服务中介的发展还涉及到对外开放的问题等等。如果这些问题不能有效解决，企业提供虚假信息和金融欺诈的概率仍比较高。

三、法律环境对金融生态的影响

　　法律环境会直接影响金融生态。在某种程度上，从计划经济向市场经济转轨过程中的基本问题是"财务软约束"，它是否依然会继续存在，在很大程度上要靠法制的转变和完善。这方面有很多案例，我就只讲案例而不提理论。

　　第一个例子是关于资产管理公司回收率的。1999年在成立资产管理公司剥离不良资产时，邀请了包括世界银行、东欧国家等非常著名的有实践经验的专家和官员，对不良资产的回收率做过估计。私下谈时，估计中国这一批不良资产的可能回收率应该在40%～45%，当然有个先决条件，就是在立法、司法、执法上要做一些起码的改进以支持债权人的回收和重组工作。判断者看到，当时的欠款企业依然在生存、在继续正常生产和销售，但是资本低、历史包袱重、社会负担重，如果负担能够减下来，很可能还有前景。但是从当前的实际效果看，资产管理公司的实际回收率不足20%。虽然整个不良资产的处置还没有结束，但是随着时间的推移，越到后来剩下的资产越来越质量差，回收率可能更低。回收率取决于很多因素，例如企业所有制多元化的进展等。但是最关键还取决于金融生态中的法律体系：是否有合用的《破产法》？是否建立了资产处理方面专门的法律？例如美国1989年通过了《金融机构改革、恢复和强化法》，为重组信托公司（RTC）制定了专门的法律框架；在波兰，法律为银行在企业重组和债务人谈判中赋予了准司法权，以银行为主导的"庭外调解"具有很强的法律效力；此外在瑞典、罗马尼亚、保加利亚等国家也有类似的做法，在法律上保证债权人在重组和回收方面，具有显著优先的地位。是否有专业法庭？是否能够取消抵押品的赎回权（foreclosure），以便简单快捷地实现抵押权？上述这些问题是作为成立资产管理公司、提高回收率的先决条件。为此，在1999年成立4家资产管理公司时出版的《重建与再生——化解银行不良资产的国际经验》一书中，在强调改进银行内控的同时，重点提出要"完善法律制度，加大执法力度"，法律上一定要明确债权债务问题，包括《担保法》、《票据

401

法》、《证券法》等，并提出其中最需要改进的是《破产法》，因为在实际经济生活中，由于破产舞弊造成的坏账比例非常大，其中还有一部分是假破产，或者是钻了法律的空子，或者遇到行政方面的障碍。当然，资产管理公司当前回收率低，有其自身内部激励、机关化、工作不利等问题，但是不能低估法律框架的缺陷对资产管理公司回收率的影响。由此对国民经济带来的影响是巨大的，因为不仅是原有的 1 万亿不良资产，在此次中国银行、建设银行两家银行财务重组中按照估计的市场价值又剥离给信达资产管理公司近 3000 亿不良资产目前在做批发，在未来的中国工商银行和农业银行改革中，都还将有这一类的问题。一个好的法律环境、好的司法和执法与不好的情况相比，国家需要付出的资源差别可能是几千亿甚至上万亿。

第二个例子是关于某银行将不良资产打包出售给地方政府的。目前从实际回收效果来说是不错的，回收率达到 30％左右，比预想高。原因可能在于地方政府发挥了积极性，很多银行难以办到的事地方政府可以办到，地方政府加大了司法、执法和重组力度，又对劳动债务（诸如退休职工、下岗、医疗等）做些安排。但是，对于这种做法，实际上也不是不存在争议。打包的做法实际反映出两方面的疑问：第一，银行的债权人地位是脆弱的，对于借钱不还的企业没有"杀手锏"；第二，行政力量还是大于市场力量。在一般的债务诉讼中，曾经有个顺口溜："起诉不受理，受理不开庭，开庭不宣判，宣判不执行"，银行是"打赢官司赔了钱"。有的银行抱怨说，对于破产起诉更是如此，干脆官司也打不赢。因此商业银行和资产管理公司很少运用破产起诉作为最后的手段。由此而来可能带来一系列未知的效果：例如，会不会有更大的道德风险？企业会认为，借钱不还后，反正会被转给地方政府，地方政府会帮忙重组。这有可能导致在财务纪律方面的道德风险。按照市场经济的一般规则，不还款是要承担破产风险的，除非债权人同意，否则是无法减债的。其次，从改革的方向看，政府将逐渐减少管理企业，而是让市场更多发挥作用。如果上述做法中地方政府的重组做得很成功并加以推广，可能今后地方政府会更深地介入企业管理。这到底是不是个好的方向呢？再有，之所以委托地方政府可能是因为地方政府对司法、执法有影响，这种格局到底好不好呢？

第三个例子是有关司法专业性的。有一些公司刚开始出现问题,市场上开始传言以后,就能突然看到相关各个地方的法院到其他省市证券营业部、商业银行网点要求冻结账户、冻结资产的情况。如果金融机构不协助就有可能被说成妨碍执法。地方有可能倾向于保护当地债权人,导致最后的处理会变得很困难。最近,还有某地方高院到人民银行要求冻结其他省的财政账户。这方面例子很多,都使业界人士产生一个愿望,就是金融方面的一些复杂的司法问题需要有专业法庭来审理。

第四个例子是关于政策性破产的。在国有企业政策性破产的过程中,国有企业可先支付历史包袱和职工的安置费,按照有关规定,破产企业的土地使用权(不论土地使用权是否已经抵押)也可以运用,不足部分从处置无抵押财产和抵押财产中依次支付。其结果是,通过政策性破产,银行获得的清偿率平均不足 1.2%,比正常期望值低了数十倍,让银行十分寒心。如果让职工劳动债权优先于担保物权受偿,把政策性破产的清偿顺序和条件普遍化,推广到所有企业,银行最终可能必须做出抵御性调整,从而更不利于企业。

403

四、金融生态的微观经济分析

法制的好坏会明显改变微观经济主体的预期。从借款人角度看,法律上如果存在漏洞,借款人可通过中介机构,或者通过和银行工作人员拉好关系,或者利用银行在信息上的不对称性,成功利用虚假资料获得银行贷款。如果"没有非法占有",银行就难以提出刑事诉讼;即便银行想提出破产申请,借款人可以利用低标准的会计准则做账,说明目前还没有达到"破产条件"中"资不抵债"的条款要求,因此避免银行的破产起诉;即便银行能用破产法起诉,在法庭审理之前,借款人还可以尽量不给职工发工资、欠交医疗费、养老保险金等,甚至人为制造一些劳动债务,优先占用清算资金,使债权人所剩无几。任何一个聪明的借款人都可能会利用法律允许的机会,这对我们建立市场经济的财务纪律显然是有严重不良影响的。

商业银行的预期也会发生变化。《贷款通则》过去一直强调在贷款

时，要区分信用贷款和担保（包括抵押、质押贷款）。其中要求贷款多应有担保，其中也包括托收承付和贸易信用证下的货物质押垫款等。有担保的贷款（尤其是抵押、质押贷款）一般是有保障的，但是如果这些抵押、质押贷款在清偿中的优先级被降低，就会给银行经营者思想上造成很大的混乱，是不是所有贷款都相当于信用放款？在微观行为上，这会使贷款工作产生很大的混乱，所以，银行界殷切期望新的《破产法》能接近国际化。

在清算顺序上如果比较照顾职工劳动债权的优先次序，显然也有社会和政治方面的意义。但是，需要注意的是，社会保障是应该由社会保障制度解决的，要通过建立良好的退休金体系、医疗保障体系、社会保险体系和失业保障制度，落实好劳动者权益等来解决。《破产法》理应规范破产程序，强调公平清偿债权、保护债权人利益。不同的问题需要依靠不同的规则制度来实现。如果发生规则的误配置，像是"给张三吃药，去治李四的病"，可能导致的后果是，我们在改革和转轨早期致力解决的财务软约束问题将继续存在。如果问题得不到根治，有可能继续制造数量很大的不良资产。

五、金融生态的宏观经济分析

首先，如果不良资产继续偏高和逐步积累，将会导致金融危机。从亚洲金融危机的教训看，先是泰国发生了问题，表面上看是汇率和外债问题，但实际追根溯源，有很大问题是私人部门的公司治理、资产负债币种不匹配问题，其中也有不少人强调《破产法》陈旧且扭曲等金融生态问题。当前我们进行的金融企业改革是"背水一战"，今后不能再出现超出市场经济正常标准的大规模的不良资产。但是，如果我们在金融生态方面改得不好，不良资产比例就会高一些，比例过高仍旧有可能造成金融危机。

当然，为了防范金融危机，我们也可以通过加大日常手段来消化不良资产，日常消化手段的方式就是扩大利差、加大拨备。对于利差水平，我们不能与发达市场经济国家相比，而要与那些和我国金融生态等条件类似的国家，例如发展中大国和转轨经济国家相比。从这个角度看，我国的利差水平处于明显偏低的区间。我国一年期存贷款的净利差是3.33％，转型国家一般介于 3.60％～8.50％，拉美国家介于 3.82％～45.11％，主要工业国介于 1.78％～3.59％。严格讲，使用的概念、口径和公式还有其他类型的细分，但限于时间不在此详谈。总的来说，从中长期来看，我国现行利差可能与金融生态不相匹配，我们寄希望于改善金融生态，但也不能只作很乐观的假设。

理论上可以通过扩大利差来消化不良资产，在实际中需要区分理想《破产法》和非理想《破产法》情况下，消化不良资产所需要提高的利差水平。对此，保守的估计是需要加大利差 1 个百分点左右，也有人估计需加大利差 3 个百分点。也就是说，如果《破产法》不理想，我们需要把利差扩大；在实践中所产生的震动将是相当大的。例如，2004 年 10月 29 日，贷款利率提高 0.27％就引起很大的震动。提高利差将会对企业财务成本和整个经济产生巨大影响。目前我国企业盈利总水平特别好，一旦利差提高，因为企业平均财务杠杆率高，财务成本就会马上增加，对国民经济的影响显然非常大。

另外一种可能的情况是银行"惜贷"，对风险和债权人保护没把握的就少贷，有把握的就可多贷。观察日本的情况，可以看到"惜贷"对宏观经济的影响。"惜贷"在全世界银行是非常普遍的现象，例如去年香港的贷存比不到 50％。我国银行目前的贷存比超过 70％，如果把认购开发银行等金融债券放在内考虑，实际的贷存比可能达到 80％。如果是因为金融生态方面的原因，银行对贷款不很放心，在新的风险控制和监管下降低贷存比，对整个经济增长和就业、对实现小康目标的宏观影响将是不可小视的。如果既不能扩大利差，又不能惜贷，最终的结果可能是不良资产的再度膨胀和逐步积累，将来还要再动手术。

说到消化不良资产时，经常说到的一个比喻是，如果觉得猫尾巴不好看需要切掉，最好是一刀切下去，最不好的就是一小段一小段切，每切一次猫都要尖叫和挣扎一次。但不幸的是，实际上这是一个大概率的现象。在经济改革起步较早、经济转轨思想非常激进的匈牙利，银行改革在 1999 年前"切尾巴"已切了三次。没有几个国家是一次切掉的，一次切掉的都是依靠高通货膨胀，代价更为惨痛。总之，金融生态对宏观

经济的影响也是一个非常值得重视的问题。

六、国际范围内逐步形成的共识和准则

从国际组织和国际准则的演变看，金融生态中的法律问题始终是关注的重点。2004 年 11 月 20 日～21 日在柏林召开的"20 国集团财长和中央银行行长会议"上，20 国集团发布了《关于金融部门制度建设》一文，总结了成员国家对"金融部门制度建设"中优先应注意的因素的共识。在若干因素中，20 国集团首先强调了完善的法律框架对金融部门制度建设的重要意义，提出"保证财产权利（例如抵押品）在合同中的落实和执法，能够促进金融服务的提高，促进金融市场的深化。为了强化司法的有效性和明确的法律预期，减少腐败和加强对法官及托管人的培训也非常重要"。20 国集团认识到，提供抵押品是抵抗信贷风险、降低资本成本的标准方法之一。事实上，抵押品一般是获得长期银行贷款的必要条件。抵押品发挥作用的基本条件是"要保证建立有效的清偿或破产机制"。为此，20 国集团副手欢迎和赞同世界银行在起草《有效清偿和保护债权人利益的原则和指引》中所做的努力，并强调该原则的制定要考虑到不同国家的法律状况和新兴市场经济国家的特殊需求。

为了能够制定出在经济上可行、具有充分的灵活性同时有着广泛基础能够反映不同法律体制、文化背景的《原则和指引》，世界银行在原则和指引的制定过程中邀请了来自发达国家和发展中国家的 70 多位法律专家进行咨询。自 2001 年开始，世界银行根据《原则和指引》（草案）对 20 个分别具有不同法律文化背景的国家进行评估，以总结经验修订《原则和指引》。

修订后的《原则和指引》不久将公布。目前对于修订版已经基本形成的共识有四点：对于新兴市场经济国家来说，修订版强调了债务回收中简化程序的重要性；修订版更强调了对债权人权利的保护和在清算过程中债权人的优先地位；同时，修订版还建议一般的清偿程序和破产法律应同时适用于所有的企业或公司，例外情况应尽可能降低；为此，世界银行不再建议将金融机构的破产从一般的破产法中独立出去；在清算

或者破产过程中，修订版不再提出"对债务人资产实施自动冻结"，而是建议"应实施有序的冻结，并由法院告知公众"。

包括国际基金组织在内的国际组织始终十分强调发展中国家一定要制定良好的《破产法》、破产清算程序，建立良好的司法和执法体系以及处理资不抵债状况的程序。世界银行在2001年制定的《有效清偿和保护债权人利益的原则和指引》中，提出了35条基本原则和指引。

其中第3条专门强调"担保权益的立法"，认为"应该为担保权益的创建、确认和实施提供法律框架"，在法律中还应该具有以下内容：各类财产的担保权益，包括存货、应收账款和销售收入；未来或并购后的财产，并要求根据全球的原则；还要基于财产所有人和非所有人的利息的原则；担保权益，包括债务人现在或者未来承担的任何债务；告之的方法，使用较低的成本告之所有的债权人、购买人和一般公众有关担保权益的存在；应该明确对同一财产的竞争性追索权的优先顺序，要尽可能减少优先于担保权益的权利。

第4条提出"担保权的登记"。第5条提出"担保权的执行"，指出"执行系统应该规定有关财产担保权执行的有效、廉价、透明、可预测的办法。执行过程应当促使担保权的迅速实现，并确保资产价值能最大限度地得以恢复，我们应当同时考虑司法和非司法的执行方法"。

在第11条"治理结构"中，非常明确地提出"在清算程序中，公司的管理层应被由法庭指定的有资格的管理人所取代，他们能代表债权人的利益，并拥有较大的权力来管理资产"。

第16条"债权：对债权人享有的权利和各种优先权的处理"，提出"破产应保护商业法中规定的债权人享有的权利和各种优先权，以保障债权人的合法预期，促进商业交易的稳定性。仅当其他因素更有利于债权人（如有利于公司重组或不动产价值最大化）时，方可背离上述原则"。同时这一节又强调，"《破产法》应承认有抵押权的债权人对抵押物的优先权"，"对有抵押权的债权人进行收入分配"时，"公众利益一般应次于私人权利"，"享有优先权的当事人数量应维持在最低水平"。

在第27条讲到"司法机关的作用"，提出"应有独立的司法机关或相应机构来监督和处理破产案，并尽可能指派破产方面的专家进行裁决。建立专业法庭十分必要"。

第28条"法庭绩效衡量标准，审判员的资格和培训"，提出"应采取一定的标准衡量破产法庭的能力、绩效和服务。这些标准是评价和改进法庭的基础。详尽的审判员资格标准以及对审判员的培训和再教育也加强了这一基础"。

总之，选择影响金融生态的若干问题作为题目，就是期盼我国出台一部能有力支持社会主义市场经济改革的《破产法》，同时我们也期望在不久的将来，能够对《刑法》中有关贷款欺诈的规定进行修订，以及进一步提高和改进会计准则。

七、巴塞尔新资本协议和地区风险差异

巴塞尔资本协议非常重要，中国的银行监管部门也决定在推进执行协议方面做出努力。巴塞尔资本协议强调了资本金在商业银行经营中的重要地位。与此同时，它必须定义什么是资本金，因此就有了一级资本、二级资本的概念。它也必须定义风险资产是怎么度量的。这在1988年第一版的巴塞尔协议中就由巴塞尔监管委员会给出了一组关于风险的权重系数。这组系数在当时来讲是有必要的，应该说，当时有很多银行可能自己还不能够充分识别和评定各种不同类别贷款的风险。但是，由一个组织来定义这组风险系数也存在很多争议，比如，当时定义风险系数时就以OECD国家和非OECD国家作为区分，给出了不同的系数。这种做法恐怕不见得很客观，容易引起各种各样的争议。随后，巴塞尔资本协议有了新的进展，出现了新巴塞尔资本协议，或者大家简称"巴塞尔Ⅱ"。巴塞尔Ⅱ更加强调了风险管理方面的一些新做法。尽管目前在执行方面还存在各种各样的分歧，但总体来讲，这是一个重要的进步。中国的银行界和监管部门对此也都表示了积极推动的姿态。其中一条就是要加强各家银行自身对风险的识别和评定，也就是IRB（Internal Rating Based Approach）。每家银行都要根据自己的历史和现实数据，能够对各种分类资产做出风险程度的内部评定。

中国已经有一些银行开始试用IRB的方法，对贷款风险进行了各种各样的分类评定。如大家熟知的，按部门进行分类；按企业规模大小进

408

行分类；按所有制进行分类，如是外资企业，还是私营企业、国有企业，或者是股份制企业、上市公司等。但在这里我想讲的是，在中国，按地区分类也是有重要意义的。从理论上讲，一个国家内部，如果资金是充分自由流动的，那么一个国家内部各个地区之间或许并没有明显的风险差异，在实践中我们看到很多国家都是这种情况。但是，由于中国是个很大的国家，很多省份甚至比小的国家都大，因此差异也就比较明显。另外，大家也可以看到，我们在由计划经济向市场经济转轨过程中，资金并不是充分自由流动的，这也就显现出地区之间的风险差异是不可忽视的。具体来讲，若干年前地区风险差异很大的时候，这种差异甚至能达到 10 倍，也就是说最差地区不良资产的比率和最好地区不良资产的比率相差 10 倍。

一些专家学者对造成这种差异的原因已做了很多分析。尽管现在这些原因正在逐步变化，但是历史形成的这些原因没有完全消失，在这里还有必要进行分析。第一，由于各个地区对银行业务进行行政干预的程度不同，有的地方干预比较大，有的地方干预比较小。第二，各个地区在司法和执法方面对维护债权人权益的力度不同。也就是说，各地在司法方面有一个逐步加强的过程，执法力度也有所不同，有的官司打赢了，但钱要不回来。这种差异反映出对金融业支持的力度上有所不同。1999年以后，我国先后成立了四家金融资产管理公司。这四家资产管理公司在各个地方回收资产的时候都需要在司法和执法方面得到支持，由于支持的力度不同，在不同地方，对同一类资产的回收率很不相同。第三，各地方商业文化有所不同。尽管这可能只是一个阶段性的现象，但是我们确实看到，有的地方的商业文化曾是较为关系型和裙带型的，这造成一些地方不良资产比例明显偏高。第四，前几年在党中央、国务院决定军队武警公安不得经商之前，确实有一些单位在经商，而且把力量插入了金融企业，这种现象也导致金融风险的情况有很大的差距。也就是说，部分人有一些特殊的保护伞，这些保护伞使现有的法律、规章以及监管对他们的压力和威胁并不很大。尽管这种现象已成为过去，但由此造成的不良资产还没有消化完。第五，商业银行过去实行贷款规模管理，各商业银行将贷款规模按省市进行分解，但实际上，资金并不是充分流动的。一旦有些省市的资金被调往其他省市，地方政府就有意见，所以尽

管商业银行有权调动资金，但调度起来存在一定的困难，结果是风险高的地区不害怕资金会外流。另外，我国过去的银行监管也是强调按地方划块，有时候也存在不利于资金流动的现象。

以上谈到了一些产生地区风险差异的原因，可能不全。随着改革的深入，这些现象都在悄然发生变化。商业银行自身的内部控制和风险管理在加强，一些银行试着开始发展内部评定对风险进行评估，风险低的地区会有资金流入，而风险高的地区会有资金流出。我觉得这是可喜的变化，同时也是应该引起地方政府重视的事情。

我们知道，多家商业银行都有对各个省市的内部评级，但是商业银行一般不愿意把这些内部评级的实际结果公开出来。现在一些评级机构和资信公司也在收集这些内部评级的结果。这些努力将会形成各地区内部评级结果的公开或半公开状况。这种状况将会形成一种压力，使风险比较大的地区改善他们的金融环境。另外，也有人使用"地区金融生态"的提法。为使各商业银行的资金在本地区发挥更大的作用，很多地方提出了要改善地区金融环境或者说是地区金融生态，有的地方提出要把改善地区金融生态放到与改善地区投资环境同等重要的位置。总之，这种心态和过去有很大的差别。过去不少人认为银行资金都是画地为牢的，本来就归他们使用，而其中全国性的金融机构的资金风险是可以转嫁给国家的。现在这些都在发生变化，我认为这是一个很好的迹象。从商业银行角度来看，如果说它认为某个地方风险比较大，从它调度组织资金方面可以看到，资金确实在从高风险的地区流向低风险的地区，同时在利率浮动的设定上也考虑了地区风险和地区差异。就各个省市而言，他们不仅关心其金融环境，同时他们也更加注重金融企业客户的质量问题，也就是信用体系问题，强调本地区的企业客户要讲究诚信，要更好地建立地区信用环境。在资本市场方面，更强调本地区上市公司要诚实守信、及时披露信息、保证质量，注重为本地区其他公司争取上市奠定声誉基础。我认为这些变化非常重要，非常有益。这与地方政府和商业银行双方面的努力都有关系。但我们也要看到，这才刚刚开始，差异还存在，差异还需评定。

总之，过去我国确实存在地方政府对金融环境重视不够的问题，现在正在改进；过去确实存在行政干预的问题，现在正在逐步减少；过去确实存在地区风险差异大的问题，现在正在逐步缩小。尽管我们已取得了很大进展，但是还有很多工作要做。地区分割和地区差异曾是中国改革过程中的一大难题。我想在这里强调的是，市场最终会发挥作用。随着巴塞尔资本协议和 IRB 的执行，将会造就更好的微观经济基础，地方政府会努力改进自己的金融生态，金融机构和地方政府的关系也将会发生潜在的变化，向好的方向变化。

大家知道，生态是一个系统的概念，因此改善金融生态也需要社会各方面的共同努力。一是要建立良好的法律和执法体系，在法律体系中，《破产法》是至关重要的，因为它涉及到贷款人能否运用最后手段，使破产起诉成为制约借款人的最终底线；二是要加快企业客户包括国有企业的市场化改革；三是要建立和完善社会信用体系，加快信用数据的积累；四是要提高会计、审计和信息披露等标准；五是要提升中介机构的专业化服务水平；等等。在下一步的金融改革中，我们还需要做很多事情，其中非常重要的就是要完善与金融有关的立法，特别是《破产法》和与贷款欺诈相关的法律，其中也涉及到相关的会计准则等一系列问题。总之，改善金融生态好比"化学变化"，不过不是金融机构内部的"化学变化"，而是内部和外部混合的"化学变化"。这一"化学变化"发生得不会非常快，是要通过较长时间的努力来实现的。

411

加强金融法制建设
防范制度性金融风险

中国人民银行副行长　吴晓灵

2004 年 11 月 20 日～21 日

在中国国际金融论坛暨世界证券市场峰会上的发言

今天我想谈谈我国金融法制建设的问题。中国金融发展的过程当中，确实存在着很多不尽人意的地方，这些问题不解决，对金融的稳健发展带来很大的损害。因此我借这个论坛谈一下我个人的看法。

一、明确金融产品和金融服务的法律关系

明确金融产品和金融服务的法律关系是金融活动有序展开的基础。但是，多年来，由于金融法律法规和我们的金融宣传当中鲜明地揭示金融产品的法律关系做得不够，因而埋下了一些风险隐患，金融产品的法律关系大致分为三类：

第一类是以物权法律关系为基础的金融产品，比如说股票。第二类是以债权法律关系为基础的金融产品，比如存贷款、债券买卖、资金拆借、保险等等。第三类是以委托法律关系为基础的金融产品和服务，比如委托理财、信托、经纪类服务等。在中国，对于股票的法律关系老百姓已经非常认可了，但是对于债权关系和委托关系，我们的法律、从业人员和社会公众区分得并不是很清楚。

大家可以看到，我们最近在处置一些个人债务的金融风险，其中就有一些是委托类的、信托类的产品。对于收购这些金融产品的政策很多人不理解，因而我想我们明确地分清债权类产品和委托类产品的法律关系是非常重要的。

　　以往我们对这些问题认识不清带来一些风险隐患，它主要表现在四个方面：

　　第一，个人投资人在债权法律关系的金融产品中，不愿意承担风险。按理说，既然是债权债务关系，自己承担风险应该是被投资人认可的。但是我们在《商业银行法》中规定，如果商业银行清盘的时候，要用银行资产优先清偿个人储蓄存款；我们在《金融机构的撤销条例》当中写到，要用公司的清算财产优先清偿个人的存款。我们从 1998 年到现在，在处置金融机构风险的过程当中，政府一直对个人的存款全额进行了偿付，给投资人留下了一种错觉，认为他的存款理应得到国家百分之百的保护，因而他不关心经营存款的金融机构的风险。

　　第二，由于历史的原因，信托投资公司曾经在很长的一段时间内，把信托类产品作为银行存款在经营，因而，从改革开放到现在这么长的时间之内，我们金融机构的从业人员和大众没有认识到委托理财、信托理财的真正法律关系是什么。本来证券投资基金应该是最典型的信托类的产品，由于信托投资公司在早期的经营当中没有正确区分信托存款和银行存款的区别，引出了很多金融风险。我们在立法的时候担心信托再次出现错误和混乱，也由于我们对信托和证券业的分界应该在什么地方没有取得社会共识，因而在立证券投资基金法时，我们并没有允许经营信托产品的公司直接发起基金产品，只允许它通过设立基金管理公司从事基金业务，这样使得信托投资公司失去了向社会发行基金来开展信托业务的一个渠道。

　　正因为有证券投资基金法的存在，人民银行在制定信托投资公司的资金管理业务的时候，不能开公募基金的路，只能开私募基金的路。信托投资公司在进行资金信托的时候，有最多 200 份合同的限制，这实际上是要把它限制在私募的范围内，把投资人限定在有风险识别能力和承担能力的投资者身上。在中国现在社会公众对这个问题认识还不太清楚的情况下，信托投资公司要想通过私募的方式来拓展业务空间，应该说受到了比较大的限制，因而使得信托投资公司处于非常尴尬的地位，也隐藏了风险。现在许多信托公司在做信托投资计划的时候都做得不够规范。

　　第三，有些金融机构对存款类的金融产品和委托类的金融产品概念

不是很清楚，对于委托类的产品是他人财产绝对不能挪用也没有一个明确的认识，因此普遍地存在金融机构挪用客户资产的现象，这也是我们的金融风险所在。

第四，有些金融机构即使知道委托产品和债权类产品的区别，但也许是为了机构本身利益或弥补亏损，有意地误导公众，把委托类的产品说成债权类的产品，"保本保息"，进行违规活动。

正是因为我们从法律上、观念上及实际做业务的过程当中，没有正确区分债权类和委托类金融产品的法律关系，因而给我们金融机构的经营埋下了隐患。

金融业要稳健发展，必须明确金融产品的法律关系，这个关系一旦确定了以后，在制定法规的时候不能够以哪类机构从事这一产品来定规章制度，而应建立统一的制度，实行功能监管。比如委托和信托的金融产品，现在信托投资公司可以做，证券公司在做代客理财和资产管理，银行在做委托理财。三类机构在做着同样法律关系的金融产品，按理说，三类机构都应遵守统一的法规。

我们只有明确了各类金融产品和服务的法律关系，平等地对待所有机构，所有的机构都应该用统一的原则来经营这个产品，而且对这个产品实行功能监管，这样才可以保持良好的运作秩序。

二、平等地保护各类产权，有效地打击
经济犯罪，维护金融秩序

处罚是维护法规实施的保证，一个法规、一个制度要想得以实施必须有处罚。在金融秩序非常混乱的时候更要重罚才能够确立起规则和秩序，但是我们在这方面做得也有缺陷。

我们过去在《宪法》当中主要是保护公有财产神圣不可侵犯，因而我们在很多刑法的处罚条款当中，对公有财产的保护和条文比较明确，而且对侵犯公有财产的人员处罚也比较严厉。去年修改《宪法》提出了保护公民合法的私有财产，那么在修订《刑法》时也应该对侵犯公民财产的行为作出明确的处罚规定。

我们看一下，在金融界存在大量挪用客户资产的情况下，《刑法》中并没有非常明确的对应条款可以对这种行为进行打击。《证券法》提出，如果证券机构挪用了客户的资金，有严重后果的要按《刑法》第185条来处罚。《刑法》第185条又规定，如果挪用了客户资金要用《刑法》第272条来处罚，具体内容是，企业的工作人员如果是挪用了本单位的资金或是客户的资金，借给他人使用就触犯了刑律，这个"他人"更多地是强调了个人，高院对此做了相关的司法解释。而我们现在普遍存在的挪用客户资金是机构所为、法人所为，并不一定是为个人。这样的"挪用"在我们的《刑法》当中得不到有效的打击，如果没有有效的打击，要想有效地保护他人的财产是做不到的。因而我们在修订《刑法》的时候，应该站在平等地保护所有各类财产的角度上来打击经济犯罪，以维护社会秩序。

三、要制定良好的市场退出机制，维护金融机构稳健运行

第一，没有金融机构的退出机制，就会累积金融风险。很多金融机构经营不善造成了亏损，有的还在违规经营，监管当局并不是不知道，但是苦于在很长的一段时间之内我们没有一个明确的办法让它们退出或是重组，因而，监管当局不敢严厉地监管金融机构。从1998年以后，开始让金融机构退出，通过行政的手段来关闭金融机构，应该说是为严肃监管提供了条件，但是由于涉及面太大，也难以一下子做下来。特别是对于个人债务怎样妥善处理，才可以既严肃金融秩序，又维护社会稳定，并防范道德风险是一个很难处理的问题。我们的人民在社会主义的大家庭当中，对国家包揽一切已经习惯了，让他来承担风险需要一个过程。因此，个人债权偿付问题成了我们金融机构能不能够稳定退出的一个非常重要的问题。

应该说，前一个阶段，从1998年开始关闭金融机构，一直到本月公布了四部委对于个人债权的收购政策，对于解决金融机构的个人债权问题已经有了一个比较规范的做法。这为严肃对金融机构的监管提供了比

较好的政策条件。

第二，要想让金融机构稳健运行，还必须有一部好的《破产法》，引导企业稳健经营。《破产法》是维护债权人利益的法律。一部好的《破产法》既能够维护债权人的权益，又能达到社会资源的有效整合。《破产法》的修改内容中包括，对于进入破产程序的企业可以有和解、重组和清盘三种方式，对有效地利用社会资源非常有好处。为了有效地利用社会资源，为了给现有企业以经营的压力，让它们非常负责任地经营，我们的破产条件不一定要太严格。是立一个严格的破产条件还是宽松的条件，在这个问题上是有争论的。所谓严格，就是同时符合企业不能够支付到期债务和资不抵债两个条件；所谓宽松，就是只要满足第一个条件就进入破产程序。有人担心，宽松的破产条件会使很多企业进入破产，可能会造成社会不稳定，而主张实行严格的破产条件。我认为，从有效地利用社会资源来说，一个企业当它还资能抵债的时候，是重组有望的，它进入重组，能够最大限度地减少社会的损失。因而，一个比较宽松的破产条件有利于督促企业稳健经营，有利于有效地利用社会资源。

还有一个争论是《破产法》要不要立足于保护职工的权益。二审通过的《破产法》草案当中，把劳动债权，即企业欠职工的工资、福利、社保等安置和补偿费用列于担保的物权之前，这是作为保护职工利益的特别表现提出来的。我们认为，在市场经济当中，不同的法律应该执行不同的功能，职工的权益应该通过《劳动法》、《社会保障法》来体现，《破产法》只承担保护债权人的利益、维护社会信用基础的责任。担保已经是债权的最后的保障，如果把劳动债权列于担保物之前，那么连这个最后的保障都得不到保护，就没有人敢提供信用，失去信用基础，商品经济是难以发展的。应该说，经济的发展是职工利益的最终体现，应该让《劳动法》和《社会保障法》来保障职工的权益，让《破产法》来保护债权人的权益，不同的法律执行不同的功能。

另外从金融业来说，如果我们担保的债权都得不到保障，那么金融资产的质量将会恶化。一个企业按时发工资，按时缴纳社会保障费，是企业应尽的义务，但如果把企业违规违法的结果让债权人来承担，本身就是对这种违法行为的"宽容"，对社会秩序的建立是不利的，会纵容社会上侵犯职工权益的行为，会极大损害金融企业的利益，也会影响金融

416

资产的质量。金融业是一个涉及公众的产业，如果它的权益得不到很好的保障，也侵犯了公众的利益。

我们认为，在修改《破产法》时，这两点应该给予格外的关注。

第三，我们必须建立一个有限赔付的机制和及时矫正的机制，减少金融机构退出的风险，维护社会的稳定。很多金融机构亏损了、违规了还要经营下去，是因为没有建立很好的退出渠道。而在金融机构退出的时候，小额投资人利益的保护是非常重要的。因此，建立一个有限赔付的制度，并在金融机构日常经营的过程当中，出现了不良的倾向或是亏损的时候，及时严厉地提出矫正的措施，这些有利于金融机构的长治久安。

我想如果我们要想发展金融业，个别金融机构的稳健经营，防范经营风险固然重要，但是如果没有一个好的外在的法律环境，一个金融机构是难以来对抗这个环境对它的影响的。因而建立一个良好的法制环境，让金融机构稳健经营，是我国金融业发展的治本之道。

规范理财市场　推动财富积累

中国人民银行副行长　吴晓灵

2005 年 8 月 25 日在中国（上海）财富管理论坛上的发言

女士们、先生们：

上午好！近代以来，我国国民财富的增长从来没有像今天这样迅速，财富的科学管理逐渐成为全社会关注的问题。"2005 年中国财富管理论坛"捕捉到了当代财经生活的一个重要课题，以敏锐的视觉审视财富管理问题。籍此，我提出如何规范和完善证券投资理财市场的有关问题，以便大家共同探讨，推动科学理财。

418

一、财富管理的意义

"财富"在当今这个以经济建设为中心的时代，是一个引人关注的话题，"福布斯财富榜"、"胡润财富榜"每年都炒得沸沸扬扬，引起大众的关注。为什么会这样呢？改革开放以来，中国的经济取得了举世瞩目的成就，人民生活也得到了极大提高，中国已经进入了小康社会。2004年，全国居民储蓄存款已达 11.95 万亿元，城镇居民年人均可支配收入达到了 9421.6 元。中国不仅出现了资产上千万元、上亿元的富裕人士，还有更多的小康家庭拥有十几万、几十万甚至上百万元人民币的家产（其中很多是流动性资产）。虽然我国的国民财富已规模巨大，但与发达国家比较成熟的财富管理体制相比，我国的财富管理目前还处于起步阶段。不管是个人定向理财，还是多人集合理财，我国的理财咨询和资产管理业还处于相对无序的状态。

随着社会分工的细密，我们不能期望每个人都成为理财专家，而财富需要专业化管理才能提高保值增值效率，因此大力发展我国的财富管

理行业是目前我们的一项重要任务。

二、理财市场是金融业综合经营的结合部，应加强统一规范管理

（一）理财市场可分为理财咨询服务和资产管理服务

根据从事业务的不同，理财服务可以分为理财咨询服务和资产管理服务两类。理财咨询服务，是指专业的咨询师帮助客户制定个人理财规划，为合理安排客户的财富提供建议。服务范围涉及投资规划、所得税规划、教育规划、风险管理、退休规划及不动产管理等内容。如果得到客户信赖，理财咨询服务也可受托执行某项财务规划，这往往是一对一的个人理财服务（定向理财）。资产管理服务，是指委托人将其财产委托或信托给投资顾问（资产管理机构），由资产管理机构进行投资管理，委托人或信托受益人承担风险并收取投资收益的活动。这往往是多对一的集合理财服务，包括各种证券投资基金，例如共同基金、对冲基金、私人股本基金（产业投资基金）、风险投资基金等。

尽管目前我国的理财市场呈现出较快的发展势头，但由于我国理财市场起步较晚，并缺乏规范，伴生出一些问题。

1. 各类金融机构都在从事理财服务，但缺乏统一的监管标准。近两年，各类金融机构都将理财产品作为创新类业务，纷纷出台理财产品。银行销售代客理财产品，证券公司开展代客资产管理业务，保险公司提供投资连接产品，信托投资公司开展集合资金信托计划。证监会颁布了《证券公司客户资产管理试行办法》，2002 年人民银行颁布了《信托投资公司资金信托管理暂行办法》，今年银监会开始就《商业银行个人理财业务管理暂行办法》征求社会意见。然而各监管规则之间缺乏协调，监管标准不统一，容易出现监管空白和监管套利。

2. 理财咨询服务与资产管理服务在概念上没有明确划分，从而导致咨询服务与产品营销的混淆。在计划经济体制下简单的经济关系使人们没有咨询服务的意识，也不愿为咨询服务付费。但随着经济生活日益复杂,金融产品日益增多,人们开始越来越多地要求咨询,如法律咨询、纳税咨询、金融产品选择的咨询和财务规划咨询。金融业如果不能很好地处理财务规划咨询与资产管理服务的区别,就难以正确地处理客户利益与自身利益的冲突,在客户对咨询付费意识不强的情况下,这一点更难做到。因此金融咨询业不能急于求成,首先要加强品牌建设,提高服务的质量和水平,让大众看到咨询的益处,才会有咨询的动力。其次要加强宣传,引导公众认识投资咨询,信任投资咨询,从而扭转原有的观念。把咨询服务与产品营销混淆只会增加理财咨询在中国发展的障碍,损害咨询服务的可信度。

(二)理财咨询和资产管理服务是金融机构特别是银行未来发展的重要领域

随着全球范围内金融自由化程度的不断加深、金融业竞争的加剧、市场需求的扩大和金融管制的放松等诸多因素的影响,中间业务已成为国际金融机构的利润增长点和业务创新活跃领域。随着我国金融业对外开放的扩大,我国金融机构必须要拓展业务,增加盈利,才能在国际竞争中获得生存,因此中间业务是金融机构特别是银行未来业务的发展方向。

目前,世界发达国家银行的中间业务收入一般占营业收入的40%以上,美国花旗银行等20家大银行的中间业务占比在70%以上。而我国的银行一直以来以传统的存贷业务为主,四大国有商业银行中间业务平均收入比重过低,尚不到20%。由于银行业竞争的加剧,存贷利差的缩小,传统银行业务的盈利越来越少,特别是在我国资本约束逐渐加强的情况下,传统业务的拓展会受到更加严格的约束,银行融资的成本也会逐渐增加,这更加不利于我国银行与国外银行的竞争。而中间业务不加大银行的资产负债,不会增加对资本的要求,有利于节约经济资本,增加银行收入。因此,为了适应新的资本约束和国际金融机构的竞争,我国银行必须大力开展中间业务,包括理财咨询和资产管理。

三、规范证券投资理财市场，促进财富增长，防范金融风险

我国传统意义上的资产管理表现为实业投资、购买地产、银行储蓄等较为清晰而成熟的理财方式。现代意义的资产管理在传统理财方式基础上衍生出以证券投资为典型代表的具有较强流动性、较高收益和较大风险的资金运作活动。由于证券投资理财的高风险性，必须加强对证券投资理财活动的监管，而这种监管必须首先要分清理财产品的基本法律关系。

（一）明确理财产品的法律关系，规范理财行为

区分资产管理（理财）业务和负债业务（如银行的存款业务）是非常重要的，因为这涉及到风险承担及监管等重大问题。资产管理（理财）业务属于理财机构的表外业务，投资风险由委托人承担；负债业务属于经营机构的表内业务，投资风险由经营机构承担。两种业务的监管重点因此也不一样。资产管理（理财）业务监管的重点是防止挪用客户资产、建立诚信、反欺诈、信息披露，而存款业务的监管重点是审慎经营（资本充足率、存款准备金、利率管制等）。

不在金融产品推出时明确法律关系和风险责任，将会引起法律纠纷。由于不同金融产品风险承担的主体不同，因此在产品推出时一定要明确产品的法律关系和风险责任。过去，由于我国金融法律规范的缺失，金融产品的法律关系没有明确，导致一些金融机构出了问题后，产生了大量的纠纷，许多金融合约无法确认其性质，从而无法确定损失的最终承担者，导致了许多上访及诉讼，影响了社会的稳定。因此，对金融创新的监管应是按法律关系实施分类监管。监管机构的主要职责是按法律关系明确某类产品的风险责任，制定业务规范。在此基础上的产品创新是金融机构法人根据市场需求自主决定的事情，只要符合业务规范，揭示了产品风险，监管机构就可以不必一一审批或审核。这样才有利于在防范金融风险的同时促进金融创新。

421

（二）进一步研究健全证券投资理财的法律规范

健全我国证券投资理财的法律规范，需要研究解决下列几个方面的法律问题。

1. 关于基金份额发行的法律问题。无论是《证券投资基金法》还是《证券法》都只规范向社会公众公开发行的基金份额，而没有统一规范基金份额的私募、私人股本基金投资等证券性质的经营活动，也没有明确私募基金份额、私人股本基金份额和投资标的属于证券的范畴。

完善我国基金份额发行法律制度，首先要研究解决我国法律（主要是《证券法》）中对"证券"定义过窄的问题。对于证券，各国法律有不同的规定。我国《证券法》第二条规定，在中国境内，股票、公司债券和国务院依法认定的其他证券的发行和交易，适用本法。但是并没有更详尽的解释和更宽范围的规定，立法态度相对稳健保守。美国 1933 年《证券法》和 1934 年《证券交易法》中对"证券"定义就相当宽泛。结合外国立法实践与我国实际，我国"证券"的含义是否可以扩大为股票、股权凭证、投资合同、债券、债权凭证、基金份额和其他类似的权益凭证，不一定上市交易，不一定纸质化。如果在这一定义下，私人股本基金（产业投资基金）和风险投资基金都属于证券投资基金，其份额和投资标的属于证券的范畴。

其次是关于规范我国的私募基金及其经营活动的问题。所谓公募基金和私募基金，是根据证券投资基金份额发行方式的不同而划分的，公募基金是指基金份额公开向不特定公众发行的基金，私募基金是指基金份额向特定对象募集资金或者接受特定对象委托设立的基金。

以私募方式设立的基金中，有一种比较重要的形式，即私人型基金。在美国常见的私人型基金包括私人股本基金和对冲基金，其中私人股本基金在我国一般体现为产业投资基金或风险投资基金，它可起到鼓励兴办实业，促进资源合理配置的作用。建立我国私人型基金的法律制度，可以借鉴美国的有关法律规定。在美国，根据机构是否需要在监管部门注册，将证券投资基金分为公众型基金（如共同基金）和私人型基金（如对冲基金和私人股本基金）。二者的主要区别在于基金份额的发行方式、投资者人数和投资者的资质。如果一只私募基金的投资者都是"合

格的购买者"，或者该私募基金投资者人数不超过100人，则该基金属于私人型基金，不必在美国证交会注册为投资公司。"合格的购买者"定义为：（1）有不少于500万美元合格的金融类或其他投资的个人；（2）有不少于2500万美元合格的金融类或其他投资的机构。

根据《证券投资基金法》第101条的规定，我们应当尽快给私募基金应有的法律地位。通过国务院制定办法明确私募基金和私人型基金的投资者资质和人数，这对发展产业基金（股本基金）和规范市场是有好处的。目前我国的一些金融规章，如《信托投资公司资金信托管理暂行办法》、《证券公司客户资产管理业务试行办法》的本意是将证券投资理财限定在私募范围内，但由于没有统一明确的投资人数和投资额的界定，或者有投资额界定，但金额太低（一般为5万~10万元），难以保证投资人的风险识别和风险承担能力。由于投资人数和资质的规定不严密，致使证券公司、信托公司和银行变相地从事了公募基金，但信息披露又不充分，事后监管标准不一，从而留下了风险隐患。

2. 关于基金本身的法律规范问题。首先，关于契约型基金的法律性质和治理结构问题。根据《证券投资基金法》的立法原意，契约型基金的法律关系是信托关系，但由于《证券投资基金法》没有明确说明基金的信托关系，且基金受托人缺位，其部分职责由基金管理人和托管人分别行使，导致现有的公募契约型基金法律地位不清楚。实际运作中产生了一些问题，例如在加入银行间债券市场时遇到的一些困难，究竟是基金进入银行间债券市场还是基金管理公司进入银行间债券市场，难以分清。从日本、英国、中国香港、中国台湾等国家和地区的经验来看，信托型基金应当建立受托人制度，由受托人代表基金从事民事活动（如签订各种合同），从而避免基金受托人缺位的现象。基金受托人代表基金与基金管理公司签订资产管理合同，并监督基金管理公司的投资行为。信托型基金的受托人可由银行或信托投资公司担任，由银行作为基金受托人的可同时担任基金保管人，但银行应设立不同的部门分别承担受托人和保管人职责。而基金管理公司可由证券公司、商业银行、保险公司、信托公司等金融机构投资设立，基金受托人与基金管理公司必须相互独立。在允许金融综合经营的前提下，受托人和基金管理人可以是同一家控股公司的两家子公司，但必须有防火墙和彼此独立的管理层。我国可

423

借鉴上述经验，明确契约型基金的信托法律性质，为完善基金的治理结构提供基本法律保障。

其次，关于公司型基金的法律地位和法律规范问题。我国《证券投资基金法》只规范公募契约型基金，而对于实际中存在的公司型基金未予规定，使实践中存在的公司型基金无所适从。《证券投资基金法》第102条规定"通过公开发行股份募集资金，设立证券投资公司，从事证券投资等活动的管理办法，由国务院另行规定。"证券投资公司（即公司型基金）具备完善的基金治理结构，市场前景广阔，应从法律上解决公司型基金的定位问题，并辅之以运行的具体规范。从国外经验来看，证券投资公司既可以公募设立也可以私募设立，但其必须与合格的基金管理公司订立资产管理合同，将证券投资活动委托给基金管理公司办理，同时也要将其资产由基金保管人保管。

3. 关于对资产管理机构和理财咨询机构（合称为投资顾问）进行规范的问题。目前，我国除对公募契约型基金的基金管理人有法律规范外，尚没有对资产管理机构的统一的法律规范，对实际上已从事资产管理业务的机构例如私募基金管理公司的经营活动都缺少明确的法律规范。资产管理机构在理财委托或信托法律关系中作为受托人，直接负责经营客户财产，如果不加规范，容易产生权利滥用的情况。目前，我国发生了理财机构挪用客户资金、财产的情况，一定程度上是因为对于理财机构（资产管理机构）没有进行合理规范造成的。因此，资产管理机构急需规范。从国际经验来看，金融机构和其他专门机构从事证券投资资产管理业务应当符合有关证券监管部门所规定的条件，并由证券监管部门统一发放营业许可。而客户少于一定人数（如美国规定为15人）的资产管理机构则可以豁免许可。我们可以考虑借鉴国外的经验，由证券管理机构对资产管理机构（基金管理公司）实施统一监管。

理财咨询作为一个独立的行业将会在我国蓬勃发展，但由于目前理财咨询业的不规范，导致了理财咨询市场目前发展难尽人意。目前，理财咨询业已经认识到了这一点，中国金融教育发展基金会设立了金融理财标准委员会，目前该委员会已经加入了国际金融理财标准委员会。理财咨询业与资产管理业原则上应分开，但根据客户的特别授权，理财咨询师也可以从事一定的资产管理业务，授权书应规定其可以从事投资的

范围及额度，客户可以随时指示理财咨询师按照客户的指令进行操作。我国台湾地区的《证券投资信托及顾问法》对证券投资顾问（理财咨询）机构即有相似的规定。

四、加强一行三会的监管协调，加快立法进程，探索统一监管和功能监管，加大培训和教育力度，促进理财市场健康发展

从国外经验来看，证券投资理财业务通常由证券监督管理部门进行统一监管。证券投资集合理财通常以证券投资基金和基金管理公司的形式运作，银行、信托、证券或保险机构，从事证券投资集合理财活动一般应成立基金管理公司。基金管理公司和理财咨询机构通常在证券监督管理部门注册，并接受其统一监管。同时，公众型基金（或者其受托人）通常被要求在证券监管部门注册，并接受其监管。最后，基金的份额一般被界定为"证券"，受证券法的规范。

目前我国金融业实行"分业经营、分业监管"的原则，经过历次改革，我国对金融业的管理形成了一行三会的基本格局。由于理财市场涉及到银行、证券、保险、信托等行业，如果按照所属行业进行监管就容易出现监管套利和监管真空。因此，应当探索对证券投资理财业务实行统一监管和功能监管。

借鉴国际经验，结合我国理财业务的发展状况，我们是否可以提出如下完善证券投资理财业务法律制度的设想：

（一）可考虑由各金融监管部门联合制定《金融机构从事理财业务管理办法》，统一各监管机构的监管标准。

（二）对不同种类的基金可以设计不同的监管框架。定向理财市场监管的重点是对理财咨询机构的监管，而集合理财市场监管的重点是对证券投资基金、基金管理公司以及基金份额的发行三个方面的监管。对公募基金应实行严格监管，不仅发起设立基金须经核准，担任基金管理人也要经过核准。同时，公众型基金需要符合一系列的操作、持续披露和

425

治理结构方面的规定，基金管理公司需要遵守严格的监管规则（包括持续信息披露和反欺诈）。对私募基金和私人型基金则可实行开放式的监管框架。在对投资者资质、投资者人数做出限制的基础上，私募基金和基金份额的私募发行可不经过核准，但考虑到我国诚信体系建设尚属起步阶段，大多数私募基金管理公司（投资顾问）可在证券管理机构注册，并由证券管理机构对其实行一定程度的监管。

对理财市场应按功能监管的原则，由证券管理机构负责对基金管理公司、理财咨询机构、基金本身（或其受托人，如果是信托型基金的话）、基金份额的发行和交易等进行统一监管。

（三）加强证券投资理财业务人员的培训，积极开展对投资者教育。各金融监管部门在职责范围内应当积极推动行业自律组织、资产管理机构、理财咨询机构对从事证券投资理财业务的人员进行充分的培训，使他们理解理财产品的基本法律关系，树立诚实信用和客户财产绝对不可侵犯的观念。同时应当积极开展对投资者教育，充分提示证券投资理财市场的风险，增强投资者的风险识别能力和承担能力。

女士们、先生们：当代中国，国民财富进入了快速增长期。财富的力量是巨大的，它能够使我们生活的世界变得绚丽多彩；财富同时也具有破坏性，梳理不畅、管理不当，可对经济生活和社会秩序造成冲击，甚至带来灾难。让财富走上规范的管理之路，财富积累有道，财富管理活而有序，作为金融工作者，我们任重而道远。

中国金融生态的五个问题六条对策

中国人民银行副行长　苏　宁

中国人民银行副行长苏宁日前就中国金融业运行的外部环境问题，即金融系统的外部经济环境、法制环境、信用环境、市场环境和制度环境等问题，接受了人民网记者的专访。苏宁指出，金融生态是指金融业运行的外部环境，而经济环境是最重要的金融生态之一；另外，目前，行政干预形成的银行不良资产要占到不良资产总额的80%；他说，现行的《破产法》和《担保法》应完善，应强化债权人在企业破产和重组中的法律地位，特别是赋予债权人主动申请将债券企业破产清偿的权利。

金融生态是指金融业运行的外部环境，
经济环境是最重要的金融生态之一

记者：最近一段时间以来，央行频频呼吁要改善我国的金融生态；金融生态也成为备受关注的热门话题。那么，金融生态究竟是什么？您能否做一番通俗的解释？

苏宁："金融生态"是一个比喻，它不是指金融业内部的运作，而是借用生态学的概念，来比喻金融业运行的外部环境，主要包括经济环境、法制环境、信用环境、市场环境和制度环境等。

记者：看来，经济环境是最重要的金融生态之一，是这样吗？

苏宁：是的。经济决定金融，稳定的宏观经济环境是改善金融生态的重要前提。经济运行的大起大落，会对金融业稳健经营产生不利影响，甚至诱发金融风险。

改革开放 20 多年来，我国宏观经济经历了五次通货膨胀和一次通货紧缩。这五次通胀的传导模式十分相似：固定资产投资盲目扩大→带动货币信贷的快速增长→继而带动上、中、下游价格上涨。一旦过度投资形成的生产能力大大超过实际需求，产品销不出去，企业资金链就会断裂，银行贷款就会形成不良贷款。特别是一旦形成通货紧缩，原本正常的经济活动也受到巨大影响，会形成更大范围的银行不良资产。事实证明，这几次较大的经济波动，都对我国金融业特别是国有商业银行产生了不同程度的负面影响。

行政干预形成的银行不良资产
要占到不良资产总额的 80％

记者：我手头的资料显示，近年来，国有商业银行不良贷款率逐年下降，究其原因，除了内部经营管理改善之外，金融生态的改善也功不可没。这些都说明我国的金融生态已经发生了明显变化。当然，我们也不避讳谈问题。除了前边提到的经济环境方面的问题之外，当前的金融生态还存在哪些问题？

苏宁：的确，随着社会主义市场经济体制的建立和完善，我国的金融生态已发生了根本性变化。但是，一些制约金融健康发展的外部因素尚未得到改善，当前的金融生态还存在四方面的主要缺陷。

其一，法律环境不完善，有关法律对金融债权保护不够。比如，我国现行的《破产法》制定于 20 世纪 80 年代，当时主要是针对全民所有制企业的政策性破产。从现实看，这一法律的有关规定，与社会主义市场经济的实践要求已不相适应，不利于对合法金融债权的保护。再比如，现行的《刑法》将以非法占有为目的、通过提供虚假信息而进行的金融诈骗，确定为刑事犯罪；而对于在我国企业的信贷实践中普遍存在的、虽然不以据为己有为目的、但却通过向银行提供虚假信息而获得贷款的行为，并未规定要追究刑事责任，而这类欺诈行为是产生银行不良贷款的重要原因。

其二，我国社会信用体系很不完善，远不能适应社会主义市场经济

发展的需要。目前，我国社会信用信息征集系统、信用中介机构的建设还处于起步阶段，社会公众甚至机构投资者的信用信息还得不到有效的归集和准确的评估，金融企业无法根据客户的真实信用状况做出准确的经营决策，失信惩罚机制尚未有效建立。企业的诚信意识和公众的金融风险意识比较淡薄，金融诈骗和逃废金融债权的现象比较严重。

其三，金融市场体系不完善，特别是直接融资发展滞后。目前，我国企业80%以上的融资来自银行贷款，对银行的依赖性大，企业风险对银行风险构成了显著影响，特别是弱化了公众投资者的风险意识。由于直接融资发展不快，社会储蓄只能通过银行体系转化为投资，久而久之，公众投资者会产生一种错觉，认为所有公众投资都要由国家像支付存款那样保证兑付，公众可以不承担风险。

其四，直接或间接的行政干预、执法不力等，仍是影响我国金融生态的重要因素。据有关调查分析，直接或间接行政干预形成的银行业不良资产占不良资产总额的80%左右。

429

现行的《破产法》和《担保法》应完善，个人信用信息库已在26家银行联网运行

记者：看到了缺陷就看到了努力方向。看来，我们确实要像改善空气环境、水环境等现实生态环境那样，去改善我国的金融生态环境。请问具体来说应当怎么做？

苏宁：第一，要树立和落实科学发展观，加强和改善宏观调控，保持币值稳定，促进宏观经济稳定增长。加大经济结构调整力度、加快体制改革和经济增长方式的转变，保持经济平稳运行，防止大起大落。

第二，要完善金融法律环境，这是建设良好金融生态的根本所在。特别是要完善与银行债权保护密切相关的《破产法》和《担保法》。比如，应当强化债权人在企业破产和重组中的法律地位，特别是赋予债权人主动申请将债务企业破产清偿的权利。

第三，要深化改革，特别是继续深化行政体制和国有企业改革，改善银、政、企关系。银企之间应建立平等、互利、互信的新型关系。政

府应积极转变职能，通过完善地方法律法规、健全信用管理体系、推进体制改革、培育市场，做好对市场主体的各项社会服务，创造一个良好的金融生态环境。

第四，要建立健全符合市场经济要求的金融企业市场退出机制。应当建立存款保险制度、投资者保障制度和保险保障制度，以市场化方式保障存款人、投资者和投保人的权益，从而有效提高公众的信用意识和风险意识。目前，建立存款保险制度的外部条件已初步具备，有关法律法规的起草工作已开始进行。

第五，促进金融市场协调健康发展。要在继续发展好货币市场的同时，大力推动资本市场的快速健康发展。

第六，建立和完善社会信用体系，重点加强企业和个人的征信系统建设。目前，个人信用信息基础数据库已在 26 家商业银行实现了全国联网运行，企业信贷登记系统正在抓紧升级改造。

430

金融风险的防范与法律制度的完善

中国人民银行副行长　项俊波

2005 年 4 月 26 日在国务院发展研究中心金融研究所举办的
"2005 年中国金融改革高层论坛"的发言

各位朋友，女士们，先生们：

　　非常高兴出席这次由国务院发展研究中心金融研究所举办的中国金融改革高层论坛。本届论坛确定的主题"金融创新与风险防范"，我认为很好、很有意义。创新是金融业持续发展永不衰竭的动力，是金融业生命所系的必然趋势。无论是 20 世纪 50 年代以现代养老基金创立为起点的机构投资者的兴起，60 年代信用卡的诞生，还是 70 年代包括欧洲美元、欧洲债券在内的多项创新的问世，乃至 80 年代以后新一轮金融自由化浪潮中各种金融衍生工具和金融混业产品的出现，可以说 20 世纪整个世界金融业兴衰得失的历史，就是一部金融创新跌宕起伏的历史。当然，由于创新的不确定性，金融制度、机构、市场、产品和服务等方面的每一次创新，金融机构在获得丰厚回报、金融业在得到较快发展的同时，也带来了新的金融风险。中国金融业在创新过程中也不例外。因此，如何处理好金融创新与风险防范之间的关系，达到两者之间的平衡，实现金融创新与风险防范的良性互动，始终是摆在金融监管部门和各类金融机构面前的一个重要课题。

　　金融法律制度既是对金融机构、金融业务主体和金融业务法律关系进行规范和调整的制度安排，也是对金融监督管理者自身行政行为进行规范和约束的制度安排。金融立法的最根本目的就是规范和调整金融监督管理者、金融机构、金融机构客户之间的法律关系，强调对金融机构客户合法权益的保护，通过在政府失灵的领域强化监督管理，发挥市场在金融发展中的主导作用，实现金融管制与市场自律间的平衡和协调发

431

展。有市场就会有风险，有金融市场就会有金融风险。因此，金融立法的主旨并不是要消灭所有的金融风险，而是要将金融风险控制在金融监督管理者可容忍的范围和金融机构可承受的区间内。正是在这个意义上讲，金融风险的防范、控制和化解离不开金融法律制度的建立健全和有效执行。这里我想就在金融创新这个大背景下，从完善金融立法这一侧面，谈一谈我国金融风险的防范问题，希望得到与会代表的指正。

一、中国目前的金融风险状况

金融风险作为金融机构在经营过程中，由于宏观经济政策环境的变化、市场波动、汇率变动、金融机构自身经营管理不善等诸多原因，存在的资金、财产和信誉遭受损失的可能性。金融风险有各种类型的划分：如经营性风险、制度性风险，宏观风险，微观风险等。巴塞尔银行有效监管的核心原则，将金融风险划分为八类，包括信用风险、市场风险、操作风险、流动性风险和法律风险等。无论按照哪种分类标准，总地看，近几年我国金融风险呈整体下降趋势，但潜在的风险仍然较大，金融机构面临的一些风险不容乐观。我认为，目前中国金融体系中有三类风险比较突出。

一是信用风险仍然是中国金融业面临的最主要风险。贷款和投资是金融机构的主要业务活动。贷款和投资活动要求金融机构对借款人和投资对象的信用水平做出判断。但由于信息不对称的存在，金融机构的这些判断并非总是正确的，借款人和投资对象的信用水平也可能会因各种原因而下降。因此，金融机构面临的一个主要风险就是交易对象无力履约的风险，即信用风险。在经营过程中，如果金融机构不能及时界定发生问题的金融资产、未能建立专项准备金注销不良资产，并且未及时停止计提利息收入，这些都将给金融机构带来严重的问题。

从账面上看，近几年我国银行类金融机构的资产质量趋于好转，不良贷款的绝对量和相对水平都呈现下降趋势。这与监管部门强化监管和金融机构自身深化改革、加强内部管理的努力分不开。但也要看到，不良资产的下降与我国新一轮经济扩张中贷款增幅比较大也有很大关系。

432

例如，2003 年和 2004 年，全部金融机构人民币新增贷款分别达到 2.74 万亿元和 2.26 万亿元。并且，相对于国际银行业的通行标准，目前我国银行类金融机构的不良资产率也仍然很高，2004 年年底主要商业银行的不良贷款比率为 13.2%；绝大多数商业银行的资本充足率仍未达到 8% 的法定监管要求。

在对目前我国金融机构面临的信用风险状况进行判断时，一个值得密切关注的问题是近年来房地产贷款的大幅度增长。我国房地产市场的发展与房改有直接关系。我国的房改是上个世纪末启动并在近年基本完成的。居民住房抵押贷款是房改后出现的新生事物。与传统的贷款相比，房地产贷款的收益比较稳定，银行发展这项业务的积极性很高。因此，房地产贷款增长速度快，有其合理的一面。但也要清醒地看到，目前我国房地产贷款业务还没有经过业务开展时间和经济周期变动的考验。由于我国银行开展房地产贷款业务刚起步几年，所积累的数据尚不足以看出中长期的违约率水平；并且现在我国经济正处于新一轮扩张期，经济景气的上升，也部分掩盖了房地产贷款业务隐含的风险。要知道，就像潮汐，经济景气状况总有发生变化的时候。一旦经济进入下调期，房地产贷款违约率水平可能就会上升。因此，不能对目前看似蒸蒸日上的房地产信贷业务过于乐观。在此方面，我们要吸取日本房地产泡沫的教训。日本的房地产泡沫破裂以后，银行呆坏账大幅度上升，并进一步拖累证券市场，再加上日元升值的因素，使得日本经济步入了长达十多年的低迷期。作为发展中国家，我国一直非常强调经济持续、稳定、快速、健康发展。如果在这方面出现问题，不要说十几年，就是只有几年的衰退期或低迷期，都将给整个经济带来巨大损失。

除银行类金融机构面临很高的信用风险外。近几年我国证券类金融机构面临的信用风险也日益突出，相当部分证券公司的资产质量低下。最近已发生多起证券公司因资不抵债被接管的案件，中央银行不得不为此动用再贷款偿还被接管公司对个人债权人的债务。所以，我们对金融业面临的信用风险始终不能掉以轻心。信用风险仍然是目前我国金融业面临的最主要风险。

二是操作风险多发是我国金融业风险中的一个突出特征。按照巴塞尔委员会的界定，金融机构面临的操作风险：一是来自信息技术系统的

重大失效或各种灾难事件而给金融机构带来的损失；二是源于内部控制及公司治理机制的失效，金融机构对各种失误、欺诈、越权或职业不道德行为，未能及时做出反应而遭受的损失。从近几年我国金融业暴露出的有关操作方面的问题看，源于金融机构内部控制和公司治理机制失效而引发的操作风险占了主体，成为我国金融业面临风险中的一个突出特征。对近两年金融机构发生的各类案件分析表明，所造成的损失主要来自于管理层腐败、内部工作人员违规行为以及金融诈骗等。

近年来，金融系统尤其是商业银行各类案件频发，其原因在一定程度上是由于银行深化内部改革，强化对业务运作流程的监控，造成过去隐蔽较深的案件较为集中地暴露所致，但无论是陈案还是新发，都反映了我国金融业中操作风险相对较高的事实。这与我国建立现代金融企业制度的战略目标极不相符。不断暴露出的操作风险，不仅使金融机构遭受了巨大财产损失，而且也严重损害了我国金融机构的信誉。如最近金融系统暴露出的几个重大案件，都对我国金融业在国内外的信誉造成了较为严重的负面影响。

三是跨市场、跨行业金融风险正成为我国金融业面临的新的不稳定因素。近两年，随着金融业并购重组活动的逐渐增多以及金融业分业经营的模式在实践中逐步被突破，跨市场、跨行业金融风险正成为影响我国金融体系稳定的新的因素。目前跨市场、跨行业金融风险主要集中在以下两方面：一是目前已经出现了多种金融控股公司组织模式，既有中信公司这一类的以事业部制为特征的模式，也有银行设立证券经营机构和基金管理机构这一类的以金融机构为母公司的模式，还有以实业公司为母公司下属金融性公司的模式。从母公司的视角来看，上述金融控股公司提供的产品既涉及银行产品，也涉及证券产品。但由于对金融控股公司缺乏有效和全方位的监管，存在着金融产品损害消费者（投资者）利益、内部关联交易以及集团内一个公司的金融风险传导至其他公司甚至整个集团等诸多风险隐患问题。二是银行、信托、证券、保险机构在突破分业经营模式过程中，不断推出的各种横跨货币、资本等多个市场的金融产品或工具隐含的风险。如银行推出集合委托贷款业务和各类客户理财计划等等。

中国人民银行最近防范和处置系统性金融风险的实践表明，跨市场

434

金融风险有上升趋势，尤其表现在以实业公司为基础建立起来的金融控股公司或准金融控股公司所实施的资本运作方面。由于横跨产业和金融两个领域，涉及银行、证券、信托、保险等多个金融部门，资本运作形成了"融资——购并——上市——再购并——再融资"的资金循环链条，运营中存在着巨大的风险。由于起点和终点都是金融部门的融资，一旦资金链条断裂，各金融机构往往是最大的受害者。如不久前所谓几家某某系出现的问题，不仅众多股票投资人受到伤害，造成股市的波动，而且相关金融机构也遭受了巨大损失，已威胁金融体系的稳定。

毋庸置疑，目前金融创新正在成为金融业谋求发展、增加效益、提高竞争力的有效途径。但是，在金融外部生态环境和金融机构业务经营模式正经历重大变化的情况下，与金融创新有关的新产品和新业务在各金融机构之间也带来了风险的相互传递。这里需要关注的一个案例是委托理财业务。这也正是目前银行、证券、信托和保险等金融机构大力拓展的业务。尽管不同的金融机构对于委托理财业务有不同的称谓，也有不同的业务规则，但"委托理财"中的"财"既投资于股票市场，又投资于外汇市场，还投资于银行间债券市场这一事实本身即说明委托理财业务或产品属于一种跨市场的金融产品。从最近处置部分高风险证券机构的案例中发现，证券公司从事委托理财业务所导致的巨额亏损，正是导致这些机构资不抵债的一个重要原因。由于证券公司广泛参与了货币市场，证券公司的风险无疑会传递给其他市场参与者。这里当然不是要否定委托理财业务，而是想从这一个侧面说明，各种跨市场的金融产品所隐含的金融风险，正实实在在地来到了各金融机构面前。

435

二、从金融法制的视野看我国
金融风险的成因

我国金融体系中各种高风险是多年积累起来的，是国民经济运行中各种矛盾的综合反映。经济体制的转轨，社会环境的变化，金融体制的不适应，监管手段的落后，以及金融法律制度的不完善等，都是造成我国金融体系中存在高风险的原因。对此，理论界和实际部门都有过很多

研究和分析。这里，我着重从金融法制的角度，具体谈一谈我国金融风险尤其三大风险比较突出的原因。

我们知道，金融法律制度在本质上是一种工具，调整着金融监督管理者、金融机构、金融产品当事人之间的各种关系。金融法律制度除了规范法律关系这一功能外，还具有惩罚、鼓励或禁止、引导等多种功能，从经济学意义上讲就是一种可期待的利益或可预期的损失。改革开放以来，我国的金融法制建设取得了很大的成绩，建立了以《中国人民银行法》、《商业银行法》、《银行业监督管理法》、《证券法》、《保险法》等以规范金融监督管理行为、规范金融经营主体和经营行为为主要内容的基本金融法律制度。而在行政法层面上，又有《行政处罚法》、《行政复议法》、《行政许可法》等法律约束金融监督管理者的行政行为。在民商法律层面，也有《票据法》、《担保法》、《公司法》等法律规范民商事行为。

但是，也应当看到，目前的金融法律制度是在发展新兴市场和经济体制转轨过程中制定的。面对着我国金融体制改革的深入、金融业对外开放进程的加快以及金融业自身创新动力的日益增强，现行的金融法律制度安排已经难以适应变化着的金融业的需要。尤其是需要跳出金融的框架全面审视我国金融业赖以生存和发展的基础法律生态环境，同时强化对金融创新（包括体制创新、机构创新和产品创新等）的法律关系研究。当前，我国金融体系中存在一些高风险尤其比较突出的三类金融风险，在很大程度上与一些法律制度的缺失或不协调有关。具体表现在：

一是有关征信管理法规的缺失，影响了征信业的发展和金融机构对借款人信用状况的评估。通俗地讲，征信就是收集、评估和出售市场经营主体的信用信息。征信体系是为解决金融市场交易中的信息不对称而建立的制度。随着经济活动日趋复杂化，金融机构越来越需要依赖专门的征信部门或借助于社会征信机构，来加强对借款人信用状况的调查和分析。长期以来，我国一直未把征信体系的建设提到议事日程。近几年，我国现代征信体系的建设开始起步。对企业和个人的征信，由于直接涉及到公民隐私和企业商业秘密等问题，是一项法律性很强的工作。但在我国现有的法律体系中，由于尚没有一项法律或法规为征信活动提供直接的依据，由此造成了征信机构在信息采集、信息披露等关键环节上无法可依，征信当事人的权益难以保障，严重影响了征信业的健康发展，进而造成我国金融机构对借款人信用状况的评估处于较低水平。企业或个人在金融交易活动中存在多头骗款、资产重复抵押、关联担保等违规行为，未能被相关金融机构及时识别而导致资产损失，与我国征信体系建设的滞后有很大关系。

二是现行企业破产法律制度的严重滞后，非常不利于金融机构保全资产。企业破产法律框架下对金融机构债权人的保护程度，直接关系到金融企业资产的安全状况。当前企业破产法律制度主要包括：适用于全民所有制企业的《企业破产法（试行）》、适用于其他企业法人的《民事诉讼法》第十九章（企业法人破产还债程序）以及最高人民法院颁布的一系列司法解释。上述法律规定没有很好地体现对债权人的保护。就破产法中的制度构建而言，国际上普遍采用的破产管理人制度没有建立起来，现行破产法律规定的清算组制度弊病很多，在清算中往往漠视债权人的利益；就程序而言，现行破产法律在破产案件的管辖与受理、债权人会议、监督制度等方面的规定不很健全，这也进一步削弱了法律对破产债权人保护的力度。作为金融机构债权保护最后手段的破产法律未能充分保护债权人的利益，这就可能导致金融机构的不良债权不断形成和累积，面临的信用风险增大。

目前新《企业破产法》的立法工作已进入关键阶段。与现行企业破产法律相比较，新《企业破产法（草案二次审议稿）》一方面拓宽了现行《企业破产法》的适用范围，将所有企业法人都纳入其中，另一方面充实了关于破产程序中实体问题的规定，从破产程序的各个环节和层面大大提升了破产法对债权人利益的保护程度。但是，在直接关系到债权人利益的破产债权清偿顺序和破产条件这两个焦点问题上，草案的规定仍不尽完善。在债权清偿顺序方面，草案采行了职工劳动债权优先于有抵押、质押的债权的规定；在破产条件方面，草案将企业法人不能清偿到期债务和资产不足以清偿全部债务或者明显缺乏清偿能力并列为破产条件。这无疑会对金融机构债权的保护产生消极影响。

劳动债权优先于担保物权，直接后果是银行债权追索难、不良资产回收率低，从而导致金融机构债权人消化不良资产的能力弱化，形成金融风险的诱因。同时，对担保物权保护的漠视会破坏基本的法律规则，冲击经济主体对于担保制度作为最后一道保护措施的信任。失去了对法

律的信任，最缜密、最系统的法律也会变成一张白纸。而过于严格的破产条件使得债权人不能及时、有效地提出债务人破产的申请。将资产不足以清偿全部债务和明显缺乏清偿能力规定为破产条件，往往会使企业已经不可救药时才能使其进入破产程序，这会错过对企业实施重组或和解的机会，同时这也错过对金融机构债权人利益实现最大化保护的机会。

三是金融诈骗和违反金融管理秩序行为刑事责任追究法律制度的缺陷，不利于防范金融机构在操作经营环节出现的风险。操作风险多发是目前我国金融业风险中的一个突出特点，这其中又以金融诈骗行为和违反金融管理秩序行为给金融机构带来的损失最大。从最近发生的一些案件看，当前我国金融诈骗行为大致可以分为两类：一是以非法占有为目的、通过提供虚假信息而进行的金融诈骗。例如信用证诈骗、票据诈骗等。二是不以非法占有为目的，但通过有意提供虚假财务资料为企业的利益骗取资金。这类欺诈的特点是，行为人陈述的资金使用目的是真实的，即行为人主观上没有将资金据为己有的目的，但行为人向金融机构申请资金时，有意提交虚假资料，从而误导银行的决策偏差，骗取金融机构的资产。并且实施金融诈骗行为的主体往往是单位，而不是个人。目前涉及金融机构的欺诈大部分是第二类。我国《刑法》对"以非法占有为目的"的金融诈骗有明确规定，但对上述第二类欺诈行为并没有明确，对此只能通过《合同法》追究行为人的民事责任。另外，一段时期以来，在金融行业特别是证券业和信托业中出现了较为严重的挪用客户股票交易结算资金、信托资金等违反金融管理秩序的行为，不仅严重损害了社会公众的合法权益，而且也给金融机构本身带来巨大风险。但现行《刑法》对挪用资金罪的规定并不能满足现阶段打击上述行为的要求。《刑法》中关于挪用资金罪的规定，仅适用于金融机构的工作人员挪用客户资金的行为，而不适用金融机构挪用客户资金、资产的行为。对上述欺诈和违反金融管理秩序的行为，缺乏刑事威慑力，无疑对降低金融机构在操作经营环节出现的金融风险，会产生一定的负面影响。

四是相关金融主体和金融业务法律制度的缺失，放大了金融体系中的一些潜在风险。前面曾提到，目前跨市场的金融风险的增加正成为影响我国金融体系稳定的新因素。这在很大程度上与缺乏对这些新的金融主体和金融业务，从法律制度方面及时进行规范有关。例如，对实际已

形成的各种金融控股公司或"准金融控股公司"，在现行法律框架下，似乎《人民银行法》、《银行业监督管理法》、《商业银行法》、《证券法》和《保险法》等都与其有一定的关联，但上述法律又都不能完全解决对它的监管问题。在金融业务方面，对最为活跃的跨市场金融产品——各种委托理财产品，目前银行、证券、保险监管部门各自按照自己的标准分别进行监管，但缺乏统一的监管法律制度。由于现有的法律制度无法解决与金融控股公司有关的法律问题，金融机构开拓的新业务缺乏严格的法律界定，潜在的金融风险必然要加大，并容易在不同金融市场之间传播扩散。按照巴塞尔委员会的定义，目前我国金融机构承受的这种跨市场风险，实际是一种法律风险。

三、下一步金融法制建设的取向

当前我国的金融改革和发展正向前加速推进，同时防范金融风险的任务也变得越来越重要和艰巨。由于金融行业固有的风险性质，金融立法尽管不能从根本上消灭金融风险，但完善的法律法规却是缓解金融机构过度冒险，减少制度性风险的一个重要手段；一个良好的法律环境也是金融体系稳定运行的必要基础。

目前中国人民银行正按照科学发展观的要求，加快推动有关金融立法工作。包括：尽快促成《征信管理条例》的出台；积极参与并关注《企业破产法》和《刑法》条文的修改；认真配合做好《证券法》的修订；抓紧起草《反洗钱法》；进一步研究金融机构退出、存款保险、金融控股公司立法、资产证券化、委托理财等方面的法律关系问题。尽早出台这些法律法规以及实施细则，改善金融市场重要法律法规不健全，某些重要金融活动无法可依的现象。并结合我国实际情况，彻底清理我国金融法律制度，该立法的立法，该修改的修改，该废止的废止。

从长远看，我国的金融法制建设既要在金融立法方面下工夫，也要在金融执法方面强化执法的严肃性，真正做好两手都要抓、两手都要硬。就金融立法而言，我认为核心的问题是要树立科学的立法价值取向。不同的金融发展阶段有不同的金融立法价值取向，现阶段的金融立法价值

取向应当是：以"三个代表"重要思想为指导，按照科学发展观的要求，全面体现加强执政能力建设的要求，把金融立法工作的重点放在推动金融市场基础设施建设、规范金融创新法律关系、提高金融监督管理的协调性和有效性以及充分利用市场自律监管上来。具体而言：

一是金融立法要有统筹、科学和全局的眼光。目前我国的经济体制改革和金融体制改革都已经进入了改革攻坚阶段，原来采取的单独推进的改革策略已经难以适应当前改革开放的需要。金融立法也应当围绕这一转变，确立统筹规划、科学立法的思维。具体而言，对于金融市场应当通过立法手段逐步推进金融市场的统一和整合，对于同质的金融产品按照相同的监督管理规则约束市场主体的交易行为，保证不同的市场在其基础设施方面，如发行、登记、托管、结算和清算规则方面的基本统一。对于金融机构而言，要按照功能监管的思想，用统一的规则去规范其机构创新、业务创新和产品创新行为，同时要强化金融风险信息在金融监督管理部门间的共享和流转；而对于支撑金融发展和改革的其他法律制度，则应当按照既保护债权人又保护债务人的原则进行系统修改，《刑法》的修改则应当与时俱进，强调对单位犯罪的刑事制裁和对个人刑事责任的追究。

二是要坚持保护存款人和投资者利益、保护债权人利益的取向。保护金融机构存款人、金融产品投资人的利益永远是维护金融机构信誉的重要因素。当前应当强调对于基础金融法律关系的研究，同时做好金融创新产品的法律关系的规范，金融监督管理部门在许可金融机构推出创新产品的过程中应当重视对于投资者知情权、收益权等合法权益的保护。要尽快完善《破产法》，根据《破产法》的基本原则，考虑金融机构破产的特殊性，尽快制定《金融机构破产条例》，同时应当尽快建立健全金融安全网制度，制定包括《存款保险条例》、《证券投资者保护基金管理办法》在内的金融法律制度。

三是要坚持自律和他律相结合的取向。在调整金融监管关系的立法方面，要强化商业银行、券商和上市公司等经济主体在建立完善的、良好的法人治理结构方面的机制，强调金融机构的自律作用，保障金融机构在经营中的自主权，并注意为金融机构的发展留下足够的空间。

四是要坚持培养全社会金融风险意识和金融法治意识的取向。防范

440

金融风险、保障金融安全的重要措施之一，就是要在全社会大力普及宣传金融法律知识，并在全社会真正树立金融法治观念。在加强金融法治意识的过程中，要重视全社会信用观念的建立，要培养公众和投资者的风险防范意识和合法投资观念。

　　谢谢大家！